Quellen und Untersuchungen

zur

Geschichte der Böhmischen Brüder.

Herausgegeben

von

Jaroslav Goll.

I.

Der Verkehr der Brüder mit den Waldensern. — Wahl und
Weihe der ersten Priester.

PRAG.
Druck und Verlag von J. Otto.
1878.

Jaroslav Goll

Quellen und Untersuchungen
zur Geschichte
der Böhmischen Brüder
I/II

g

Georg Olms

Jaroslav Goll

Quellen und Untersuchungen zur Geschichte
der Böhmischen Brüder I/II

Jaroslav Goll

Quellen und Untersuchungen zur Geschichte der Böhmischen Brüder

2 Bände in 1 Band

1977

Georg Olms Verlag
Hildesheim · New York

g

Nachdruck der Ausgabe Prag 1878-82
Printed in Germany
Herstellung: fotokop wilhelm weihert KG, Darmstadt
ISBN 3 487 06433 2

Inhalt.

Namensregister.

Krajíř von Krajek Johanna 49.

Br. Krasonický Laurentius 30, 39, 78, 122, 138—140.

Lasicius Johannes 7, 56, 64—67. 74—80, 116, 117, 123, 133.

Lilienstein Jakob 49, 78.

Lipenský Johannes Pfarrer 42, 116.

Br. Lukas von Prag 8, 28, 30, 32, 35—48, 55—57, 61, 66—70, 73, 81, 83, 108, 111, 123, 125, 131, 137—139.

Lupáč Martin 23, 99, 100, 114, 116, 117, 129, 132.

Luther 8, 34, 47, 49, 63, 79, 125, 131.

Br. Martin 22.

Martinius von Dražov Samuel 60, 61, 132.

Matthias Corvinus König 70, 123.

Br. Matthias von Kunwald 5, 7, 24, 32, 35—37, 43, 44, 46—48, 79, 81, 83, 105, 110, 112, 113, 117, 118, 134, 135.

Melanchton 131.

Br. Michael von Senftenberg 5, 14, 25, 26, 28, 32, 35—38, 40, 41, 43, 46—48, 50, 52, 61, 79—83, 104, 105, 107, 109—113, 115, 116, 123, 132, 134, 135.

Milič 40, 129.

Niger s. Br. Černý Johannes von Prag.

Nigranus s. Br. Černý Johannes.

Nikolaus von Pilgram (Biskupec) 27, 106, 138.

Br. Nikolaus von Schlan (Slánský) 123, 124.

Oecolampadius 130, 131, 132.

Br. Orlík Laurentius 8, 59.

Osiander 51, 53, 127.

Payne Peter 27.

Pernstein Adalbert von 51.

Peter der Weber (Petrus Textor) 121, 122, 136, 137.

Peter von Zásadí Pfarrer 50, 60.

Peucer 56, 75, 78.

Plácel Wenzel 78.

Prokop der Jüngling 111, 134.

Br. Prokop von Neuhaus 22, 25, 26, 30, 39, 123, 133.

Regenvolscius Andreas (Węgerski) 60, 84.

Reiser Friedrich 27, 35, 106.

Rokycana 9—11, 13, 14, 17—22, 24, 31, 40, 42, 43, 49, 51, 52, 54, 55, 65, 73, 82, 85, 90, 99, 100, 114—116, 119, 120—122, 129, 136.

Br. Rokyta Johannes 54, 128.

Rüdinger Esrom 49, 62—64, 75, 77.

Savonarola 67, 137, 139.

Slánský s. Br. Nikolaus von Schlan.

Speratus 127, 131.

Stambj Romani 67.

Stefan. der Bischof der Waldenser 5, 6, 22, 23, 25, 27, 30—32, 35, 40, 41, 43, 47, 48, 52, 61, 79, 81, 82, 96, 98, 100, 105, 107, 109, 118, 120, 132, 135, 136.

Stefan von Kremsier 45.

Sylvester Papst 10, 12, 20, 23, 30, 44, 65, 90, 91, 100, 101, 118.

Šlechta von Všehrd Johannes 124.

Br. Štefan Andreas 8.

Šturm Wenzel 27, 50—52, 82, 83.

Textor Petrus s. Peter der Weber.

Theodorus de Fonte Citiculae 66, 67, 67, 69, 138, 140.

Br. Thomas von Landskron der Deutsche 55, 66—69, 122, 123, 137, 138.

Br. Thomas von Přelauč 35, 36, 39, 40, 45, 81, 112, 117, 134.

Trotzendorf 53.

Br. Turnovský Simeon Th. 76, 77.

Br. Uhlíř Matthias von Kunwald 7.

Waldenserpriester, ein alter 6, 19, 20, 21—23, 27, 31, 32, 34, 35, 61, 83, 96, 98.

Waldus Petrus 10, 20, 21, 30, 49, 63, 79, 90, 118.

Węgerski s. Regenvolscius.

Wiclef 30, 45, 54, 57, 62, 65.

Wolfgang der Barfüssermönch 41, 44, 45, 49.

Valla Laurentius 44, 70.

Vergerio 128.

Br. Votik Laurentius 124.

Illyricus s. Flacius.

Zwingli 130, 131.

Žerotín Karl von 76.

Žižka 40, 119, 124.

Druckfehler.

S. 1. 1. Z. v. o. l.: den Flacius. — S. 25. 1. Z. v. o. l.: vor. — S. 28. 8. Z. v. o. l.: durf-ten. — S. 47. 2. Z. v. u. l.: Aber.

Einleitung.

Die Zeiten sind vorüber, in denen man, den Spuren der Flacius Illyricus folgend, die Böhmischen Brüder für einen Zweig des grossen Stammes der Waldenser erklären durfte. Aber die gegenseitigen geschichtlichen Beziehungen und das Verhältniss beider Kreise zu einander sind noch immer *„von einem Dunkel gedrückt“*, das auch die neuere Forschung auf diesem Gebiete nicht vollständig behoben hat. Da aber bei den neueren Gelehrten von einer Tendenz nicht die Rede sein darf, so muss die Ursache dieser Erscheinung anderswo liegen. Und in der That, *jenes Problem ist so alt wie die Unität selbst,* jenes Dunkel ist bereits in den ältesten Quellen zu finden und verbreitet sich daher über die gesammte spätere Historiographie. Auf der einen Seite treten uns Fragen entgegen, auf der anderen lassen sich unbestimmte oder einander widersprechende Antworten vernehmen.

Haben die Waldenser an der Begründung der Unität einen Antheil gehabt? Und wie beschaffen ist dieser Antheil gewesen? Schlagen wir das Hauptwerk,[1]) *Gindelys* Geschichte der Böhmischen Brüder nach, so lesen wir darin: „Gewiss und unumstösslich ist es, dass die Brüder keinerlei Umgang mit den Waldensern bis auf diese Zeit (1467) gepflogen haben. Ja ich glaube, dass Vielen nicht einmal ihr Name bekannt war, zudem gab es in Böhmen nach den Husitenkriegen keine Anhänger dieser Sekte." Die Antwort lautet also negativ: der Einfluss der Waldenser ist nicht einmal als ein Nebenfaktor bei der Entstehung der Unität in Anschlag zu bringen. In ähnlicher Weise hatte sich im 16. Jahrhunderte niemand geringerer als Blahoslav vernehmen lassen.

In *Palackýs* Geschichte von Böhmen (IV. 1. 492.) finden wir statt einer Antwort ein längeres Citat aus einer allerdings sehr

---

[1]) Die Meinungen der älteren Schriftsteller hier anzuführen, halte ich für unnöthig. Doch verdient auch in dieser Frage J. Chr. Köcher berücksichtigt zu werden. (Die Glaubensbekenntnisse der Böhm. Br. 1741.)

wichtigen Quelle, die aber selbst einer Interpretation bedarf und erst in Verbindung mit anderen Quellen manche Aufschlüsse zu gewähren vermag. Der berühmte Gelehrte hat aber später (1869), angeregt durch die neueren Forschungen über die Waldenser,[1]) die Untersuchung wieder aufgenommen und zugleich auf das Verhältniss der Waldenser zu allen böhmischen Sekten, ja auf ihre Stellung in der böhmischen Kirchengeschichte überhaupt ausgedehnt.[2]) Palackýs Antwort lautet einerseits positiv, andererseits negativ. Waldensische Einflüsse wirkten auf die Entstehung der Unität ein, *aber nur auf indirektem Wege*, durch ihren geistigen Vater, Peter Chelčický, von dem Palacký annimmt, er habe schon frühzeitig, und zwar vor dem J. 1420, eine umfassende Kenntniss der Waldenserlehre besessen und daran Gefallen gefunden, obgleich er sich dazu nie ausdrücklich bekannt habe. Einen direkten Einfluss stellt aber Palacký mit derselben Entschiedenheit in Abrede wie einst Blahoslav. „Wie unläugbar sich auch der Einfluss der Waldenserlehre bei der Begründung der Unität im J. 1457 (allerdings nur durch die Vermittlung Peters von Chelčic) geltend machte, und wie wenig auch die Mitwirkung eines ungenannten Waldenserbischofs bei der Begründung der Unität im J. 1467 zu bezweifeln ist, so muss man doch anerkennen, dass die Brüder in allem, was die Lehre und Organisation ihrer Kirche betrifft, ganz und gar selbstständig und unabhängig vor den Waldensern auftraten."

Was hat Palacký berechtigt, anzunehmen, Peter Chelčický habe Gefallen an der Waldenserlehre gefunden, obwol sich dieser dazu nie ausdrücklich bekannte? Die Kenntniss, die er von den Schriften dieses merkwürdigen Mannes besass. Er fand in ihnen die charakteristischen Momente der Waldenserlehre wieder. Die andere Ansicht dagegen von der selbstständigen Entwickelung und Organisation der Unität schien ihm aus ihren dogmatischen Schriften, aus ihren historischen Quellen, aus den Selbstzeugnissen der Brüder über ihre Beziehungen und ihr Verhältniss zu den Waldensern mit Nothwendigkeit zu folgen. Auf einer ähnlichen breiten Grundlage hatte bereits im J. 1863 *Zezschwitz* seine gelehrten und scharfsinnigen Unter-

[1]) Dieckhoff: Die Waldenser im Mittelalter. Göttingen 1851. — Herzog: Die romanischen Waldenser-Halle 1853. — Zezschwitz: Die Katechismen der Waldenser und Böhmischen Brüder als Documente ihres wechselseitigen Lehraustausches. Kritische Textausgabe mit Kirchen- und literargeschichtlichen Untersuchungen. Erlangen 1863.

[2]) Über die Beziehungen und das Verhältniss der Waldenser zu den ehemaligen Secten in Böhmen. Prag 1869.

suchungen auferbaut, indem er es unternahm, die Selbstzeugnisse
der Brüder kritisch zu prüfen, und indem er zugleich eine Anzahl
von dogmatischem Schriften beider Kreise, nicht die Katechismen
allein, in den Kreis seiner Forschung zog.[1]) Wie lautet nun das
Resultat, zu dem Zezschwitz auf diesem Wege gelangt ist? Das
Verhältniss der Brüder zu den Waldensern lässt sich durch keine
einfache Formel ausdrücken: es ist eben nicht einseitig gewesen.
Die Unität ist im Laufe des 15. Jahrhundertes einigemal mit den
Waldensern in Berührung getreten und bei diesem Verkehr, den die
Quellen bezeugen, hat auch, wie die Untersuchung einiger dogmatischen Schriften ergibt, ein gegenseitiger Lehraustausch statt gefunden — ein Verhältniss, das eben in den beiden Katechismen seinen Ausdruck findet. Diese sind als „die Documente dieses gegenseitigen Lehraustausches" zu betrachten. „Nur die historischen Thatsachen dürfen entscheiden; nicht einmal das Selbstzeugniss der
Böhmischen Brüder kommt dagegen in Rücksicht."

Darüber kann kein Zweifel sein: Zezschwitz hat den einzig
richtigen Weg eingeschlagen, und jede neue Arbeit auf diesem Gebiete wird ihm darin folgen, die von ihm gewonnenen Resultate
verwerten, sich mit ihnen auseinandersetzen müssen. Aber die Untersuchung dürfte doch nicht für abgeschlossen gelten, weder über
die Katechismen, noch überhaupt über das Verhältniss der Brüder
zu den Waldensern. Wenn Palacký sagt: „Die Zweifel bezüglich der
Priorität des Waldenser- und Brüderkatechismus lassen sich nicht
auf Grundlage jener Daten, welche Prof. Zezschwitz bekannt waren,
entscheiden," so lässt sich dieser Behauptung eine noch weitere Aus-
dehnung geben. Sie gilt nicht von der speciellen Katechismusfrage
allein: auch bei der Untersuchung über das Verhältniss der Brüder
zu den Waldensern — abgesehen davon, dass die Forschung über
die Geschichte, Lehre und Literatur der letzteren nicht abgeschlossen ist — genügen die bisher verwerteten Daten und Vorarbeiten nicht. Diese Daten zu ergänzen und *eine* solche Vorarbeit
zu liefern, ist die Aufgabe dieses Buches.

So viel auch für die Geschichte der Unität, namentlich durch
Gindelys Hauptwerk und seine späteren Publikationen geleistet worden ist, wo besitzen wir eine erschöpfende Darstellung der Brüderlehre in ihrer fortschreitenden Entwickelung von Chelčický bis zu

---

[1]) Vgl. meinen Aufsatz über den böhmischen Text der Brüder — Katechismus
und sein Verhältniss zu den Kinderfragen. Prag 1877. (Separatabdruck aus den
Sitzungsberichten der b. Gesellschaft der Wissenschaften.)

*

der Zeit, in welcher die Reformation des 16. Jahrhundertes auf dieselbe einzuwirken begann? Aber auch die *Quellennachrichten über
den Verkehr der Brüder mit den Waldensern* sind weder vollständig
gesammelt, noch kritisch gesichtet. Diese Vorarbeit zu liefern ist,
um es bestimmter auszusprechen, die Aufgabe dieses Buches. Dabei
ist das Dogmatische, die Lehre der Brüder, nur so weit berücksichtigt worden, als es nöthig war, um die historischen Quellennachrichten zu beleuchten und zu erklären. Wenn aber ausserdem
auch die späteren *historiographischen Versuche bis zum 17. Jahrhunderte* in Betracht gekommen sind, so wird man hoffentlich auch
dieses nicht für überflüssig erachten.

Daneben verfolgt meine Arbeit noch einen besonderen Zweck,
nämlich die Quellennachrichten über *die Wahl und Weihe der ersten
Priester* der Unität zu sammeln und zu sichten. Auch dabei sind
die Brüder mit den Waldensern in Berührung getreten: sie haben
bei der Aufrichtung ihrer Priesterschaft die Hilfe derselben in Anspruch genommen: diese eine Thatsache wenigstens schien festzustehen. Nun hat sich aber jenes Dunkel, welches das gesammte Verhältniss der Brüder zu den Waldensern umhüllt, auch auf diesen
lichten Punkt ausgedehnt. Ein bedeutender Forscher, Prof. Gotthard
Lechler,[1] hält die ganze Erzählung von der *Herübernahme der Ordination* für „kritisch sehr zweifelhaft"; er findet ungelöste Widersprüche in dem Beginnen der Brüder, wie dasselbe wenigstens in
einem Theile der Quellen sich spiegelt, dann in den Quellen selbst,
und auch in den neueren Geschichtswerken.

Auch hier ist es nöthig, die Quellennachrichten vollständig zu
sammeln, zu sichten und eine Lösung der Widersprüche, welche sich
bereits in ihnen finden, zu versuchen. Im 17. Jahrhunderte hat
Br. Jafet in einem seiner Werke (Stimme des Wächters) diesen Weg
zwar betreten, aber in seinen späteren Schriften denselben wieder
verlassen und an Stelle der kritischen Forschung eine ziemlich willkürliche Construktion gesetzt. In den J. 1844 und 1845 hat Levin
Reichel, damals Lehrer am Seminar zu Gnadenfeld, Zusätze zu Plitts
Geschichte der Brüder-Unität verfasst[2]), und in ihnen eine Anzahl
von Zeugnissen über die Wahl und Weihe der ersten Priester zu

[1]) Johann von Wiclif und die Vorgeschichte der Reformation. Leipzig 1873.
II. 507.

[2]) Plitts Geschichtswerk (Zur Geschichte der Brüder-Unität alter und neuer
Zeit, 10 Bücher 1828) und Reichels Zusätze finden sich handschriftlich in Herrnhut. — Für die jetzige Brüderkirche hat die Frage eine nicht geringe Bedeutung.

sammengestellt. Reichel hat in neuerer Zeit zum erstenmal auf
wirkliche Quellen — im J. 1840 hatte die Unität die „Lissaer Folianten", das Brüderarchiv, erworben — zurückgegriffen, aber er hat
unter diese Zeugnisse auch die „Geschichte" Br. Jafets aufgenommen,
den er zu den „sorgfältigsten und glaubwürdigsten" Schriftstellern
rechnet. Von dem erst betretenen Wege der kritischen Forschung
abweichend, versucht er die älteren Quellen mit Jafets künstlichem
System zu versöhnen.

Reichel nimmt an, es habe eine doppelte Weihe der ersten
Priester statt gefunden. Auch nach Gindelys Erzählung (I. 34.)
„traten erst — nach vollbrachter Wahl — die vornehmsten unter
den Wählern hervor und legten den Gewählten die Hände auf, in
der Absicht, damit einen apostolischen Akt nachzuahmen, und erkannten sie als ihre geistlichen Vorsteher an. Es war nun die Sache
der Gewählten, sich die ordnungsmässige Priesterweihe zu verschaffen,
über deren Nothwendigkeit unter den Anwesenden kein Zweifel vor-
herrschte". Die zweite, eigentliche Weihe erfolgte aber später: Michael
von Senftenberg begab sich zum Waldenserbischof Stefan, erlangte
von ihm die Bischofsweihe und weihte erst dann den Matthias von
Kunwald zum Bischof, die zwei anderen Gewählten zu Priestern.

Lechler bemerkt dazu: „Es liegt sachlich ein Widerspruch darin, dass einerseits die Brüder den drei durch's Loos Auserkorenen
die Handauflegung ertheilt haben, welche doch als richtige Weihe
aufgefasst worden ist,[1] und dass sie anderseits sich erst um eine
anderweitige Weihe bemüht haben sollen." Lechler vindicirt dem
ersten Akt die Bedeutung der Weihe und hält den zweiten Theil
von Gindelys Erzählung, also gerade die Herübernahme der Ordination von den Waldensern, für kritisch sehr zweifelhaft. In der
That muss man es auffallend finden, wenn Gindely selbst in einer
Anmerkung (I. 494.)[2] bemerkt, „in den ältesten Quellen werde *nur*

Im J. 1717 hat Jablonský für G. Wake, Erzbischof von Canterbury, einen Aufsatz
„De successione episcopatus in Unit. Fr." verfasst. (Vgl. Acta Fratrum Unitatis in
Anglia 1749. Appendix VII. Extract of the Letter of the late Bishop Jablonsky to
his Ex. C. Zinzendorf: As touching the Succession of Episcopal Consecration, the
Bohemian Brethren have got their Ordination from the Waldenses about the year
1467, and have kept the same carefully und without interruption.) Im J. 1835 er-
folgten aus Anlas des hundertjährigen Gedächtnisses der Erneuerung des Bisthums
in der Brüderkirche scharfe Angriffe von englischer (episcopaler) Seite, welche Plitt
zur Abfassung einer Untersuchung über „das Bischofthum der Brüder-Unität" bewogen (handschriftlich in Herrnhut).

[1] Das ist allerdings Gindelys Meinung nicht.

[2] I. 493—495 findet sich eine Reihe der bedeutendsten Zeugnisse über die
Weihe der ersten Priester zusammengestellt.

die Anwesenheit eines Waldenserpriesters *bei der Wahl* erwähnt". Im Text wird von diesem Waldenserpriester nichts gesagt.

Auch Palacký kennt in der 2. Abtheilung des IV. Bandes seines Geschichtswerkes (S. 497.) nur die erste „Weihe". Die Gewählten „wurden einem Priester Römischer Weihe und einem der Waldenser, der unter den seinigen der Älteste war, vorgestellt, um von ihnen durch das Auflegen der Hände nach der Ordnung der ersten Kirche und apostolischer Anweisung gemäss confirmirt zu werden". Im V. Bande (1. S. 192.) bemerkt er dagegen, die älteste authentische Nachricht von der Mitwirkung eines Waldenserbischofs bei der Begründung der Unität finde sich in Korandas Schreiben an Johann Kostka (1478), während die ältesten Quellen nur „den ältesten Priester der Waldenser" kennen, aber keinen Bischof.[1]) Die Erzählung von der Reise Michaels zum Waldenserbischof u. s. w. holt Palacký erst an dieser Stelle nach, so dass es, wie Lechler (a. a. O. S. 507.) sagt, den Anschein gewinnt, der bewährte Forscher (Palacký) scheine einerseits jene Angabe nicht für historisch zu halten, lasse dieselbe aber später doch für beglaubigt gelten. Und gewiss muss man fragen, was nöthigt uns, dem späteren Zeugniss eines Gegners der Unität, Korandas, mehr Glauben zu schenken als den ältesten Quellen, den Schriften der Brüder selbst? Und so stossen wir überall, mögen wir die Quellen oder die Geschichtsschreiber[2]) befragen, auf Widersprüche. Ob ihre Lösung überhaupt noch möglich ist, mag die folgende Untersuchung lehren. Ihr Gegenstand, die Weihe der ersten Priester, ist das schwierigste Problem der Brüdergeschichte. Mit Recht sagt Gindely (S. 35.): „Es ist äusserst schwierig das Dunkel, welches auf der ersten Weihe der Brüderpriester liegt, aufzuhellen" — und Levin Reichel bemerkt treffend: „Das Geschäft des Geschichtsforschers muss hier Kritik sein, ein mühsames und undankbares, insoferne zum Schluss der Arbeit kein sicheres Resultat erlangt ist, sondern nur Wahrscheinlichkeiten."[3])

---

[1]) In der Abhandlung über die Beziehungen und das Verhältniss der Waldenser zu den Secten in Böhmen (S. 34.) bemerkt Palacký, die Mitwirkung eines *ungenannten* Waldenserbischofs sei nicht zu bezweifeln. Wer ist aber dieser ungenannte Bischof? Die ältesten Quellen sprechen allerdings von einem alten Priester, ohne seinen Namen anzugeben, aber der Bischof der Waldenser, mit dem die Brüder in Berührung kamen, hiess ohne Zweifel Stefan.

[2]) Über Crögers Darstellung (G. der alten Brüderkirche I. S. 79 ff) vgl. Zezschwitz Lukas von Prag (Herzogs Real-Encykl. Suppl.).

[3]) Ich citire: Gindelys Geschichte der Böhm. Brüder 1. Band, Prag 1857, 2. Band 1857—8 = Gindely I., II.; Gindelys Quellen zur Geschichte der Böhm. Brüder, vornehmlich ihren Zusammenhang mit Deutschland betreffend (Fontes rerum Austriacarum II. Band XIX.) = Gindely Quellen. — Die Zeitschrift des Böhm.

Das Brüderarchiv.

Als im J. 1836 H. Prediger Kleinschmied Böhmen bereiste, um alle in der Geschichte der Unität merkwürdigen Orte dieses Landes zu besichtigen, erzählte ihm Fr. Palacký, das alte Brüderarchiv sei noch in Polnisch Lissa vorhanden. Bald darauf (1840) wurden die früher so genannten Lissaer Folianten, 13 an der Zahl, käuflich erworben: sie bilden jetzt den grössten Schatz des Archivs und der Bibliothek in Herrnhut, deren Räume dem Forscher mit oft gerühmter Liberalität offen stehen.[1])

Bereits in den ersten Zeiten der Unität gab es eine Art von Archiv oder Bibliothek in Senftenberg: aber durch Zufälligkeiten, über die wir nicht näher unterrichtet sind,[2]) wurde diese älteste Sammlung zerstreut. Im 16. Jahrhunderte scheint es die Absicht Augustas gewesen die in Leitomischl aufbewahrte Bibliothek zugleich zu dem Hauptarchiv der Unität zu erheben, aber die grosse Feuerbrunst des J. 1546 verzehrte einen grossen Theil der Stadt und liess auch die Sammlung der Bücher und Handschriften nicht unversehrt. Glücklicherweise gab es hie und da Abschriften der zu Grunde gegangenen Quellen, mit deren Hilfe man an die Reconstruktion des Archivs, ja an eine umfassendere Sammlung des geschichtlichen Quellenmaterials schreiten konnte, da es Augusta kaum gelungen war, an dem Orte seines gewöhnlichen Aufenthaltes alles zusammenzutragen.

Mus. = Č. Č. M. Die gewöhnlich dem Blahoslav zugeschriebene Geschichte (Handschrift der Prager Univ. Bibl.) citire ich: Hist. Fr. (Ms. Un.). Mit: Br. A. I., Br. A. II., bezeichne ich die einzelnen Folianten des Brüderarchivs in Herrnhut. — J. Jirečeks vortreffliches Handbuch (Rukověť) zur Geschichte der böhm. Literatur (2. Bände, Prag 1875—1876) enthält Biographien aller hervorragenden Brüder, die zum grossen Theil auf Grund von handschriftlichen Quellen verfasst sind. Dem Verfasser dieses Werkes, Herrn J. Jireček, Minister a. D., ferner den HH. Professor Gindely und Archivar A. Glitsch in Herrnhut sage ich für die Unterstützung, die sie mir bei dieser Arbeit zu Theil werden liessen, meinen aufrichtigen Dank.

[1]) Über das Brüderarchiv vgl. Gindely Quellen (Einleitung), Jireček Rukověť (I. 144) und meine Beschreibung des Herrnhuter Archivs in Č. Č M. 1876. — Ausserdem: Nigranus ac Flacius (1556) und Blahoslav ac Lasicius (1571), (Gindely Quellen S. 277—325).

[2]) Der Verfasser der Hist. Fratrum (Ms. Un.) bedauert, aus der älteren Zeit keine Ordinationslisten der Brüderpriester gefunden zu haben. Vielleicht habe man damals der Verfolgungen wegen keine führen können. „Und wenn etwas aufgezeichnet worden war, so ist es, wie ich vermuthe, zu Grunde gegangen in Senftenberg bei N., der von Br. Ma(tthias) — ebenso so wie Matthias Uhlíř von Kunwald — in den engen Rath aufgenommen worden war und bei dem die Brüder ihre Bibliothek, und was sonst wichtigeres da war, bewahrten. Aber er wurde dann abtrünnig (ten se potom vyvrátil) und alles blieb bei ihm. Und als er starb, so wurde es zerstreut, denn sein Weib verschenkte einiges und verkaufte anderes. Und Blätter und Reste fand man hie und da... Und einiges hat wohl auch das Feuer zu Leitomischl verzehrt, an welchem Orte allein Br. Augusta die Brüderbibliothek haben wollte...“

Das Werk des Wiedersammelns begann Augusta selbst, aber der eigentliche Wiederhersteller der alten und Begründer des neuen Brüderarchivs ist Johannes Černý (Nigranus † 1565), sein Mitarbeiter (seit 1553) und Continuator (s. 1562) Johann Blahoslav, dem sich später Andreas Štefan, Laurentius Orlík, Br. Aeneas u. a. anschlossen.

Das Jahr 1546 war zu einem bedeutungsvollen Terminus in der Geschichte und auch für die Geschichtsschreibung der Brüder geworden. Die dem Brande folgenden politischen Ereignisse hatten der Unität harte Verfolgungen und schwere Bedrängnisse gebracht. Joh. Černý legte gleichsam ein doppeltes Archiv an, eine Reihe von Folianten sollte die Quellen der älteren Zeit bis 1546 und 1547 aufnehmen, eine zweite dagegen der fortlaufenden Zeitgeschichte s. 1547 gewidmet sein. Während die Sammlung und Eintragung der neueren Quellen rasch vor sich gieng, kostete das Zusammenlesen des alten und zerstreuten, die Ersetzung des verlorenen mehr Zeit und Mühe. Noch im J. 1557 wurde an dem I. Folianten der ersten Reihe geschrieben. Aus unbekannten Gründen finden wir aber einen grossen Theil der darin enthaltenen Quellen in den folgenden Folianten wieder.[1] Überhaupt gieng das Sammeln und Eintragen in keiner systematischen Ordnung vor sich: man copirte, was man eben gefunden hatte. Selbst in einem Folianten der zweiten Serie (XI. des Ganzen) finden wir wichtige Nachträge. Die erste Reihe umfasst sechs Folianten. Verhältnissmässig wenige der darin enthaltenen Quellen überschreiten das J. 1510: die wichtigsten reichen in das 15. Jahrhundert zurück. Hat man für die späteren Jahrzehente des 16. Jahrhundertes wenig vorgefunden oder war der Eifer erlahmt? Auffallend ist es, dass von den Resten des schriftlichen Verkehrs des Lukas mit Luther, die im J. 1557[2] noch vorhanden waren, in die Folianten nichts übergieng. Für das 15. Jahrhundert aber bleibt das Brüderarchiv die Hauptquelle, aus der allein eine genügende Kenntniss der Anfänge der Unität geschöpft werden kann. Hier sind ihre ältesten Apologien und Confessionen vorhanden, welche zugleich als die ältesten geschichtlichen Quellen anzusehen sind. Das Historische ist in ihnen von dem Dogmatischen nicht geschieden.

In dem folgenden Abschnitte sollen die apologetischen Grundgedanken der ältesten Brüderschriften kurz zusammengefasst werden.

---

[1] Die Texte des I. Bandes zeichnen sich durch ältere Sprachformen aus.
[2] Exstant omnia ista, quae agebantur inter D. M. Lutherum et Fr. Lucam. Blahoslav ac Georg Israel 1557. (Br. A. VIII.)

Die ältesten apologetischen Schriften der Brüder.

In ihren ältesten apologetischen Schriften lehnen die Brüder den Namen ab, den ihnen die Gegner gaben. Sie wollten nicht *Pikarden* heissen. Und mit Recht, denn darunter verstand man Sekten, die kaum als christlich gelten können und die, wie die Adamiten, sich die ärgsten sittlichen Verirrungen zu Schulden kommen liessen.[1]) Woher stammt aber die Verwechselung der Brüder, deren Beginnen ein tief sittlicher Ernst zu Grunde lag, die das Ideal einer christlichen Gemeinde in der Wirklichkeit darstellen wollten, mit Leuten, welche „die Sünde für keine Sünde ansahen"? Die Heimlichkeit ihrer Versammlungen, die Unwissenheit oder die böse Absicht der Feinde allein ist es nicht gewesen, die zu üblen Gerüchten und Verunglimpfungen Anlass gab. Die entstehende Brüdergemeinde hat wie aus andern Sekten, deren es in Böhmen eine grosse Anzahl gab, so auch aus der Mitte der Adamiten einzelne an sich gezogen, und in sich aufgenommen. Die sittliche Bekehrung und Läuterung gelang aber dabei nicht immer, und einzelne Rückfälle, mit denen die Gefahr der Ansteckung verbunden war, mögen die Erinnerung an den trüben Ursprung eines wenn auch geringen Bruchtheils der Unität wach gerufen haben.[2])

Auch als eine Fortsetzung der *Taboriten* wollten die Brüder nicht gelten, und sie protestiren dagegen in ihren ersten Apologien mit einem Nachdruck, der dem Zusammenhang, der da in der That bestanden hat, nicht zu entsprechen scheint. Von den Taboriten schied vor allem die Schüler des Peter Chelčický die Lehre „von der Macht der Welt". Sie wollten nicht für den Glauben streiten wie jene, „die darin irrten, dass sie ihren Glauben durch körperlichen Kampf bezeugen wollten", sie wollten vielmehr dulden und dadurch ihren Glauben bewähren. In der That berührte dieser Gegensatz die Grundansicht, auf der die Lehre der „alten Brüder" beruht.

Anderseits war es dieselbe Lehre von der weltlichen Macht, welche wie vordem die Taboriten so auch die Brüder von der *römischen Kirche* durch eine tiefe Kluft trennte. Wie dem Peter Chel-

---

[1]) In einer 1475 verfassten Schrift der Brüder heisst es: Pikarden wurden die schlechtesten der Menschen genannt, die von Christo nichts hielten, an die Auferstehung nicht glaubten, und darum, die Sünde für keine Sünde achtend, in voller Freiheit des Leibes und seiner Lüste wandelten.

[2]) Die wichtigste Stelle enthält das vierte Schreiben der Brüder an Rokycana. — Nach einem Schreiben Br. Gregors an einen unbekannten Adressaten hatten

čický, so galt auch ihnen diese für verdorben und verleitet seit den Tagen Constantins und Sylvesters.[1]) Seitdem sind Macht und Reichthum in die Kirche eingedrungen und damit in ihrem Gefolge der Abfall von dem wahren Christenthum. Priester und Volk schreiten einher „*auf dem breiten Wege*". Der weltliche Arm züchtigt nicht die Ketzer allein –- dazu ist er von Gott berufen — sondern verfolgt auch auf Geheiss des Papstes und seiner Priesterschaft die wahren, die „getreuen" Christen. Aber nicht die Schafe fressen den Wolf, sondern der Wolf die Schafe. Das Verfolgen derjenigen, die den Abfall erkannt, das Herrschen, das Schalten und Walten mit den Gütern und dem Reichthum, an denen ihr Herz hängt, die Rachsucht, die dem Feinde nicht vergibt: sind die Merkmale, sind das Wesen jener Verderbniss; dagegen das Verfolgtwerden und Dulden, das Dienen, die Armuth, die Liebe, welche dem Feinde nicht allein verzeiht, sondern auch Gutes erweist, die Kennzeichen der Getreuen „der kleinen Herde", die den „engen Weg" wandelt nach dem Muster Christi, der Apostel, der ersten Christen. Und nicht die Kennzeichen allein, sondern auch das *Wesen des christlichen Lebens*. Aber am Ende des engen Weges steht auch die *enge Pforte des Heils*. Den Eingang *erwirbt* sich der Wanderer durch die Mühen des Weges. Doch genügt der äussere Schein allein nicht. Dem Äussern muss das Innere, der That die Gesinnung entsprechen, das gute Werk aus der *Tugend* fliessen. Wie Christus gestorben und auferstanden, so muss auch der Christ sich selbst, seinen Begierden und Lüsten absterben, *um wieder geboren und erneuert zu werden*. Die Wiedergeburt ist die Quelle des christlichen, erneuerten Lebens, denn der gute Baum kann nur gute Früchte tragen; die Grundlage des Heils — denn durch sie wird der Glaube zum lebendigen Glauben, der durch die Liebe thätig ist, die Hoffnung zur untrüglichen Ge-

---

die Brüder auch einige aus „der Rotte von Košátek, der schlimmsten, welche die Sünde für keine Sünde achte", unter sich aufgenommen. Und durch sie seien auch einige Brüder zum Falle gekommen. (Br. A. V.)

[1]) „Und der Anfang dessen geschah durch Constantin, den römischen Kaiser, der das Haupt der Welt war und sie regierte, als ihn Sylvester in den Glauben Christi aufnahm ohne die Wahrheit der Werke, sondern nur zur lauten Bekennung des Glaubens ... Aber Sylvester hat den Constantin und das Volk, das sich mit ihm dem Glauben Christi unterwarf, nicht auf den Weg Gottes geführt, so dass sie das einfältige, arme, demüthige, geduldige Leben Christi und seine Verspottung durch die Welt auf sich genommen hätten, sondern Constantin hat den Sylvester von dem rechten engen Wege Christi abgeleitet und von seiner Ertragung der Leiden, so dass Sylvester fortan denen Leid zufügte, die bei Christo verblieben waren." *Schreiben der Brüder an Rokycana* (vor 1467). — Hier wird Petrus Waldus noch nicht erwähnt.

wissheit der künftigen Seligkeit; der Grundbegriff in der Lehre der alten Brüder, aus dem sich alles übrige ergibt. Auch die Lehre von dem guten und bösen Priester und der Kirchenbegriff. Nur der gute Christ kann zugleich ein guter Priester sein; *der böse Priester* dagegen verwaltet sein Amt sich zum Verderben und den Gläubigen nicht zu Nutzen: das Wort wird in seinem Munde kraftlos, das Sakrament, das er spendet, wirkungslos.

Mochten demnach die Brüder von der Lehre von der Macht der Welt, mochten sie von der Lehre von dem bösen Priester ausgehen, mochten sie das Leben des Volkes oder der Geistlichkeit in's Auge fassen, die römische Kirche erschien ihnen verführt und verdorben. Der Papst und seine Geistlichkeit sind der *Antichrist,* der da gekommen ist in der Fülle der Verführung zum Bösen und das Volk in der falschen trügerischen Hoffnung des Heils bekräftigt. Die Prophezeiungen des alten und neuen Bundes, die Bilder der Apokalypse finden da ihre Erfüllung und Deutung. Aber es gilt auch die Mahnung: Mein Volk, gehet von ihnen (Apok. 18.); und das Wort des Apostels: Darum gehet aus von ihnen und sondert euch ab (2. Thess.). [1] Die *Absonderung von der römischen* Kirche — auch die Utraquisten gehören durch den Gehorsam, den sie ihr leisten, zu derselben und nehmen an ihrer Verführung Theil — die Trennung von der „Gemeinschaft des Papstes und seiner Geistlichkeit" ist es, welche durch die Apologien gerechtfertigt werden soll, als ein Recht, von dem die Brüder Gebrauch gemacht, als eine Pflicht, die sie erfüllt haben. Sie haben jene mahnende Stimme (Apok. 18.) verstanden und sind aus Babylon ausgezogen. Wer das Verderbniss der Kirche erkannt hat, soll aus derselben ausscheiden, und wer die offenbare Sündhaftigkeit des bösen Priesters und seinen schlechten Wandel sieht, soll ihn meiden und von ihm den „Dienst" nicht empfangen. Gott muss man mehr gehorchen als den Menschen. [2]

Aus der Grundansicht von der innern Erneuerung und Wiedergeburt ergibt sich auch der *Kirchenbegriff* der Brüder, *als Gemeinschaft der Erwählten d. i. der Wiedergebornen.* [3] Und dieser ideale Begriff mildert zugleich den schroffen Gegensatz gegen die römische Kirche: auch in derselben kann es einzelne Gerechte geben. Des-

---

[1]) Viertes Schreiben an Rokycana.

[2]) Viertes Schreiben an Rokycana (1468).

[3]) Vgl. Zezschwitz S. 120: „Merkwürdigerweise tritt in all den angeführten Confessionen (des 16. Jahrhundertes) der bei Hus so stark ausgeprägte Prädestinatianismus zurück." — Dasselbe gilt von den Schriften der „alten Brüder".

gleichen in jeder anderen kirchlichen Gemeinschaft. [1]) Und auch
wer zu keiner sichtbaren Kirche gehörend, unter Heiden ohne Empfang der Sakramente lebt, die zum Heile nicht unumgänglich nothwendig sind, kann dennoch zu der grossen Kirche Gottes, die weder
an Ort noch an die Zeit gebunden ist, gehören und selig werden.
Aber die „gerechten" Christen sollen überall, wo sie sich zusammenfinden, zu einer *sichtbaren, äusseren kirchlichen Gemeinschaft* zu-
sammentreten. Denn der Herr hat auf Erden eine äussere, sichtbare
Kirche begründet, in ihr Heilsmittel gestiftet, und zu ihrer Regierung und zur Verwaltung der Sakramente diejenigen eingesetzt,
denen er die Macht zu binden und zu lösen, und die Gewalt der
Schlüssel übergab. Eine solche kirchliche Gemeinschaft wollten die
Brüder bilden, nach dem Muster der ersten Kirche. Nicht als ob
sie die Gesammtheit der „Erwählten" wären, die auf der Erde lebten:
aber dem Idealbegriff der Kirche wurden sie gerecht durch die Ein-
führung einer strengen *Kirchenzucht*, durch Ausschliessung der offenbaren Sünder und Irrgläubigen. So fand sich ein *christliches Volk*
zusammen. Dann folgte die „Erneuerung" der Sakramente, die Verwaltung derselben im Sinne der ursprünglichen Einsetzung durch
einige *gute Priester*, die sich ihnen angeschlossen. War aber dadurch die Trennung von der verführten Kirche vollständig vollzogen,
die Erneuerung der Kirche vollendet, und ihr Bestand für die Zukunft gesichert? Gehörte nicht dazu die Erneuerung der Priesterschaft? Aber zu diesem letzten Schritte konnten sich die Brüder
lange nicht entschliessen: denn dieses bedeutete zugleich die Trennung von der „böhmischen" Gemeinschaft, den Bruch mit Rokycana,
gegen den sie, auch als er ihr Gegner wurde, bis zu seinem Tode
eine gewisse Pietät bewahrten.

Ich finde indess nicht, dass die alten Brüder den historischen
Zusammenhang mit der gesammten religiösen Bewegung, deren Schau-
platz Böhmen seit langer Zeit war, mit besonderem Nachdruck her-
vorheben. Erst später wurde dieses ein integrirender, breit ausge-

[1]) So heisst es in (Gregors) Traktat von der Kirche: „Es könnte jemand sagen, dass wir alle diejenigen verdammen und verwerfen, so im Gehorsam der römischen Kirche stehen, seit Constantin den Glauben empfangen und Sylvester den
Reichthum... Das ist aber unsere Meinung mit nichten... Denn wie wir die Erwählten in der indischen und griechischen Kirche nicht verwerfen, so verdammen wir
auch nicht die Erwählten unter den Römern..." Die römische Kirche verdamme
dagegen jeden, der ihr nicht unterthan ist. Es gebe aber viele gute Christen, die
ihr nie Gehorsam geleistet. So die indische Kirche, „grosse Länder unter dem
Priester Johannes (pod Janem popem)..." „Auch waren zwei Männer in Prag zugegen gewesen und erzählten, wie die Menschen dort leben..."

führter Bestandtheil ihrer apologetischen Schriften, obgleich sie zu ihrer eigenen Entschuldigung bereits in der ersten Zeit der Utraquisten zu Gemüthe führen, seit *Hus* [1]) habe man in Böhmen unaufhörlich gepredigt, verkündet und geschrieben, der Antichrist sei im Papstthum erschienen. Dagegen wird von Anfang an auf die *Predigten Rokycanas* das grösste Gewicht gelegt, und bereits die alten Brüder rechnen ihn geradezu zu denjenigen, die ihre Unität in's Leben gerufen haben.

In der That ist eine beträchtliche Anzahl der Begründer derselben aus Rokycanas Zuhörern hervorgegangen; sie haben seine Predigten gehört und schriftlich aufgezeichnet. [2]) Mächtig hat seine Stimme in den Hallen der Teynkirche, namentlich in den Tagen des „jungen Königs“ — gemeint ist damit Ladislav Posthumus — geklungen. Den Gegenstand seiner Predigten bildete die Ankunft des Antichrist und seine Verführung, die Bosheit der Priesterschaft und der Verfall des Volkes. Der Papst mit den bösen Priestern, die Christum, den Herrn, in der Güte der Werke und den Tugenden des Wandels nicht nachfolgen, sei die Hure und sitze auf dem Thiere. Kernige Aussprüche des Magisters haben sich in älteren und späteren Schriften der Brüder erhalten. Es mag einen gewaltigen Eindruck auf das Gemüth der Zuhörer gemacht haben, wenn er sagte, ein Hirsch mit goldenem Geweih sei auf der Prager Brücke nicht so selten wie ein guter Priester. Und geeignet zu einem tieferen Nachdenken anzuregen waren die Worte: viele Priester empfiengen die Tonsur, wenige die Weihe. Ja Rokycana scheute sich nicht auszurufen, der Teufel sei in alle Sakramente eingedrungen und besitze sie zu seinem Nutzen, indem er durch dieselben das Volk in falscher Hoffnung bekräftige.

Seine Worte fielen auf einen empfänglichen Boden. Die Brüder suchten die guten Priester auf, wo sie im Lande zu finden waren. Sie thaten es mit Rokycanas Wissen und Billigung. Aber nirgends fanden sie Befriedigung und kehrten wieder zu dem Meister zurück. Da war es Rokycana selbst, der sie an *Peter Chelčický* wies, und so haben sie „mit ihm gesprochen und seine Schriften gelesen“. Chelčický vollendete, was Rokycana begonnen. Die Brüder hörten und lasen noch mehr von der Verführung der Kirche und erfassten tiefer

---

[1]) Neben Hus (und fast auch mehr als Hus) wird besonders Matthias von Janov hervorgehoben.

[2]) Ein Exemplar besass Ambros von Skutsch († 1520).

die Lehre von dem bösen Priester. Sie erkannten, „die Bosheit der Priester und des Volkes sei noch grösser". Aber sie wurden zugleich an Rokycana selbst irre, „da auch er das that, was er für böse hielt".[1]) An der Hand Chelčickýs waren sie weiter fortgeschritten und hatten Rokycana hinter sich zurückgelassen. Doch vermissten sie ungern ihren früheren Lehrer, den sie mit Freuden als ihren Führer, ihr Haupt anerkannt hätten. Aber Rokycana „wollte sich lieber an die Welt halten", und als sich nach dem Tode des jungen Königs die Zeiten änderten, da hat auch er, wie es in einer späteren Schrift heisst, „seine Wagen zurückgeführt".

Dem Rokycana dankten es die Brüder, dass sie sich an der gebirgigen Nordostgränze des Landes zusammenfinden konnten. Aber sie giengen fortan selbstständig ihres Weges, bedächtig jeden neuen Schritt erwägend und prüfend, so dass sie mit Recht später sagen konnten, sie hätten ihr Werk nicht „mit Hast" begonnen. Dieses Werk war die besondere und selbstständige *Organisation der Unität.* Sie mieden die „bösen" und hielten sich an einige „gute" Priester, unter denen besonders *Michael,* früher Pfarrer von Senftenberg, hervor-ragt; er wird in den spätern Schriften Michael der Alte genannt. Auch dieses geschah noch mit Wissen und Billigung des Rokycana. Aber dieses allein genügte den Brüdern nicht mehr, die sich nun-mehr gegen diejenigen, die mit ihnen nicht gleichen Sinnes waren, abzuschliessen suchten. Dazu diente die mit Ausschliessung von dem Gottesdienst verbundene Kirchenzucht. Auch „veränderten sie die Ceremonien", wodurch ihre Ansichten von den Sakramenten zum Ausdruck gelangten; namentlich fiel die Anbetung der Hostie weg, obgleich die Brüder damals ihre besondere Auffassung des Sakra-mentes des Leibes und Blutes Christi noch nicht formulirt hatten. Die Geistlichkeit erhob ihre Stimme gegen diese Neuerungen und fühlte sich durch das Aufkommen dieser besondern Gemeinde in ihren Rechten beeinträchtigt. So kamen über die Brüder die ersten Drang-sale: die schwersten erlitt jener „Patriarch der Unität" *Bruder Gre-gor,* der bei einem Besuche in Prag mit andern Gleichgesinnten ge-fangen genommen und gefoltert wurde. Nach einer Tradition, die in dieser Form erst in die späteren Schriften der Brüder übergieng,[2])

---

[1]) Vgl. Gindely I. 39.

[2]) Dass Br. Gregor in einer Vision die künftigen Priester (oder nur den Vor-steher, Matthias von Kunwald?) der Unität gesehen, ist bereits im vierten Schreiben an Rokycana angedeutet. In den späteren Quellen kommen neue Züge hinzu. Vgl. Regenvolscius p. 172: Narrabat idem (Gregorius), sui compos factus, visionem, quam

hat er damals, da sein Körper in Ohnmacht versank, in der Verzückung des Geistes die neuen Priester der Unität gesehen. Doch ist es *Gregors Vision* nicht gewesen, welche die Brüder endlich bewog, den Schritt zu wagen, der ihre selbstständigen Organisation vollenden sollte. Aber schon die Thatsache, dass Gregor eine Vision hatte, die sich auf die Aufrichtung einer besonderen Priesterschaft bezog, beweist, dass diese Frage die Brüder lebhaft beschäftigte. Noch zauderten sie, obgleich es nicht die Furcht allein war, die Erbitterung der Geistlichkeit und dadurch die Verfolgung zu steigern, die sie zurückhielt. Denn die Leiden, die über sie kamen, waren ihnen ein Zeichen, dass die „letzten Zeiten" gekommen sind, in denen die Gerechten verfolgt werden sollen, und das willkommene Merkmal, dass sie, die Verfolgten, die Gerechten, die Verfolgenden aber die Ungerechten sind; denn die Erwählten sind das Korn, das zwischen den Mühlsteinen zermalmet wird. Und so erfuhren sie an sich selbst das, was sie bisher nur gelesen, gehört und gesehen hatten. Die Seelenangst, ob sie den rechten Weg betreten haben, musste sich endlich lösen.

Bereits in den ältesten Schriften findet sich der später oft wiederholte Ausdruck: Die Noth unseres Heils hat uns dazu getrieben; nämlich zur Aufrichtung einer eigenen Priesterschaft. Die Verfolgungen nahmen zu, die gottesdienstlichen Versammlungen mussten im Geheimen abgehalten werden. Die wenigen guten Priester konnten leicht zum Opfer fallen, die beginnende Organisation der Unität zurückgehen, diese selbst vor ihrer vollständigen Ausbildung ein Ende finden. Und so entschlossen sie sich.

Noch einen Ausweg hätte es gegeben, nämlich den *Anschluss an eine bereits bestehende Kirche*, die dem Papste nicht unterstand. In ihrer Scheu, etwas neues ohne Noth und ohne Recht zu beginnen, haben die Brüder es erwogen und geprüft: sie dachten an die griechische, an die armenische, an die „indische" Kirche, mussten aber den Gedanken wieder fallen lassen, da dasjenige, was sie von

---

in illo animi deliquio, viderat: introductum se fuisse in pratum amoenissimum, in cuius medio stabat arbor fructibus onusta, quibus varii generis aves frondibus insidentes, exultantes, eleganterque cantantes, pascebantur. In medio vero earum consistebat, cum virgula, adolescens: qua illas ita regebat, ut nulla earum extra ordinem se. proriperе anderet. Quo ostento, procul dubio, Deus istius Ecclesiolae.... imaginem ei exhibere voluit Eius arboris specimen quoddam ad calcem Confessionis Un. Fr. Bohemico idiomate editae 1607 positum est in rei memoriam, cum inscriptione: Virgula divina, sub hac patienter vixit ovis. Vidit et alios tres viros, eiusdem arboris velut custodes: quos sexennio post, iisdem vultuum liniamentis, re ipsa, cum per suffragia primi Antistites eligerentur, vidit.

jenen Kirchen hörten, ihrem Ideal des wahren Christenthums nicht entsprach.

Aber es gab doch eine Gemeinschaft, deren Bild auch in der Art, wie es die besonnenste historische Kritik festgestellt hat, und auch die Einflüsse abgerechnet, welche dieselbe durch die hussitische Bewegung erfahren hatte, Züge aufweist, die eine Ähnlichkeit zwischen ihr und den böhmischen Brüdern, ja eine gewisse Wahlverwandtschaft bekunden. Ich meine die *Waldenser*. Waldenser hat es in der Zeit, da die Unität sich bildete, in den böhmischen Landen und in der Nachbarschaft gegeben — dorthin sind wenigstens ihre Priester gekommen, hier, in Österreich haben ihre Gemeinden bestanden; mit Waldensern haben die Brüder schon damals verkehrt, denn obgleich es wahr ist, dass diese, wie sie später oft versicherten, jenen nicht beitraten, dass sie *nicht Waldenser geworden sind*, so ist doch nicht minder wahr, dass sich Waldenser unter denjenigen Männern befanden, welche durch Aufrichtung einer selbstständigen Priesterschaft die Organisation der Unität vollendeten, und dass dabei überhaupt *den Waldensern eine wichtige Aufgabe zufiel*. Aber das Bild dieser Vorgänge in seinen Einzelnheiten schwankt in den Quellen und in der älteren und neueren Geschichtsschreibung: ein Geheimniss, ungelöst und vielleicht unlösbar. Die Forschung muss sich entschliessen, mag das Resultat befriedigend oder unbefriedigend ausfallen, die Quellen, eine nach der anderen in ihrer chronologischen Ordnung, zu befragen und ihre Aussagen zu prüfen.

I. Die ältesten Quellen.

Die ältesten Schriften der Brüder stammen zum grossen Theile aus der Feder Gregors, des Patriarchen und Repräsentanten der alten Unität. Sie zerfallen in zwei Klassen. Einige waren an Rokycana, an König Georg gerichtet oder auch „für Alle" bestimmt: in ihnen überwiegt die apologetische Tendenz. Andere waren für die Brüder allein verfasst worden. Die Unität selbst hat dieselben, als sie sich später von ihrer ursprünglichen Richtung zum Theil lossagte, vernachlässigt;[1]) und auch für die historische Forschung sind sie ein nicht ganz gehobener Schatz geblieben.

Der Bruch mit der katholischen Kirche und auch mit den Utraquisten war vollzogen, aber dadurch sollte die Verbindung der Brüder mit dem Haupte der utraquistischen Geistlichkeit noch nicht gänzlich aufhören. Und nicht allein um Schutz gegen ihre Gegner bei ihm zu finden, wandten sich die Brüder an Rokycana, sondern sie wollten und konnten die Hoffnung nicht aufgeben, ihr früherer Meister werde doch die Wahrheit erkennen, die Welt verlassen, sich ihnen beigesellen. An Tiefe des Gefühls und Lauterkeit der Gesinnung bei aller Schlichtheit des Ausdruckes, ja Unbeholfenheit der Form — denn gelehrte Schriften sind es keineswegs — kommt den an Rokycana gerichteten Schreiben der Brüder in der reichen Literatur der Unität nichts gleich, und dieses verleiht ihnen einen selbstständigen Wert. Die apologetischen Gedanken, die in ihnen enthalten sind, sind vorher zusammengefasst worden. Die ältesten Nachrichten über die Entstehung und erste Organisation der Unität sind da zu finden.

Das Brüderarchiv hat uns sieben Schreiben der Brüder an Rokycana erhalten,[2]) von denen das erste[3]) ihm am 2. Mai 1468

---

[1]) Gindely Dekrety J. Br. (Dekrete der Unität. Prag 1865.): das Dekret von Reichenau (S. 2) v. J. 1495 (vgl. Gindely I. 72). Der Ausdruck „Gregors Schriften für apokryphisch erklärt", findet sich nicht in dem Dekrete, welches wir übrigens nicht dem vollen Wortlaut nach besitzen, sondern in Hist. Fr. (Ms. U.)

[2]) Das „fünfte" (nach Gregors Folterung verfasste) Schreiben fällt vor 1467.

[3]) Nach der Zählung des Br. A.

überbracht worden ist und des früheren innigen Verkehrs mit dem Meister gedenkt. Über die letzten Vorgänge im Schosse der Unität sollte der Überbringer des Schreibens einen mündlichen Bericht erstatten. Rokycana fragte ihn, welche besondere Offenbarung denn die Brüder empfangen hätten. „Wenn ihr eine Offenbarung habt, warum eröffnet ihr es uns nicht? Erkennen wir, dass es gut ist, so wollen wir es auch annehmen" — so lauteten seine Worte. Aber der Bote trug Bedenken mehr zu erzählen. Nach seiner Rückkehr wurden durch einen förmlichen Beschluss der Unität „einige Brüder" beauftragt, dem Rokycana in einer besonderen Schrift alles mitzutheilen. Doch musste sich der Bote der Brüder nochmals zu Rokycana begeben, um von ihm das Versprechen zu fordern, er werde das Mitzutheilende geheim halten. Die schriftliche Antwort lautete: „Bewahre mich Gott, dass ich denjenigen verrathen sollte, der sich mir anvertraut. Nie that ich es, noch werde ich es, so Gott will, thun!" Zum drittenmale kam dann der Bote und brachte zwei Schreiben der Brüder, das dritte und das vierte; das dritte — eine Einleitung zum vierten, in der sie erklären, Rokycanas Belehrung annehmen zu wollen, aber ihm dabei den Vorwurf nicht ersparen, nicht sie hätten sich von ihm getrennt, sondern er habe sie von sich gestossen; das vierte — die älteste Confession der böhmischen Brüder und den ersten Bericht über die Wahlsynode des Jahres 1467. [1]

1. Das vierte Schreiben der Brüder an Rokycana (1468).[2]

Es besteht aus zwei Theilen, dem Schreiben und einer Erklärung der Sakramente. Der Bericht über die Wahlsynode ist im ersten Theile enthalten. Fassen wir die darin enthaltenen Nachrichten kurz zusammen.

Die Brüder knüpfen an Rokycanas Frage über die ihnen zu Theil gewordene Offenbarung an und beantworten dieselbe in doppelter Weise. Für die grösste Offenbarung halten sie die Offenbarung der Wahrheit, doch deuten sie zugleich an, Gottes Wille sei ihnen auch in einer anderen Weise kund gethan worden. Sie erinnern an Ezechiels Vision von dem Wiederaufbau des Tempels. Dennoch beschlossen sie, Gott besonders zu befragen, nach dem Muster der ersten Kirche, nach dem Beispiel „der ersten Heiligen". Und die Gott vorzulegenden Fragen lauteten: ob die Brüder sich gänzlich

---

[1] Vgl. Gindely I. 40 ff.
[2] Br. A. I. und II. (Quellenbeilage A.).

von der Amtsgewalt des Papstes und seiner Priesterschaft trennen und bei sich die Ordnungen der ersten Kirche einführen sollten, und zwar durch Wahl von Personen, denen die oberste Regierungsgewalt der Unität übertragen werden soll, und durch Aufrichtung einer eigenen Priesterschaft.

Nach dem Schreiben an Rokycana sind *drei* Versammlungen oder Synoden zu unterscheiden. Auf der *ersten,* zu der Theilnehmer aus Böhmen, Mähren *und auch deutsche Waldenser* sich einfanden, wurden die einleitenden Beschlüsse gefasst, während der *zweiten* offenbarte Gott den Brüdern, er billige ihr Vorhaben. Ob sie dabei seinen Willen durch das *Los* erforschten, ist nicht ausdrücklich gesagt, dagegen wird es bestimmt angedeutet, dass dieses Mittel bei der Wahl der ersten Priester, die während der *dritten* Synode vor sich gieng, angewendet worden ist. Die *Loswahl* selbst wird nicht im einzelnen beschrieben, und erst spätere Berichte ergänzen darin den ersten. Das Los fiel auf drei Männer, deren Namen nicht angeführt werden: an der Synode hatten 60 Brüder Theil genommen. Unter den Gewählten sollte einer *„die erste Stelle in der Gewalt des Amtes"* einnehmen, doch wird nicht gesagt, ob etwa das erste Los als ein bevorzugtes galt, oder ob Gottes Wille in Bezug auf das künftige Haupt der Unität nochmals und besonders erforscht worden ist. Erst jetzt, nach vollbrachter Wahl, erhob seine Stimme derjenige, der das, was kommen sollte, im Gesichte geschaut hatte, um den Glauben und die Zuversicht der Brüder zu stärken: Gott habe denjenigen, auf den die Wahl wirklich gefallen war, zu ihrem Oberpriester bestimmt.

Mit allen diesen Zügen des ersten Berichtes kommen auch die Angaben der späteren Quellen überein, indem dasjenige, worin sie etwa abweichen, minder wesentliche Einzelnheiten betrifft. Aber der *zweite Theil* des ersten Berichtes tritt in einen auffallenden *Widerspruch mit allen folgenden Quellen* und ist an sich nicht durchaus verständlich.

Der Wahl sollte die *„Bestätigung"* der Gewählten unmittelbar während der Wahlsynode folgen. Durch wen sollte sie aber vollzogen werden? Die Brüder bestimmten dazu einen *Priester römischer Weihe* und einen *alten Waldenser Priester.* Vom neuen wurde der Wille Gottes erforscht, „ob er es haben wollte", aber in welcher Weise es geschah und was der Inhalt der Frage war, wird nicht aufgeklärt, und dunkel bleibt es auch, ob dann die Bestätigung die den Gewählten und dem Ersten unter ihnen insbesondere durch Hand-

*

auflegung zum Theil wurde, *nur durch den alten Waldenser* erfolgte; der römische Priester wird wenigstens dabei nicht ausdrücklich erwähnt. Der Zusammenhang lässt eine doppelte Annahme zu: entweder haben beide den Gewählten die Bestätigung ertheilt, denn beide sind „zur Bestätigung angenommen worden", oder bedeutet der letztere Ausdruck, dass beide Gott gleichsam zur Auswahl in Vorschlag gebracht worden sind, und dass Gott zu Gunsten der Waldenser entschieden hat. [1] *Ausdrücklich wird aber gesagt, die Bestätigung sei durch* **ihn** *d. i. den Waldenser den drei Gewählten zu Theil geworden.*

2. Das fünfte Schreiben der Brüder an Rokycana (1471).[2]

Rokycana brach mit den Brüdern. Er verfasste Schreiben, die von den Kanzeln gelesen wurden,[3] um die Zuhörer vor ihnen zu warnen. Da sandten ihm die Brüder ihr fünftes Schreiben, welches zugleich zur Ergänzung des vierten dient und dadurch besonders bemerkenswert ist, dass darin von den *Waldensern* mit einer Wärme und Achtung gesprochen wird, wie man es in keiner spätern Schrift der Brüder wiederfindet. Während es in dem vierten Schreiben kurz heisst: die Waldenser seien der ersten Kirche entsprossen, acceptiren die Brüder hier die bekannte historische Fiktion von dem Ursprung der Waldenser: Petrus, der Waldenser, ist ihnen ein Zeitgenosse Constantins und Sylvesters, die Waldenser sind die Erben der ersten Kirche, ihres Priesterthums, ihrer Amts- und Schlüsselgewalt: denn ihre Priester gehen in den Fussstapfen der Apostel einher.

3. Antwort der alten Brüder „für alle" gegen Rokycanas Schreiben v. J. 1471.[4]

Dieses ist nichts anderes als eine für die Öffentlichkeit bestimmte Bearbeitung des fünften Schreibens an Rokycana. Nichts neues, sagen die Brüder, hätten sie bei der Wahl und Bestätigung

[1] Vgl. Cröger Geschichte der alten Brüderkirche (Gnadau 1865) I. S. 80.
[2] Br. A. I. und II. (Beilage B.). Nach der Zählung des Br. A. das „sechste" Schreiben.
[3] In einem solchen Schreiben vom J. 1471 (Br. A. II.) heisst es: Diese Leute haben sich von der gesammten Priesterschaft getrennt... und sagen, sie hätten sich selbst Laien zu Priestern und Bischöfen gewählt und daran gut gethan.." (Das Schreiben Rokycanas ist gedruckt im Výbor II. 734 mit der Jahreszahl 1468.)
[4] Br. A. I. und II. (Beilage C.).

ihrer Priester unternommen. Denn sie hätten sich nach dem Beispiel der ersten Kirche gerichtet und *seien mit dieser durch die Waldenser verknüpft*. Von den Waldensern wird dabei ausdrücklich bemerkt, *sie hätten Priester und Bischöfe*.

4. Das Schreiben der Brüder in ihrer Bedrängniss unter König Georg.[1])

Diesen Titel gibt das Brüderarchiv einer für die Öffentlichkeit bestimmten Apologie, in der man auf den ersten Blick das *vierte Schreiben* wiedererkennt. Bei der *Bearbeitung* wurden aber mit dieser Vorlage *Aenderungen* vorgenommen, deren Bedeutung später hervortreten soll. Hier genügt es, auf dieselben aufmerksam zu machen. Der erste Theil des Berichtes über die Wahlsynode enthält erläuternde Zusätze, in denen die Anwendung des Loses ausdrücklich zugestanden, motivirt und beschrieben wird. Die abweichenden Veränderungen beginnen aber da, wo von der „*Bestätigung*" die Rede ist. Denn während wir in dem Schreiben an Rokycana einem *alten Waldenser Priester* begegnen, der unter ihnen d. h. den anwesenden Waldensern der älteste *an Jahren* war, fallen in der Bearbeitung die Worte „alt" und „an Jahren" weg, und dafür finden wir einen Waldenser Priester, den ältesten unter allen, „so *in diesen Ländern* anwesend sind". Und während in dem Schreiben ausdrücklich gesagt wird, den Gewählten sei *durch ihn,* den alten Waldenser Priester, die Bestätigung zu Theil geworden, so entfällt hier der Zusatz „durch ihn" und es heisst nur: Und so ist ihnen die Bestätigung durch Händeauflegung zu Theil geworden... Was ist der Zweck, was die Ursache dieser Abweichungen? Sind diese mehr als blosse Varianten des Textes?

5. Das Schreiben an Herrn Albrecht.[2])

Sehr frühzeitig fieng die *Identificirung der Brüder mit den Waldensern* an, und zwar nicht sowol aus Unkenntniss, als vielmehr in der Absicht, um sie als offenbare, von der Kirche verurtheilte Ketzer hinzustellen. Dagegen erhob der Verfasser dieses Schreibens seine Stimme, indem er verlangte, man solle den Brüdern ein öffent-

---

[1]) Br. A. I. und II. (Beilage D.).
[2]) Br. A. I. (Beilage E.). Gindely I. 493 hält Br. Gregor für den Verfasser. H. Albrecht ist nach Jireček Albrecht Kostka von Postupitz († 1477). — Wie aus dem Inhalt hervorgeht, ist das Schreiben noch zu Rokycanas Lebzeiten verfasst worden.

liches Colloquium gewähren, denn „sie seien nicht zu den Waldensern beigetreten, sondern einige von ihnen zu den Brüdern". [1]) Der *alte Waldenser Priester* des vierten Schreibens an Rokycana begegnet uns hier wieder: von ihm wird gesagt, er habe den Brüdern den Dienst geleistet, um den sie ihn gebeten. Und *ein zweiter Priester der Waldenser*, Namens *Stefan,* den man später in Wien verbrannt habe, sei auch willfährig gewesen. Was mehr von ihm berichtet wird, gewinnt erst im Zusammenhang mit der zunächst anzuführenden Quelle Bedeutung.

II. Der Traktat

„Wie sich die Menschen gegen die römische Kirche verhalten sollen." [2])

Ausführlicher denn alle anderen Quellen verbreitet sich dieser Traktat über den Verkehr der Brüder mit den Waldensern. Aber weder der Autor noch die Zeit der Abfassung lässt sich mit Sicherheit angeben. Die Schrift, verfasst nach dem Tode K. Georgs „glorreichen Andenkens", trägt im Ganzen noch den Charakter der älte-

---

[1]) Eine Parallelstelle findet sich in dem Traktat „der alten Brüder" von der h. Kirche (B. A. I. mit der Jahreszahl 1470), dessen Verfasser höchst wahrscheinlich Br. Gregor ist. Dieselbe lautet: „Es könnte jemand sagen, die *Waldenser* wären die verdammten Menschen der ersten Kirche. Wir nehmen uns ihrer nicht an, weder ihrer, noch anderer Rotten, wenn sie von dem rechten Wege abweichen in Bezug auf den Glauben Christi und die christlichen Werke. Auch sind wir den Waldensern nich beigetreten, und wollen also nicht mit ihnen verdammt werden." Hier begegnen wir also zuerst einer ziemlich schroffen Abweisung des Namens der Waldenser. Doch fehlt es auch nicht an günstigen Stimmen. Um dieselbe Zeit schrieb der Priester Martin, „Gefangener und Diener J. Christi" (vgl. Gind. I. 45.) an Rokycana, das Haupt der Utraquisten: „Da ihr die *Waldenser* duldet und liebt, die mit uns, was den Glauben betrifft, gleich gesinnt sind, — *denn so oft wir uns mit ihnen besprachen, fanden wir, dass sie im Glauben von uns sich nicht entfernen,* vorzüglich in den gründlichen Dingen: warum sollte uns keine Duldung gewährt werden?" (Br. A. I.)

[2]) Br. A. I. (Beilage F.) Vgl. Palacký IV. 1. S. 492. — Palacký hält Br. Gregor, den Patriarchen der Unität, für der Autor. Der Traktat nennt den Verfasser nicht, aber ein Zusatz *von späterer Hand* (Br. A. I. fol. 173) lautet also: „Scriptum hoc praecedens est fratris Gregorii, und darin steht dasjenige geschrieben, was später zur Zeit Br. Prokops und anderer verbessert werden musste, z. B. die allzu hohe Sprache von der Wiederherstellung vide pag. 144. Verfasst ist diese Schrift nach der Verbrennung der sechs Brüder im J. 1504 und desswegen ist die Aufschrift unrichtig, die ich in einigen Exemplaren gefunden habe, nämlich: Ein Schreiber der alten Brüder über ihren Ursprung an Rokycana. Rokycana war schon längst verschieden, obiit enim R. anno 1471..." Fol. 144, da, wo von der innern Wiederherstellung, durch welche der Mensch gut und tugendhaft wird, die Rede ist, findet sich folgende Marginalnote (von derselben Hand): „Welche Einfalt! welche Tugenden! Locus hic est tandem retractatus post aliquot tempus nach Bruder Gregor, qui fuit huius scripti

sten apologetischen Schreiben an sich, aber ohne ihre Unmittelbarkeit zu besitzen. Der Verfasser legte seinem Traktat die älteren Quellen zu Grunde, die er selbstständig verarbeitete und mit neuen wertvollen Zusätzen bereicherte. Seine Schrift kann als *der erste historiographische Versuch* gelten.

Zu den wichtigsten Zusätzen gehören die Nachrichten über den *Verkehr mit den Waldensern,* welcher nach dieser Schrift *vor der Wahlsynode* begann und zwar in der Zeit, als sich die Brüder nach einer bestehenden kirchlichen Gemeinschaft umsahen, um sich ihr anzuschliessen. *Da sind sie durch Vermittelung der Utraquisten,* durch Rokycana und Lupáč, mit den Waldensern und namentlich mit ihrem „Priester" *Stefan* bekannt geworden, der die Brüder nicht nur über den Ursprung der Waldenser belehrte, [1] sondern auch die Reinheit dieser Abstammung dadurch zu bewahren suchte, dass er es verschmähte, sich äusserlich den Priestern „römischer Weihe" anzuschliessen. Da aber andere Waldenser darin von Stefan abwichen, und da überdies ihre Priester das Gebot der vollkommenen Armuth nicht vollständig erfüllten, so trugen die Brüder Bedenken, denselben sich ohne weiteres anzuschliessen und verlangten von ihnen, sie möchten zu ihrer ursprünglichen Reinheit zurückkehren. Über diese Bedingungen einer künftigen Vereinigung wurde mit Stefan verhandelt, aber die den Waldensern befreundeten Priester römischer Weihe vereitelten das begonnene Werk. *Ein anderer „alter Priester" der Waldenser* schloss sich aber den Brüdern an, die nun Vorbereitun-

---

autor." — Alle diese Angaben sind unter einander widersprechend und demnach wertlos. Ist Br. Gregor — denn nur dieser kann hier gemeint sein — der Autor, so ist der Traktat nicht nach 1504 verfasst worden. Br. Gregor ist bereits im J. 1474 gestorben. Die Verbrennung der sechs (nicht sieben) Brüder fällt allerdings in das J. 1503 (nicht 1504, nach Hist. Fr. Ms. Un. vgl. Gindely I. 119.), aber der Traktat spielt gar nicht auf dieses Ereigniss an, sondern spricht von „Martern, welche *sieben* Brüder erlitten", womit jene Verfolgung gemeint ist, welche in die lezten Jahre K. Georgs fällt (Gindely I. 43). Bald nach dem Tode dieses Königs ist der Traktat verfasst worden. Derselbe nimmt zwar Bezug auf die an Rokycana gerichteten Schreiben und will als eine Fortsetzung und Ergänzung dieser Schriften gelten, ist aber, dem Stile nach zu schliessen, nicht aus der Feder Br. Gregors geflossen. — Gindely (I. 493) bemerkt: „Die Schrift hat zum Verfasser einen gewissen Gregor, doch nicht den Gründer der Unität, wohl aber einen der ersten Mitglieder." Vielleicht ist dieser andere Gregor niemand anderer als Gregor von Votic, der bedeutendste Kopf der späteren kleinen Partei (vgl. Gindely I. 62). — Da in dem Traktat der Wunsch geäussert wird, man solle den Brüdern ein Colloquium gewähren, ein solches Colloquium aber im J. 1473 stattfand, so dürfte derselbe 1471—1473 verfasst sein.

[1] Vgl. (Gregors) Traktat von der Kirche (Br. A. I.): „Auch hörten wir von denjenigen, die ihren Ursprung aus der ersten Kirche herleiten, schon damals, als Sylvester jene Dinge annahm, habe ihm sein Genosse Peter nicht nachgegeben, sondern gesagt: Es ist nicht nach der Lehre und dem Beispiel, das uns Christus gegeben und unsere Väter, die Apostel ...“

gen zur Wahl ihrer eigenen Priesterschaft trafen, und zuerst 20 Älteste wählten zur Leitung des ganzen Werkes.

Die Vorgänge während der Wahlsynode werden im Anschluss an das vierte Schreiben der Brüder an Rokycana geschildert. Der Wahl folgte die Berathung über die *Bestätigung* der Gewählten im Priesteramte, obgleich die Brüder glaubten, sie seien bereits durch die Salbung des h. Geistes geweiht und durch Christum, *den obersten Bischof,* bestätigt... Der Vorgang der Bestätigung wird dann nicht erzählt, sondern nur angedeutet: „Es kam auf die einen durch die anderen, den einen der Römischen, und den zweiten, *so wir genannt,* aus dem Ursprung der ersten Kirche." Und später: *die Bestätigung* durch Händeauflegung *sei zu Theil geworden einem durch zwei, und zweien durch einen* d. i. den Ersten, der noch, als der Traktat geschrieben wurde, der Unität vorstand (Matthias von Kunwald). Wie ist das alles zu deuten, wie mit dem ersten Bericht in Einklang zu bringen, dem zufolge der alte Waldenser die drei Gewählten bestätigt hat? Dazu kommen *Widersprüche,* die in dem Traktat selbst sich finden. Das römische Priesterthum wird für nichtig erachtet, dem der Waldenser den Vorzug eingeräumt, und dennoch sollen die Priester der römischen Weihe, die sich der Unität angeschlossen hatten, neben den Waldensern „den Dienst geleistet haben..."[1])

Dem Einwurf schliesslich, diejenigen, von denen die Bestätigung gekommen ist, seien keine Bischöfe gewesen, begegnet der Verfasser nicht etwa durch die Hinweisung auf das bischöfliche Amt der Waldenser, wie wir erwarten sollten, sondern auf die Verfassung der *ersten Kirche, in der es nur zwei Stufen gegeben habe*: den Diakonat und das Priesterthum.

III. Quellen,
die mit dem Verhör der Brüder im J. 1478[2]) zusammenhängen.

Was die Brüder in ihren apologetischen Schriften oft verlangt hatten, wurde ihnen nach dem Tode Georgs von Poděbrad unter

---

[1]) „Aber es könnte jemand fragen, von wem sie (die Priester) geweiht wären und bestätigt durch Händeauflegung. Das haben wir bereits berührt, wie die einen durch die anderen die Bestätigung empfangen haben, und die Priester, welche von den Römischen in Eintracht mit uns waren, und auch von denjenigen, die von der ersten Kirche abstammen, diese haben den Dienst geleistet mit Bereitwilligkeit, auf dass niemand sage, sie machen sich selbst ihre Priester..."
[2]) Gindely I. 58.

seinem Nachfolger K. Vladislav gewährt, nämlich ein Verhör von den „Prager Magistern", den Vertretern der utraquistischen Geistlichkeit, das erstemal im J. 1473, das zweitemal im J. 1478. Mit dem zweiten Verhör hängt eine Gruppe von wichtigen Quellen zusammen.

1. Korandas Schreiben an Herrn Johann Kostka von Postupic, 1478, (ante Venceslai).[1])

Der Verfasser dieses Schreibens, welches den Herrn Johann Kostka von der fernern Beschützung der Brüder abmahnen sollte, der bekannte Mag. Wenzel Koranda, stand seit Rokycanas Tode an der Spitze des utraquistischen Consistoriums. Er führte bei dem Colloquium (1478) das erste Wort. Die Vertreter der Brüder waren Michael, Johann Chelčický und Prokop von Neuhaus. Korandas im Namen der Magister verfasster Bericht, objektiv gehalten und durchaus glaubwürdig, gewinnt dadurch eine grosse Bedeutung, dass wir mit Hilfe desselben eine *Lücke ausfüllen* können, welche in den ältesten Quellen der Brüdergeschichte nur durch dunkle, räthselhafte Andeutungen bezeichnet ist.

Die Worte des Berichtes lauten:

„Item bekannte Michael das Priesterthum zum zweitenmale empfangen zu haben. Sein erstes Priesterthum hat er, so sagte er, für kein Priesterthum gehalten."

„Item sagten sie: als wir uns von der römischen Kirche und von euch trennten, da haben wir darüber gelost, welche unter uns Priester sein sollten, und wer von diesen ein Bischof. Und als das Los auf drei gefallen war und unter ihnen auf einen, auf dass er Bischof würde, *da entstand unter uns ein Zwiespalt, ob es so bleiben sollte.* Aber hernach beschlossen wir einträchtig, zu dem *Waldenser-Bischof* zu senden, *der mich — Michael spricht von sich — zum Bischof weihte.* Und ich kam zurück und *weihte einen der drei zum Priester und zum Bischof.* Aber hernach, um kund zu thun, es sei an mir nichts römisches und um anderen ein Beispiel zu geben, *legte ich jenes römische Priesterthum nieder, das ich für kein Priesterthum hielt,* und wurde von neuem von demjenigen zum Priester geweiht, den ich früher zum Priester geweiht hatte."

„Item hätte eine Gemeinde keine Priester, so schreitet sie zur Wahl in Vertrauen auf Gott, und ist der Gewählte tauglich,

---

[1]) Gedruckt in Palackýs Archiv Český VI. (nach Korandas Manualbuch, Ms. der Univ. Bibl.).

so nimmt er die Wahl an und wird Priester. Und darum hat Prokop, wie es ihm vorgehalten wurde, damals [1]) gesagt: Weder von den Römischen, noch von den Waldensern haben wir unsere Priester. Und es wurde ihm gesagt, er sei kein Priester und solle es bleiben lassen mit den übrigen seinesgleichen."

„Item die von den *römischen Bischöfen* abstammenden Priester sind nicht nach der von Gott durch seinen Sohn eingesetzten und von den Aposteln befolgten Ordnung entsprungen und *wir dürfen sie nicht als Priester anerkennen.* Item von euerem Priester, auch wenn man nichts böses von ihm wüsste, wollten wir keine Sakramente empfangen. Denn er ist nicht ein Priester der Ordnung und der Wahl der Kirche gemäss, und ein solcher hat nicht die Gewalt, die Sakramente zu spenden."

2. Das Buch der Magister von den 10 Artikeln. (Die Vertheidigung des Glaubens gegen die Pikarden.) [2])

Das Buch der Magister, als dessen Verfasser ebenfalls Koranda gelten kann,[3]) enthält eine ausführliche Widerlegung jener 10 Artikel und der darin enthaltenen Irrthümer, zu denen sich die Brüder bei dem Verhöre bekannt hatten, und besitzt für die Brüdergeschichte eine ähnliche Bedeutung wie das Schreiben an Johann Kostka. Auch in dem Traktat wird Michael redend angeführt und man sollte glauben, er habe im J. 1478[4]) den Magistern bei dem Verhör zugleich einen schriftlichen Bericht überreicht, oder seine Rede sei damals nachgeschrieben worden. Doch scheint der ihm in den Mund gelegte Bericht eine spätere Composition Korandas zu sein, bei welcher er seine Vorlagen, das vierte Schreiben der Brüder an Rokycana und seinen eigenen Brief an Joh. Kostka, zu einer fortlaufenden Erzählung verband und mit neuen Zusätzen vermehrte.

Neu ist der Zusatz, die Brüder hätten bei ihrer ersten Gott vorgelegten Frage, ob die Trennung geboten sei, sich des Loses bedient, neu ist auch die Beschreibung der Loswahl durch neun mit

---

[1]) Gemeint ist wahrscheinlich das Colloquium im J. 1473.
[2]) Zum Theil gedruckt in einer im J. 1842 von der k. Gesellschaft der Wissenschaften herausgegebenen Sammlung von Abhandlungen zur Geschichte der altböhmischen Literatur (Rozbor staročeské literatury). Der Traktat ist im J. 1491 in einen Codex (im Besitze der B. Mus.) eingetragen worden, welcher die Schriften Příbrams enthält. (Beilage G.)
[3]) Jireček Rukověť.
[4]) Das Buch der Magister verlegt das Colloquium in das Jahr 1479. Einige Stellen scheinen anzudeuten, die Schrift sei nicht sofort nach dem Verhör der Brüder verfasst worden.

den Worten „ist nicht" und drei durch „ist" bezeichnete Zettel, die ein Jüngling unter die Candidaten vertheilte. Die Verschmelzung beider Vorlagen kommt aber in der Weise zu Stande, *dass die der Wahl unmittelbar sich anschliessende Bestätigung der Gewählten durch den alten Waldenser Priester wegfällt*, und dafür die Erzählung Michaels nach dem Schreiben an Kostka eintritt, doch so, dass der Rahmen des ersten Berichtes an Rokycana stehen bleibt: ein Versuch, der den späteren Schriften der Brüder selbst zum Vorbild diente.

Die weitere Erzählung Korandas, wie die Waldenser die Erneuerung des bei ihnen erloschenen Priesterthums und Bisthums im Schlosse der römischen Kirche in den Jahren 1433 und 1434, in Prag und in Basel, nicht nur gesucht, sondern auch gefunden, ist nur mit Vorsicht aufzunehmen. Die spätern Gegner der Brüder haben aber in diesem Theile des Traktats ihre schärfsten Waffen geholt; bis zuletzt Br. Jafet sich ihrer ebenfalls bemächtigte und sie zur Abwehr verwandte.[1]

3. Eine Entgegnung der Brüder gegen das Buch der Magister.

Der Verlust dieser Schrift der Brüder ist nicht gering anzuschlagen. Sollte sich aber bei den späteren Autoren keine Spur derselben finden? Aus einer Schrift der Brüder gegen Wenzel Šturm (s. u. Obrana mírná 1588) erfahren wir nur, in jener Entgegnung habe gestanden, *Michael* sei nicht allein, sondern *mit einem Begleiter* zu dem Waldenserbischof gegangen.

---

[1] In dem Traktat wird erzählt: Als den Waldensern durch Verfolgungen alle Ältesten und Priester zu Grunde gegangen waren, da wandten sie sich an den Bischof Nikolaus, einem Priester römischer Weihe, und dieser weihte ihnen im J. 1433 am Feste des h. Kreuzes zu Prag im Slavenkloster zwei Priester, *Friedrich den Deutschen* und *Johann den Welschen*. Ein Jahr später wurden sie von einem Bischof, der ein Mitglied des Consils war, in Basel zu Bischöfen geweiht. — Palacký (IX., 1, 492) entnahm seine Citate nicht dem Traktat, sondern dem Werken Br. Jafets, und es ist lediglich seine Conjektur, die Weihe im Slavenkloster sei durch den Legaten Philibert vollzogen worden. — Was diesen ganzen Abschnitt des Traktats veranlasst hat, ist aber möglich mit Bestimmtheit anzugeben, denn Friedrich der Deutche ist niemand anderer als *Friedrich Reiser* (vgl. Willy Böhms Monografie, Leipzig 1876). Reiser selbst erzählte während seines Verhörs zu Strassburg: „Die Taborschen wehlten und wurffen einen Bischof auf, genannt Niclauss vom Sande (offenbar Nicolaus von Pilgram, genannt Biskupec). Der wolt nun kein Weyhung in solcher Zweyung thun... und der Bischof meinte, ob er wol Priester weyhete, so wurden sie doch von den pragischen geschmähet. Da habe er ihn durch den Englischen (Peter Payne) gebeten..." Nikolaus hat ihn dann geweiht und „noch einen Wallachen, hiess Johannes". Nach Basel begab sich Friedrich mit den Bevollmächtigten der Hussiten. Im J. 1434 kam er zum zweitenmale nach Basel und blieb hier längere Zeit. Ausserdem erzählte Reiser, er habe von dem Taboritenbischof die Vollmacht erhalten, ferner selbst die Weihen zu ertheilen.

IV. Die Schriften

a) von der zuversichtlichen Hoffnung, die Unität sei von Gott, und wie man das Übel des Zweifels heilen soll,[1])

b) von den Ursachen der Trennung (1496).[2])

Die Zeit der „alten" Brüder war vorübergegangen. Die Schriften der Unität nehmen eine andere Gestalt an. Die Häufung der Schriftstellen, die herangezogen werden, der Gang der Argumentation verleiht ihnen einen gelehrten Charakter und verräth die Hand der theologisch geschulten Autoren; die theologische Wissenschaft der Unität beginnt.

Beide Traktate, der kürzere von der „zuversichtlichen Hoffnung", wie der längere von den „Ursachen der Trennung", stehen einander in Form und Inhalt so nahe, dass man annehmen darf, beide seien aus der Feder desselben Autors geflossen, und zwar beide *gegen den Schluss des Jahrhundertes.*[3]) In beiden verschwindet der unmittelbare Ton der ersten Schriften vollständig, die theoretischen Argumente treten in den Vordergrund und werden breit ausgeführt, die historischen dagegen, der Geschichte der Entstehung der Unität entnommen, nehmen einen verhältnissmässig geringen Raum ein.

a) Die Schrift von der „zuversichtlichen Hoffnung" endet mit einem kurzen Rückblick auf die erste Zeit der Unität: Nach der Loswahl wurden lange Berathungen über die Art und Weise der Bestätigung gepflogen. An die römische Kirche dürften sich die Brüder nicht wenden „um Gottes Willen", bei den Böhmen (Utraquisten) war nichts zu holen, in ihrer eigenen Gemeinschaft „hatten sie es damals noch nicht". „Und so beschlossen sie, die *Bestätigung* sollte geschehen durch denjenigen, der unter ihnen *ein Priester* war nach der Ordnung der *römischen* Kirche.[4]) Und dieser empfieng zuerst die Bestätigung im[5]) bischöflichen Amte von einem alten Waldenser Priester. Und da er die neugewählten als Priester bestätigt

---

[1]) Br. A. V. (O dověrnosti, že Jednota z Boha jest).

[2]) Br. A. III. Das unvollstädinge Datum steht am Ende; 1496 finitum . . . oculi.

[3]) In Br. A. V. ist Michael von Senftenberg als der Autor des ersten Traktat bezeichnet „nach dem Zeugnisse Červenkas" (1521—1569). ·Aber gegen die Richtigkeit dieser Angabe und der hinzugefügten Datirung (1473) spricht der ganze Charakter der Schrift. Vielleicht ist der Verfasser beider Traktate niemand anderer als Lukas von Prag.

[4]) Michael.

[5]) Wörtlich: die Bestätigung „zum" bischöflichen Amte.

hatte: das Amt, welches er von den Römischen empfangen, dieses legte er nieder, um es nicht ferner zu führen. Und das ist mit der Niederlegung des Priesterthums gemeint, *wie es in einem Schreiben* [1]) *heisst*, mit der Lassung des Amtes, das er früher in der römischen Gemeinschaft empfangen hatte. Dann wurde er wieder durch das Los unter Gebeten zum Priester in unserer Gemeinschaft ordinirt und bestätigt durch einen jener, der die erste Stelle inne hatte und noch hat..." [2])

b) Der kurze Bericht des zweiten Traktats bereichert das Bild der Wahlsynode um einen neuen Zug, nämlich die Wahl durch *Wahlmänner*. Die Brüder hüteten sich vor Übereilung und hielten einige Synoden. Endlich wählten sie und die Priester, die zugegen waren, einige Männer und gaben ihnen die Vollmacht die Candidaten des Priesteramtes zu ernennen. [3]) „Und als die Priester gewählt wurden, so wurde auch hernach bestimmt, wer die erste Stelle inne haben sollte, und dieser empfieng die Bestätigung in dem bischöflichen Amte durch einen anderen Priester, an den wir uns früher gehalten hatten." [4]) Die Waldenser werden nirgend genannt, und der kurze Bericht schliesst mit einer Hinweisung auf das Schreiben an Rokycana und andere Schriften, die mehr davon enthalten.

V. Die Streitschrift der kleinen Partei.

Was den Charakter der Unität verändert hatte, war der innere Zwiespalt, der durch die Ausscheidung der *„kleinen Partei"* endigte. Die „grosse Partei" söhnte sich mit der Welt aus und sicherte dadurch, das sie die alten Grundlagen zum Theil aufgab, der Unität den Bestand in der Zukunft.

---

[1]) Korandas (1478)?

[2]) A tak o to rozmlouvajíce na tom sme se svolili, aby potvrzení jich se stalo s modlitbami skrze vzkládání rukou toho, kterýž toho času kněžem byl mezi nimi podlé řádu Římské církve, a ten prvé vzal potvrzení k ouřadu biskupskému od kněze Valdenského starého. Ten pak, kterýž potvrdil těchto znova zvolených v kněžství, ouřadu, kterýž byl vzal od Římských, ten vzdal, aby jeho již nepožíval. A toť se míní odevzdání kněžství, jakož v jednom listu položeno, pouští ouřadu, který prvé byl vzal v jednotu Římskou. Potom zase losem a modlitbami zřízen v kněze v Jednotu naši a potvrzen skrze jednoho z těch, který první místo držel a podnes drží....

[3]) Vielleicht sind dieses die 20 Ältesten des Traktats: „Wie sich die Menschen.."

[4])...i vyvolili sme spolu s kněžími přítomnými muže některé z nás, jimž sme moc dali k volení osob k ouřadu kněžskému, a když byli voleni, i to potom zřízeno, kdoby první místo držeti měl, a ten potvrzení přijal na biskupství skrze kněze jiného, při němž prvé byli sme, jakož o tom šíře k Rokycanovi i jinde napsáno.

Bei dem Colloquium zu Chlumec (1496), das den Riss vollendete, wurde eine Streitschrift der kleinen Partei vorgelesen, die dadurch bemerkenswert ist, dass in ihr der Waldenser mit Wärme gedacht wird. Die Wahrheit sei immer im Besitze der Minorität gewesen. Auf die *Waldenser* wird *indirekt* der Ursprung der Unität zurückgeführt. Seit Constantin und Sylvester ist das Gift in die Kirche gegossen. Nur Petrus, der Waldenser, mit der „kleinen Partei" der Treuen hat den Kaiser als einen wahren Christen nicht anerkannt... Aus dieser Quelle, den Waldensern, ist *Wiclif, ist Matthias von Janov, ist Hus entsprungen.* „Viel hat dann *Peter Chelčický* geschrieben, dessen Schriften vormals bei den Brüdern für einen grossen Schatz galten. Aber jetzt achten sie darauf nicht viel, sondern euere Bakkalare, Lukas, Prokop und Lorek [1]) sagen, Wiclif habe die Magister verführt, die Magister den Peter, Peter den Bruder Gregor..." Jede von Gott gestiftete Gemeinschaft verlässt mit der Zeit den rechten Weg. Auch die Jünger des Petrus Waldus haben die Thüre in den Stall des Antichrist geöffnet und den Unterschied vergessen, der da besteht zwischen den Brüdern und den Menschen der Welt. „Und so ist es durch Gottes Fügung geschehen, dass man nirgends mehr von einem Priester hört, der von Petrus dem Waldenser abstammte. Aber bei unseren Anfängen, da waren ihrer drei in Böhmen. Zwei von ihnen giengen über zur Macht der Welt, während der dritte, der unter ihnen der oberste war, ihnen sich darin nicht anschloss und sie haben ihn ausgestossen... Und dieser Oberste wurde von unseren Brüdern gebeten, ihnen den Bischof zu bestätigen und er that es freudig und Gott dankend, dass er den christlichen Glauben erneuere. Und als er Böhmen verliess, da warnte er die Menschen vor jener Verführung. Und in Wien wurde er gefangen und verbrannt. Dann schickten die Brüder zu jenen zwei, ob sie die weltliche Macht nicht verlassen möchten; sie wollten mit ihnen Bund und Gemeinschaft schliessen. Aber sie wollten nicht..."

Uiberblick.

Die Quellen des 15. Jahrhundertes sind erschöpft. Was geht aber aus ihnen hervor?

1. *Der Verkehr der Brüder* mit den *Waldensern* begann bereits in der Zeit, da die Unität noch in ihrer Entstehung begriffen

---

[1]) Lukas von Prag, Prokop von Neuhaus, Laurentius Krásonický.

war. Und dieser Verkehr war so innig, dass sogar über eine *vollständige Vereinigung*, über eine Verschmelzung zu einer Kirche verhandelt wurde, und zwar scheinen diese Verhandlungen vor das J. 1467 zu fallen.[1] *Der Versuch misslang.* Was wir aus anderen Quellen wissen, wird auch durch die Schriften der Brüder bestätigt: die Waldenser beharrten zum Theil in einer äusserlichen Gemeinschaft mit der katholischen Kirche, sie nahmen an ihrem Gottesdienste Theil, sie empfiengen die Sakramente aus der Hand ihrer Priester. Daran scheiterte die versuchte Vereinigung, denn die Brüder hatten die principielle Frage bereits gelöst, die Nothwendigkeit einer vollständigen Trennung bereits anerkannt.

Aber auch unter den Waldensern hatte es, vielleicht schon seit ihrer Entstehung,[2] Parteien gegeben. Zwei Strömungen lassen sich unterscheiden: eine radikale und eine gemässigte. Bei denjenigen, welche auch äusserlich mit der Kirche gebrochen hatten oder brechen wollten, fiel jenes Hinderniss weg: *sie traten den Brüdern bei.* In der Unität, welche den Eid verwarf, die Todesstrafe verpönte, das Merkmal des „wahren Priesters" in der evangelischen Armut erblickte, musste ihnen die in ihrer Reinheit wiederhergestellte oder allseitig vollendete Waldenserkirche entgegentreten. Zu jenen Waldensern, die Brüder wurden, gehörte auch ein „*alter Waldenserpriester*". Aber auch *Stefan*, der *Bischof* der in *Österreich* sesshaften Waldenser — seine Stellung brachte er mit sich — war der äusserlichen, scheinbaren Conformität mit der katholischen Kirche abhold. Er mag vor 1467 nach Böhmen gekommen sein; Rokycana kannte ihn. Ja Rokycana ist es gewesen, der den Verkehr der Brüder, nicht nur mit Chelčický, dessen Lehren nach Palacký viel echt waldensisches enthielten, sondern auch mit den Waldensern, mit ihren Bischof Stefan, vermittelt hat.

2. An den *Synoden*, welche die selbstständige Organisation der Unität vollendeten, haben sich auch die *Waldenser-Brüder* betheiligt. Bei der Loswahl sind sie zugegen gewesen. Sobald wir aber diese Linie überschreiten, stossen wir auf Widersprüche.

Die Grundsätze der historischen Kritik gebieten uns, von der *ersten Quelle*, dem ältesten Bericht, dem *vierten Schreiben* an Roky-

---

[1] Der Traktat „Wie sich die Menschen u. s. w." bezeichnet den Zeitpunkt nicht ausdrücklich, aber es ergibt sich dies aus dem Zusammenhang. Alle übrigen Quellen verlegen die Verhandlungen in die spätere Jahre (etwa 1468—1469).

[2] Vgl. W. Preger, Beiträge zur G. der Waldenser. München 1875. (Abh. der K. bayer. Akad. der W.)

cana (1468) auszugehen. Und da müssen wir vor Allem daran festhalten: 1. der *Wahl* folgte die *Bestätigung unmittelbar* und 2. dabei fiel dem *alten Waldenserpriester* ein hervorragender Antheil zu.

Ganz anders lautet der Bericht, den wir 10 Jahre später (1478)
in *Korandas Schreiben* finden: 1. der Wahl folgte die Bestätigung
nicht unmittelbar, 2. *Michael* begab sich, von den Brüdern gesandt,
zu dem *Bischof* der Waldenser, um von ihm zum Bischof geweiht
zu werden, 3. nach der Heimat zurückgekehrt, weihte er den künftigen Vorstand der Unität (*Matthias von Kunwald*) zum *Bischof*.

Ist es nun erlaubt, beide Berichte zu vereinigen? Oder muss
man zwischen ihnen wählen, einen verwerfen, den anderen aber behalten? Den ersten Bericht zu verwerfen, verbietet die Qualität der
Quelle, in der derselbe enthalten ist. Denn wer würde es wagen die
Brüder einer Lüge zu zeihen? Auch wird in den Schreiben an Rokycana der Verkehr mit den Waldensern nirgends geläugnet, sondern
überall zugestanden. Den zweiten Bericht zu verwerfen, gestattet
nicht die gesammte Literatur der Unität und namentlich die Schriften des Br. Lukas.

So scheint es denn, dass die Lösung nur durch eine Vereinigung beider Berichte zu Stande gebracht werden kann. Doch darf
diese Vereinigung nicht in der Verschmelzung der beiden Berichte
zu einem einzigen bestehen; denn, anderes zu geschweigen, der
alte Waldenserpriester und der Bischof (Stefan) sind zwei Personen, die nicht zu einer einzigen zusammenfliessen dürfen.

Die Bestätigung *zerfällt demnach in zwei Stadien, in zwei Akte;
sie erfolgte erst durch den alten Priester und dann durch den Bischof
der Waldenser.* Der *erste* Bericht — so muss die Annahme weiter
lauten — kann von der *zweiten* Bestätigung nichts enthalten, denn
er ist vor dieser verfasst worden. Und jene ohne die Kenntniss der
zweiten Bestätigung unbegreiflichen Veränderungen, die mit dem
vierten Schreiben bei seiner zweiten Bearbeitung (das Schreiben der
Brüder in ihrer Bedrängniss unter K. Georg) werden nun begreiflich. An die Stelle des Waldenser-Priesters, des ältesten *an Jahren*,
tritt der Älteste der Waldenser, „so in diesen Ländern anwesend"
waren, d. h. *Stefan*, der Bischof. Die Gewählten erlangen die Bestätigung durch Händeauflegung unter Gebeten, aber es wird nicht
mehr ausdrücklich gesagt, durch wen es geschah.

Die hier versuchte Ausgleichung der Widersprüche ist bloss
äusserlicher Art. Die Frage liegt nahe und muss beantwortet wer-

den: *wie und wozu war die zweite Bestätigung* nöthig geworden, welchen *inneren Motiven* entsprachen die *äusseren Vorgänge?*

Auffallend ist im vierten Schreiben an Rokycana die Häufung der Argumente. Die Brüder leiten ihre Berechtigung, eine selbstständige Priesterschaft zu errichten, her 1. von Gregors Vision, 2. von dem ihnen kundgegebenen Willen Gottes, 3. von dem Wahlrecht der Gemeinde, das zu der subjektiven Qualität, der Würdigkeit der Gewählten, hinzutrat. Und auch die der Wahl folgende Bestätigung ist einerseits unnöthig, anderseits doch geboten: unnöthig wegen der doppelten Offenbarung, durch Gregors Vision und das günstige Los; geboten, um der Welt kein Ärgerniss zu geben. Wollte man aber nicht zugleich ein Ärgerniss innerhalb der Gemeinde selbst vermeiden, und ist die Häufung der Argumente nicht ein Zeichen, dass eine Art von *Compromiss* zwischen widerstrebenden Ansichten zu Stande gekommen ist? Denn ein Compromiss liegt hier vor: die Loswahl ist eben ein Mittelweg zwischen einem rein mystischen Anfang der neuen Priesterschaft und dem einer Religionsgemeinschaft zustehenden Wahlrechte. Die Loswahl enthielt zwar „die Weihe" bereits in sich, aber man schritt doch zu einem äussern Akte der Bestätigung, der zugleich die *Anknüpfung an ein bereits bestehendes Priesterthum* in sich enthielt, und zwar an das Priesterthum der *Waldenser* [1]) und dadurch zugleich an das der ersten Kirche, welches diese sich dadurch bewahrt hatten, dass sie in den Fussstapfen der ersten Christen wandelten. [2])

Nach dem vierten Schreiben an Rokycana ist den drei Gewählten während der Wahlsynode die Bestätigung zu Theil geworden. Daneben wird auch die Bestätigung des einen, welcher die erste Stelle inne haben sollte, in seinem Vorsteheramte besonders hervorgehoben. In Korandas Schreiben wird zwar die Bestätigung durch den alten Waldenserpriester nicht erwähnt, aber der *Streit, der nach der Wahl unter den Brüdern entstand, „ob es so verbleiben sollte"*, konnte sich nicht auf die Wahl beziehen, sondern betraf eben nichts anderes als jene Bestätigung, welche nach der Wahl erfolgt war. Was war aber der nähere Gegenstand des Zwiespaltes, und welche Meinung war es, durch deren Sieg jener der Wahl unmittelbar sich anschliessende Bestätigungsakt alle Bedeutung verlor, und zwar in

---

[1]) Vgl. namentlich das fünfte Schreiben an Rokycana (Beilage B.) und die Antwort der Brüder „für alle" (Beilage C.).

[2]) Hier wird vor allem auf die innere Succession Gewicht gelegt. Aber auch die äussere Abstammung von den Aposteln hatten die Waldenser nach der Anschauung der Brüder bewahrt.

dem Masse, dass selbst das Andenken daran in den folgenden Quellen und Schriften verschwand?[1])

Vor allem müssen auch hier gewisse Abweichungen „des Schreibens der Brüder in ihrer Bedrängniss" von dem vierten Schreiben an Rokycana hervorgehoben werden. Denn während es hier bloss heisst, die Brüder hätten eine Bestätigung überhaupt für nöthig erachtet, wird dort die Art und Weise der Bestätigung näher angedeutet, welche nicht nur vor Gott sondern auch vor der Welt genügen sollte. Und zwar ist es nicht die Bestätigung „der einen durch die anderen" in Folge des einer Gemeinschaft eigentlich zustehenden Rechtes, ihre Priester nicht allein zu wählen sondern auch zu bestätigen, sondern es wird ausdrücklich hervorgehoben, die Bestätigung solle, so weit als möglich, *den Anschauungen der römischen Kirche* gerecht werden und, wie man hinzufügen darf, nicht der römischen Kirche allein, sondern auch der *Utraquisten.* Diese haben sich nie dazu entschlossen, von den kirchlichen Grundsätzen und Normen abzusehen, weder im 15. Jahrhunderte noch später, als Luther sie dazu aufforderte. Auf *das Amt des Weihenden*[2]) legten sie das grösste Gewicht, ohne Rücksicht auf die subjektive Würdigkeit des Trägers oder des Candidaten. Den Utraquisten im engeren Sinne des Wortes oder den Calixtinern entstammte ein grosser Theil der Brüder: *die utraquistischen Anschauungen sind es gewesen, welche den Sieg davon trugen.* Allgemein herrschende Ansichten üben immer einen grossen Einfluss selbst auf diejenigen aus, welche sich von den ihnen zu Grunde liegenden Anschauungen theilweise losgesagt hatten.

Es ist bezeichnend, dass die dem vierten Schreiben sich anschliessende Erklärung der Sakramente mit „dem Sakrament des *Priesterthums"* beginnt: „der Priester soll ein Mensch sein, der ein gutes Zeugniss besitzt. Und er soll von den Getreuen gewählt werden und gebeten, sein Amt zu übernehmen. Und wenn er einwilligt, so soll er durch *den Bischof bestätigt werden, welcher von den getreuen Christen dazu gewählt ist, zu ihrer* (der Priester) *Bestätigung,* und unter Gebeten und Fasten durch Händeauflegung es thut." Hier erscheint der *Bischof als Mandatar der Gemeinde* und in diesem Sinne war allerdings der alte Waldenser, als er die

---

[1]) Die Brüder konnten also in der Folge der ersten Bestätigung nicht einmal die Bedeutung der einfachen Priesterweihe beigelegt haben.
[2]) In dem Traktat der Magister (Vertheidigung des Glaubens) wird grosses Gewicht auf die ununterbrochene äussere Succession und Abstammung von den Aposteln gelegt. — Von Judas heisst es ausdrücklich, er sei ein Bischof gewesen bis zu seinem Tode.

Gewählten bestätigte, ein Bischof. Aber diese Stelle ist in der zweiten Bearbeitung nicht unverändert geblieben. Sie lautet hier: „*Er soll bestätigt werden durch Händeauflegung durch den Bischof. Und da ist es gut, dass die anderen fasten und für ihn beten...*" Wenn man ferner erwägt, dass die Brüder in dem öffentlichen Schreiben v. J. 1471 darauf Gewicht legten, dass die Waldenser Priester und *Bischöfe* besässen, so wird der Schluss gestattet sein: *die erste Bestätigung durch den alten Waldenser genügte nicht, weil er nur ein Priester war. Die zweite Bestätigung* sollte also durch den Inhaber des *bischöflichen* Amtes erfolgen.[1]) Darum wandten sich die Brüder an *Stefan.* Seine durch *Michael vermittelte* Bestätigung[2]) schloss die Priester- und Bischofsweihe in sich. *Matthias* von Kunwald ist der *erste Priester* der Unität und ihr *erster Bischof.* Die Unität besass nunmehr die Quelle des Priesteramtes in sich, und *Matthias weihte die zwei durch das Los Gewählten,* Thomas von Přelauč und Elias von Chřenovic. So ist die Bestätigung zu Theil geworden „dem einen (Matthias) durch zwei (Stefan und Michael) und zweien durch einen (Matthias)".[3])

Matthias war nicht nur der erste, sondern auch der einzige Vorsteher und Bischof der Unität.[4]) Erst nachdem er die ursprüngliche monarchische Stellung eingebüsst hatte, erst als ihm zur Seite ein „Richter" stand und der „enge Rath" die Oberleitung der Unität in seine Hand nahm, dem Matthias dagegen nur das ausschliessliche Amt eines Ordinators verblieb: erst dann begegnen wir der Ansicht, die beiden anderen ältesten Priester der Unität, Thomas und Elias hätten *von Anfang* an ein gleichsam latentes *bischöfliches* Amt, d. h. das Recht der Ordination besessen, das aber erst nach Matthias Tode in Aktivität treten sollte. Als Matthias heimgegangen war (1500) und an seine Stelle *vier Senioren und Bischöfe* treten sollten, traf die *Wahl,*[5]) neben Lukas von Prag und Ambrosius von

---

[1]) Es liegt ausser meiner Aufgabe, eine Lücke auszufüllen, welche die zahlreichen Untersuchungen über die Waldenser übrig gelassen haben, d. h. die Frage zu beantworten, welcher Art die Hierarchie der Waldenser gewesen sei. Die Brüder waren, als ihre Unität entstand, der Ansicht, die Waldenser hätten „Priester und Bischöfe" (Antwort der Alten Brüder. Beilage C.). Unter Friedrich Reisers Begleitern wird auch ein Stefan genannt. Obgleich die Vermuthung nahe liegt, so wäre es doch gewagt, ihn für identisch mit dem Bischofe der Waldenser zu erklären.

[2]) Ob diese Bestätigung in zwei gesonderte Akte zerfiel, darüber schweigen die Quellen. Aber die Annahme, es sei der Fall gewesen, liegt nahe.

[3]) Wie sich die Menschen u. s. w.

[4]) Vgl. Gindely I. 53, 70.

[5]) Es liegt darin, dass auch Thomas und Elias sich einer Wahl unterziehen mussten, ein Widerspruch gegen die Annahme, sie seien von Anfang an zu Matthias' Nachfolgern bestimmt gewesen.

*

36

Skuč, *auch Thomas und Elias.* Von einer besonderen „Bestätigung" der letzteren nahm man dabei Umgang, sie bestätigten aber ihre Collegen als Senioren und als Bischöfe (Ordinatoren). Gewiss steht es mit diesen Vorgängen in Zusammenhang, wenn in den Quellen [1]) die Erzählung auftaucht, Michael habe nicht nur dem Matthias, sondern auch Thomas und Elias „die Bestätigung" ertheilt.[2])

Hier handelt es sich vor allem darum, die Vorgänge begreiflich zu machen, und die versuchte Erklärung wird dadurch nicht berührt, wenn es sich zeigen sollte, die Motive, durch welche die Brüder sich leiten liessen, seien nicht ganz frei von Widersprüchen gewesen. Die Handlungen der Menschen werden von keiner logischen, wol aber von einer psychologischen Nothwendigkeit beherrscht.

---

[1]) Zuerst in dem Traktat von der zuversichtlichen Hoffnung, dessen Verfasser auch aus diesem Grunde Michael nicht sein kann. Vgl. namentlich die Schriften des Lukas.

[2]) Die einzige Quelle, die über diese Vorgänge einige Aufschlüsse gewährt, sind die Dekrete der Unität (Dekrety Jednoty Br., herausgegeben von A. Gindely Prag 1865). Leider besitzen wir diese Dekrete bis 1530 nicht in ihrer ursprünglichen Fassung; erst mit dem J. 1531 folgen in der Sammlung die vollständigen Texte in chronologischer Ordnung. Der Sammler, der im 17. Jahrhunderte auf Grund eines Synodalbeschlusses v. J. 1617 die Arbeit unternahm, legte für die ältere Zeit ein Werk zu Grunde, „Zprávy kněžské" genannt, das bereits zur Zeit des Lukas von Prag entstanden war (Jireček Ruk. I. 477). Die Dekrete bringen die Beschlüsse der Synoden und des engen Rathes bis 1531 nicht in chronologischer, sondern in systematischer Ordnung: ihr erster Theil enthält eine Übersicht der Lehre und Verfassung der Unität zur Zeit des Lukas. Es ist bezeichnend, dass jenes Dekret, durch das im J. 1495 den Schriften Gregors eine bindende Autorität abgesprochen wurde, das ganze Werk eröffnet. Der Geist der alten Unität ist in diesen Dekreten nicht mehr zu finden. — Die oben im Texte berührten Vorgänge werden in den Dekreten in folgender Weise erzählt:

Im J. 1499 trat der enge Rath zusammen und beschloss, wie folgt: „Als Br. Gregor die Unität begründete, sind Thomas und Elias dazu bestimmt worden, nach Matthias' Tode, wenn sie ihn überleben sollten, eine andere Person an seiner statt zu bestellen oder andere zu bestätigen nach Anweisung der Synode und des engen Rathes. Und dieses wurde nun bestätigt und ihnen die Vollmacht dazu ertheilt durch den engen Rath und durch Matthias durch Handreichung . . ." „Eine Synode bestätigte im selben Jahre den Beschluss des engen Rathes. — Nach Matthias' Tode († 23. Januar) beschloss die Ostersynode des J. 1500 zu Reichenau, keine einzelne Person solle, nach Art des Matthias, die Amtsgewalt oder einen besonderen Vorrang vor allen besitzen, sondern die höchste Stellung (nejvyšší místo) den Mitgliedern des engen Rathes verbleiben. Die Stelle des einen (Matthias) sollten aber vier Personen einnehmen. Bei der Wahl wurden „ernannt": Thomas, Elias, Lukas und Ambrosius." Und da zwei von ihnen, Thomas und Elias, von Anfang dazu bestimmt waren, nämlich zum Bisthum, und von Matthias, zu seinen Lebzeiten, von ihm und vom engen Rath die Vollmacht empfangen hatten, im Namen dieses Bruders (d. h. des Matthias; wörtlich: durch diesen Bruder) die zu bestätigen, welche der enge Rath allein oder mit der Gemeinde wählen sollte: desswegen wurden zwei, Lukas und Ambrosius, bestätigt im Bisthum von Thomas und Elias durch Händeauflegung unter Gebeten und Fasten und von ihnen angenommen als Amtsgenossen gleichen Amtes . . Und welchen von ihnen die Brüder des engen Rathes den Auftrag geben sollten, Priester zu bestätigen, denen steht es zu, dieses zu thun. Und dazu empfiengen Lukas und Ambrosius eine besondere Bestätigung durch Thomas und Elias . . . ."

Gindely (I. 37) sagt: „Es zeigt das Schwanken des Gemüthes und den Zweifel an der Berechtigung der gethanen Schritte, dass die Brüder in ihren Schriften gleich nach der Wahl jede Differenz zwischen priesterlicher und bischöflicher Würde verwarfen, mit ängstlicher Genauigkeit aber bei sich die letztere einführten." Dies bedarf doch einiger Einschränkung, namentlich was die erste Zeit der Unität betrifft. Die Differenz zwischen Bisthum und Priesterthum wird in den ältesten Bekenntnissschriften der Unität weder bestimmt behauptet, noch verworfen.

In dem vierten Schreiben an Rokycana kommt das Wort „Bischof" nur einmal vor und zwar in der Bedeutung des von der Gemeinde gewählten Ordinators. Matthias von Kunwald wird dieser Titel noch nicht beigelegt, er erscheint als derjenige, welcher „die erste Stelle inne hat". Er war nach empfangener Weihe der einzige Ordinator der Unität, aber sein Vorsteheramt schloss mehr in sich. Er nahm, wie Lukas und die späteren sich ausdrücken, in der Unität eine monarchische Stellung ein. Auf den künftigen Vorsteher scheint das vierte Schreiben die Worte zu beziehen: „Dir gebe ich die Schlüssel." Erst nach dem Siege über die kleine Partei (1494) wurde seine Gewalt beschränkt (Gindely I. 71.). Und damit hängt es wol auch zusammen, wenn bald darauf (1499) die Lehre von der wesentlichen Identität des Priesterthums und Bisthums, die allerdings bereits in einem älteren Traktat (Wie sich die Menschen u. s. w.) und vordem in den Schriften der Taboriten erscheint, auch in einem Synodaldekret (1499) [1] vorgetragen wurde.

Welche Aufgabe war aber dem Michael bei „der Aufrichtung der Priesterordnung" zugefallen? *Er war nicht der erste Bischof der Unität* — ausser im Sinne des vierten Schreibens. Nachdem er die Bestätigung des Waldenserbischofs übermittelt hatte, erlosch sein Mandat von selbst. Sein bisheriges „römisches" *Priesterthum* legte er nieder, und es wurde ihm von Matthias durch Händeauflegung das Priesterthum der Unität zu Theil. Sein früheres römisches Priesterthum galt ihm für nichtig. Wenn ihm aber die Brüder dennoch einen Antheil an der Weihe ihres ersten Bischofs zugestanden hatten, so war es eine Folge der Achtung, die er bei ihnen genoss, und der Stellung, die er bisher neben Br. Gregor eingenommen hatte. Allerdings ist dabei zugleich ein Schwanken bemerkbar und die Gegner der Brüder haben immer auf diesen Punkt ihre Angriffe gerichtet:

---

[1] Gindely Dekrety Jednoty Bratrské 25.

der Träger eines nichtigen Priesterthums hatte einen Antheil an der Begründung des Priesterthums der Unität gehabt! Spätere Schriften sowol der Brüder als auch ihrer Gegner haben den Antheil Michaels grösser bemessen, als die ältesten Quellen fordern. Daran muss man festhalten: die Brüder wollten sich von der römischen Kirche trennen, von ihrem Priesterthum, von ihren Sakramenten.[1]) So tief fassten sie diesen Gegensatz, dass sie bei sich die Reordination und die Wiedertaufe einführten. Wenn sie dennoch dem noch nicht reordinirten Michael eine Funktion bei der Aufrichtung ihres Priesterthums übertrugen, so geschah es — nicht *weil* er ein Priester römischer Weihe war, sondern *trotzdem* er die Weihe in der verführten Kirche empfangen hatte. Seine subjektive Qualität milderte auch hier die Consequenzen der Lehre von dem bösen Priester und von der verführten Kirche. Allerdings ist es möglich, dass man zugleich dem ängstlichen Gewissen eines Theiles der Brüder Rechnung trug, dass auch dabei ein Compromiss zu Stande gekommen ist, welches eine andere Auffassung der Stellung Michaels und seines römischen Priesterthums vorbereitet. Diese Auffassung, welche ihn in der Vordergrund stellt, die Waldenser dagegen zurückdrängt, kündigt sich bereits in einem Traktat der älteren Zeit (Wie sich die Menschen u. s. w.) an, erscheint zum Schlusse des Jahrhundertes (1499) in den Dekreten der Unität und gleich darauf in Lukas' Schriften: überall aber verbunden mit dem schroffsten Gegensatz gegen die römische Kirche.

VI. Lukas von Prag († 1528).

Der Repräsentant der Unität, wie sie aus dem Kampfe mit der kleinen Partei hervorgieng, ist Lukas von Prag. Er hat ihr für längere Zeit den Stempel seines Geistes aufgedrückt. In dem Zwiespalt mit der kleinen Partei hatte er den Fortschritt verfochten, der Reformation gegenüber hielt er später an den einmal gewonnenen Grundlagen mit conservativer Zähigkeit fest.

Lukas gehört zugleich, neben Comenius, zu den fruchtbarsten Schriftstellern der Brüder. Eigentlich historische Werke hat er zwar nicht verfasst, aber in seinen zahlreichen Schriften einigemal Gelegenheit gefunden, auf die ältere Zeit der Unität zurückzublicken.

---

[1]) Die Gott vorgelegte Frage lautete: „Ob wir (die Brüder) uns gänzlich trennen sollen von der Amtsgewalt des Papstes und seiner Priesterschaft?" (Viertes Schreiben.)

1. Apologie oder Confession (1503). [1]

Dieser ausführliche Traktat, der vielfach an die Schriften von der zuversichtlichen Hoffnung und von den Ursachen der Trennung erinnert, enthält im Rahmen einer Apologie die erste vollständige, auf den ganzen Umfang der Lehre sich beziehende Confession der Brüder, als deren Verfasser wir mit ziemlicher Sicherheit Lukas von Prag ansehen können. Doch ist dieser für die Geschichte der Brüderlehre überaus wichtige Traktat keine öffentliche Bekenntnissschrift der ganzen Unität wie die später gedruckten Apologien und Confessionen, sondern der Autor beantwortet ausführlich die Frage eines Freundes, warum er sich den mit Irrthümern befleckten und von der ganzen Welt verachteten Brüdern ausgeschlossen habe und an ihnen festhalte.

Lukas zählt zuerst all das Gute auf, das er in der Unität gefunden, und erläutert dann auf Grundlage des apostolischen Symbolums ihren Glauben und ihre Lehre. Ausführlich wird dabei in besonderen Abschnitten und unter besondern Titeln die Lehre von der Kirche und von den Sakramenten behandelt. [2] Unter den Titeln: „Von den Ursachen der Trennung. — Von der Verführung in der Lehre von der h. Kirche. — Von der Verführung in der Lehre von der Gemeinschaft der Heiligen" — wird dann die Verleitung der römischen Kirche und die Herrschaft des Antichrist in ihr geschildert: wie jedem Artikel des Symbolums eine bestimmte Glaubenswahrheit entspricht, so steht ihm auch ein bestimmter Irrthum entgegen. [3]

Der *historische Abschnitt*: „Von dem Ursprung der Brüder-Versammlung" findet sich in der Mitte des Traktats. Die Verleitung der Kirche und die daraus entspringende Noth des Heils hat die Unität in's Leben gerufen. Umsonst hatte Gott durch Johannes Hus

---

[1] Br. A. III. Beilage H. Die Zeitangabe (Datum in die crucis. Anno Domini 1503.) steht am Ende des Traktats und wird auch durch die Anspiegelung auf eine „jüngst" erschienene Schrift des „haereticae pravitatis inquisitor" bestätigt (Henricus Institoris: S rom. eccl. fidei defensionis clypeus adversus Waldensium seu Pikhardorum haeresim 1502. Vgl. A. Voigt Acta litteraria II. p. 407—444.) — Den Autor der Apologie kannte man in der 2. Hälfte des 16. Jahrhunderts nicht mehr, wie die unbestimmte Angabe der Hist. Fr. (Ms. Un.) beweist, der Verfasser sei entweder Thomas, oder Prokop (von Neuhaus), oder Laurentius (Krasonický) gewesen. Die Übereinstimmung mit anderen Schriften des Lukas ist so auffallend, dass man ihn mit ziemlicher Gewissheit als den Autor bezeichnen kann.

[2] Von der h. Kirche. — Von der h. Kirche nach ihrer dienstbarlichen Wahrheit. — Von der Kirche der Bösen oder von der Kirche des Teufels (von der David sagt: Ich hasse die Kirche der Gottlosen) u. s. w.

[3] Vgl u. Joach. Camerarius.

und Hieronymus die Kirche in ihrer Verführung zur Rückkehr gemahnt. Beiderlei Macht, die weltliche sowol als die geistliche, wider-
setzte sich der Wahrheit und ihrer Verbreitung. Gegen beide hat
Gott „das Volk und den Hauptmann desselben" (Žižka) erweckt.
Gegen die ältesten Schriften sticht der Traktat dadurch ab, dass
der Verfasser der Taboriten überall mit Sympathie gedenkt und ihre
Priester und Schriftsteller unter die Vorläufer der Brüder zählt.[1])
Grosses Gewicht wird dann auf Rokycanas Predigten gelegt, aus
denen der Autor lange Citate einschaltet, und daneben auch auf
die Schriften des Chelčický, des Milič, des Janov, des Jacobellus,
der „englischen Meister" — in ähnlicher Weise wie in den älteren
Schriften der Brüder; auch in dem Bilde der Synode erscheint kein
wesentlich neuer Zug: die Candidaten werden durch Wahlmänner
gewählt, die Lose durch einen vertheilt, der nicht wusste, wie sie
fallen werden. Der Wahl folgt die Berathung über die „Ordination
und Bestätigung" der Gewählten. Nicht die Nothwendigkeit oder
doch Erspriesslichkeit einer Bestätigung überhaupt bildet aber ihren
Gegenstand, sondern die Art und Weise, wie und durch wen sie erlangt werden sollte. Als unumgänglich nothwendig wird die Bestätigung *durch einen Bischof* desswegen nicht erachtet, weil „in der
ersten Kirche Priester und Bischof gleiche Amtsgewalt besassen".
Da nun die Brüder auch die „menschlichen" Einrichtungen und
Satzungen ohne Noth nicht verwerfen wollten, sich aber an die Römer und Griechen[2]) nicht wenden konnten und die Böhmen auf hal-
bem Wege stehen geblieben waren[3]): so wählten sie den Michael
zum Ältesten und Bischof und schickten ihn zur Bestätigung an den
Bischof oder ältesten Priester der Waldenser, obgleich auch diese,
wie die Brüder *später*[4]) sich überzeugen konnten, nicht ohne Ge-

---

[1]) Dasselbe gilt von einem Schreiben des Thomas von Přelauč († 1517) an
Albrecht von Sternberg (1502), das zwar keine wichtigen historischen Daten enthält, aber durch einen gewissen derben Humor sich auszeichnet. Die Widerwärtigkeiten, die K. Georg getroffen — von ihm gelte das Sprichwort, man solle den Tag
nicht vor dem Abend loben — seien eine Strafe Gottes gewesen. Denn er habe die
Taboriten vernichtet.

[2]) Der griechischen Kirche wird übrigens vor der römischen der Vorzug
eingeräumt, schon ihres Alters halben.

[3]) Die Utraquisten werden gemahnt, zu einer „wahrhaften Trennung" sich
zu entschliessen. „Unser Streit mit den Römischen bezieht sich nicht auf den Kelch
allein, sondern auf viel mehr, auf das gesammte Heil in Christo und in der Kirche.
Man muss sich erinnern, warum Mag. Johannes Hus und sein Genosse verbrannt
worden sind. Etwa, weil er für den Kelch eintrat? . . . Oder seiner Lehre von der
römischen Kirche wegen, die er in seinen Schriften ausgesprochen und auch vor
dem Concil bekannt? . . ."

[4]) Die Unterhandlungen über eine vollständige Vereinigung hätten demnach
nach der Bestätigung stattgefunden.

brechen waren. Michael empfieng die Weihe nach dem bei den Waldensern gebräuchlichen Ritus, weihte nach seiner Rückkehr *die Gewählten* und behielt auch den bischöflichen Vorrang einige Zeit, bis er denselben „aus gewissen Gründen" an einen der Gewählten abtrat. Ja nach einiger Zeit wurde ihm auch „aus gewissen Gründen" die Ausübung der priesterlichen Funktionen erst eingestellt und dann wieder erlaubt — ein unbegreiflicher, nicht näher motivirter Vorgang. Die „Niederlegung des Amtes" gewinnt in der Apologie eine andere Bedeutung; die Abstreifung des römischen Priesterthums wird hier zu einer unmotivirten zeitweiligen Suspension abgeschwächt.

Was ist aber die Quelle dieser neuen *Widersprüche*, welche die Apologie in die Schriften der Brüder einführt? Die Lehre von dem „guten" Priester. Denn obgleich Lukas die Verführung der römischen Kirche in grellen Farben schildert, so bricht er mit ihr doch nicht vollständig. Auch in der römischen Kirche kann es nicht nur gute Christen, sondern auch *gute Priester* geben. Darin besteht nach Lukas ein grosser Vorzug der Unität, *dass sie das erste Priesterthum* nie *verworfen hat.* In Michael war es nie erloschen und ist durch ihn „gereinigt" der Unität eingepflanzt worden, gereinigt durch die subjektive Würdigkeit des Trägers, des guten Priesters. *Die Bestätigung* durch den Bischof der Waldenser sinkt in der Apologie zu einer leeren Ceremonie [1]) herab.

2. Lukas' Streitschrift gegen den Barfüssermönch Wolfgang (1505). [2])

Auf die Frage des Gegners, woher das bischöfliche Amt der Unität stamme, antwortet Lukas mit der Gegenfrage: Woher hatten in der ersten Kirche die einfachen Priester die Macht zu ordiniren, da es doch damals nach dem Zeugniss des h. Hieronymus nur zwei

---

[1]) Diese gemässigte Auffassung des römischen Priesterthums wurde vielleicht durch *den Gegensatz zu der radikalen kleinen Partei hervorgerufen,* da diese zur Wahl eigener Priester schritt, ohne dabei an ein bereits bestehendes Priesterthum anzuknüpfen, und sich so den Vorwurf der grossen Partei zuzog, ihre Priester seien blosse Laien. In einem Dekret der Unität v. J. 1499, das für die Apologie v. J. 1503 als Vorlage gedient hat, heisst es wörtlich: Der dienstbarliche Ursprung des Priesterthums der Unität stammt aus dem Priesterthum römischer Weihe, aber durch ein Priesterthum gereinigt von dem falschem Glaubenssinn und der verkehrten Gessinnung (Gindelý, Dekrety brat. 36.). — In einer bald nach dem Jahre 1504 verfassten Schrift sagt Lukas: „Ein römischer Prister bleibt Priester, auch wenn er irrt. Auch die Unität nimmt ihn als solchen auf, sobald er Busse thut." Die Reinigung erfolgte demnach nicht etwa durch die bei den Waldensern gesuchte Bestätigung.

[2]) Br. A. VI. Vgl. Der böhmische Text des Brüder-Katechismus, Seite 11. Wolfgang hatte kurz vorher in Pilsen eine gegen die „Kinderfragen" gerichtete Schrift herausgegeben.

Ämter gab, das des Priesters und des Diakons.... „Darum wisse, unser *erster Bischof* war ein Priester römischer Weihe, gewählt vom Volke und von den Priestern, die sich versammelten, und er empfieng die Bestätigung zur Ordination von einem andern Ältesten, damit er die Bestätigung im Priesterthum und dann mit andern im Bisthum ertheile…" [1]

3. Lukas' Schrift von der Erneuerung der heil. Kirche und von den Gründen, die zur Zuversicht dienen, dass diese Erneuerung in der Unität geschehen ist (1510). [2]

Die Drangsale, welche die Unität in den J. 1509 u. 1510 trafen, zwangen ihre hervorragenden Männer, sich vor den Nachstellungen der Feinde zu verbergen. Auch Lukas verliess seinen gewöhnlicher Sitz, Jungbunzlau, und brachte die Weihnachten des J. 1509 an einem anderen Orte zu, wo das Wort Gottes noch nicht völlig „gebunden" war, und wo er wenigstens in geheimen Versammlungen der Gemeinde predigen konnte. Am Dreikönigsfeste (1510) und am nächsten Sonntag hatte er den 10. Ps. erklärt: da trat an ihn ein Zuhörer heran mit der Bitte, er möge das, was er in der Predigt nur angedeutet, in einer besonderen Schrift deutlicher ausführen. Lukas versprach es zu thun, und so entstand die Schrift von der Erneuerung, in der Lukas zu beweisen unternahm 1) dass eine Erneuerung der Kirche nothwendig gewesen sei, 2) dass sie in der Unität zum Theil bereits erfolgt sei, 3) dass sie in ihr in der Zukunft zur Vollendung gelangen werde.

Unter Lukas' Händen verwandelt sich die heilige Geschichte des alten und des neuen Bundes in ein Symbol, in dem die Entstehung der Brüderunität und ihre Schiksale vorgebildet erscheinen. Ein Bild jagt das andere, mitunter treffend und poetisch, nicht selten gesucht und geschmacklos. Anknüpfend an eine Predigt Rokycanas, aus der er ein Citat in die Apologie (1503) aufgenommen, schildert Lukas die Kirche in ihrer Verführung. Sie glich einem verfallenen

---

[1] A protož věz, že první biskup náš kněz byl římského svěcení, a ten vyvolen od lidí i od kněží přítomných, i potvrzen k ordinování od jiného staršího, aby potvrdil na kněžství, i potom s jinými na biskupství. — Dasselbe wiederholt Lukas in einer Streitschrift v. J. 1513 (gegen den Pfarrer Johannes Lipenský B. A. II.): „Michael, selbst ein Priester, wurde von anderen Priestern und von dem Volke gewählt, durch andere bestätigt und hat selbst die Gewählten als Priester und Bischöfe bestätigt . . . . Dass also von ihm in der Unität das Priesterthum seinem Ursprung nach abstamme, das kann zugestanden werden."

[2] Handschrift der Prager Un. Bibl. Beilage J. Vgl. Dobrovský G. der b. Spr. und Lit. S. 378.

Bau. Die Trümmer bedecken die noch erhaltenen Gründe, von dichtem Gestrüpp überwuchert, in dem die wilden Thiere hausen. Da beschloss Gott, die Kirche *in Böhmen* zu erneuern [1]) und erweckte Gewalt gegen Gewalt. Die wilden Thiere wurden verjagt d. h. der Kaiser und die Häupter der weltlichen und geistlichen Macht. Dann kamen die Arbeiter, *die Priester der Taboriten*, um den Schutt und die Trümmer wegzuräumen, und als dieses geschehen war, besetzten die blossgelegten Gründe die *Magister* mit ihrem Haupte; *Rokycana*, die über den Neubau Rath hielten, ihn aber nicht beginnen sollten. Doch haben sie das Werk vorbereitet, unter anderem auch durch die Wahrheit, die sie gefunden hatten, *dass ein gemeiner Priester in der Noth ordiniren könne.* Dies ist der Inhalt der Einleitung.

Predigten in der Weihnachtszeit hatten die Schrift veranlasst: die Geburt und Jugend des Heilands, seine 12 Werke, bilden ihre symbolische Unterlage. Der Menschwerdung Christi entspricht die Vorgeschichte der Unität, die Zeit, in der Brüder sich an einige gute Priester hielten, die nach ihrem Herzen waren. Mit Christi Geburt wird die Aufrichtung der Priesterordnung verglichen. Die Schilderung der Loswahl erinnert an die Apologie (1503). Dasselbe gilt auch von der folgenden Erzählung, doch fügt Lukas auch einige Sätze aus dem vierten Schreiben an Rokycana hinzu. Obgleich die Gewählten die innere Weihe bereits empfangen hatten, obgleich *Michael* die Bestätigung sofort hätte vornehmen können, so begab er sich doch *mit einem Begleiter* [2]) *zu dem Ältesten der Waldenser.* Nach seiner Rückkehr bestätigte er die Gewählten als Priester und Bischöfe, wobei das Lied gesungen wurde: „Freuen wir uns All". [3]) Aber ein Priester römischer Weihe, den Michael um seinen Vorrang beneidete, verliess die Brüder....

Dem ganzen Zusammenhange nach sollte man glauben, Michael sei von Anfang an zum ersten Bischof bestimmt worden. Aber die folgende Erzählung des Lukas lautet anders. Es wurde zwischen Michael und Matthias gelost: das Los entschied für den ersteren. Aber später trat er doch vor Matthias zurück „aus triftigen Gründen" und wurde auch im Priesteramte „seiner Gebrechen wegen" [4]) suspendirt.

---

[1]) Die Vorläufer der Erneuerung vergleicht Lukas mit Hähnen, welche durch ihr Krähen von Mitternacht an den Tag verkünden. Er beginnt ihre Reihe mit dem h. Bernhard. Auch Chelčický habe viel auf dem Papier gekräht.

[2]) Der Begleiter des Michael wird nirgends genannt.

[3]) Vgl. Cröger I. 78.

[4]) Ein Gerücht wächst mit der Entfernung. Nach einer Marginalnote in Jafets „Stimme des Wächters" hätte er sich der Trunkenheit ergeben! Vgl. Gindely I. 91.

Ein anderer Theil von Lukas' Schrift zieht eine Parallele zwischen den Werken den Heilands während seiner öffentlichen Lehrthätigkeit und den Schicksalen der Unität, so wie der in ihr vollzogenen Erneuerung des rechten Glaubens und kirchlichen Lebens. Nochmals gedenkt Lukas dabei der Verführung der römischen Kirche und der *Enstehung des Papstthums.* Erst habe *Constantin* den Papst über alle anderen Bischöfe erhöht, und *Karl der Grosse* später dem Primat die „weltliche Macht" hinzugefügt zum Dank für die translatio imperii, für die Schenkung der den Griechen geraubten Kaiserwürde. [1]) Die ursprüngliche Stellung des Matthias in der Unität missbilligt Lukas, indem er sie mit dem päpstlichen Primat vergleicht.

In anderen Abschnitten seiner Schrift schildert Lukas seinen Eintritt in die Unität und sowol ihre als auch seine eigenen inneren Kämpfe und Wandlungen. Dagegen *versagt er uns jede weitere Auskunft über den späteren Verkehr der Brüder mit den Waldensern,* über seine Reise nach Italien. Überhaupt werden die Waldenser in der ganzen Schrift nur zweimal erwähnt. [2]) Seine eigene Fahrt nach dem Orient, seine Reisen in den fremden Ländern und die dabei bestandenen Gefahren berührt er nur flüchtig. Woher dieses auffallende Stillschweigen? Wie es scheint, missbilligte Lukas, als er die Schrift von der Erneuerung verfasste, jene Reisen: *die Wahrheit sei in der Unität erneuert worden und müsste nicht auswärts gesucht werden.* Durch den Sieg über die „kleine Partei" — eine der vornehmsten Fragen war gewesen, ob der Eid absolut zu verwerfen sei — durch Weiterbildung des Dogmas durch die gelehrten Männer, unter denen Lukas bald die erste Stelle einnahm, sind unter den charakteristischen Merkmalen der Unität gerade diejenigen zurückgedrängt worden, auf denen ihre Änhlichkeit und Verwandschaft mit den *Waldensern* beruht hatte. [3])

---

[1]) „Constantin setzte den Sylvester auf sein weisses Ross. Das kam den Leuten wunderbar vor. Darum riefen sie in ihrer lateinischen oder welschen Sprache: pape, pape! d. h. welch ein, welch ein Wunder!" (Dasselbe findet sich bereits in dem Traktat: „Wie sich die Menschen . . ." Vgl. Dante L'Inferno VII. Pape Satan Pape Satan Aleppe.) — Lukas scheint die Schrift des Laurentius Valla gekannt zu haben, da er ausdrücklich bemerkt, Constantin habe dem Sylvester keine weltliche Macht ertheilt. — An einer anderen Stelle sagt er, der h. Petrus sei nie nach Rom gekommen.

[2]) Lukas sagt im Eingang, dem König Vladislav gebe man Chroniken von den alten Ketzern oder Waldensern zu lesen, um ihn gegen die Brüder einzunehmen.

[3]) Auch in der Apologie findet sich der Gedanke ausgesprochen, die Erneuung der Kirche habe in der Unität und durch diese begonnen. — Die Annahme liegt nahe, Lukas habe das ganze Unternehmen von Anfang an nicht recht gebilligt. Der Gedanke, eine reine Kirche aufzusuchen, um sich ihr anzuschliessen, gehört der alten Unität an. — In dem Traktat gegen Wolfgang gedenkt Lukas seines Auf-

4. Lukas' Schrift von dem Ursprung der h. Kirche (1522). [1])

Die historischen Beiträge, welche diese im J. 1522 gedruckte
Schrift bietet, sind äusserst dürftig. Lukas vindicirt jeder kirchlichen
Gemeinschaft das Recht, 1) eigene Priester zu wählen und 2) sie
durch einen dazu gewählten und bestätigten Priester ordiniren zu
lassen. Den Einwand: „Es könnte jemand sagen, warum der Ursprung von einem Priester römischer Weihe herkomme?" — beantwortet er in ähnlicher Weise, wie in der Apologie (1503) und im
wörtlichen Anschluss an ein Synodaldekret v. J. 1499 (s. o.): die
Brüder hätten das gereinigte Priesterthum der römischen Kirche in
ihre Unität übertragen.

5. Lukas' Schrift vom Ursprung der Unität (1527). [2])

In seinem letzten Lebensjahre (1527) hat Br. Lukas eine Streitschrift gegen die kleine Partei verfasst und darin nochmals die Geschichte der Entstehung der Unität erzählt.

Der geschichtliche Abschnitt der Schrift beginnt mit der Frage:
Woher ist die Kenntniss von der Verleitung der Kirche nach Böhmen gekommen? Und die Antwort lautet: Der Anfang geschah durch
die *Waldenser* in England, wo Wiclif Kaplan des Königs war, aber
nur die Messe las. Und ein Waldenser, mit dem er oft verkehrte,
sagte ihm, er walte seines Amtes nur zur Hälfte, da er nicht predige.
Und dieses bewies er aus der Schrift.... Wiclifs Anhänger ka-

enthaltes in Rom mit folgenden Worten: „Und wisse, es wäre mir nicht widerwärtig, ja es wäre mir sehr lieb, stünde nur der Stuhl des h. Petrus in Rom oder
an einem anderen Orte, der Stuhl des Glaubens und der Wahrheit. Aber als ich in
Rom herumgieng im päpstlichen Palast, in der Kirche des h. Petrus, im Lateran,
in der Kirche des h. Paulus, da fand ich nichts als die Stühle und Tische der
Wechsler und der Verkäufer der Tauben, der Schafe, der Praebenden, des Ablasses .."
(vgl. u. Lasicius). Wolfgang hatte dem Lukas vorgeworfen, er sei nach Italien gegangen, um die „Rotten" in ihren Irrlehren zu bekräftigen. Darauf entgegnete der
letztere, dies sei keineswegs der Zweck seiner Reise gewesen: er habe vielmehr die
Verführung mit eigenen Augen erblicken wollen.
[1]) O puowodu Cierkwe swaté. Gedruckt in Jungbunzlau 1522.
[2]) Br. A. IV. Beilage K. Vgl. Gindely I. 194. Den Anstoss zu dieser Schrift
bildete ein im J. 1523 von einem Mitgliede der kleinen Partei — nach Lukas war
es Amos — verfasstes Schreiben von dem Ursprung der Unität, in dem auf jene
schwärmerische Bewegung, die in Mähren begann und sich weiter nach Böhmen
verpflanzte (s. Gindely I 19), ein überaus grosses Gewicht gelegt wird. Lukas geht
in seiner heftigen Polemik zu weit, wenn er dieser Erscheinung alle Bedeutung ab-
spricht. Thomas von Přelauč rechnet in seinem Schreiben an Albrecht von Sternberg (1502) zu den Vorläufern der Unität auch den Priester Stefan von Kremsier. —
Diese Schrift des Lukas ist zu unterscheiden von seinem 1524 gedruckten „Buche
gegen die Abtrünnlinge" (Odpis proti odtržencóm.)

men und brachten seine Schriften *nach Dresden* und von da nach Böhmen. [1])

Es folgt eine kurze nicht uninteressante Schilderung der hussitischen Bewegung, [2]) wobei die Taboriten von Lukas mit besonderer Sympathie erwähnt werden. Mit wenigen festen Zügen wird dann die Entstehung der Unität erzählt. [3]) Die bei Lukas gewöhnliche Dunkelheit des Stils ist in seiner letzten Schrift verschwunden. [4]) Von seinen älteren Schriften weicht er in der Schilderung der Wahlsynode nicht allein in unwesentlichen Einzelnheiten ab, [5]) sondern namentlich auch dadurch, dass *er die „Ordination und Bestätigung" unmittelbar der Wahl folgen lässt.* Und zwar wurde Michael „zum Bischof" einstimmig gewählt, wobei eben die Einstimmigkeit — auch Gregor hatte sich erhoben — als ein Zeichen des göttlichen Willens, als eine Art von Los angesehen wurde. *Die Reise zu den Waldensern wird aber nicht erzählt, ihr Name in dem ganzen Träktat überhaupt nicht mehr genannt.* Nach Lukas' Erzählung hat die von der Gemeinde dem Michael übertragene Vollmacht vollkommen genügt und dies um so mehr, als der Verfasser allen wesentlichen Unterschied zwischen dem Priester- und Bischofamte auch hier entschieden in Abrede stellt. Und nicht eigentlich das Bisthum, wol aber den Gebrauch desselben und den Vorrang trat dann Michael dem Matthias ab, den bei der Loswahl das *erste Los* getroffen hatte. Das ist die „Niederlegung des Priesterthums" d. h. des bischöflichen Vorranges. *Das römische Priesterthum niederzulegen war nicht nöthig gewesen, da es an sich selbst nichtig war.* Der neue Wein wurde nicht in die alten Schläuche gegossen.

Lukas von Prag hat die ersten Zeiten der Unität nicht gesehen. Als er sich den Brüdern beigesellte (um 1482), stand er ihnen noch ziemlich fremd gegenüber; und es dauerte lange, ehe er sich unter ihnen zurecht fand. An der Umwandlung der Unität durch die Aus-

---

[1]) Ti pak, jenž času toho protivenství mnohá trpěli i mučedlnictví, někteří z nich ušli do jiných zemí, a zvlášť do Drážďan. A odtud potom někteří přišli do Čech . . . .

[2]) Das Concil verbot nach Lukas die Communion sub utraque, die bis dahin doch hie und da in Gebrauch gewesen sei.

[3]) Hier findet sich zuerst eine ausführlichere Nachricht über Gregors Haft, Folterung und Vision.

[4]) Vielleicht hat dem Lukas eine fremde Arbeit als Vorlage gedient.

[5]) Komárovskýs Lied wird hier *nach der Wahl* gesungen. — In dieser Schrift erscheint zuerst der Ort der Wahlsynode Lhota (Lhotka) bei Reichenau.

scheidung der kleinen Partei hat er einen hervorragenden Antheil gehabt. Über die Vorgänge der ersten Zeit berichtet Lukas demnach *nicht als Augenzeuge*, aber er hat durch Berichte der Mitbrüder und mit Hilfe von Quellen, die wir nicht mehr besitzen, eine vollkomme Kenntniss derselben erlangen können. Manche Einzelnheit vervollständigt das Bild der älteren Quellen und ist durchaus glaubwürdig. Die Schilderung der Wahlsynode in der Literatur des 16. Jahrhundertes lehnt sich zum Theil an ihn an.

Aber Lukas legt sich die Thatsachen zurecht und bringt sie gewaltsam mit dem theoretischen Standpunkt, den er einnimmt, in Einklang. Der Versuch misslingt. Neben dem Widerstreit mit den Zeugnissen der älteren Quellen ziehen sich durch seine Schriften ungelöste Widersprüche.

Nicht Matthias, sondern *Michael* ist ihm, der Zeit und dem Range nach, der erste *Bischof* der Unität. *Die Bestätigung durch den Waldenserbischof verliert alle Bedeutung*, denn nach der Apologie entstammt das Priesterthum der Unität dem Priesterthum der römischen Kirche, und nach der Schrift vom Jahre 1510 hätte Michael sofort zur Bestätigung der durch das Los Gewählten schreiten können. Die „Niederlegung des Amtes" wird in zwei Stufen vollzogen, als *Niederlegung des bischöflichen Vorranges* und als *Suspension im Priesteramte*. Beides bleibt aber unmotivirt. Jene durch die älteren Quellen bezeugte Wiederweihe des Michael muss dagegen unerwähnt bleiben.

Eine *andere* Auffassung tritt uns in Lukas' letzter Schrift (1527) entgegen; das von Anfang an nichtige und leere Priesterthum der römischen Kirche musste und konnte Michael nicht niederlegen. Sein Amt, kraft dessen er als erster Bischof die Bestätigung vollzog, entstammte einzig und allein dem Mandat der Gemeinde. Das Priesterthum der Unität ist eine selbstständige Schöpfung, ohne Anknüpfung an eine bestehende kirchliche Gemeinschaft. Gewiss steht Lukas, indem er die frühere durch das Dekret des J. 1499 sanktionirte und in seinen eigenen Schriften festgehaltene Auffassung verwarf,[1] dem Geiste der alten Brüder näher. Über um so auffallender und greller erscheint der Widerspruch gegen die älteren Quellen, und gegen die

---

[1] Was ist die Ursache dieser Wandlung? Lukas trug wahrscheinlich der neuen Zeitströmung Rechnung und gab in diesem Punkte Luther nach. Auch wurde auf das Mandat der Gemeinde in den Schriften der Brüder *neben* anderen Momenten immer Gewicht gelegt.

früheren Schriften Lukas' selbst, der dadurch entsteht, dass er den *Waldensern* an der Aufrichtung des Brüderpriesterthums keinen Antheil vergönnt.

Die eigenthümliche Loswahl durch Aufstehen und Sitzenbleiben wird von Lukas zweimal geschildert, erst in der Schrift v. J. 1510, dann in der v. J. 1527, aber beidesmal in einem anderen Zusammenhang. Hier wird Michael — vor der Bestätigung — auf diese Weise zum Bischof gewählt, dort wird ihm — nach der Bestätigung — der Vorrang vor Matthias eingeräumt. Es ist nicht anzunehmen, Lukas habe dies alles willkührlich erdichtet. Wahrscheinlich hat sich jener *Zwiespalt*, der zu der zweiten Bestätigung Anlass gab, auch auf die Frage bezogen, wer sich zu Stefan, dem Waldenserbischof, begeben sollte. Die Wahl entschied für Michael und räumte ihm eine eigenthümliche, widerspruchvolle Stellung ein. Gab man dem älteren, erfahrenen Manne den Vorzug oder reichte der Zwiespalt tiefer? Die älteren und späteren Quellen versagen uns eine bestimmte Antwort. Und die Ursache dieses Schweigens ist wol nichts anderes gewesen, als jener Zwiespalt selbst.[1]) Die ältesten Schriftsteller *wollten* davon nicht erzählen, die späteren wollten oder konnten es nicht.

VII. Die älteren gedruckten Confessionen.[2]) Die polemische Literatur.

Die in der ersten Hälfte des 16. Jahrhunderts gedruckten Bekenntnissschriften und Apologien enthalten mitunter geschichtliche Rückblicke, ohne dabei über die ältere Zeit der Unität neue Aufschlüsse zu gewähren. Der Verkehr mit den Waldensern wird mit Stillschweigen übergangen, ihr Name, den die Gegner den Brüdern gaben, um sie als notorische von der Kirche verdammte Ketzer zu bezeichnen, entweder einfach acceptirt[3]), oder auch abgelehnt.[4])

---

[1]) Den Verkehr mit den Waldensern verläugnen und verschweigen die älteren Quellen nicht.

[2]) Vgl. Zezschwitz S. 145 ff.

[3]) Vgl. namentlich einige der ersten (1503—8) Schriften.

[4]) Vgl. die Confession des J. 1535. Diese ist in lat. Sprache im J. 1538 in Wittenberg gedruckt worden, zugleich mit einer Bearbeitung der Apologie des J. 1532. Einen historischen Rückblick enthält die Praefatio Ministrorum ecclesiae Picardonem ut vocant in B. et Mor. in Confessionem suae fidei. In der Praefatio Baronum et Nobilium heisst es: Quamquam (enim) eorum Ecclesiae nos adiunximus, qui fratres vulgo vocantur, ab adversariis vero ... Picardi et *Valdenses in contemptum* cognominantur u. s. w. In späteren Ausgaben und Bearbeitungen tritt an die Stelle

Allerdings waren die Brüder keine Waldenser, aber die Zurückwei-
sung dieses Namens geschieht wenigstens in der kurzen apologetischen
Schrift v. J. 1524 in einer auffallend schroffen Weise.[1]

Dagegen wurde, namentlich seitdem Luther einigemal dem Joh.
Hus ein lobendes Zeugniss ausgestellt, auf den Zusammenhang mit
„dem h. Märtyrer" ein grösseres Gewicht gelegt, als es in den älteren Schriften der Fall ist.[2] Indem die Brüder der deutschen Reformation näher traten, gewann für sie das Andenken des böhmischen
Reformators eine grössere Bedeutung.

Auch die polemische Literatur gewährt dem Historiker, welcher
in ihr Nachrichten über die ältere Zeit sucht, eine spärliche Aus-
beute. Die Schriften der ältesten katholischen Gegner der Brüder,
eines Henricus Institoris, eines Johannes Aquensis[3]), eines Jakob
Lilienstein[4]) u. s. w. zeugen von grosser Geistesarmut und gerin-
ger Kenntniss des Gegners. Auch der humanistisch gebildete Dom-

der ersten Vorrede das Proëmium Rüdingers (s. u.) und die Stelle in der Praefatio
der Herren lautet also: Quamquam (autem) libenter libereque confitemur, quod cum
eius populis coetu nos coniunxerimus, qui vulgo fratres, ab adversariis autem *per
contemptum Picardi*, ab aliis vero *per ignorantiam Waldenses* nominantur u. s. w.
Der Titel der Apologie (1532) in der lateinischen Ausgabe (1538) lautet: Apologia
verae doctrinae eorum qui vulgo appellantur *Waldenses* vel Picardi. Retinuerunt enim
Joannis Hussitae (sic) doctrinam, cum scripturis sanctis consencientem. Oblata Georgio March. Brandenburg. Nunc demum multis in locis aucta et recognita. Im ersten
Abschnitt (De origine nostra) kommt der Name der Waldenser nur einmal vor:
iam scelestissimorum haereticorum, iam Picardorum, iam *Waldensium*, quod probris-
simi conuicii loco fuit,... appellitantur.

[1] „Es dörffe auch keiner vns vor E. G. (K. Ludvig) angeben als fur Val-
denser die langst sollen verthumbt seyn." Von dieser apologetischen Schrift, die man
unter die eigentlichen Confessionen nicht rechnen sollte, hat zuerst Zezschwitz S. 146
Mittheilungen gemacht. Sie scheint identisch zu sein mit einer Flugschrift, welche
die Unitätsbibl. in Herrnhut besitzt (Titelblatt: 1525. Eyn kurtz vnterricht von dem
ursprunck der Bruder in Behmen und derselben ursach darzu sie auch beweysen das
sie nicht aus der Waldenser oder Pickarten Rotte kommen. Gesant auff den Lant
tag ken Praga. 4⁰ 8 Bl. Auf der letzten Seite: Ende ym iar 1525 fur den Lant tag
zu Prag auff Pauli bekerung. Gedruckt yn der Churf stat zwickau durch Jorg Ga-
stel yn 1525.

[2] In der Apologie (1538) sagen die Brüder, sie seien „Joh. Hussii s. germen,
propago, relictae adhuc reliquiae."

[3] Sein 1524 verfasstes Locustarium s. im Auszug b. Dudík Iter Romanum
289 ff. Ein Bischof der Brüder habe Petrus Waldus als den eigentlichen Urheber
(primus inventor) ihrer Sekte bezeichnet. Hoc idem testatur Fr. Jacobus Lilienstey-
nensis Accedit etiam epistola petri chelczicensis ad rokyczanam scripta, ubi simile
haec describit. (Vgl. Palacký IV. 1. S. 476.) Joh. Aquensis kennt auch eine nach
Johanna Krajíř von Krajek — Johanniani genannte Sekte. — Die beste katholische
Schrift ist der spätestens 1505 gegen die Kinderfragen verfasste Traktat des Bar-
füssermönches Wolfgang, der sich aber fast ausschliesslich auf dem dogmatischen
Gebiete bewegt.

[4] Tractatus contra Waldenses fratres erroneos quos vulgus vocat Pickardos
sine regula, sine lege, et sine obedientia. Collectum a. d. 1505. — Nach Lilienstein
hat Petrus Valdensis, ein Zeitgenosse Constantius, in Lyon s ine Sekte gestiftet,

herr, Dr. Augustin Käsebrot,[1]) war seinem Gegner, Johannes Černý (Niger), Lukas' Bruder, dem berühmten Arzte, nicht gewachsen. Die Utraquisten begnügten sich zumeist mit den Waffen, die sie in dem Traktat der Magister (Vertheidigung des Glaubens) vorfanden. Namentlich hat ein Gegner Augustas, der Pfarrer Peter von Zásadí, sie wieder hervorgeholt und das Priesterthum der Unität in einer 1542 gedruckten Schrift für „eine Chimäre" erklärt.

Einen ebenbürtigen Gegner haben die Brüder erst an dem Jesuiten Wenzel Šturm († 1601)[2]) gefunden, der, von Ferdinand I. nach Rom geschickt, unter den Augen des Ignatius von Lojola seine Studien begann. Nach der Heimat zurückgekehrt, hat er 1582—1590 in rascher Folge sechs gegen die Brüder gerichtete Traktate publicirt. Aber auch in ihnen überwiegt das dogmatische Element. Šturm kannte zwar die gedruckte Literatur der Brüder, aber die handschriftlichen Quellen ihrer älteren Geschichte sind ihm verschlossen geblieben. In seiner ersten Schrift (1582) hält er den Brüdern mit Berufung auf ihre Confession der J. 1574 vor, sie hätten kein Recht, den Namen der Waldenser abzulehnen, da doch auch Wiclif von diesen abstamme.

Von dem direkten Verkehr der Brüder mit den Waldensern scheint er aber damals noch keine Kenntniss gehabt zu haben. Bald darauf (1584) ergänzte Šturm diese Lücke aus dem Traktat des Peter von Zásadí, und in seiner 5. Schrift (1588) unternahm er es, die Nichtigkeit des Priesterthums und Bisthums der Unität nachzuweisen, wobei er sich auch auf die in der katholischen Kirche übliche und nach seiner Auffassung die Gültigkeit bedingende Form der Weihe beruft. Ein Bischof könne nur durch drei andere Bischöfe geweiht werden u. s. w. In seiner letzten Schrift (1590) hebt er endlich mit Nachdruck die Widersprüche hervor, welche er in Michaels „Niederlegung des Amtes" zu finden glaubte.[3])

---

die sich von da bis nach Böhmen verbreitete und hier ausartete. Eine Abart der Waldenser sind die Adamiten gewesen, de quorum numero fuit unus Michael dictus. Michael, der die Sekte wieder reinigte, habe sich dann mit einem Waldenserbischof — nach Constantinopel begeben und dort von ihm die Weihe empfangen! — Ad. Voigt unterbricht seinen Auszug aus H. Institoris' Clypeus (Acta litter. II. 438) mit dem Ausruf: Ohe! jam satis est. Taedet me plura describere, neque dubito, lectorem plura hujusmodi sine stomacho vix legere posse.
[1]) Augustini de Olomucz Epistola contra perfidiam Waldensium ad J. Nigrum. Lipsiae 1512. Vgl Br. A. VI. (Černýs Entgegnung.)
[2]) Jireček Ruk. II. 273—278. Vgl. Pelzel Abbild. böhm. u. mähr. Gelehrten III.
[3]) Ob die Schriften der Habrowitaner (Gindely I. 197) und die Gegenschriften der Brüder wertvollere historische Nachrichten enthalten, vermag ich nicht zu sagen. In den mir zugänglichen Bibliotheken habe ich diese höchst seltenen, wo nicht

VIII. Johannes Černýs (Nigranus') Schreiben an Illyricus (1555).[1])

M. Flacius Illyricus und die Brüder hatten einen gemeinschaftlichen Gegner, Osiander. Aber auch die historischen Studien und
Arbeiten, die jener unternahm, hatten seine Aufmerksamkeit auf
die Brüder gelenkt, wobei er zu dem Resultate gelangte, die Unität
sei ein Zweig des grossen Stammes der Waldenser. In einem an die
Senioren gerichteten Schreiben (1555) polemisirt er geradezu gegen
die Art und Weise, wie die Brüder ihre ältere Geschichte auffassten.
Weder Rokycana, noch Hus mit seinen Vorläufern seien als die
geistigen Väter der Brüder zu bezeichnen: diese seien vielmehr aus
den Waldensern hervorgegangen. Flacius gieng von der Vergleichung
der Lehre aus: in der Lehre der Brüder fand er die der Waldenser
vollständig wieder. Aus dieser müsse also jene geflossen sein, da
doch Hus' Lehre nicht einmal zur Hälfte so rein gewesen sei.[2])

Flacius, dem damals sein grosses Geschichtswerk, die Centu-
rien, besonders auf dem Herzen lag, wünschte von den Brüdern und
durch ihre Vermittelung von den romanischen Waldensern durch
Zusendung von Quellenschriften unterstützt zu werden. Im Namen
der Senioren antwortete Johannes Černý (Nigranus), damals, neben
Augusta, der bedeutendste Mann der Unität, der eigentliche Begrün-

---

gänzlich verlorenen Drucke nicht vorgefunden. W. Šturm hat in einer seiner Schriften (Srovnání 1582) ein Citat aus der Antwort der Brüder v. J. 1533 aufgenommen,
das einen Bericht über die Wahl der ersten Priester enthält, ohne indess neues zu
bieten. Zum Schluss heisst es kurz: „Das Los fiel auf drei, und diese wurden mit
Freuden bestätigt und angenommen." — Die Schrift der Brüder gegen Adalbert
von Pernstein (vgl. Gindely I. 460), von M. Červenka verfasst, beruft sich auf ein
gedrucktes Buch von der „Entstehung der Unität", bringt aber auch keine neuen
Aufschlüsse. Die Brüder hätten im Jahre 1467 bereits Priester unter sich gehabt,
und diese das römische Priesterthum und Bisthum besessen. Sie stellten die Gewählten dem anwesenden Priester und Bischof vor. Auch könnten sie noch mehr
beweisen, nämlich dass ihr Priesterthum und Bisthum von zwei Bischöfen abstamme. — Červenkas († 1569) „Kurze Nachricht von der Entstehung der Unität" besitzen wir nicht mehr.

[1]) Gindely Quellen zur G. der Böhm. Br. S. 275 ff.

[2]) Et Hussius ne ex dimidia parte quidem tam puram doctrinam, ut vestra
est, habuit. Vgl. Catalogus Testium Veritatis: Ac nequeo sane mirari, qui acciderit,
quod cum eodem tempore simul Hussius et Valdenses in Boemia fuerunt, non tamen
ex eorum collatione Hussius suam doctrinam aliquanto purgatiorem ac solidiorem
effecerit... Weniger günstig lautet Flacius' Urtheil in seinem Schreiben an Bodenstein, April 1556 (Quellen S. 282): certum est Valdensium doctrinam ante Lutherum
fuisse foede corruptam, eaque et Boemicos et etiam Gallicos Valdenses teste Schle-
dano sua ad Lutheri institutionem correxisse.

*

der des Brüderarchivs.[1]) Eine Gesandschaft nach Italien zu schicken,
lehnten die Brüder ab; die andere Bitte des Illyricus wurde aber
insoferne erfüllt, als die Brüder einige alte Schriften sogleich schickten, die Sendung anderer in Aussicht stellten.

Ohne Gereiztheit, aber doch entschieden bekämpft Černý die
von Flacius aufgestellte Ansicht. Die Brüder lehnen den Namen der
Waldenser ab, weil sie keine Waldenser sind. Die Begründer der
Unität, „die Zuhörer Rokycanas", haben fast keine Kenntniss von
der Kirche und Lehre der Waldenser besessen (iis Waldensium Ecclesia fere ignota fuit). In Böhmen selbst hat es damals keine Waldenser gegeben, *wol aber in Mähren*, an der österreichischen Gränze.
Dahin, an ihre zwei Vorsteher, von denen der eine, Stephanus, ihr
„Senior", später in Wien verbrannt worden ist, haben die Brüder
um das J. 1467 mehr als einmal Gesandte geschickt.[2]) Den Zweck
dieser Sendungen gibt Černý nicht an: doch sei nichts erreicht worden.[3]) Die Folgerung des Flacius, die Ähnlichkeit der Lehren be-
weise den causalen Zusammenhang, weist er zurück, gibt aber dabei zu, die Ansichten über den Ursprung der Unität seien schwankend. Doch könne diese Unsicherheit durch das Studium der Quellen behoben werden.[4])

Als eine Quelle der Brüdergeschichte dürfte man Černýs Schreiben an Illyricus nicht ansehen. Aus der damals noch lebendigen
Tradition hat es uns aber wenigstens einen neuen Zug erhalten: die
Angabe des Ortes, an dem die Zusammenkünfte mit Stefan, dem
Waldenserbischof, stattfanden. Die Gemeinden der Waldenser scheinen damals von Österreich nach Mähren über die Gränze herüber-
gereicht zu haben.

---

[1]) Černý hat eine Geschichte „der Succession der Bischöfe 1467—1559" verfasst, ein Werk, das wir nur aus Jafets Citaten kennen.

[2]) ... circiter a. D. 1467 mittunt semel atque iterum legatos ad Valdenses,
quorum duo praecipui erant in Moravia prope Austriam, horum senior vocabatur
Stephanus, qui tandem Viennae in Austria flamma exustus est, sed apud eos parum
effectum est.

[3]) Wenzel Šturm erzählt in seiner „Kurzen Entgegnung" (Krátké ozvání
1584), Černý habe auf der Synode von Koźminek (Gindely I. 398) gesagt, die Brüder hätten die Ordination von den Waldensern erhalten.

[4]) Černý selbst ist geneigt Michael für den geistigen Urheber der Unität zu
halten, ohne dabei Br. Gregor, geschweige Chelčický, zu nennen. Der in seinem
Schreiben (Quellen S. 280) berührte Chronographus, Bohuslav Bilejovský († 1555), hat
1532 als utraquistischer Pfarrer in Kuttenberg eine Kirchenchronik von Böhmen in
böhmischer Sprache verfasst, die in erster Ausgabe 1537 in Nürnberg erschienen ist.

IX. Blahoslavs Summa (1556).[1])

Der Überbringer jenes Schreibens Černýs war Johannes Blahoslav.

Blahoslav, geboren im J. 1523, stand damals am Anfange seiner Laufbahn, die sowol für die Geschichte der Unität als auch für die Entwickelung der böhmischen Literatur, deren beste Pfleger im 16. und 17. Jahrhunderte die Brüder waren, eine grosse Bedeutung erlangen sollte. Nach Vollendung der höheren Studien in Goldberg unter Trotzendorf (1543—1544) und in Wittenberg (1544—1545) wurde er (1548) Černýs Leitung anvertraut, der ihn mit anderen jungen Männern nochmals in's Ausland schickte. Aber aus Königsberg, wohin er sich zuerst begab, vertrieb Blahoslav der von Osiander erregte Streit; in Basel, wo er sich vom Winter des Jahres 1549 bis zum folgenden Frühjahr aufhielt, liess ihn seine Kränklichkeit nicht lange weilen. Seit 1552 befand er sich in Jungbunzlau, dem Karmel der Brüder, ein treuer Genosse und Gehilfe Černýs, seines väterlichen Freundes. Aber auch seine selbstständige Thätigkeit begann bald darauf. Die böhmische historische Literatur bereicherte er schon damals durch wichtige und formvollendete Quellenschriften, die Berichte über seine Reisen nach Wien (1555—1557) und nach Magdeburg zu Flacius (1556).

Nach Blahoslavs Bericht zu schliessen, standen bei den mit Flacius gepflogenen Verhandlungen die theologischen Controversen jener Zeit im Vordergrunde. Beide Männer waren leidenschaftlicher Natur. Flacius tadelte vieles in der Lehre der Brüder, Blahoslav entgegnete mit „wüthenden" Worten. Auch über die historische Frage vom Ursprung der Unität wurde keine Einigung erzielt. Flacius, dessen Catalogus Testium Veritatis eben erschienen war, hielt an seiner auch in diesem Buche geäusserten Ansicht fest.[2])

---

[1]) Br. A. VIII. Beilage L.

[2]) Vgl. Gindely I. 421. — Blahoslavs Bericht s. in Gindelys Lebensgeschichte Blahoslavs. Č. Č. M. 1856. Darin heisst es: „Ich gab dem Flacius die von den Brüdern gesandten Schriften und begrüsste ihn in ihrem Namen. Er nahm alles mit Vergnügen an, obgleich er manches bereits besass: so unsere Agenden in's Deutsche übersetzt, Antonius (Bodenstein) hatte sie ihm, wie er sagte, geschickt. Dann meinte er, ich sollte doch nach Italien gehen ... und zeigte mir verschiedene Stellen, an denen in alten auf Pergament und Papier geschriebenen Büchern von den Waldensern gesprochen wird, was auch in seinem eben herausgegebenen Buche, das er mir schenkte, zu finden ist... Über den Ursprung der Brüder und der Waldenser sprachen wir lange, und er wies mir Chroniken vor, welche bezeugen, zur Zeit des Aeneas Sylvius habe es in Böhmen viele gegeben, welche die Lehre der

Entweder vor der Magdeburger Reise, oder wie man gewöhnlich annimmt,[1]) nach derselben, hat Blahoslav seine *Summa* verfasst,
eine gedrängte Übersicht der Brüdergeschichte von dem Ursprung
der Unität bis auf seine Zeit. Was Černý mit richtigem Blick als
nöthig erkannt hatte, das that Blahoslav, indem er auf die Quellen
selbst zurückgieng. Der erste Abschnitt der Summa, in dem die
Vorgeschichte der Unität geschildert wird, ist nichts anderes, als
ein mit geschickter Hand aus den Quellen verfertigter Auszug. Ihre
einzelnen Angaben sind in ein Ganzes verschmolzen, welches wiederum unschwer ohne Rest auf seine Vorlagen zurückgeführt werden
kann, wobei man erkennen dürfte, Blahoslav habe für diese Periode
nicht mehr Quellen besessen, als, zum Theil durch sein Verdienst,
bis auf den heutigen Tag sich erhalten hat. Blahoslav und auch
andere Brüderautoren haben aus der im 16. Jahrhunderte wol noch
lange lebendigen Tradition weniger geschöpft, als man erwarten
sollte.

Blahoslavs Summa verfolgt einen bestimmten Zweck. Sie soll
einerseits Flacius' Ansicht widerlegen, anderseits die Daten über
den Verkehr der Brüder mit den Waldensern, wie und in welcher Tragweite derselbe wirklich stattgehabt, vollständig sammeln.
Flacius gegenüber, der zwischen Brüdern und Waldensern in Lehre
und geschichtlicher Entwickelung keinen Unterschied zulassen wollte,
behält Blahoslav Recht, wenn er in der hussitischen Bewegung im
allgemeinen den Boden erblickt, in dem auch die Unität mit ihren
Wurzeln ruhe. Wenn er aber zugleich jede Berührung der Brüder
mit den Waldensern vor dem J. 1467 in Abrede stellt, so geht er
weiter, als ihn seine Quellen berechtigen, mit denen er auch dadurch

---

Waldenser bekannten. Und da unsere Väter damals lebten, so folge daraus, wir
seien Waldenser. Denn wo hätten sie sonst eine so reine Wahrheit und Lehre gefunden, da weder Rokycana, ja nicht einmal M. Joh. Hus sich einer so von allem
Irrthum gereinigten Lehre erfreute. Ich antwortete, wie ich diess alles verstand und
wie sich die Sache in der That verhielt. Endlich verstand er es und schenkte vielleicht auch Glauben meiner Erzählung von dem Ursprung, den Ursachen der Trennung und warum sich die Brüder den Waldensern nicht angeschlossen hätten. Das
war am Donnerstag nach Pfingsten." — An einer anderen Stelle seines Berichtes
erzählt Blahoslav: „Flacius sagte mir, Montanus in Nürnberg drucke Hus' Schriften,
opera latine eius omnia. Wenn wir etwas hätten, so möchten wir es ihm schicken,
da wir doch für die Nachfolgen und Nachkommen des Hus gelten wollten. Item
Viclephi opera omnia sollten gleich darauf gedruckt werden; wenn wir etwas hätten,
so sollten wir beisteuern." — Wie gross Blahoslavs Verstimmung gegen Flacius war,
beweisen seine beiden Schreiben an Rokyta und Israel (1557 Br. A. VIII. Beil. M. u. N.).

[1]) Gindely I. 424. Jireček I. 77. In Blahoslavs Bericht wird die Summa nirgends erwähnt. Dass Blahoslavs Summa dem Flacius, wenn nicht von dem Verfasser
übergeben, so doch später mitgetheilt worden ist, s. Blahoslavs Schreiben an Rokyta (Beil. M.).

in Zwiespalt geräth, dass er Chelčickýs Einfluss gering achtet,[1]) dessen Schriften doch den Brüdern erst völlig die Augen geöffnet haben. Und damit hängt es zusammen, wenn Blahoslav eine wichtige Phase in der Brüdergeschichte, den Streit mit der kleinen Partei, mit Stillschweigen übergeht. In die dunkelsten Partien der Brüdergeschichte fällt aus seiner Schrift kein Lichtstrahl; was in den Quellen dunkel und unbestimmt ist, bleibt auch in der Summa unaufgeklärt. *Das schwierigste Problem* wird von Blahoslav *nicht gelöst,* sondern umgangen. Denn während das Bild des Wahlvorganges (1467) mit festen und bestimmten Zügen gezeichnet erscheint, bedient er sich in seiner weiteren Erzählung versichtiger Ausdrücke und Wendungen, so dass aus der Summa nicht einmal ersichtlich wird, ob die *zwei* Gesandten deren Namen wir nicht erfahren, von den *zwei* Senioren der Waldenser die „Bestätigung" erhalten haben.[2])

In der Summa folgt eine zweite Sendung an die Waldenser, um mit ihnen die völlige Verschmelzung „zu einer Kirche" anzubahnen. Blahoslavs Erzählung gewinnt hier eine Breite, wie wir es bisher in keiner älteren Quelle gefunden haben, auch nicht in dem Traktat „Wie sich die Menschen zu der röm. Kirche verhalten sollen." Aber bei näherer Betrachtung finden wir den ganzen Stoff in jener älteren Schrift wieder, nur dass bei Blahoslav diese *Verhandlungen mit den Waldensern in die Zeit fallen, da die selbstständige Organisation der Unität bereits vollendet war.*[3]) In allen diesen Theilen dürfte Blahoslavs Summa als eine eigentliche Quelle oder als ein Ersatz verlorenen Quellen nicht angesehen werden. Wenn aber die Geschichtsschreibung den Verkehr der Brüder mit den *Märker Waldensern,*[4]) die Niederlassung dieser in Böhmen und Mähren, die Sendung nach dem *Orient, die italienische* Reise Lukas' von Prag und Thomas' des Deutschen, die Ankunft *der zwei „Gesandten" der Waldenser* nach

---

[1]) Is (Rokyzana) relegat eos ad Petrum Chelčiczký et ad ipsius scripta. Obtemperant isti. Postea redeunt, *se nihil, quod conscientiae tranquilitatem praestaret, invenisse dicentes.*

[2]) Rem sanctam et piam aiunt esse Waldenses, ac commendant factum vehementer cum summo cum gaudio *eos in proposito confirmant,* iam veros a Domino electos et missos ministros Christi esse aiunt, et *imposita capiti manu illos benedicunt,* atque socios in Domino seu *coepiscopos* appellant. — Blahoslav scheint fast den Magistern des 15. Jahrh. (Vertheidigung des Glaubens) Recht zu geben, die Händeauflegung habe nicht die Bedeutung der Weihe gehabt.

[3]) Vgl. Lukas'. Von der Erneuerung der Kirche. Etwas abweichend und zwar in einem für die Waldenser ungünstigeren Lichte stellt Blahoslav den Abbruch der Verhandlungen dar in seinem Schreiben an Georg Israel. (1557). (Br. A. VIII. Beil. N.)

[4]) Die noch vorhandenen Quellennachrichten über die Märker Waldenser s. Summa Beilage L. Anm. 18.

Lukas' Tode und ihren Aufenthalt in Jungbunzlau erzählen will: so muss sie überall Blahoslavs Summa, die dadurch zwar einen selbstständigen Wert gewinnt, aber die Wissbegierde durch ihre kargen Nachrichten mehr reizt als befriedigt, zu Grunde legen und, so weit als möglich, aus anderen Quellen und Schriftstellern ergänzen.

Für die folgende Geschichtsschreibung gewann Blahoslavs Summa eine grosse Bedeutung. Obgleich nie gedruckt, wurde sie doch von späteren Schriftstellern (Camerarius, Lasicius) vielfach benutzt.

X. Die handschriftliche Historia Fratrum. (Ms. Un.) — Blahoslavs Autorschaft. — Spuren von Blahoslavs Geschichte.

Die handschriftliche Historia Fratrum.

Als Br. Isaias Cepola [1]) im Jahre 1571 nach Deutschland kam, befand sich ein historisches Werk des Blahoslav in seinen Händen. Cepola selbst bezeichnet dasselbe als „istas Blahoslai nostri notas seu annales nostros". Damit kann nur die Summa gemeint sein, da doch Peucer, dem Cepola diese Schrift lieh, das *böhmische* Werk, die jetzt allgemein dem Blahoslav zugeschriebene Geschichte der Brüder, nicht verstanden hätte.

Der grosse Slavist, Paul Josef Šafařík, der sich in seinen letzten Lebensjahren mit einer besonderen Vorliebe mit Studien über die Geschichte der Brüder befasste, erwarb für die Prager Universitätsbibliothek, deren Vorstand er war, die Handschrift einer Geschichte der Brüder, [2]) die sich vordem im Privatsbesitze eines eifrigen Sammlers befunden hatte. Eine Fortsetzung desselben Werkes enthält eine Handschrift der Bibliothek der Fürsten von Lobkowitz in Raudnitz. Beide kannte bereits Jungmann, der sie in seiner Geschichte der böhmischen Literatur erwähnt, doch ohne seinen Autor zu nennen. Gindely bezeichnet in seiner Lebensgeschichte Blahoslavs (Č. Č. M. 1856 vgl. G. II. 472) diesen als den Verfasser, bemerkt aber, ein ausdrückliches Zeugniss für diese Annahme sei nicht vorhanden. Den Br. Joh. Blahoslav hielt auch Šafařík für den Autor des Werkes, aus dem er bereits 1855 einen Auszug verfertigt hatte.[3])

---

[1]) Gindely Quellen 321 ff.
[2]) Ms. U. XVII. F. 51. Nur der kurze Titel (Historia Fratrum) ist lateinisch.
[3]) Šafaříks Auszug wurde erst nach seinem Tode von J. Jireček herausgegeben (Č. Č. M. 1861). Auch Jireček hält Blahoslav für den Autor der Historia Fratrum.

Nach Šafařík tragen die Schriftzüge der Prager Handschrift den Charakter des ausgehenden 16. oder des beginnenden 17. Jahrhundertes und lassen deutlich zwei Schreiber erkennen.[1]) Der erste Theil schliesst mit dem J. 1535, die zweite Handschrift enthält eine Fortsetzung bis zum J. 1541. Hier bricht das Werk, wie es uns vorliegt, plötzlich ab.[2]) Ohne mit der H. Fr. oder auch nur untereinander in Zusammenhang zu stehen, folgen verschiedene Aufzeichnungen, darunter auch die Geschichte von Augustas Gefangenschaft. Den Schluss bildet ein Bericht über den Landtag von 1603.

Das ziemlich umfangreiche Werke — der 1. Theil, die Prager Handschrift, der hier vorzüglich in Betracht kommt, enthält allein über 1000 Seiten in 4⁰ — hat Gindely (Č. Č. M. 1856) mit den Worten charakterisirt: „Ein bedeutendes, aber unpolirtes Werk, die Erzählung zerstückelt...“ Die H. Fr. ist eben *keine zusammenhängende Geschichte*, sondern eine chronologisch geordnete Sammlung von Quellen, Notizen und historischen Aufsätzen. Sie enthält 1. Aufsätze und Erzählungen anderer, unverändert oder mit Zusätzen. Daneben seltener selbstständige Erzählungen, die von dem Autor der H. Fr. herrühren können; 2. unverarbeitete Quellen, wie Briefe, Aktenstücke u. s. w.; 3. ein reichhaltiges Inventar, kurze Titelangaben, kurze Notizen über heute noch vorhandene oder auch verlorene Quellen und Schriften, eine reiche Fundgrube für die Geschichte der böhmischen Literatur; 4. ein Ordinations- und Todtenregister. Das Ganze scheint die Arbeit eines Mannes zu sein, der sich mit Fleiss und Ausdauer eingehenden Studien über die Geschichte der Unität widmete, vielleicht die Vorarbeit zu einem geschichtlichen Werke und ist auch in dieser Form von grossem Werte. Aber die Hoffnung, aus dieser Quelle neue Daten über die erste Organisation der Unität und den Verkehr der Brüder mit den Waldensern schöpfen zu können, wird nicht erfüllt.

Die H. Fr. beginnt mit einer Einleitung, die, an den „von den *Waldensern* erweckten" Wiclif anknüpfend, ganz abhängig ist von Lukas' Schrift v. J. 1527, an die sich auch die Schilderung der Wahlsynode etwas freier anlehnt.[3]) Wie in der Vorlage, so bricht auch

---

[1]) Die H. Fr. ist ein Werk des 16. Jahrh. Bestimmt lässt sich aber die Abfassungszeit nicht angeben. Wie aus dem Inhalt hervorgeht, ist es nach dem Brande von Leitomischl (1546) begonnen worden. Am Schlusse des ersten Theils wurde nach 1568 geschrieben.

[2]) Šafaříks Angabe, die H. Fr. reiche bis 1603, ist nicht ganz richtig.

[3]) Der Name (Duchek) des Mannes, in dessen Hause sich die Brüder in Lhotka versammelten, wird hier zuerst genannt.

in der H. Fr. die Erzählung plötzlich und zwar noch früher ab, so dass die „Bestätigung" der Gewählten gar nicht berührt wird. Der Name der Waldenser wird zum zweitenmal erst beim J. 1480 wieder genannt.

Blahoslavs Autorschaft.

Der Verfasser der H. Fr. besass eine ausgebreitete Kenntniss der Quellen, die ihm leicht zugänglich waren. Diess alles scheint auf Blahoslav hinzuweisen; aber seine Autorschaft ist dennoch eine Hypothese, die bei näherer Betrachtung nicht genügend gestützt erscheinen dürfte.

1) Für Blahoslavs Autorschaft schien auch der Umstand zu sprechen, dass sich im 2. Theile derselben Handschrift, welche die Hist. Fr. enthält,[1] auch *die Geschichte von Augustas Gefangenschaft* befindet, welche bereits Pelzel für sein Werk hielt.[2] Im J. 1835 hat J. Franta Šumavský diese lebendig geschriebene Erzählung, *welche der Feder eines Blahoslav würdig wäre,* unter dem nicht ganz zutreffenden Titel „Augustas *Lebensgeschichte* von Blahoslav" herausgegeben. Dass aber Blahoslav unmöglich der Verfasser *des Ganzen* sein kann, geht schon zur Genüge daraus hervor, dass in der Erzählung nicht nur Augustas Freilassung, sondern auch sein am 13. Januar 1572 erfolgter Tod erwähnt wird. Blahoslav war aber bereits im November 1571 gestorben.[3] Überdiess sagt der Verfasser ausdrücklich, er sei mit der Aufzeichnung seiner Erzählung im J. 1579 fertig geworden. Diesen Spuren folgend kann man mit ziemlicher Sicherheit Augustas treuen und ergebenen Leidensgefährten, *Jakob Bílek* († 1581), als den wirklichen Verfasser *wenigstens des zweiten Theiles* ansehen.[4] Der erste Theil wird hingegen noch immer Blahoslav zugesprochen. Mit welchem Rechte?

Der erste Theil von Augustas Geschichte reicht bis zur Überführung der Gefangenen von Pürglitz nach Prag (Mai 1553) und Augustas Erkrankung daselbst (März 1554) und ist im Sommer 1554 (20. Mai — 14. Juli) verfasst worden. Der Autor bemerkt diess selbst und fügt gleich hinzu: „Lässt mich Gott das Ende dieses Drangsals und namentlich der Leiden dieser Gefangenen erleben, so werde

---

[1] Ohne Verbindung mit der H. Fr. findet sich Augustas Geschichte handschriftlich in Brünn und in der erzbischöflichen Bibliothek zu Prag.
[2] Abbildungen böhm. u. mähr. Gelehrten II. 74 (Prag 1775).
[3] Gindely in Č. Č. M. 1856.
[4] Jireček Ruk. I. 70.

ich dann auch das aufschreiben, was mit ihnen geschehen wird."[1] —
Und die Fortsetzung, die im J. 1579 oder kurz vorher in Angriff genommen wurde, schliesst sich unmittelbar an den ersten Theil an
den Worten: „Da es doch dazu kam, dass die Gefangenen befreit
wurden und mit dem Leben davon kamen, so will ich *noch einiges
aufzeichnen* u. s. w. Die Schlussworte des ersten, die Anfangsworte
des zweiten Theiles zwingen somit geradezu einen Verfasser anzunehmen, und triftige innere Gründe, den ersten Theil wenigstens Blahoslav zu vindiciren, sind nirgends geltend gemacht worden.[2]

2) Auch das Verhältniss der Hist. Fr. zum „Todtenbuch der
Geistlichkeit der B. Br."[3] kommt hier in Betracht, da sich in beiden Werken dieselbe Todtenliste findet. Der Verfasser des Todtenbuches, Br. Laurentius Orlík († 1589), hat seine Arbeit im J. 1576[4]
angefangen und dabei von Blahoslavs Aufzeichnungen, die er besass,[5]
einen ausgedehnten Gebrauch gemacht. Der Verfasser der H. Fr.,
wer es auch sein mag, hat aber entweder ebenfalls Blahoslavs ursprüngliche Aufzeichnungen benutzt oder Orliks Todtenbuch zu Grunde
gelegt. Ein bestimmtes Resultat liefert zwar die Vergleichung beider
Werke nicht, aber die Annahme, die H. Fr. sei nach dem Tode Blahoslavs und zwar nach dem J. 1576 d. h. mit Benützung des Todtenbuches verfasst worden scheint das Verhältniss beider Werke, wenn
auch nicht zu fordern, so doch zuzulassen. Denn wenn z. B. sowol
im Todtenbuch als auch in der H. Fr. der Todesfall Pauls, des
Schmieds, *des Vaters Orliks* (1521) angemerkt wird, so ist dies an
ersterer Stelle begreiflich, an letzterer ohne Bedeutung, aber am
besten durch die Benutzung des Todtenbuches zu erklären. Vielleicht
ist der Verfasser der Hist. Fr. niemand anderer als Orlík selbst,
wobei ihm wie bei der Aufzeichnung des Todtenbuches Blahoslavs
Nachlass zu Gebote gestanden hätte.

3) Die Schriftsteller des 17. Jahrhundertes kannten und be-
nutzten *ein geschichtliches Werk Blahoslavs, welches aber die H. Fr.
nicht ist.*

---

[1] Blahoslavs Unterschrift findet sich am Schlusse des ersten Theiles in Šu-
mavskýs Edition und in der Brünner Handschrift, die aus dem 17. Jahrh. (1625)
stammt. Vgl. meinen Aufsatz: Die historischen Schriften des Joh. Blahoslav (Č. Č.
M. 1877).

[2] Dass sich die Gefangenen in ihrer Haft mit literarischen Arbeiten beschäf-
tigen konnten s. Gindely I. 357.

[3] Herausgeg. von J. Fiedler (Archiv f. öst. G. Abt. I. Band V.).

[4] Andere haben das Todtenbuch bis 1605 fortgesetzt.

[5] S. Orliks Vorrede.

Spuren von Blahoslavs Geschichte.

1) *Br. Jafet* citirt in seinem am Anfange des 17. Jahrhundertes verfassten Werke („Stimme des Wächters" s. u.) eine Schrift Blahoslavs, die er zum Unterschied von der Summa, die er ebenfalls kennt, als dessen „grössere" Schrift bezeichnet.[1]) Dieselbe war in Capitel getheilt, ein Umstand, der beweist, dass es die H. Fr. nicht gewesen sein kann. Wenn ferner Jafet im 10. Cap. die Erzählung von der Bestätigung durch die Waldenser, und im 4. die Gründe, warum die Brüder diesen nicht beigetreten sind, vorgefunden hat: so lässt sich nicht mehr zweifeln, dass *er ein für uns verlorenes Werk Blahoslavs vor sich hatte.*

2) Ein anderer Schriftsteller des 17. Jahrhundertes, *Regenvolscius*, schreibt in seiner slavischen Kirchengeschichte (1652) dem Blahoslav ausdrücklich ein Geschichtswerk zu, dessen Titel er also angibt: „Historia de Ortu et progressu Unitatis fratrum Bohemorum." Und seine Citate weisen ebenfalls auf ein von der Hist. Fr. und auch von der Summa zu unterscheidendes Werk hin.

3) Obgleich Šafařík mit aller Bestimmtheit Joh. Blahoslav für den Autor der Hist. Fr. erklärte, so fand er doch ihr Stillschweigen über die Beziehungen zu den Waldensern auffallend, „da doch Martinius von Dražov in diesem Punkte den Blahoslav fast wörtlich citire".

Samuel *Martinius* von Dražov (1593—1639)[2]) musste im J. 1621 sein Vaterland verlassen und siedelte sich nach einigen Jahren im sächsichen Pirna an, wo die böhmischen Exulanten eine Druckerei besassen, die 1629 in seinen Besitz übergieng. Zwischen ihm und den in derselben Stadt lebenden Brüdern entstanden Reibungen, da sich diese dem Martinius nicht unterordnen und in der lutherischen Kirchengemeinde nicht aufgehen wollten. Im J. 1635 griff Martinius in seinen „35 Gründen, warum alle evangelischen Böhmen einig sein sollten" die Unität an, wobei er gegen die Brüder nach Anleitung Peters von Zásadí die alten Waffen, den Traktat der Prager Magister (Vertheidigung des Glaubens), verwertete. Die Brüder antworteten in demselben Jahre. In ihrer Gegenschrift[3]) gaben sie zu, die Väter der Unität hätten die „Bestätigung der Priester und Bischöfe" von

---

[1]) Jan Blahoslav větší.
[2]) Jireček: Rukověť u. Č. Č. M. 1874. Vgl. Carpzov Religions-Untersuchung der Böhmisch- und Mährischen Brüder (Leipzig 1745) S. 286.
[3]) Na spis proti Jednotě ... Ohlášení (1635).

den Waldensern empfangen und mit ihnen Unterhandlungen über eine völlige Vereinigung eingeleitet.[1]

In einer neuen polemischen Schrift, die Martinius 1636 „zur Abwehr"[2]) herausgab, führt er auch Blahoslavs „Brüdergeschichte"[3]) in's Gefecht und „citirt dabei zum Theil fast wörtlich"[4]) den in diesem Werke enthaltenen Bericht von der Wahl und Bestätigung der ersten Priester und Bischöfe.

Die Schilderung der Wahl erinnert an die Schriften des Lukas, an die Hist. Fr., an Lasicius und an Jafet. Weiterhin verwirrt sich die Erzählung. Wer ist der „zweite Älteste", den die Brüder vor der Bestätigung wählten und mit Michael zu dem „ältesten Bischof" der Waldenser sandten?[5]) Welche Aufgabe fiel ihm neben Michael zu? Die Erzählung und Auffassung erinnert auch hier an Lukas, doch scheint ihr eine andere Schrift, aus der auch dieser geschöpft haben mag, nämlich die Entgegnung der Brüder auf den Traktat der Magister, zu Grunde zu liegen.

So scheint uns denn Martinius wirklich das Bruchstück einer von Blahoslav herrührenden Geschichte erhalten haben, deren Verlust zwar zu beklagen ist, deren Erhaltung aber die Dunkelheit, die bereits in den ältesten Quellen vorhanden war, kaum beseitigt hätte. Ein ungelöster Rest bleibt überall zurück, in der Quellen und in der Geschichtsschreibung, sobald die „Bestätigung" zur Sprache kommt.

XI. Das Proëmium der lateinischen Confession (1573).

Obgleich Blahoslav nach dem Muster des von ihm hochgeschätzten Lukas die Unität in ihrer Eigenart zu bewahren und ihr Auf-

---

[1]) Da heisst es unter anderem: Wollten wir alles, was zu unserem Lobe dienen kann, zusammentragen, so könnten wir auch den Beweis führen, dass die Unität die Succession im Priesteramte und in der bischöflichen Gewalt von den Waldensern empfangen hat, die sich damit ausweisen können, dass sie diese, vom Papstthum unbefleckt, seit Constantins Zeiten besassen.

[2]) Obrana proti Ohlášení kněží bratrských. 1636. In der Vorrede sagt Martinius, er habe die Absicht eine Kirchengeschichte von Böhmen zu schreiben.

[3]) Hystorye bratrská.

[4]) Das Ganze scheint eher ein Auszug zu sein als ein wörtliches Citat. (Beilage O.) Auch wissen wir nicht, in welcher Sprache Blahoslavs Schrift verfasst war.

[5]) Neben Michael erscheint ein zweiter Ältester, ein Waldenser-Priester — Namens Stefan. Beide begeben sich zu dem Bischof der Waldenser. Ist es denkbar, dass Blahoslav dem alten Waldenser-Priester den Namen Stefan beigelegt hätte? Oder hat Martinius seine Vorlage missverstanden?

gehen in dem Protestantismus zu verhindern bestrebt war, so verhielt er sich doch gegen das Urtheil der Welt über die Religionsgenossenschaft, in der er selbst eine hervorragende Stellung einnahm, nicht gleichgültig. In seinen letzten Lebensjahren beschäftigte ihn lebhaft der Wunsch, es möchte eine lateinische Übersetzung der 1564 neu bearbeiteten Confession herausgegeben und eine Geschichte der Unität in lateinischer Sprache verfasst werden.

Die Latinität der früheren Confessionen entsprach keineswegs den Ansprüchen des humanitisch gebildeten Zeitalters. Blahoslav selbst, der Meister des böhmischen Stils, fühlte sich der Arbeit nicht gewachsen und richtete seinen Blick nach Wittenberg, wo damals jüngere Männer der Unität studirten, darunter Br. Aeneas von Jungbunzlau. Von Blahoslav aufgefordert, rüstete er sich zur Arbeit, wobei ihm auf seine Bitte *Esrom Rüdinger,* sein Lehrer, Hilfe zusagte. Bald darauf wurde Aeneas in die Heimat abberufen, als aber im J. 1571 Br. Isaias Cibulka (Cepola), ein Zögling Blahoslavs, nach Wittenberg kam, erklärte sich Rüdinger bereit, die Übersetzung selbst zu besorgen. Blahoslav hat noch vor seinem Tode (24. November 1571) ein Capitel derselben gesehen, die Vollendung des Ganzen aber nicht mehr erlebt.

Im Druck erschien Rüdingers Übersetzung erst im J. 1573. Sie enthält ausser der eigentlichen Confession eine historische Einleitung, gezeichnet von den Senioren und der Geistlichkeit der Unität, gemeinschaftlich *verfasst von Br. Isaias Cepola und von Esrom Rüdinger.* Vom ersteren rührt der Stoff her, vom letzeren die Form.[1]

Mit Recht hebt Zezschwitz[2] hervor, die Brüder hätten in keiner anderen öffentlichen Schrift „neben dem ausdrücklichen Bericht von einzelnen Thatsachen der Berührung mit den Waldensern die *Möglichkeit* der Herübernahme Waldensischer Traditionen so liberal zugestanden".[3] Aber als eine neue historische Quelle kann das Proömium nicht gelten: es setzt keine uns unzugänglichen Vorlagen voraus. Die Brüder sind nach demselben im Unterschied von den Calixtinern und auch von den Taboriten — doch wird diesen der Vorzug eingeräumt — die wahren Nachkommen und Nachfolger des M. Joh.

---

[1] Das Proëmium findet sich auch in der Basler Ausgabe (1575) und im Anhang von Camerarius „Historia". Rüdinger kann nicht, wie es bisher geschah, als der alleinige Verfasser bezeichnet werden. Vgl. Gindely Quellen 340.

[2] S. 147.

[3] Das Zugeständniss bezieht sich eigentlich mehr auf den indirekten Einfluss der Waldenser auf Hus durch Wiclef (praesertim cum Vuiclefus a Vualdensibus adiutus dicetur, qui Hussum nostrum excitavit).

Hus, welcher, obwol er Luther nicht gleichkomme, doch ein grösseres Licht entzündet habe, als die Menschen — Flacius ist gemeint — glauben.

Die Identificirung mit den Waldensern lehnt auch das Proëmium ausdrücklich ab, dagegen wird der ältere Ursprung derselben und ihre Bedeutung bereitwillig zugestanden. Die Entstehung der Waldenser wird in das 13. Jahrhundert verlegt, aber dabei die Möglichkeit eines höheren Alteres nicht geläugnet.[1]) Über den Verkehr der Brüder mit den Waldensern in der ersten Zeit der Unität berichtet das Proëmium im Anschluss an Blahoslavs Summa,[2]) es übergeht aber die von ihnen empfangene Bestätigung mit Stillschweigen.

Die von Esrom Rüdinger im J. 1579, als er Rektor der lateinischen Schule in Eibenschitz war, verfasste „De fratrum Orthodoxorum in Bohemia et Moravia Ecclesiolis Narratiuncula" kann noch weniger als eine historische Quelle gelten.[3]) Was sich in dem Proëmium von den Waldensern vorfindet, kehrt auch hier wieder; jedoch nicht unverändert. Der Ursprung der Waldenser wird bestimmt in das 13. Jahrhundert verlegt, die Möglichkeit einer Annahme ihrer Lehren durch die Brüder, auf direktem oder indirektem Wege, nicht mehr zugegeben. Ja auch den Verkehr der Brüder mit den Waldensern erwähnt Rüdinger nur, um bemerken zu können, *die Waldenser* hätten eine Verbindung mit den Brüdern gesucht, seien aber von ihnen zurückgewiesen worden. Der Aufenthalt unter den Brüdern hatte Rüdinger für die Waldenser nicht günstig gestimmt.

XII. Joachim Camerarius.[4])

Zu den deutschen Freunden der Unität gehörte auch Joachim Camerarius, den bereits 1540 Červenka zu Strassburg in Capitos Hause und 1556 Blahoslav auf seiner Rückkehr von Magdeburg kennen gelernt hatte. Als sich Cepola im J. 1571 zu zweitenmal nach Deutschland begab, gab ihm Blahoslav ein Empfehlungsschreiben an

---

[1]) De Valdensibus tamen, ut breviter referamus, sunt horum Ecclesiae nostris multo antiquiores, quae nomen habent a Vualdo quodam, cive Lugdunensi, ut perhibent. Unde et a loco pauperes Lugdunenses nominati sunt, qui dispersas hinc inde in orbe Christiano Ecclesias habuerunt... ab annis iam trecentis, *aut multo etiam pluribus.* Ähnlich Flacius im Cat. T. V.

[2]) Der erste Vorwurf der Brüder wird im Sinne der Zeit gegen die Theilnahme an der „papistischen *Messe*" zugespitzt, der zweite, welcher sich auf den „Reichthum" der Priester bezog, ganz fallen gelassen.

[3]) Gedruckt als Anhang bei Camerarius. Vgl. Zezschwitz S. 148.

[4]) Gindely Quellen 321 ff.

den berühmten Humanisten mit, den auch der Bruder in diesem Jahre zweimal besuchte, zuerst nach seiner Ankunft in Deutschland im August, und dann im Oktober auf dem Rückwege nach der Heimat. Camerarius versprach damals, seinen Schwiegersohn, Rüdinger, bei der lateinischen Übersetzung der Confession zu unterstützen.

Cepola hatte beim Antritt seiner zweiten Reise von Blahoslav neben mündlicher Belehrung Quellen und Hilfsmittel in Empfang genommen, um sie bei der Abfassung des Proëmiums zu verwerten und den Polen Lasicius bei seinen historischen Arbeiten zu unterstützen. Aber er that noch mehr. Bereits bei seinem zweiten Besuche in Leipzig[1]) scheint Cepola den berühmten Gelehrten zu dem Versprechen bewogen haben, *eine lateinische Geschichte der Unität zu verfassen;* während seines dritten Aufenthaltes in Deutschland (Sommer 1572) übersetzte er, um ihn bei dieser Arbeit zu unterstützen, die böhmischen Quellen in's Lateinische.[2]) Nach seiner Rückkehr konnte der Bruder den Senioren die freudige Nachricht mittheilen. Mit ihrem Dankschreiben an Camerarius versehen, begab er sich im J. 1573 zum viertenmal nach Deutschland.

Als Camerarius im J. 1574 starb, war seine Arbeit vollendet, entbehrte aber der letzten Feile. Herausgegeben hat sie erst Joachims Enkel, Ludvig Camerarius, im J. 1605 unter dem Titel: *Historica Narratio de Fratrum Orthodoxorum Ecclesiis in Bohemia Moravia et Polonia.*[3]) Camerarius' Werk ist die erste wissenschaftliche Darstellung der älteren Brüdergeschichte, die im Druck erschienen ist. Sie wurde im 16. und 17. Jahrhunderte von keiner späteren Arbeit übertroffen und ist auch für uns, die wir auf ihre Quellen zurückgreifen können, nicht ohne Wert.[4])

Die an die Alten und an allgemeine Ideen von dem Werte der Geschichtsschreibung anknüpfende Einleitung, so wie die Excurse, welche auch ohne Noth den Fluss der Erzählung unterbrechen, verrathen des Humanisten und Gelehrten. Der apologetische Grundzug, der die gesammte Geschitsschreibung der Unität beherrscht, tritt auch in Camerarius' Werke deutlich hervor. Der Name der Waldenser,

---

[1]) Gindely Quellen 331: Calendis Octobris (1571) Vitteberga discesseram et Lipsiam versus iter feci, per triduum ibi apud dominum Joachimum Camerarium maensi atque cum ipso variis de rebus contuli, potissime vero de nostris, de quibus suo loco.

[2]) a. a. O. S. 339: in absentia Esromi historica e Bohemicis latine consignabam, et cum iis Lipsiam ad dominum Camerarium bis excurri.

[3]) Im Anhang: Proëmium, Rüdingers Narratiuncula u. s. w.

[4]) Vgl. Zezschwitz 137.

den Brüdern beigelegt, enthält nach ihm einen historischen Irrthum und, der bösen Absicht wegen, ein Unrecht zugleich. Die Waldenser, im 13. Jahrhunderte in Lyon entstanden, haben sich in Folge der Verfolgungen, die sie erlitten, in andere Länder verbreitet: auch nach Böhmen und England sind sie vorgedrungen. Wiclif hat eigentlich ihre Lehre vorgetragen. Ein direkter Antheil an der hussitischen Bewegung wird ihnen aber von Camerarius nicht nur nicht zugestanden, sondern in einer polemischen Bemerkung gegen Flacius entschieden abgesprochen (p. 52). Die Unität ist ein Zweig des einheimischen Stammes. Indem nun Camerarius den Wachsthum jenes Zweiges zu beschreiben unternimmt, begeht er einen Fehler, ähnlich demjenigen, den er soeben dem Illyricus vorgeworfen hatte. Er kennt keinen Unterschied zwischen den letzten Taboriten und den ersten Brüdern. Jene lässt er bereits um 1443 den im J. 1468 verfassten Brief an Rokyzana schreiben,[1]) diesen seine wirksamen Predigten bereits unter Sigmund halten! Hätte Camerarius selbst sein Werk den Drucke übergeben, so wäre dieser Theil gewiss ganz entfernt worden.

Camerarius' Erzählung hatte die Zeiten Vladislavs erreicht: da erhielt er, wie anzunehmen ist, durch Cepola neue Quellen und Hilfsmittel und kehrte, seine frühere Darstellung selbst als ungenau (p. 77) bezeichnend, zu den Anfängen der Unität zurück. Erst jetzt wird die Bedeutung Br. Gregors gewürdigt,[2]) über den Camerarius einige Nachrichten bringt (p. 80), die wir ausserdem nur noch bei Lasicius finden.[3]) Diese zweite Erzählung ist es, auf welche sich das oben dem Werke gespendete Lob bezieht. — Den grössten Dienst hat aber Camerarius bei seiner Arbeit *Blahoslavs Summa* geleistet. Er hat dieselbe zum grössten Theil, doch zumeist in stilistischer Überarbeitung, seinem Werke einverleibt: *in der Erzählung von der Wahl und Bestätigung der ersten Priester ist er ganz von ihr abhängig.* Nur an wenigen Stellen weicht Camerarius von seiner Vorlage aus leicht begreiflichen Gründen auch sachlich ab. Vorsichtiger als Blahoslav nimmt er an, dass es in jener Zeit auch in Böhmen Reste der Waldenser gegeben habe (104, 116), doch kann er diesen nicht mit der Summa die Erzählung von ihrer Abstammung aus der Zeit Syl-

---

[1]) In der lateinischen Paraphrase (61—66) wird daher der Name der Taboriten, von denen sich die Brüder unterscheiden wollen, überall weggelassen.

[2]) Auch Chelčický, „der Schuster", wird erwähnt und gelobt.

[3]) Camerarius eigenthümliche Nachrichten, die sich auch in den handschriftlichen Quellen nicht finden, beziehen sich auf Gregor (p. 80 u. 85), auf das Verhör der Brüder in Glatz (p. 98, vgl. Gindely I. 61.) auf Matthias Dolanský (p. 115) u. s. w.

vesters in den Mund legen.[1]) Die „Handauflegung" verliert bei ihm gänzlich den Charakter der Weihe (p. 104).[2]) An anderen Stellen finden wir wesentliche Ergänzungen der Summa durch *Zusätze, die sich zuerst bei Camerarius finden* und auch die handschriftlichen Quellen vervollständigen. Die wichtigsten Stellen dieser Art betreffen *den Verkehr der Brüder mit den Märker Waldensern* (p. 116—117)[3]) und *Lukas'* von Prag und *Thomas'* des Deutschen *italienische Reise*[4]) (p. 120—121). Seine Worte lauten: Non acquievit autem solicita Fratrum pietas; et (bald nach der Orientfahrt) ') aliquanto post (circiter annum Christi MCCCCLXXXIX) ablegarunt duos, qui in Italiam et Gallias eandem ob causam proficiscerentur. Illorum unus fuit Lucas Pragensis, ex quatuor viris alterius peregrinationis, de quibus iam dictum est, eique adiunctus Thomas Germanus.[6]) Hi passim invenere in Italia, Roma quoque, aliquos vera pietate et religione Deum colentes, in profana atque superstitiosa gente, cum periculo et variis difficultatibus degentes, et claudestinis congressibus exercentes religionis studium. In quibus et Valdenses fuere, multa et gravia mala perpessi. In Gallia togata, quae nunc Romania appellatur, plurimi tunc sunt reperti. Cum quibus gratulantibus tantam veritatis scientiam Fratribus, et gaudentibus colloquio ipsorum, Fratrum legati multum versati, et de religionis negotio sententias contulerunt, et admonitione alicubi sua eos adiuverunt. Attulerunt etiam literas scriptas ab illis, *qui Latini sermonis adhuc Fratres putarent esse imperitiores,* quae *Fratrum nomine* redderentur regi Vladislao, cum inscriptione tali: *Serenissimo Principi Regi Vladislao, Ducibus, Baronibus, et senioribus Regni; pusillus grex Christianorum, iniquo nomine nuncupati Picardi: Gratiam in Deo Patre, et Filio eius Jesu Christo.* Alterae literae scriptae fuere a Theodoro quopiam de Fonte citiculae, Presbyteris de utraque specie nuncupatis per Bohemiam. His literis multa exponuntur bona, et cognitu utilia, sic tamen, ut non minus lucu-

---

[1]) Camerarius sagt nur: De se etiam Waldenses, et variis certaminibus, et suorum maiorum suisque miseriis ac periculis multa locuti, ita Fratrum legatos dimittunt.

[2]) ...impositis etiam confirmandi animos ipsorum gratia, et ad testimonium societatis atque consensionis, benedicendo (ritu Apostolico) manibus.

[3]) Vgl. Beilage L. Anm. 18.

[4]) Ob die Gesandten der Brüder auch nach Frankreich gekommen sind, lässt sich nicht mehr entscheiden. Eine Stelle bei Lasicius (vgl. Zezschwitz S. 167), welche diese Deutung zulässt, kann nicht in Betracht kommen.

[5]) 1491—1492. Vgl. Gindely I. 68.

[6]) Auch Thomas von Landskron genannt. Er hatte einst die Waldenser in der Mark aufgesucht.

lenter ab ipsis Fratribus propria facultate confici potuisse videantur. Quaedam aliquanto importunius et audacius disseruntur, quam rei et tempori conveniret.

Camerarius' Erzählung bringt mehr als Blahoslavs Summa, die auch hier zur Grundlage dient. Und zwar:

1. Die Jahrzahl 1489, die aber nicht richtig sein kann, da die Orientfahrt der Brüder, welche doch vor die italienische Reise fällt, nach Kabátníks Reisebeschreibung in den Jahren 1491 und 1492 stattgefunden hat.[1]) Gindely versetzt die italienische Reise in die Jahre 1497 und 1498, denn nach einer späteren Angabe haben die Brüder in Florenz Savonarolas Scheiterhaufen brennen gesehen.[2])

2. Über den Verkehr der Brüder mit den Waldensern berichtet Camerarius mehr als Blahoslav. Die Brüder erscheinen als die weiter Fortgeschrittenen, die an die Waldenser Ermahnungen richten. Welchen Inhalts? Sicherlich keines anderen, als die Waldenser sollten nach dem Beispiel der Brüder offen und entschieden mit der römischen Kirche brechen.

3. Lukas und Thomas brachten Schreiben — apologetische Schriften — in die Heimat zurück. Eines derselben war zwar von den Waldensern verfasst worden, sollte aber *im Namen der Brüder* dem König Vladislav überreicht werden. Herzog (Die rom. Waldenser S. 297) hat in den Angaben des Camerarius, welcher doch den Inhalt jener Schreiben kannte, da er den Ton, der in ihnen angeschlagen wurde, überflüssig heftig fand, Räthsel gefunden: aber mit Unrecht. Wenn sich die Brüder in der zweiten Hälfte des 16. Jahrhundertes keine genügende Gewandtheit im Gebrauch der lateinischen Sprache zutrauten, so ist es um so begreiflicher, dass sie sich im 15. Jahrhunderte an die italienischen Waldenser gewendet und ihre Hilfe in Anspruch genommen haben.[3]) Was hätte den Brü-

---

[1]) Diese Reisebeschreibung wurde frühzeitig gedruckt und später einigemal neu aufgelegt.

[2]) S. u. Lasicius. Vielleicht ist die Jahreszahl 1489 ein Schreib- oder Druckfehler für 1498. Vgl. Beilage Q.

[3]) Dass auch das Schreiben des Theodorus de F. C. in lateinischer Sprache und im Namen der Brüder verfasst war, lässt sich allerdings nicht mit derselben Bestimmtheit behaupten. Vgl. Zezschwitz S. 238. — In der Hist. Fr. (Ms. Un.) findet sich diese lückenhafte und undeutliche Nachricht: „1499. Aus diesem Jahre findet sich vor ein Schreiben aufgesetzt und an die Brüder nach Böhmen gesendet von einem gewissen (leere Stelle in der Handschrift) mit seinen Genossen. Dieser Schreiben gibt es eigentlich vier: 1) an die Brüder, 2) an einen gewissen Mag. Georg nach Prag von Antonius, 3) das Schreiben Stambj Romani, 4) an König Vladislav." (Vgl. Zezschwitz S. 166. Über die ersten drei Schreiben enthalte ich mich jeder Vermuthung.)

*

dern das Zeugniss und die Fürsprache der Waldenser gefruchtet? [1])
Auch passt dasjenige, was wir von dem Inhalte des an den König
gerichteten Schreibens wissen, durchaus auf die Brüder. Sie sind
es — und nicht die Waldenser — die darin ihre Stimme erheben.[2])

Zezschwitz, welcher der italienischen Reise der Brüder eine
eingehende und scharfsinnige Untersuchung gewidmet hat, stellt
(S. 200) folgende Hypothese auf: „Die Böhmen haben auf ihren Reisen Schriften, die ihren Glaubensstand bethätigten, mit sich geführt."
In der Hist. Fr. (Ms. Un.) findet sich zum Jahre 1496 angemerkt: „Eine Schrift von den Ursachen der Trennung von der römischen Kirche, aus welchen Ursachen dieselbe geschehen ist, auf
dass alle es wissen. Item ein anderes Schreiben von der Trennung,
warum sie geschah. Item noch ein kurzes Schreiben von demselben." — Die erste der hier angeführten Schriften ist sonder Zweifel
der im J. 1496 verfasste Traktat von den Ursachen der Trennung (s. o.).

[1]) Auch Zezschwitz (S. 166) nimmt an, die Brüder hätten von den Waldensern Briefe mitgenommen, die die Einheit ihres Glaubens bezeugen sollten, und darunter eines an den König selbst offenbar zur Empfehlung der Sache der Brüder in
Böhmen. — Herzogs Annahme beruht auf der falschen Voraussetzung, „Vladislavs
Sympathie für die Kirche der Abgewichenen sei bekannt gewesen."

[2]) Herzog hat in Dublin den romanischen Text des Schreibens gefunden, dessen Titel lautet: *La epistola al serenissimo Rey Lancelau. Al serenissimo princi
Rey Lancelao, A li ducs, barons, e a li plus velh del regne lo petit tropel de li
Christians apella per fals nom falsament P. O. V. Gratia sia in dio lo payre,
e en Y. Chr. lo filh de lui.* Vgl. James Henthorn Todd The Wald. Manuscripts preserved
in the Library of Trinity College, Dublin. London and Cambridge 1865. S. 50—51.
Das Schreiben ist in einem Quartband enthalten, welcher der Schrift nach aus dem
16. Jahrhunderte stammt. Die von Herzog besorgte Copie befindet sich jetzt im Besitz des H. Prof. G. von Zezschwitz, dessen besonderer Güte ich es verdanke, wenn
ich dieselbe, sowie die Abschrift des Traktats „Ayczo es la causa", in Prag ein-
sehen konnte. Mag auch der romanische Text eine spätere Übersetzung des lateinischen Exemplars sein, wie Zezschwitz vermuthet, immerhin wird dieses durch jenen
wenigstens theilweise — denn nur ein Fragment hat sich erhalten — ersetzt.
Herzog sagt (a. a. O. S. 299): „Die Briefsteller beklagen sich über die Ver-
läumdungen, womit sie überhäuft werden . . ." Sie setzen hinzu, dass seit *vierzig
Jahren* keine Hurerei unter ihnen vorgekommen ist, die nicht sogleich bestraft worden wäre. Vgl. o. S. 9. über die Bedeutung des Namens Pikarden. — Als ein Beleg
dafür, dass in dem Schreiben die Brüder für sich selbst das Wort führen, kann folgende Stelle dienen: Die bösen Priester fordern den König auf, aus *seinem* Königreiche jene verpesteten Pikarden, oder Waldenser oder Begharden (?) zu vertreiben.
(llh dyon o mot bon Rey degitta lor del vostre Regne aquilh pestilencials, p, o,
v, o, b.) — Das Ganze ist eine heftige Polemik gegen die bösen Priester, durchaus
ungeeignet dem König überreicht zu werden, und erinnert an die älteren Brüderschriften. Vieles mag darin von den Waldensern selbst stammen, denen ja das be-
handelte Thema auch geläufig war. Lukas hätte gewiss eine gelehrtere Vorlage geliefert.
Wenn überhaupt eine solche dem Schreiben zu Grunde lag, so müssen wir als den
eigentlichen Autor desselben Thomas den Deutschen ansehen, welcher der alten Unität angehört und auch die Waldenser besser kannte als Lukas.

Diese Schrift der Brüder war es, welche wahrscheinlich Lukas und Thomas nach Italien mitnahmen, und welche vielleicht zu diesem Zwecke, zur Belehrung und Ermahnung der Waldenser, verfasst worden war.[1]) Auch hat die Schrift der Brüder Eingang in die Literatur der Waldenser gefunden. Denn der Traktat *„Ayczo es la causa del departiment de la gleysa romana"*[2]) ist nichts anderes als eine *Bearbeitung*[3]) der Schrift „von den Ursachen der Trennung", die sich, soweit man nach dem erhaltenen Fragmente urtheilen darf, an den Gedankengang der Vorlage hält und viele Partien derselben in sich aufnimmt, doch überall in freier Wiedergabe, mit Zusätzen und Auslassungen und in einer Form, welche das Schwerfällige und Dunkle der Brüderschrift mit Geschick überwindet. Der Traktat der Waldenser gestattet eine leichtere Übersicht und lässt die leitenden Gedanken durch Eintheilung in Abschnitte und durch die ihnen vorgesetzten Überschriften deutlicher hervortreten. Auch finden sich in demselben Partien, welche als ursprüngliches Eigenthum der Waldenser gelten müssen. Hätten wir triftige Gründe, anzunehmen, Camerarius habe die italienische Reise der Brüder doch richtig datirt (1489), so müsste die Priorität der böhmischen Schrift (1496) erst erwiesen werden, wobei die Vergleichung lehren würde, dass in dem Traktate der Waldenser die Spuren eines theilweise fremden Ursprungs durch die gewandte Bearbeitung doch nicht vollständig verwischt worden sind. Das Verhältniss beider Traktate zu einander kann demnach festgestellt werden, auch wenn wir durch Zezschwitz' Gründe nicht genöthigt wären, die Entstehung der romanischen Schrift mit Lukas' Reise in Zusammenhang zu bringen. Die Schwierigkeiten aber, die Herzog auch hier gefunden und die darin bestanden, dass die Waldenser in „Ayczo es la causa" von ihrer „Trennung" sprechen, da sie doch, wenigstens theilweise, äusserlich, mit der Kirche in Verbindung verblieben, lösen sich in der Weise, die er selbst mit den Worten angedeutet (S. 302): „Allerdings, wenn die Waldenser jenes erste Schreiben (an Vladislav) aufsetzen konnten, hindert

---

[1]) Allerdings müsste man annehmen, er habe eine lateinische Bearbeitung dieser Schrift bestanden.

[2]) Vgl. Todd 47—49 Herzog S. 300 ff. Es ist kein Grund vorhanden, den Traktat für das Schreiben des Theodorus de F. C. zu halten. (Herzog S. 302, Zezschwitz S. 187.)

[3]) Palacký (Über das Verhältniss der Waldenser S. 35) bezeichnet unrichtig den Traktat als „die *Übersetzung* einer Brüderschrift, welche noch unter Br. Gregor herausgegeben wurde."

uns nichts, anzunehmen, dass sie auch die andere Schrift zum Theil nach Angaben, die ihnen die Brüder machten, verfertigt haben." [1]

Durchaus demselben Kreise und derselben Zeit wie die beiden Schriften, das Schreiben an K. Vladislav und der Traktat „Ayczo es la causa", muss nach Herzog (S. 302) die *Schrift vom Antichrist* angehören. [2] Abgesehen davon, dass in allen das Thema im Grunde dasselbe sei, nämlich die Trennung von der römischen Kirche, zeige auch ihre Sprache „ein entschieden lateinisches Colorit". Unverkennbar sei in diesen Schriften der Waldenser der „taboritische" Einfluss.

---

[1] In beiden Schriften werden unter anderem die Gründe angeführt, warum den Brüdern (Waldensern) die wenigen guten Priester, die sie etwa in der Kirche fanden, nicht helfen konnten. Ein solcher Priester könne nicht lange gut bleiben, noch „Nachkommen ordiniren" (non po istar, ni ordonar posteriors daquel meseyme animo at poblo). Auch hätten sie des Guten in der Kirche wenig gefunden. „Dafür erkannten wir aber durch Predigten, namentlich einiger *böhmischen* Priester, die sich auf die Doktoren und Concilien beriefen, durch das Lesen der h. Schrift und der Schriften gottesfürchtiger Menschen, sowie durch gemeinschaftliche Unterredungen, dass auch das Gute und zum Heile Nothwendige, was sie besitzen... bei ihnen ohne Wahrheit ist, nach den Worten des h. Paulus... und des Johannes im Bilde geschaut, da er spricht: Das Thier... (Damit vergleiche man: Ma nos hauen conoissu per luoc de totas las cosas ia dictas per las sacras scripturas, per li script human, e per predicacions de moti de la part de lunita de li *boemients* liqual deduyan, e prouauan per li doctor, e per li conselh oc. Que la gleisa romana non es sca gleisa katholica, e que aquellas cosas lasquals ilh ten util, e necessarias a salu... las ten cubertament sencza verita, e contra uerita, segond lo dit de l'apostol, 2a. Thim. 3.... E que aital specia de pieta sencza uirtu, e verita, es ymagena de la bestia...

Herzog hat bereits hervorgehoben, dass sich in dem Traktat eine Anspielung auf eine Scheckung Böhmens an *K. Matthias* durch den Papst vorfinde, aber ihm ist dabei entgangen, dass der Waldenser die entsprechende Stelle seiner Vorlage missverstanden hat. Beide Traktate knüpfen an Luk. 12. an, und in der böhmischen Schrift heisst es weiter: „Man sollte den Papst und die Cardinäle fragen, wer ihnen gegen den Willen Gottes, des höchsten Herrn, die Macht gegeben, das Kaiserthum der Welt und die Herrschaft über die Königreiche sich zuzuschreiben, da Christus sich vielmehr der weltlichen Herrschaft entschlagen. Wer gab ihnen die Macht, Richter zu sein und Vertheiler der Güter? Sie haben aber ainen König *Matthias* das böhmische Land gegeben, *da doch ein Erbherr im Lande ist...*" Der Erbherr ist König Vladislav, der als Sohn Elisabeths von Österreich ein Erbrecht beanspruchen konnte. Wenn aber der Waldenser diese Stelle mit den Worten wiedergibt: „(Car) Chr. negne se rey e lo regne temporal non esser seo e non confesse si esser constitui ni iuie ni departour. Donca qual done poesta a aquest auersari de Chr. quel liore lo regne de boemia al rey de vngeria viuent mathia rey de boemia" — so erscheint Matthias als der Erbherr, der gegen den König von Ungarn und die Curie in Schutz genommen wird.

Dass die Berufung auf Laurentius Valla in der böhmischen Schrift fehlt, wird man nicht auffallend finden. Lukas von Prag scheint sich die Kenntniss seiner Schrift in Italien geholt zu haben. (Vgl. o.)

[2] Perrin II. 253 sq. Leger I. 71 sq. Monastier II. 325 sq. Die Angabe und Zergliederung des Inhalts s. Zezschwitz S. 189 ff.

Zezschwitz gebührt das Lob auf die grosse Bedeutung hingewiesen zu haben, die der Schrift vom Antichrist zukommt, sowie auf
den Zusammenhang, der zwischen derselben und dem Katechismus
der Waldenser besteht. Auch dieser Gelehrte ist der Ansicht, dass,
was auch die Vorlage gewesen, die Entstehung der Schrift in der
Gestalt, wie wir sie besitzen, mit der italienischen Reise der Brüder
zusammenhänge. Hier gilt es vor allem, auf den von Zezschwitz ge-
legten Grundlagen die Untersuchung in Bezug auf den *zweiten Theil*
des Traktats weiter zu führen, denn der erste Theil derselben mag
seiner unsprünglichen Anlage nach älteren Datums sein, obgleich
auch da der böhmische Einfluss nach Zezschwitz' Urtheil (S. 198)
„viel direkter als in jenem zu spüren ist." [1])

Aber auch eine direkte *Vorlage* des *zweiten* wichtigeren Theiles lässt sich nachweisen. Es ist dies ein *Synodaldekret,* bei dem
leider eine bestimmte Jahreszahl nicht angegeben ist. Wenn wir aber
erwägen, dass die Hist. Fr. (Ms. Un.) aus dem J. 1496 *drei* Schriften
anführt, die von den Ursachen der Trennung handelten, so wird die
Annahme gestattet sein, zwischen jenem Dekrete und diesen Schriften bestehe ein Zusammenhang, und eine zweite kürzere Schrift habe
neben dem grossen Traktate auf gleichem Wege Eingang in die Literatur der Waldenser gefunden. [2]) Daneben finden sich auch in

---

[1]) In dem ersten Theil, welcher unter dem Titel „Qual cosa sia l'Antechrist",
„Quals son las obras de l'Antechrist", das Wesen und die Werke des Antichrist
behandelt, herrscht derselbe Geist wie in der hussitischen Literatur seit Milič und
Janov. Die Form des Antiparallelismus war in Böhmen so beliebt, dass man in der
zweiten Hälfte des 15. Jahrh. auch zu dem drastischen Mittel der Illustration griff.
(Über die in Jena befindliche Bilderhandschrift, vgl. Dobrovský Reise nach Schwe-
den. Ein anderes Exemplar besitzt die Göttinger Bibl., vgl. meine Beschreibung der
Bohemica in Göttingen Č. Č. M. 1873.)

[2]) Da an der Feststellung oder wenigstens an der Zulässigkeit der Jahreszahl 1496 nicht wenig gelegen ist, so sei hier folgende Bemerkung gestattet: Die
Dekrete beginnen mit dem Reichenauer Beschlusse v. J. 1495, worauf *Auszüge* aus
verschiedenen Dekreten folgen, und zwar unter diesen Aufschriften: 1) „Von den
Ursachen der Trennung" ohne Jahreszahl. Lasicius bringt aber einen Auszug mit
der Jahreszahl 1499. 2) „In einem *anderen* Synodaldekrete des breiteren also."
Ohne Jahreszahl. Die Aufschrift selbst bezeugt aber, dass das Dekret vor 1499
fallen kann. 3) „Von den Ursachen der besonderen Versammlung." 4) „Von dem
Ursprung der Unität" 1497. Man sieht, die Dekrete sind nicht chronologisch ge-
ordnet. Weiter folgen Abschnitte mit den Zahlen 1488, 1494.

Das zweite Dekret, das hier in Betracht kommt, lautet also:

„Unsere Trennung... geschah des Heiles wegen, das im Gehorsam besteht
gegen die Stimme Gottes, die da spricht: Höre auf, Böses zu thun! Und wiederum:
Lass ab vom Bösen! Das Böse ist aber zweifach, das eine gründlich, das andere
dienstbarlich. Das gründliche und das dienstbarliche Böse sind die Irrthümer und
Todsünden mit all ihren Ursachen und Dienstbarkeiten... Und beides ist gegen den
gemeinen christlichen Glauben der 12 Artikel, gegen die h. Schrift...

Das *erste* Übel gegen den *ersten* Artikel... ist ein mannigfaltiger versteckter
und offenbarer Götzendienst, den Gott verbietet, indem er spricht: Du sollst keine

dem grösseren Traktate wichtige Parallelstellen zu der Schrift vom Antichrist vor.[1])

Zezschwitz nimmt ferner an, die Schrift vom Antichrist — oder wenigstens ihr zweiter Theil — sei nicht nur um die Zeit jenes Besuches des Brüder entstanden (S. 199), sondern auch von den Gesandten bei ihrer Rückkehr in die Heimat mitgenommen und daselbst bei der Ausarbeitung des Brüderconfessiones des 16. Jahr-

Götter haben... Der versteckte Götzendienst geschieht unter dem Namen Gottes, Christi, unter seinen Worten, unter der h. Schrift... und zwar bei den Sakramenten, den Weihungen und den Dienstbarkeiten der Priester."

„Der offenbare aber und völlig heidnische Götzendienst, der da geschieht unter dem Namen der Heiligen, Christi, der Jungfrau Maria, sind die Bilder... Auch die Heiligen, die aus dem Leben geschieden sind, ihre Gebeine und Reliquien. Auch die Menschen, die Gottes Güte und Macht sich selbst zuschreiben, oder seine Stellvertretung, und die wie er geehrt werden wollen. Und die Menschen übertragen darauf den äusseren und inneren Dienst, den Glauben, die Hoffnung, die Bitten, die Furcht... und die äussere Verehrung, Gebete, Kniebeugen, Niederfallen, Fasten, Feste, Wallfahrten... Auch das unmässige Liebhaben des Leibes, der Welt... namentlich bei den oberen Dienern und auch den niederen... Auch... offenbare Sünden, die ohne Züchtigung bleiben..."

„Das zweite Übel gegen den zweiten Artikel... und weiter bis zum achten besteht darin, dass die Menschen J. Chr. nicht erkennen in dem Nutzen seiner Ankunft, seines Todes und in dem Verdienste seines vergossenen Blutes... Und sie vermengen die Verdienste der Heiligen mit den seinigen und achten sie höher und übertragen sie auf Dienstbarkeiten..."

„Das dritte Übel gegen den achten Artikel ist die eitle Priesterschaft und menschliche Gerechtigkeit, auf welche das Volk baut und Gott zu dienen vermeint... Und was das Werk des h. Geistes ist, das schreiben sie sich selbst zu und den eigenen Dienstbarkeiten."

„Das vierte Übel gegen den neunten Artikel: ich glaube an die h. gemeine Kirche und die Gemeinschaft der Heiligen — ist die Kirche der Gottlosen...

„Das fünfte Übel gegen den zehnten Artikel... besteht darin, dass sie ohne J. Chr. und die innere Gabe des lebendigen Glaubens, ohne Gemeinschaft an Grund und Dienst fälschlich und trüglich an eine Vergebung der Sünden glauben durch mündliches Beichten, Absolviren, durch Ablässe, Schenkungen, Pilgerfahrten... durch Fürsprache der Heiligen und ihr Verdienst..."

„Das sechste Übel gegen den eilften und zwölften Artikel besteht darin, dass sie der Auferstehung und des ewigen Lebens theilhaftig zu werden glauben ohne Besitz der gründlichen Dinge... Und viele hoffen gereinigt zu werden in der Hölle..."

Es muss auch hier bemerkt werden, das wir die Dekrete nicht nach ihrem vollen Wortlaute besitzen.

[1]) Wie in dem Abschnitte, der die beiden Theile der Schrift vom Antichrist verbindet, so finden wir auch in dem böhmischen Traktat „von den Ursachen der Trennung" diejenigen Schriftstellen gesammelt, in denen die Trennung geboten wird; und zwar die Sprüche des N. T. in beiden in derselben Ordnung. (Joh. XII. — Eph. V.)
Die Blindheit der Diener und des Volkes besteht darin, dass sie die göttlichen und menschlichen Dinge, den Grund vom Dienst nicht unterscheiden, den Glauben vom Glauben, d. h. den lebendigen vom todten, dass sie nicht wissen, wodurch der Glaube lebendig wird, nämlich durch die Gnade und Gabe Gottes, dass sie nicht wissen, wodurch derselbe bewährt wird, nämlich durch die guten Werke, wodurch er Stand hält, nämlich durch die wirksame Arbeit gegen die Welt, den Leib und den Teufel, wodurch er den Sieg erlangt, nämlich durch das Beharren bis an's Ende (vgl. la final perseveranza e vita eterna).

hundertes verwertet worden (S. 201). Aber auch die *Apologie (1503)*, als deren Verfasser Lukas von Prag gelten darf, zeigt eine unverkennbare Verwandtschaft mit der Schrift vom Antichrist.[1])

Unter allen Schriften der Brüder steht diese Apologie dem Waldenser Traktat am nächsten; in ihr finden sich Parallelstellen zu beiden Theilen des Antichrist. Wie ist diese Erscheinung zu erklären? Beide Schriften sind zum Theil aus denselben Quellen geflossen, der älteren Literatur vom Antichrist und den Traktaten von den Ursachen der Trennung (1496). Doch lassen sich in der Apologie auch Stellen nachweisen, bei denen ein direkter Zusammenhang mit dem Antichrist angenommen werden darf und welche demnach geeignet erscheinen, die von Zezschwitz aufgestellte Hypothese zu stüzzen. Eine befriedigende und vielleicht abschliessende Beantwortung dieser und ähnlicher Fragen kann aber nicht geboten werden, so lange die dazu nöthigen Vorarbeiten fehlen (s. Einleitung).[2])

Es folgt darauf eine breit ausgeführte Darstellung der Verleitung bei den einzelnen Sakramenten, vom ersten bis zum siebenten, wobei die Kindertaufe verworfen und die letzte Ölung als ein Sakrament — zu den Erfindungen des Antichrist gerechnet wird. Das Wesen dieser Verführung wird dann mit folgenden Worten zusammengefasst: „Diese Verführung ist über die Christen dadurch eingebrochen, dass sie ihre Gerechtigkeit durch die Sakramente und die menschlichen Einrichtungen bei denselben an die Stelle jener Gerechtigkeit setzen wollten, die allein in Christo gesucht werden soll und durch den lebendigen Glauben und den wahren Dienst des Wortes der Wahrheit erworben wird. Sie sind der Gerechtigkeit Gottes nicht unterthan, sie wissen nicht, dass die Gnade ruht: in Gott mächtig und gründlich, in Christo verdienstlich, in der Seele durch den lebendigen Glauben theilhaftig, in dem Worte des Glaubens erklärlich, in den Sakramenten dienstbarlich ... Vgl. (la remission de li pecca) e en Dio authoritativament e en Christ ministerialment, per fe ... per obedientia de parola en l'home participativament. Vgl. auch Wald. Katech. 56, Brüder Kat. 67.

[1]) Müsste man annehmen, die Schrift von Antichrist sei erst im 16. Jahrh. entstanden, so könnte die Apologie als ihre Hauptquelle bezeichnet werden.

[2]) Der Verfasser der Apologie erinnert in dem Abschnitt „von der Entstehung der Brüderversammlung" nicht nur an Rokycanas Predigten (s. o.), sondern auch an Matthias von Janov, aus dessen Schrift de abominatione er ein längeres Citat einschaltet. (Hier findet sich wie im Antichrist die Anspielung auf das Klagelied Jer. 1, 1 vgl. Zezschwitz S. 199. Hier finden sich auch die Worte: „es werde ein neues Volk kommen und eine neue Priesterschaft aus ihm hervorgehen —" denen die Brüder eine profetische Bedeutung beilegten.) Zum Schlusse begegnen wir in der Apologie einer doppelten Polemik gegen die Utraquisten, denn aus ihren Schriften, von Matthias angefangen, hätten die Brüder die Kunde von der Verführung des Antichrist und der Nothwendigkeit der Trennung geschöpft — und gegen die Römer und ihre Dichtung, der Antichrist sei eine einzelne Person. „Was wir aber aus der Schrift gelernt und was wir *nach der Lehre der alten Böhmen* für wahr halten, ist dieses: Der Antichrist wurde empfangen zur Zeit der Apostel aus dem Samen der falschen Christen von der Mutter, dem todten Glauben ... Hernach hat er durch die Ketzer und auch im Bunde mit der Macht der Welt die Kirche bedrängt, bis er durch Constantius Schenkung die weltliche Macht selbst erlangte." Die Verführung wuchs bis zu ihrem Höhepunkte: das Volk verehrt nur mit den Lippen Gott und den Mittler J. Chr. (vgl. Qual cosa sia l'Ant.)

XIII. Johannes Lasicius.

Vor Allem müssen gewisse Angaben, die sich in einigen neueren Schriften über Lasicius' Werk finden, berichtigt werden. Nach der gewöhnlichen Annahme [1]) müsste Lasicius vor Camerarius erwähnt werden, da ja dieser aus jenem geschöpft habe. In Wirklichkeit verhielt es sich umgekehrt: *Camerarius Werk bildet eine der Quellen, die Lasicius benutzte.* Der Irrthum ist aber dadurch entstanden, dass man zwischen einer kurzen Schrift dieses Autors, dem Commentarius, und seinem grösseren Werke, der Historia, keinen Unterschied machte, ja beide identificirte.

Von Lasicius' Lebensumständen ist nicht viel bekannt.[2]) Johannes *Lasicki* stammte aus einem polnischen Adelsgeschlechte. Selbst ohne Vermögen, musste er sich seinen Lebensunterhalt als Erzieher reicher Magnatensöhne erwerben, die er auf ihren Reisen nach den Universitätsstädten des Westens begleitete.[3]) Politische Flugschriften und wissenschaftliche Abhandlungen sind von ihm veröffentlicht worden, die aber seinen Namen der Vergessenheit kaum entrissen hätten.

Lasicius bekannte sich „zur helvetischen Confession", erfasste aber mit Eifer den Gedanken einer Union aller Protestanten, die

---

Der Zusammenhang zwischen der Apologie und dem zweiten Theile des Ant. besteht vor allem darin, dass beide eine gemeinsame Quelle besitzen, nämlich die zweite Brüderschrift von der Trennung: wir begegnen ihr in jener wieder, aber in einer breit angelegten Überarbeitung. Und eben bei dieser Überarbeitung hat vielleicht der Verfasser der Apologie die Schrift vom Antichrist und zwar ihren *ersten* Theil (Quals obras procedon de las premieras obras) benutzt. Zwei Stellen kommen hier vorzüglich in Betracht. Bei der Verführung gegen den zweiten Artikel lesen wir unter anderem: „Der Antichrist hat die von Christo verdiente Gnade und Wahrheit der wahren Hoffnung dem Herrn Jesu mit List geraubt und schreibt diese Wahrheit zu den Heiligen, den Dienern, den Sakramenten, den Worten, ja dem höllischen Feuer." (Vgl. La seconda obra de l'Antechrist es quel osta e tol de Christ lo merit de Christ... e lo deputa e lo tribuis a la soa autorita, a la forma de las parolas e a li sanct e a lor intercession e al fuoc de purgatori.) — Gegen den achten Artikel: die Theilhaftigkeit an dem Verdienste Christi werde erlangt „durch den vom h. Geiste eingegossenen Glauben". Die Verführung besteht aber darin, dass der Antichrist den Glauben erweckt, wenn man nur getauft werde oder ein Sakrament (äusserlich) empfange, so habe man schon „das Sakrament und die Wahrheit empfangen." (Vgl. La tersa obra de l'Antechrist es que el attribuis la reformation del Sanct Sperit a la fe morta de fora, e bapteia li enfant en aquella fe... e presta e dona en ley meseima li orden et li autre sacrament...)

[1]) Vgl. Zezschwitz S. 137—138, wo nur die Abfassungszeit von Camerarius Geschichte richtig gestellt wird. Diese irrige Angabe ist zugleich die Quelle eines ungerechten Urtheils über Camerarius' Geschichtswerk. (Gindely II., 90 vgl. Zezschwitz a. a. O.)

[2]) Am vollständigsten hat die biographischen Daten *Wagemann* (Herzogs Real-Encyklop. Suppl. 1865) gesammelt, der auch vorsichtig beide Werke des Lasicius auseinander hält. Vgl. Cröger II. S. 100—102.

[3]) Nach Comenius wurde er unter Stephan Batory auch in diplomatischen Geschäften verwendet.

eben damals in Polen nicht ohne Schwierigkeiten sich Geltung verschaffte. Die Brüder gewann er lieb, entweder in Polen, oder in ihrer Heimat, die er im J. 1567 auf seiner Reise nach Heidelberg berührte. Vielleicht hat dieser Besuch in Böhmen in dem polnischen Edelmann den Gedanken erweckt, in einer kurzen Schrift ein Bild der Unität zu entwerfen.

Lasicius verfasste seine Schrift, ohne dass ihn die Brüder dazu aufgefordert hätten.[1] Bereits im J. 1568 war sein Commentarius vollendet und der Autor dachte daran, denselben dem Drucke zu übergeben. Theodor Beza, dessen Urtheil er sich erbat, war bereit, die Vorrede zu schreiben, obgleich die Schrift ihn nicht befriedigte.[2] Ungünstig lautete auch das Urtheil anderer Zeitgenossen, namentlich Rüdingers und Peucers. Der letztere vermisste an dem Werkchen den historischen Stil. Die Veröffentlichung unterblieb.

Mehr Gefallen an Lasicius' Unternehmen fand Blahoslav. Da aber jener den Commentarius umarbeiten und erweitern wollte, so schickte ihm der Senior einige Beiträge und versah den Cepola mit mündlichen Instruktionen.[3]

Im J. 1571 suchte Lasicius zum zweitenmale die Brüder in ihren Stammsitzen auf. Blahoslav traf er nicht mehr am Leben. An die Herausgabe seiner kürzeren Schrift dachte er nicht mehr, aber jener Besuch mochte in ihm den Vorsatz zur Reife gebracht haben, eine *ausführliche Geschichte* der Unität zu verfassen. Wann er sein Werk begonnen hat, lässt sich nicht mehr bestimmen. *Im J. 1580 schrieb er noch am ersten Buche,* das er aber, wenigstens in der Form, in welcher wir es besitzen, *nicht vor 1575* begonnen haben konnte [4]

Die Arbeit zog sich Jahre lang hin. Von Zeit zu Zeit schickte er Proben derselben an die Senioren mit der Bitte um das zur Fortsetzung nöthige Material. Aber das Werk und der Wunsch des Verfassers, die Unität selbst möchte es nach seiner Vollendung der

---

[1] Gindely Quellen 327. Lasicius' Vorrede (Comenius).

[2] a. a. O. 381. Beza J. Lasicio 1570. Dass sich dieses Schreiben auf den Comentarius und nicht auf die Geschichte bezieht, geht aus dem Inhalt hervor.

[3] Wahrscheinlich hatte Lasicius an Blahoslav eine solche Umarbeitung geschickt. Cepola sagt wenigstens (Quellen 321): Adtuleram mecum Joh. Lasicii Poloni scriptum *prolixius* illud de rebus nostris, quod senior obiter tum inspexit, quaedam notavit, plura, quae scribere *noluit,* mihi, ut ore tenus de iis cum Lasicio conferrem, iniunxit. Vgl. S. 379. Lasicius an Laurentius (1570): Mitto tibi exemplum Epistolae ad me Bezae, Theologi Genevensis, de meo de vobis scripto, aveo tuum iudicium audire, ac si voletis et permiseritis, quae iam *paulo copiosius* meditata de rebus vestris subeo, edam ea, suadente Beza, in lucem ...

[4] Diess ergibt sich aus dem Inhalt.

Öffentlichkeit übergeben, fand bei ihnen kein Gefallen.[1]) Apologien durfte die Unität veröffentlichen, aber keinen Panegyrikus.

Nach einer letzten Revision des ganzen Werkes, bei welcher ihm Simeon Theophil Turnovius,[2]) Senior der Brüder († 1608), behilflich war, widmete Lasicius sein Geschichtswerk dem Patron der Unität, Karl von Žerotín. Die Dedicationsvorrede v. 12. Januar 1599 ist in Lithauen geschrieben. Lasicius stand damals in seinem 65. Lebensjahre. Aber auch dieser Weg führte nicht zum Ziele. Die Handschrift blieb in Žerotíns Bibliothek liegen. Erst als diese im J. 1628 nach Breslau gebracht wurde, wo Žerotín, da auch für ihn die Zeit des Exils gekommen war, seinen Sitz aufschlug, fand man das, wie es scheint, halbvergessene Werk wieder. Žerotín schenkte es der Unität. 20 Jahre später gerieth die Handschrift Comenius in die Hände. Er las das Werk des Lasicius mit Wolgefallen und konnte sich nicht genug wundern, „warum die Unität ihr Licht so lange unter den Scheffel gestellt". *Im J. 1649 gab er das VIII.* (letzte) Buch, welches ein Bild der Kirchenverfassung der Unität enthält, *ganz* heraus und fügte ein Inhaltsverzeichniss der *übrigen sieben Bücher* nebst *Excerpten aus denselben* hinzu.[3])

Weder das kürzere noch das ausführlichere Werk des Lasicius hat sich vollständig erhalten. Das Dedicationsexemplar, welches das letztere in der revidirten Recension enthielt, ist nicht wieder aufgefunden worden. Das Unitätsarchiv zu Herrnhut besitzt nur ein *Fragment des Commentarius* und die *erste Hälfte des unrevidirten Textes* (bis zur Mitte des V. Buches) der Geschichte der Unität: beide in

---

[1]) Dekrety S. 256 zum J. 1592: „Lasicius schreibt wieder und ersucht, die Fortsetzung seiner Geschichte zu lesen und was inzwischen weiter vorgefallen, z. B. was Hedericus gegen die Brüder geschrieben, ihm zu senden und den Druck desselben zulassen. Wir sollten nicht, was er verfasst, anderen vorenthalten, und die Feinde nicht fürchten. Gott werde uns Patrone und Beschützer erwecken. Es soll keine Antwort gegeben werden. Sollte er nochmals schreiben, so soll ihm geantwortet werden, dass wir dasjenige nicht mehr besitzen, was er uns und später dem Daniel Steffan geschickt hatte. Was den Druck und die Verbreitung (der Geschichte) betrifft, kann nichts anderes erwiedert werden, als was die erste Antwort der Brüder bereits enthält."

[2]) Turnovskýs „Compendium Hist. Fr. Boh.", das Regenvolscius citirt, besitzen wir nicht mehr. Auf der Synode von Sandomir (1570) trat er Glitzners Behauptung entgegen, die Brüder seien Waldenser. S. seinen Bericht bei Lukaszewicz.

[3]) Eine Beschreibung dieses schon im vorigen Jahrhundert höchst seltenen Werkes s. Baumgarten Nachricht von merkwürdigen Büchern VI. 136—139. (Halle 1754.)

einem Codex, der im J. 1812 für das Unitätsarchiv erworben, sich einst im Besitze von Comenius' Enkel, Ernst Jablonský, befunden hatte.[1])

Der vollständige Titel der kürzeren und älteren Schrift des Lasicius lautet: *De origine et Institutis Fratrum Christianorum, qui sunt in Prussia, Polonia, Boemia et Moravia, Johannis Lasicii Poloni Commentarius. A. D. 1568.*

Der erste §. enthält eine kurze Einleitung, welche zugleich den Standpunk des Verfassers kennzeichnet. Der Name der Waldenser gebührt nach demselben den Brüdern in keiner Beziehung.[2]) Von Hus gelangt Lasicius in raschen Übergängen zur Unität. Ihr Anfang ist durch Wunder bezeichnet. Als die Brüder, 60 an der Anzahl, *in Prag* versammelt, Gott lange Zeit unter Fasten angefleht hatten, wurde plötzlich das Gemach, in dem sie sich befanden, erleuchtet und eine Stimme liess sich vernehmen: Es ist mein Wille. Die Wahlsynode (§. 8.) wird ebenfalls *nach Prag* verlegt. Ein Priester römischer

---

[1]) Die früheren Schicksale dieser Handschrift erzählen die von der Hand ihrer wechselnden Besitzer eingetragenen Bemerkungen. *Jablonskys Exemplar* ist eine im 17. Jahrhunderte nach einer aus der Zeit des Lasicius stammenden Handschrift gefertigte Copie. Da aber die Abschrift durch viele Fehler verunstaltet war, so hat Jablonský dieselbe mit der Vorlage collationirt und die nöthigen Korrekturen hinzugefügt. Aus der Jablonskýschen Bibliothek gelangte die Handschrift durch Kauf in den Besitz Sigm. J. Baumgartens, der sie im VI. Bande seiner „Nachrichten" (Halle 1754) beschrieben hat. Der nächste Besitzer war Joh. Aug. Noesselt. Im J. 1812 wurde die Handschrift für das Archiv der Unität um 90 Thlr. erworben. — Die *Göttinger Handschrift*, welche einst Mosheim gehört hatte, ist eine Abschrift dieses (Jablonskýschen) Exemplars. — Ausserdem besitzt das Herrnhuter Archiv eine *zweite Handschrift*, welche den uncorrigirten Text enthält, und nach dem uncorrigirten Exemplar Jablonskýs gefertigt worden ist. Die *Prager Handschrift* (im Besitze des B. Mus.) ist eine neuere (1812) Copie dieser zweiten Handschrift. — Beide Handschriften enthalten 1) 33 §§. des Commentarius, 2) Die Geschichte, die in der Mitte des *fünften Buches* abbricht mit den Worten: Hae fuerunt fratribus praescriptae conditiones, quibus hi vixerunt in Prussia. Post quod tempus alii in Patriam, qua nihil dulcius, alii in Poloniam reversi sunt, perpauci in Prussia permanserunt, nempe quia a novo eoquo deliro Duce, Alberti illius filio, concionatoribus suis privantur, jussi cuidam novo corpori ... 3) Observationes (S. T. Turnovii). Jablonskýs Handschrift enthält ausserdem 45 Aktenstücke zur Geschichte der Brüder im 16., 17. und 18. Jahrh. (s. Baumgarten a. a. O.) Žerotins Dedikationsexemplar, das den von Lasicius mit Hilfe des Turnovius revidirten Text enthielt, wird jetzt bloss durch Comenius' Edition repräsentirt, wobei aber bemerkt werden muss, dass der Druck den Text des Lasicius nicht unverändert wiedergibt. Einige Stellen wenigstens lassen deutlich die Hand des Herausgebers erkennen.

[2]) Hi (Fratres) ducunt originem a Husso Bohemo, hic a Wicleffo Anglo ... Valdenses eos, sed falso appellant. Diversi enim hi sunt ab illis: Primum religione, quae doctissimorum hominum iudicio purior et apertior apud Fratres est. Deinde genere et aetate. Illi sunt Galli, hi Bohemi, supra annos quadringentos illi exorti, hi centum abhinc et quinquaginta annis nobiles esse coeperunt ... Vgl. Rüdingers Narratiuncula.

Weihe, der Erbe von Hus' Lehre und Wandel, hat dann die Gewählten durch Händeauflegung bestätigt...... Das Ganze ist eine
Lobschrift ohne Wert.

Panegyrisch ist auch der Ton, den Lasicius in seinem grösseren Werke anschlug; den „historischen Stil" wird man an demselben
vermissen. Den Zeitgenossen sollten aber die Geschichten von Camerarius und Lasicius endlich ein annähernd quellenmässiges Bild von
der Entstehung der Unität bieten und die albernen Fabeln, welche
noch immer im Umlauf waren, verdrängen.[1]) Daneben geht in beiden Werken die mehr wissenschaftliche Polemik gegen Flacius. Unsere Zeit wird allerdings über beide Werke anders urtheilen. Das
Bild, das sie liefern, erschöpft den Gegenstand nicht, die treibenden
Kräfte, welche die Unität hervorriefen und ihr inneres Leben aus-
machten, treten hier nicht in ihrer Gesammtheit zum Vorschein; den
Charakter der alten Unität, den die kleine Partei vertritt, lernt man
aus ihnen nicht kennen. Die neuere Geschichtsforschung musste selbstständig auf die Quellen zurückgreifen und selbstständig sich ein
Urtheil bilden. Ähnliche Werke haben für sie nur insoferne Wert,
als sie verlorene Quellen ersetzen, vorhandene ergänzen. Und so ist
denn Lasicius' Geschichte auch heute nicht ganz wertlos. Der Verfasser wurde, namentlich bei der Ausarbeitung der ersten Partien,
von den Brüdern genügend mit Quellenmittheilungen unterstützt.
Daneben verwertete er fleissig die Arbeiten anderer, *neben Blahoslavs Summa auch die Geschichte des Camerarius.*[2]) Weitschweifigkeit,

---

[1]) Vgl. Die Schlussworte in Camerarius' Geschichte. Die albernsten Fabeln
wurden über die Brüder verbreitet und fanden Glauben. Am Anfange des Jahrhundertes hat selbst ein Jacobus Lilienstein sich ihrer angenommen. (Tractatus
contra Waldenser 1505. Es sei nicht wahr, dass derjenige zum Senior gewählt
werde, auf dessen Stirn sich eine grosse Fliege niederlasse. Diess erzählt nämlich
in seinen Clypeus ein Henricus Institoris, der doch mit Krasonický ein Colloquium
gehabt hatte. Wie wenig wusste Luther von den Brüdern, bevor er mit ihnen in
Verbindung trat!)

[2]) Im VIII. Buche Cap. XXIII. (Comen.) erzählt Lasicius selbst: Similiter
praeclarus ille Joach. Camerarius... scriptura ornans sua, more Germanis recepto,
album amicorum Wenceslai Placelii, nobilis Bohemi, nunc apud Fratres iudicis,
huius sententiae verba in eo exaravit: „Sicubi gentium nunc est vera Christi Ecclesia, certe apud Fratres Bohemos est". Quod vir tantus haud temere pronuncia-
vit: sed quia cum de ipsis historiam concinnare haberet in animo, scire prius
eum opportuit, quales ii essent de quibus scripturus erat. Multis idem Camerarius
de iisdem Fratribus mecum, praesente celebri illo Medico Casparo Peucero... Lipsiae contulit, A. 1571 cum tertio iter facerem in Galliam. — Dass Lasicius das
Werk des Camerarius wirklich benutzt hat, geht überall aus der Vergleichung
hervor.

ja Schwatzhaftigkeit könnte man ihm zum Vorwurf machen. Je weiter die Arbeit fortschreitet, desto wertloser wird sie.[1])

Der eigentliche Titel von Lasickis Historia lautet: J. L. Poloni: *De origine et rebus gestis Fratrum Bohemorum, quos ignari rerum Waldenses, mali autem Picardos vocant Libri Octo,* multa veritate refecti. — Das erste Buch, welches bis zum Regierungsantritt Georgs von Poděbrad reicht, wird durch ähnliche Bemerkungen wie der Commentarius über den Unterschied der Brüder von den Waldensern und die Selbstständigkeit der ersteren eingeleitet.[2])

Die Schilderung der Wahlsynode ist sehr breit ausgeführt: Gebete und Reden werden wörtlich citirt. Gar vieles ist nichts anderes als eine stilistische Ausschmückung des Autors, den Stoff dazu mag er aber aus der damals noch lebendigen Tradition und Sagenbildung genommen haben. Aus dieser Quelle, die weiter vom Ursprung reichlicher zu fliessen pflegt, schöpfte er ohne Bedenken und mit Vorliebe. Wunder begleiten auch hier die Begründung der Unität.

Die „Bestätigung" zerfällt bei Lasicius in zwei Akte. Zuerst empfangen die drei Gewählten ihr Amt (munus) durch Händeauflegung des Michael, dann begibt sich aber dieser mit einem Begleiter (Matthias) zu Stefan, dem Bischof der Waldenser. Von diesem empfängt nicht Michael, sondern Matthias die (zweite) Bestätigung im Amte und überträgt dieselbe auf die übrigen zwei Gewählten. Die Bedeutung dieser zweiten Bestätigung bleibt dunkel und auch die Niederlegung des Amtes von Seiten Michaels wird nicht hinreichend motivirt.[3])

Die folgenden Verhandlungen mit den Waldensern erzählt Lasicius nach Blahoslavs Summa, doch müssen sich diese bequemen, ihren Ursprung von Petrus Valdus, dem Bürger von Lyon, herzuleiten.[4]) Auch die späteren Beziehungen und der Verkehr der Brüder

---

[1]) Vgl. Gindely II. 90.

[2]) Quibus per diu ne de nomine quidem noti Valdenses fuerunt (vgl. Blah. Summa), nedum ut ab illis mutuati quidpiam sint. — Hier findet sich auch die von Beza gewünschte Polemik gegen Flacius in Betreff der von ihm 1568 herausgegeben Confessio Valdensium. (Quod si, Illyrice, haec fidei formula Bohemorum Taborensium est, cur eam — non vere — Valdensibus Gallis vendicas? Certe Deus non solis Valdensibus nec solis Germanis voluntatem veritatemque suam ante excitatum Lutherum patefecerat...) — Andererseits lautet sein Urtheil über die Waldenser günstiger als in dem Commentarius: die Brüder seien keine Waldenser — nisi forte quis existimet dici illos Valdenses ob similitudinem fidei posse. Utrique enim veritate doctrinae conveniunt, vitia, errata Pontificiorum parimodo carpiunt, Papae atque cleri eius non ferenda facinora populo ostendunt. L. spricht hier von den Waldensern seiner Zeit.

[3]) Vgl. Beilage P.

[4]) Aiebant, se ducere originem a Petro Valdo, civi Lugdunensi.

mit den Waldensern wird an der Hand von Blahoslav und Camerarius verfolgt,[1]) wobei sich allerdings die Erzählung des Lasicius brei-
ter gestaltet.

XIV. Bruder Jafet.

Br. Jafet, seit 1576 Priester der Unität, seit 1589 Mitglied des
engen Rathes, lebte v. J. 1599 bis zu seinem Tode zu Horaždovic in
Böhmen.[2]) Zwischen 1600—1605 verfasste er eine Schrift, welche,
wie schon ihr Titel „*Die Stimme des Wächters*" andeutet, den
gewohnten Boden der Apologie nicht verlässt.[3]) Das Historische
nimmt in ihr viel Raum ein. Jafet konnte Quellen und Schriften benutzen, die uns nicht mehr zu Gebote stehen, und seine Schrift gewinnt dadurch eine ähnliche Bedeutung, wie die Hist. Fr. (Ms. U.)

Die Stimme des Wächters zerfällt in vier Abschnitte, von denen der erste und zweite die Gründe der Trennung erörtert, der
dritte die Aufrichtung der Priesterordnung erzählt, der letzte endlich
den Beweis führt, die Unität sei ein Werk Gottes gewesen und er-
freue sich noch immer seines Schutzes.

Die Brüder haben sich von der römischen Kirche und von den
Utraquisten getrennt, sind aber keiner anderen kirchlichen Gemeinschaft (jednota) beigetreten, da es in ihrer Nähe keine solche gab,
welche sie befriedigt hätte: denn *die Waldenser* waren damals in Folge
der Verfolgung ihrer Feinde im Schwinden und dem Untergange
nahe. Ihre Reste haben sich den Brüdern angeschlossen, die aber
durch ihren Austritt aus der römischen Kirche und durch die Begründung ihrer Unität aus der „allgemeinen Kirche" nicht ausgeschieden sind.

Der dritte Abschnitt[4]) enthält die „äussere Geschichte der Trennung". Darüber könne kein Zweifel entstehen, dass *Michael* „zum
Ältesten, zum ersten Priester und also zum Bischof" gewählt worden
sei, um die drei Gewählten zu Priestern zu ordiniren und zu weihen,
und *dass die Weihe sofort, während der Wahlsynode selbst, vollzogen worden sei*: aber die Schwierigkeit beginne mit der Frage, *wie*,

---

[1]) Was Lasicius von dem Verhör in Glatz zu berichten weiss, stammt ebenfalls aus Camerarius.

[2]) Jireček Rukověť.

[3]) Das b. Museum besitzt eine von Šafařík collationirte Abschrift des in
dem mährischen Landesarchiv befindlichen Manuscripts. Die erste Jahreszahl (1600)
ist dem Titel hinzugefügt, die zweite (1605) ergibt sich aus dem Inhalt.

[4]) Vgl. o. Einleitung.

wann und wo die zu Priestern Geweihten als Bischöfe bestätigt wor-
den seien. Und diese Schwierigkeit liege bereits in den Quellen, „in
den Schriften der Väter". Jafet bekundet dadurch eine Einsicht in
die Beschaffenheit der Quellen, die wir bei keinem Schriftsteller vor
ihm gefunden haben. Er betritt zuerst den Weg der historischen
Kritik, und sein Versuch zeichnet sich dadurch aus, dass derselbe von
der Annahme einer *zweifachen Bestätigung* ausgeht. Der ersten Bestätigung wird dabei die Bedeutung der Priesterweihe vindicirt. Seine
Worte lauten: „Und da meinen einige, der Priester Michael sei, bevor
er die drei Gewählten den Brüdern weihte, von diesen zu Stefan, dem
Bischof der Waldenser, geschickt worden, um von ihm dazu die Macht
und Bestätigung zu erlangen, und er habe erst dann die drei ersten
Priester geweiht. Und gewiss könnte diese Meinung durch einige
Schriften unterstützt werden. Dennoch ist es ein arger Irrthum. Denn
aus den Schriften der *alten* Väter geht klar hervor, dass Michael *nach*
der Ordination und Weihe der drei Gewählten, selbander d. h. mit
Matthias von Kunwald, dem von ihm geweihten Priester, *der den Vor-*
rang besass, sich zu dem Ältesten der Waldenser nach Österreich,
nach Wien begab (wo dieser später um der Wahrheit Gottes willen
verbrannt worden ist), damit ihn, den Matthias, dieser Waldenser
weihe und bestätige, zugleich mit Michael." Denn Matthias sei nach
der Aussage der alten Väter durch zwei geweiht worden, d. h. von
Michael und von Stefan. Michael allein habe dann die zwei d. h.
Thomas und Elias „zu seinen Suffraganbischöfen" geweiht.

Obgleich Jafet dem Matthias von Anfang an den Vorrang ein-
räumt, so folgt er weiter doch der bei Lukas sich findenden Auffassung: Michael tritt zuerst vor Matthias zurück und räumt diesem
seinen Platz ein; später wird ihm auch die Ausübung des Priesteramtes eingestellt. Von den Waldensern spricht der Bruder überall
mit Wolwollen, ohne indess — den Verkehr mit den Märker Waldensern ausgenommen — neue Daten zu bringen.

Der vierte Abschnitt enthält eine Persekutionsgeschichte der
Unität und eine polemische Apologie ihres Priesterthums. Die lutherischen Gegner fertigt Jafet mit der Bemerkung ab, auch die Apostel hätten sich ihre Ordination nicht in Wittenberg geholt. Ausführlicher begegnet er dem Angriff W. Šturms, des Jesuiten. Er unter-
scheidet zwischen der äusseren und inneren apostolischen Succession. Die letztere, im Festhalten am apostolischen Glauben bestehend,
hat mehr Werth. Aber beides ist in der Unität vorhanden. Die prie-
sterliche Amtsgewalt der römischen Kirche, der Stamm, hat durch

Michael einen Zweig ausgesendet; die „goldene Kette" reicht aus der Apostelzeit, von Hand zu Hand gehend, in die Unität hinein.[1]

Dem Einwurf, Michael habe als einfacher Priester keine gütige Weihe ertheilen können, stellt Jafet vor allem die Hinweisung auf die wesentliche Identität des Priester- und Bischofsamtes entgegen, und betont auch den Willen der Gemeinde. *Übrigens sei es immerhin möglich, Michael habe sich von Stefan in seinem bischöflichen Amte* bestätigen lassen. Der Gebrauch der römischen Kirche endlich, bei der Weihe des Bischofs drei Bischöfe zu verwenden, sei eine menschliche Satzung und als solche gleichgültig.

Im J. 1605 verfasste Jafet ein *„Schreiben vom Ursprung der Unität und ihrer Diener"*, das zwar nicht mehr vorhanden ist, das er aber im Auftrage der Senioren zu einer ausführlicheren apologetisch-historischen Schrift erweiterte, welche den Titel führt: *„Geschichte des Ursprungs der Unität* und ihrer Trennung von der verführten Kirche, der Ordination der Diener der Kirche in derselben, zugleich ein Beweis, dass die Unität rechte Priester und Bischöfe besitze, zur Widerlegung der dagegen erhobenen Schmähungen und Verleumdungen".[2]

Jafet beginnt seine Geschichte des Ursprungs mit der hussitischen Bewegung, doch so, dass er nach dem Muster Bilejovskýs[3] den Utraquismus bis auf die Zeit der Slavenapostel, Cyrill und Method, zurückführt. Erst unter Karl IV. sei durch die Erzbischöfe und durch die Deutschen, die zur Universität gehörten, der Laienkelch gänzlich abgeschafft worden.

Die Unität ist ein Schössling des Stammes Hus. Ihre Begründer waren die Zuhörer Rokycanas. *Mit den Waldensern sind sie bereits vor 1467 in Verbindung getreten,* doch waren diese schwach an Zahl und in den umliegenden Ländern zerstreut. Einige ihrer Priester hat auch Rokycana gekannt. Die Waldenser selbst sind nach Jafet ein Rest der ersten Kirche. Ihre Lehre haben sie zwar nicht ganz rein erhalten, aber *die apostolische Succession ist ihnen* verblieben. Die Brüder haben mit ihnen *vor Begründung* der Unität

---

[1] Die Lehre „vom bösen Priester" verschwindet bei Jafet gänzlich, das objektive Amt scheidet sich von der subjektiven Qualität. Es kommt *nur* auf die Würdigkeit des Ordinirten an, und gar nicht auf die des Ordinirenden.

[2] Einen Auszug von Jafets „Hystorya o původu Jednoty etc." habe ich nach der Herrnhuter Handschrift in Č. Č. M. 1876 veröffentlicht.

[3] Vgl. o. S. 52.

über eine vollständige Vereinigung verhandelt, aber „gewisse Ursachen" traten hindernd dazwischen. So weit folgt Jafet den Quellen und schöpft aus ihnen ein Bild, das der Wahrheit näher kommen dürfte, als die Darstellungen früherer und auch späterer Geschichtswerke. Indem er aber die Begründung des Brüderpriesterthums zu erzählen und zu vertheidigen unternimmt, folgt er nicht „verdorbener Tradition" (Gindely I. 495.), sondern verfällt in eine willkürliche Construktion, deren Stoff sich aber in den alten Quellen findet. Obgleich er auch hier an der Ansicht festhält, das Bischofsamt sei eine menschliche Institution, so folgt er doch dem Gegner, auf dessen eigenes Gebiet. Er dringt gleichsam in das Lager des Feindes ein und bekämpft ihn mit den dort erbeuteten Waffen. Jafet will Wenzel Šturm aus dem Felde schlagen, indem er den Beweis antritt, die Unität habe bei Begründung ihres Priesterthums und Bisthums allen äusseren Ordnungen der römischen Kirche Genüge geleitet.

Da zu einer gültigen Bischofsweihe drei Bischöfe nöthig sind, so sucht und findet Jafet der Unität drei Bischöfe: 1. Michael, 2. den alten Waldenser-Priester, der endlich bei Jafet wieder aus der Vergessenheit emportaucht, 3. einen anderen Anonymus römischer Weihe, den er aus Lukas' Schrift von der Erneuerung herholt. Sie sind bereits Priester, und was ihnen noch fehlt, ist die Bischofsweihe. Diese empfangen sie von den Waldensern und zwar in dem versammelten Convent ihrer Priester, Ältesten und Bischöfe. Nach der Rückkehr weiht Michael *unter Assistenz seiner zwei Collegen* die drei durch das Los Gewählten zu einfachen Priestern und einen unter ihnen, *Matthias, auch zum Bischof.* So gab es 4 Bischöfe und eine Monarchie nach Art des römischen Papstthums war vermieden. *Einem* gebührte aber der Vorrang, erst dem Michael, dann dem Matthias. Auch in der ersten Kirche haben Petrus, Jakobus und Johannes einen gewissen Vorrang gehabt, bis zu ihnen „auf eine besondere Art" Paulus hinzugefügt wurde. Der Paulus der Unität ist — Matthias.

Gleichzeitig mit der „Geschichte" ist eine andere Schrift Jafets entstanden. Zur Ergänzung der ersteren dienend, führt sie den Titel: *„Goliaths Schwert zur Vertheidigung des Volkes Gottes gegen seine Feinde, d. i. die Beschreibung der . . . beständigen Succession . . . wahrer und rechter Bischöfe und Priester in der Unität der Brüder".* In der im J. 1607 geschriebenen Vorrede sagt Br. Jafet, der Zweck dieser Schrift sei, zu beweisen, die Unität habe die von den

Waldensern empfangene Succession ohne Unterbrechung „bis auf den heutigen Tag" bewahrt. Er construirt zu diesem Zwecke Ordinationslisten, die für die erste Zeit der Unität als wertlose Fiktionen zu betrachten sind.[1]

Jafets Schriften sind nicht gedruckt worden, aber seine „Geschichte" beherrscht die geschichtliche Literatur des 17. Jahrhundertes, während sein kritischer Versuch, die Stimme des Wächters, niemals seinem wahren Werthe nach gewürdigt worden ist.

Was der Catalogus Testium Veritatis für die gesammte Christenheit, das ist die *Historia Persecutionum*[2] für die ältere böhmische Kirche. Die Entstehung und erste Organisation der Unität wird in derselben nicht nach den Quellen, sondern nach Jafet erzählt, dabei aber die ganze Controverse über das Verhältniss der Brüder zu den Waldensern in folgenden bemerkenswerthen Worten zusammengefasst: Die Brüder hätten den Namen der Waldenser immer abgelehnt: tum veritatis, cum necessitatis causa. Veritatis: quia non ab ipsis doctrinam mutuarant, nec ipsis auctoribus Unitatem fundarant, nec ab ipsis reformati erant, reformari potius a se illos, in illis quibusdam noxiis defectibus, cupiebant. Necessitatis vero: quia lata et publica in Waldenses a magistratibus decreta in se non derivanda, vitanda potius prudenter existimabant. Ordinandi tamen potestatem, eoque externam successionem, a Waldensibus se accepisse, nunquam negabant: licet et hanc aliquando prudenter, pro temporis ratione, silentio praeteribant.

---

[1] Einen Auszug hat J. Jireček nach der Herrnhuter Handschrift veröffentlicht in Č. Č. M. 1861. — Vgl. Gindely Quellen: Anhang. Der Verfasser der Hist. Fr. (Ms. U.) gesteht ausdrücklich, er habe keine schriftlichen Aufzeichnungen über die Ordinationen der ersten Zeit vorgefunden.

[2] Erschienen 1648. Fertig war dieses Werk bereits im J. 1632. Der Hauptmitarbeiter war Adam Hartmann. — Die zugleich mit „Ratio disciplinae ordinique ecclesiastici Unitatis etc." gedruckte (zuerst 1632) und gewöhnlich dem Comenius zugeschriebene „Ecclesiae Slavonicae historiola" ist entweder ein Auszug aus der H. P. oder ihre unmittelbare Vorlage. Auch Regenvolscius (Systema Historico-Chronologico Eccl. Slav. Trajecti ad Rhenum 1652) folgt Jafet, ohne indess seine Schriften direkt zu benützen.

BEILAGEN.

IV. Schreiben der Brüder an Rokycana (1468).

... Und da du uns gesagt. hast, wir sollten melden, was uns geoffenbart worden, so wisse, Meister, das halten wir für die grösste Offenbarung, dass wir im Geiste die Wahrheit des Herrn Jesu und wie er
unserem Heil zum Nutzen gereiche, erkannt haben; denn die ihn erkannten, die haben ihn angenommen, und er gab ihnen die Macht, Söhne
Gottes zu sein. Denn den Weisen und Klugen offenbart er sich nicht,
sondern den Kleinen, die arm sind im Geiste und demüthig im Herzen ...

Was aber die Offenbarungen betrifft, die Gott den ersten Christen
gemacht, und auch jetzt die Verzückungen des Geistes und die Gesichte,
die Gott erfüllt, früher aber zeigt — sicherlich thut Gott auch jetzt diese
Dinge zu unserer Bekräftigung und zu unserem Troste, seinem Volke zu
Nutzen und Behufs der Einrichtung der Ordnung, die sie befolgen sollen:
wie unter dem alten Gesetz dem Ezechiel von dem Aufbau des Tempels,
so auch jetzt von dem Tempel seiner Versammlung, wie sie sich verhalten
sollen und wer dabei der erste sein soll. Und wollten wir es aufschreiben, was Gott seinen Dienern in Gesichten offenbart, viel müsste dessen
geschrieben werden, und es fänden sich, die es glaubten. Aber viel eher
wären andere da, die es dem Teufel zuschrieben, was durch den Geist
Gottes geschieht, und die so in die Sünde gegen den heiligen Geist
fielen.

Auch unter uns könnten über einige Zweifel und Schwanken kommen. Darum hielten wir uns bei allem an die apostolische Geschichte
und das Beispiel der ersten Heiligen, um alles im Namen unseres Herrn
J. Chr. zu thun in Wort und Werk. Desswegen im Glauben an seine Verheissungen nach den Worten: „Was ihr den Vater bitten werdet in meinem Namen, wird er euch geben" — und abermals: „Wo zwei oder drei
zusammenkommen u. s. w." — haben auch wir es unternommen: Ob Gott
es wolle, dass wir uns gänzlich trennen von der Amtsgewalt des Papstes
und so von seiner Priesterschaft; und zweitens, (ob er wolle), dass wir
unter uns nach dem Muster der Einrichtung der ersten Kirche eine Ordnung aufrichten, und ferner: Welche Personen jeden Streit richten und
endgültig zur Ruhe bringen sollen, dass niemand an ihrem Spruche rüttele,
sondern es für gut haltend gern sich füge. Und welche die Diener sein

---

[1]) Die Übersetzung ist zumeist wörtlich, selbst auf die Gefahr hin, die er-
laubte Gränze überschritten zu haben.

sollen und wer die erste Stelle inne haben soll in der Gewalt des Amtes
nach den Worten: Dir gebe ich die Schlüssel; und abermals: Wem ihr
die Sünden vergebet u. s. w.

Und wir, deren da viele waren aus Böhmen und anderen Ländern,[1]
einigten uns, Gott darum zu bitten, wenn er es in dieser Zeit haben wolle,
so möge er es uns zeigen, nach demselben Beispiel, wie die Apostel thaten, als sie den Zwölften wählten. Und wir ordneten allen Brüdern in
den verschiedenen Gegenden an, darum zu beten und zu fasten. Dann
kamen unser viele zusammen und beteten zu Gott, er möge uns zeigen,
ob er es unter uns haben wolle in dieser Zeit; und es kam, er wolle es,
und uns ward der Glaube, es sei der Wille Gottes, dass es geschehe.
Und wir liessen einige Zeit verfliessen zu Gebeten mit Fasten, ob er es
sogleich in diesem Jahre haben wolle, und welche Personen er dazu bestimme, die möchte er zeigen auf dieselbe Weise, wie früher. Und als
die Zeit dazu kam, versammelten sich unser wiederum viele aus Böhmen
und Mähren und wir beteten zu Gott in demselben Vertrauen wie vordem, und wählten ihrer neun, damit aus diesen neun drei es würden,
oder zwei, oder einer. Wenn aber Gott in diesem Jahre es noch nicht
haben wolle, so solle es keiner werden. Und wäre es auf keinen gefallen, so wären wir dieses Jahr ohne jedwede Priester geblieben, und auch
fernerhin, bis uns Gott zeigen würde auf unser Gebet hin und unsern
Glauben, er wolle es schon haben, und auch diejenigen Personen, von
denen es ihm gnädig wolgefalle, dass sie es würden. Da wir uns aber
gänzlich von den Priestern, die von der Gewalt des päpstlichen Amtes
stammen, losgesagt hatten in vollstem Glauben, es sei Gottes Wille nicht,
dass wir von ihnen den Dienst empfangen, so vertrauten wir auch fest,
Gott werde unsere Bitte gewähren. Und der Herr that es auf unsern
Glauben und unser Gebet hin, dass es auf alle drei kam, und dabei offenbarte Gott seine Weisheit und seine Macht in uns der Art, dass wir alle
fühlten und erkannten, Gott habe uns heimgesucht und zu unserer Bestärkung grosse Dinge gewirkt. Und es waren mehr denn sechzig Brüder
zusammengekommen, und da haben wir in dem grössten Vertrauen den
heiligen Geist empfangen und Gott gedankt, dass er uns am Ende der
Tage heimgesucht und sein Werk thue.

Ferner berieten wir uns unter einander über ihre Bestätigung in
dem Priesteramte, wie es am besten ohne Anstoss bei den Menschen geschehen könnte, obgleich wir glaubten und gar nicht zweifelten, sie seien
bereits von Christo geweiht und bestätigt, wie es uns Gott gezeigt hatte.
Allein da wir Gutes im Sinne hatten, nicht nur vor Gott, sondern auch
vor der ganzen Welt, so weit wir nur könnten: so suchten wir es durch
den einen, den wir vordem bereits von den Römischen gehabt, und durch
den zweiten von den Waldensern, die der ersten Kirche entstammen, von
dem wir die Hoffnung hegten, er sei in Stande der Gnade, und welcher
der Aelteste unter ihnen ist an Jahren. Und diese beiden haben wir so

---

[1] Aber in einem anderen Exemplar steht geschrieben: Und wir einigten uns
viele aus Böhmen, aus Mähren, auch aus anderen Ländern, aus den Waldenser
Deutschen. (*Zusatz der Handschrift B. A.* I. u. II.)

zur Bestätigung jener drei angenommen; wenn Gott es so haben wolle, so möge er es zeigen. Und wir beteten zu Gott, wenn er diese Bestätigung durch die Waldenser haben wolle, so möge er jenem Ältesten die Gnade dazu in das Herz giessen, damit er es aus Liebe und im Glauben thue.

Und Gott gab es ihm, dass er es mit Vertrauen that, und, uns darin bekräftigend, redete er gute Dinge und Gott dafür lobend, sagte er, Gott habe es gethan unserm Heil zu Nutzen. Und so ward durch ihn die Bestätigung jenen dreien, durch Handauflegung nach dem Beispiel der ersten Kirche und der Anweisung der Apostel unter Gebeten. Und darüber, wie denn Jesus aus der Höhe jene drei gezeigt hatte, und besonders den einen, der die erste Stelle inne haben sollte, sprach derjenige, dem es geoffenbart war, und sagte: Glaubet fest, dass es so ist. Aber zur grössern Sicherheit vertrauten sich die Brüder durch Gebete Gott an: will er es haben, dass er es sei, so wird es auf ihn kommen. Und es kam auf ihn und allen dreien ward die Bestätigung mit Gebeten. Und auch dem einen unter ihnen, auf dass er im Ursprung des Priesteramtes die erste Stelle inne habe, wie es in der ersten Kirche war. Und er wurde erst von vielen zum Ältesten unter den Brüdern gewählt, und dann wurde er auch von vielen zu einem unter neun gewählt; und es kam auf ihn, er solle einer von dreien sein, die Gott sich aus den neun auserkoren; dann kam auf ihn durch Gebete und durch Zuversicht, er solle der erste sein. Denn so wollte es Gott haben, darum hat er es erst geoffenbart und auch vollbracht, dann solch ein gutes Zeugniss hatte jener von seinen Eltern und von den Leuten der Umgegend, er habe von Kindheit einen heiligen Wandel geführt, und ferner, da er zu Jahren gekommen, sei er im Guten gewachsen, ohne Wanken im Glauben Christi beharrend, und habe bis heute ein reines Gewissen bewahrt ohne Beflekkung mit der Todsünde. Und wir halten es für eine grosse Gabe Gottes, dass er diesen dazu erwählt, da wir seines gleichen nicht haben nach unserem Wissen. Denn er ist uns in allem wolbekannt von seiner Jugend, und so haben alle drei ein gutes Zeugniss und einen guten Ruf. Und hätten wir nicht Gottes Offenbarung, und hätten wir uns durch Gebete und im Glauben Gott nicht anvertraut, nach der Anweisung der Apostel war ihre Wahl würdig. Aber sie und wir sind nichts durch uns und von uns, noch sind wir im Stande, etwas Gutes zu denken, sondern wir sind unnütze Knechte Christi. Denn ob unsrer Unzulänglichkeit und Untüchtigkeit, wegen der Mängel und Sünden einiger von uns waren wir wert, von Gott verworfen zu werden. Auch das bekennen wir, dass Menschen schlechten Glaubens und verdorben in Fleischeslust [1]) uns gewinnen wollten. Und hätte Gott einigen durch seine besondere Macht und Weisheit es nicht gegeben, dass sie es erkannten und dem widerstrebten, jene hätten uns überwältigt und verführt, so dass wir die elendesten der Menschen wären, denn was man Böses von uns spricht, das wäre auch in der That

---

[1]) D. h. die Adamiten. Dass aber diese eine Gesandschaft zu der Synode von Reichenau geschickt hätten (Gindely I. S. 36), lässt sich aus dem Schreiben der Brüder nicht folgern.

zu finden. Aber Gott, der reich ist in seiner Barmherzigkeit, hat aus seiner übergrossen Liebe durch Christum aus Gnade, nicht durch unser Verdienst, uns bewahrt, beschützt, wie der Vogel die junge Brut unter seinen Flügeln, und uns die Macht und den Glauben gegeben, jenes Volk zu züchtigen und zum rechten Glauben zu bekehren. Und welche wir zur Busse und zum rechten Glauben nicht bekehren konnten, vor diesen haben wir andere gewarnt: und so bis heute. Daran, was auch Gott unter uns gewirkt, unser Glaube ist, er habe es durch die Propheten vorausgesagt. Ihm sei Lob in alle Ewigkeit, Amen.

. . . .

A.

Čtvrté psaní bratří M. J. Rokycanovi (1468).

... A jakos nám řekl, abychom pověděli, co jest nám zjeveno, to věz, mistře, že my to za největší zjevení máme, když sme pravdu pána Ježíše poznali v duchu a v něm užitek svého spasenie, neb kdož sú jej poznali, tiť sou jej přijali, a dal jim moc syny Božími býti. Neb múdrým a opatrným nezjevuje se, ale maličkým, ješto sú chudí duchem a pokorní srdcem ...

O zjevení pak, kteráž pán Buoh prvním křesťanuom činil, též i nynie v duchu vytrženie a viděnie, kteráž Buoh vyplňuje, což prvé ukazuje: v jistotě ty věci k našemu potvrzení a potěšení Buoh i v tento čas činí k užietku a řádu zřízení lidu svému, kterak se mají míti, jakož i v starém zákoně Ezechielovi o chrámu vzdělání, tak nyní o chrámu zboru svého, kterak se mají vzdělávati, a kto má k tomu první býti. Pak bychom to psali, co Buoh dává u vidění sluhám svým, mnoho by písma bylo, a také ktoby tomu uvěřil: snadby spieše někteří ďáblu to přidali, co se duchem božiem děje, a takby upadli v hřiech proti Duchu svatému. Neb i mezi vámi mohliby někteří pochybovánie a vrtkání míti při tom, protož my při všem držali sme se zprávy apoštolské a příkladu prvních Svatých, abychom všecko činili ve jméno pána našeho Ježíše Krista v slovu i v skutku. Protož my, věříce slibuom jeho, jakož řekl: Cožkoli budete prositi otce ve jméno mé, dá vám; a opět die: kdež se zberú dva anebo tři ve jméno mé, já sem mezi nimi, a začkoli prositi budú svoléce, stane se jim; a tak my v ten čas vzali sme před se toto: Chceli pán Buoh, abychom se konečně odtrhli od moci úřadu papeže a tak od jeho kněžstva; a druhé: Abychom řád zpuosobili mezi sebú podle zřízenie první církve; a tak dále: Při kterých osobách má všeliká pře rozsúzena býti a na nich přestává, a žádný mimo to, což rozsúdie, aby jinak tiem nehýbal, než za pravé držal a s milostí poddán byl. Pak kteří mají posluhovati, a kto má první místo držeti v moci úřadu podle toho, jakož die: Tobě dávám klíče; a opět: Komuž odpustíte, bude odpuštěno, a komuž zadržíte, bude zadržáno. A o to sme se mnozí svolili z Čech i z jiných zemí,[1]) abychom se za to pánu Bohu modlili: chceli to pán Buoh tento čas míti, aby nám to ukázal podle příkladu téhož, jakož učinili apoštolé, když volili dvanáctého. A tak kázali sme se za to pánu Bohu modliti i postiti bratřiem všem po krajinách. Pak mnozí sešli sme se a modlili se za to pánu Bohu, aby nám to ukázal, chceli to míti čili nic mezi námi v tento čas: i přišlo tak, že chce, a tak sme uvěřili tomu, že jest tak vuole božie, aby to byli. I dali sme tomu prodlený čas, aby se za to pánu Bohu modlili i s posty, hnedli to chce míti toho roku; a které osoby k tomu chce míti, aby ukázány byly, skrze touž příčinu, jakož i prvé. A tak když sme čas k tomu měli, opět sme se sešli a mnozí z Čech i z Moravy a modlili se za to pánu Bohu s týmž dověřením jako i prvé, i vyvolili sme jich devět a z těch deviti, aby byli tří, pakli dva, nebo jeden. Pakli ještě pán Buoh toho letha nechce míti, aby nebyl žádný. A byť bylo nepadlo na žádného, byli bychom ten rok beze všech

---

[1]) V jiném pak exempláři stojí: A o to sme se mnozí svolili z Čech, z Moravy, i z jiných zemí, z Němcuov Valdenských. (Dodatek v rukopisu.)

kněží a tak, až by vždy nám pán Buoh ukázal k modlitbě a k víře, že již chce to míti, a osoby, které se jeho milosti líbí, aby ty byli. Ale poněvadž sme se konečně pustili kněží, kteříž pocházejí z moci úřadu papeže, z víry věříc tomu, že Buoh nechce, bychom k nim zřenie měli o posluhovánie, protož sme vieru přiložili, že Buoh učiní nám, zač prosíme, i učinil pán Buoh k víře a k modlitbě, že přišlo na všecky tři, a při tom ukázal pán Buoh múdrost a moc svú v nás, tak že sme všickni poznali čitedlně, že pán Buoh navštívil nás a ku potvrzení učinil veliké věci. A bylo se více sešlo než šedesáte bratřie. A tu sme s velikým dověřením přijali a s radostí Ducha svatého, děkujíce pánu Bohu, že navštívil nás v poslední časy a dělá dielo své.

Dále pak o potvrzení jich v úřad kněžský spolu sme mluvili, kterak by nejslušněji bylo bez úrazu lidem, ač sme věřili beze všeho pochybovánie, že sú již posvěceni a potvrzeni od pána Krista, jakož nám to ukázal pán Buoh. Avšak obmýšlejíce dobré věci netoliko před Bohem, ale také přede všemi lidmi, což na nás jest, hledali sme toho skrze prvního, kteréhož sme měli od římských před tiem, a druhého od Valdenských, ješto mají puovod od první církve, o kterémž sme naději měli, žeby v milosti božie byl, a nejstaršie z nich jest v letech: i ta obadva tak přijali sme ku potvrzení těch tří, jestliže to pán Buoh chce, aby ukázal. I modlili sme se pánu Bohu, chceli to potvrzenie míti skrze Valdenské, aby tomu staršiemu milost v srdce dal k tomu, aby z milosti a z viery to učinil. I dal jemu to pán Buoh, že učinil s dověřeniem, a potvrzuje nás v tom mluvil dobré věci, chvále pána Boha z toho řka, že toto učinil pán Buoh k užietku spasenie našeho. I stalo se potvrzenie od něho těm třem skrze vzkládánie rukou podle řádu první církve a zprávy apoštolské s modlitbami. Pak o tom, jakož pán Ježíš ukázal z vysosti o třech, a zvláště o jednom, kterýž z nich měl první místo držeti, mluvil jest ten, komuž jest ukázáno, řka, že tak jest, věřte tomu úplně: avšak bratří pro většie ujištěnie dověřili se pánu Bohu skrze modlitby: chceli, aby ten byl, příde naň. I přišlo naň, i stalo se potvrzenie všem třem s modlitbami. Také i jednomu z nich, aby první místo držel v puovodu úřadu kněžství, jakož bylo v první církvi. A ten vyvolen jest nejprv od mnohých za staršieho mezi bratřími, a potom vyvolen jest též od mnohých, aby byl jeden z devíti, i přišlo naň, aby byl jeden ze tří, kteréž sobě Buoh vyvolil z těch devíti, potom skrze modlitby a dověřenie přišlo naň, aby byl první. Neb tak pán Buoh chtěl míti, protož zjeviv to i dokonal, neb jest také dobré svědectví měl od rodičuov a od okolního lidu, že od dětinstva vždy svatě obcoval, a potom dále, když přišel k letuom, v dobrém prospieval stoje u víře pána Krista bez vyvinutie, a až dodnes zachován jest bez poškvrny hřiecha smrtedlného v dobrém svědomí. A to jest nám za veliký dar od pána Boha, že toho vyvolil k tomu, ješto jemu rovně nevíme podle svědectví a svědomie jeho. Neb nám ve všem zjeven jest od mladosti své. A tak všickni tříe sú dobrého svědectví a svědomie. Ješto by pak nebylo zjevení Božieho o nich, ani skrze vieru a modlitbu dověřenie k Bohu, hodno jest bylo podlé zpávy apoštolské k tomu jich vyvolenie. Ale však ani oni ani my z sebe a od sebe nic nejsme, ani co dobrého dostatečni sme pomysliti, a nalézáme se neužitečné slouhy pána Krista. Neb pro svú nestatečnost a nezpůsobilost, nedostatky, hřiechy některých z nás hodni sme byli zavržení od pána Boha. I to také vyznáváme, že sú se o nás pokúšeli lidé zlých smysluov u víře, zkažení v milosti tělesné. A tak několikrát, by byl pán Buoh nedal některým z své zvláštní moci a múdrosti poznati toho a tomu odpierati, byli bychom od nich přemoženi a zklamáni, že bychom bídnější byli všech lidí, neb což na nás zlého mluví, byloby to shledáno. Ale pán Buoh, jenž jest bohatý v milosrdenství svém, pro přílišnú lásku svú, skrze pána Krista u milosti své a ne z zaslúženie našeho zachoval nás a ochránil a shromáždil, jako pták ptáčátka svá pod křídla, i dal moc i múdrost, abychom ten lid trestali a k pravé víře navodili. A koho sme nemohli přivésti ku pokání a k pravé víře, od něho sme vystřiehali, jakož i podnes. Protož kteréž věci zpuosobil pán Buoh mezi námi, tak věříme, že jest to i skrze proroky předpověděl. Budiž jemu chvála na věky věkuov. Amen.

B.

V. Schreiben der Brüder an Rokycana.

... Und auch von den Priestern, die unter uns sind, haben wir in dem frühern Schreiben gemeldet, auf welche Art sie das Priesterthum, und durch wen sie die Bestätigung empfangen haben. Aber wisset, sie wollen mit allen vereint bleiben und einig sein mit denen, von denen hier geschrieben wird.[1]) Denn die Vermehrung der Rotten nach der Art und den Rechten der römischen Kirche scheint uns gegen den christlichen Glauben zu sein. Wie denn Peter Chelčický davon vieles geschrieben hat in den Büchern von dem „Netz des Glaubens". Denn Christus ist das Eine Haupt des Körpers der Kirche. So sollen in dieser Kirche auch dieselben Hirten sein desselben Geistes, obgleich von manigfaltigen Gaben, und die einen sollen hinter den andern in denselben Fussstapfen wandeln. So gab es auch höchste Bischöfe der Christenheit nach dem h. Petrus, die in Armut beharrten und in Niedrigkeit auf Erden lebten, seinen Schimpf tragend, ihm folgend, von der Macht der Welt leidend — durch dreihundert Jahre bis zum dreizehnten Kaiser Constantinus, den Sylvester in den christlichen Glauben aufnahm. Und dabei erlangte er weltliche Macht und Reichthum, Erhöhung und kaiserliche Würde und Lustbarkeiten des Fleisches. Und das ist bis heute die Grundlage ihres Priesteramtes, wie Constantins Brief mit der goldenen Bulle bezeugt, durch den sie ihre Bestätigung besitzen, über der Menge herrschen und diejenigen, die nicht unterthan sein wollen, quälen und martern mit Hilfe der weltlichen Gewalt. Aber die ersten haben mit dem heil. Petrus von der weltlichen Gewalt Marter gelitten mit einer Menge ihnen untergebener Priester und mit einer Menge des gemeinen Volkes, wie die Schriften bezeugen, die davon erzählen. Und, Meister, jene Priester mit Petrus, dem Waldenser, die, bei dem ersten Ursprung verharrend, dem Sylvester beim Empfang dessen nicht beistimmten, was er nahm, ob bei ihnen der Ursprung der Priesterthums und die Gewalt des Amtes und die Wissenschaft der Schlüssel verblieben ist — wir sind der Hoffnung, es sei bei ihnen von Anfang an geblieben und bleibe bis heute, wie ja da sind und in verschiedenen Ländern bestehen Priester mit vielem Volke, denn sie sind geblieben beim Ursprung der ersten Kirche aus den Aposteln. Urtheilt, wer das Priesteramt Christi verlieren sollte, sie oder die, welche jetzt die weltliche Macht haben? ... Wir glauben, jenes Amt gebühre eher denen, die Qualen leiden, als solchen, die Qualen zufügen...

B.

V. psaní bratří Rokycanovi.

A také o kněžích, kteříž sú mezi námi napsali sme v prvním listu, kterak sú oni v kněžstvie vešli, i skrze koho potvrzenie přijali, ale vězte, žeť žádají se všemi jedno býti a v svornosti s takovými, o nichž se tuto píše. Neb zdá se to býti nám

---

[1]) D. h. den guten Priestern.

proti víře křesťanské roty rozmnoženie podle řáduov a práv římské církve. Jakož Petr Chelčický o tom mnoho píše v knihách o Síti víry. Neb jest Kristus hlava jedna těla církve, taktéž jedni pastýři mají býti té církve v jednom duchu, majíce rozličné dary a jedni po druhých týmiž šlepějemi kráčejíc. Jakož bylo od sv. Petra nejvyžších biskupuov křesťanských, ješto v chudobě přebývali a v poníže ní na zemi bydlili, pohanění jeho nesúce, následujíce jeho a od moci světa trpíce ke třem stem letuom až do Konstantina císaře třináctého, jehož Sylvester přijal pod vieru křesťanskú, s nímž došel moci světa a bohatstvie, povyšenie a duostojenstvie císařského a rozkoši těla. Jakož i podnes jich úřad kněžstvie základ má, jakož svědčí list Konstantina s zlatú bullí, skrze něhož potvrzenie mají a nad mnohými panují a nepoddané sobě trápí a mordují mocí světskú. Ale první i s svatým Petrem trpěli sú od moci světa mučedlnictvo i množství kněžstva jim poddaného i množství lidu obecného, jakož písma svědčí těch běhuov. Pak, mistře, ti kněžie s Petrem Waldenským, kteříž zuostali v prvním puovodu nepovolivše Sylvestrovi k tomu, což přijal jest, zuostalli jest při nich puovod kněžstvie a moc úřadu a umění klíčuov — myť naději máme, že zuostal při nich prvotně, i dodnes zuostává, jakož stojie a sú kněžie podnes po zemích s mnohým lidem, neb sú oni zuostali v puovodu první církve od apoštoluov. Rozsuďtež to, ktoby měl z tratiti úřad kněžství pána Krista, onili čili tito v moci světa tohoto času?... Myť máme za to, žeť přiležie ten úřad lépe těm, ktož trpie, než těm, kdož trápie...

C.

Antwort der alten Brüder (1471).

... Auch hörten wir von verständigen Priestern in Böhmen, getreuen Christen, die sich unter einander geeinigt, sei es gestattet sich Priester zu wählen...

... In welcher Art und Ordnung es aber geschah, haben wir ausführlich dem Meister geschrieben. Auch sind wir bereit diejenigen, so es verlangen, des breiteren und besseren zu berichten. Es meine aber niemand, wir hätten bei jener Wahl und Bestätigung etwas neues ersonnen: denn uns ward die Gewissheit durch die erste Kirche und die Lehre der Apostel. Auch besteht jenes viele Volk und verbleibt in vielen Ländern, das seine Priester und Bischöfe besitzt. Und sie haben dem Sylvester nicht nachgegeben, der Ruhm empfieng und kaiserliche Würde und Güter der Welt, denn die Stimme ward gehört in jener Zeit, das Gift sei ausgegossen in die h. Kirche. Und darum wisset, dass wir daher den Ursprung der Bestätigung haben nach der Ordnung, die von Anfang verbleibt den treuen Christen der ersten Kirche...

C.

Odpověď bratří starých (1471).

... Slýchali sme to také od rozumných kněží v Čechách, že to muož býti, že by věrní křesťané, spolu v jednotě se ostříhajíce, mohli sobě kněží voliti... Kterakým pak zpuosobem a řádem to se dálo, napsali jsme Mistru šíře. A také žádajícímu hotovi sme šíře toho a lépe se zpraviti. Než pak aby se žádný nedomníval, bychom při tom volení a potvrzení co nového zamyslili, ale jakož jest jistota první Církve z naučení apoštolského a pozuostává ten po mnohých zemích mnohý lid, kněží a biskupy majíce své, ježto nepovolili Sylvestrovi papeži, kterýž přijal chválu, důstojenství císařské a zboží světa, neb i hlas slyšán jest ten čas, že jed vlit jest do Církve svaté: protož vězte, že odtud puovod máme potvrzení podlé řádu, jakž zuostává od počátku křesťanóv věrným první Církve.

D.

Schreiben der Brüder in ihrer Bedrängniss unter K. Georg.

... Auch sind wir aufgefordert worden von dem Meister, zu sagen, was uns geoffenbart worden. Und er sagte: Finden wir, dass es recht ist, so wollen wir es auch annehmen. Auch haben wir geschrieben, wir hielten es für die grösste Offenbarung, dass wir die Wahrheit des Herrn J. Chr. erkannt ...

... Von den Offenbarungen aber, die Gott den ersten Christen gemacht, — so hat er auch jetzt die Macht zu offenbaren und, was er geoffenbart, zu erfüllen. Auch darüber freuen wir uns und danken Gott, dass er es auch in diesen Tagen seinem Volke zeigt zu seinem Nutzen und behufs Einrichtung der Ordnung, die es befolgen soll, ähnlich wie er vieles gethan unter dem ersten natürlichen, und unter dem alten Gesetz; insbesondere hat aber der Profet Ezechiel viel aufgezeichnet von dem Aufbau des Tempels ... Auch unter dem neuen Gesetz gab es viele Offenbarungen in der ersten Kirche und Offenbarungen sollen und werden zu Theil werden den Auserwählten Gottes bis zum jüngsten Tage nach dem Zeugnisse der Schrift.

Aber Wunder und Wunderthaten — die haben nach der Schrift aufgehört unter den Auserwählten Gottes, da sie für die ungläubigen Juden und Christen da gewesen waren. Aber sie sind übergangen auf den Antichrist, der da gekommen in der Fülle der Verführung zum Bösen, mit Wundern und Wunderthaten.

Auch haben wir dem Meister seinem Wunsche gemäss einiges geschrieben, wie Gott einigen unter uns es geoffenbart, die dasjenige vorhergesagt, was später in Erfüllung gieng: aber einige Priester, die es erfuhren, lästerten und sagten: der h. Geist hat es ihnen geoffenbart vom Taubenschlag herab ... Aber desswegen dürfen wir doch nicht aufhören zu sprechen und zu schreiben für diejenigen, die Gott gern gefielen und desswegen fragen und erfahren wollen, wie es mit uns stehe ...

(Darum) im Glauben an seine Verheissungen nach den Worten: Was ihr den Vater bitten werdet in meinem Namen u. s. w. — und abermals: Wo zwei oder drei u. s. w.: haben wir damals es unternommen: Ob Gott es wolle, dass wir uns gänzlich loslösen von der Gewalt des Papstes und so auch von dem Priesterthum, das seinem Amte entstammt; und zweitens: Ob es sein Wille sei und ihm wolgefällig, dass wir eine Ordnung einrichten der Ordnung der Kirche gemäss; und ferner: Welche Personen jeden Streit richten und endgültig zur Ruhe bringen sollten, dass niemand an ihrem Spruche rüttele, sondern es für gut haltend, gern sich füge, nach den Worten des h. Paulus: Ein Pfeiler und Grundfeste der Wahrheit; und ferner: Welche die Sakramente verwalten sollen und wer die erste Stelle inne haben soll in der Gewalt des Amtes nach den Worten: Dir gebe ich die Schlüssel — und abermals: Wem ihr die Sünden vergebet u. s. w. Und viele von uns, Böhmen und andere, wurden einig, Gott darum zu bitten im Glauben, wenn er es in dieser Zeit haben wolle, so werde er es zeigen nach demselben Beispiel, wie die Apostel thaten, als sie den Zwölften wählten, denn dieses galt unter dem ersten Volke und

dann auch unter den Christen, und im alten Gesetze ist geschrieben
durch Eingebung des h. Geistes, das Los sei vom h. Geiste und Gottes
Wille bewege es. Und darnach haben sich die Apostel gerichtet, obgleich
die römische Gemeinde es nicht beobachtet, sondern es anders auslegt
und obgleich sie das Verbot erlassen haben, auf diese Weise zu wählen,
denn bei ihnen folgt das Amt der Macht und dem Stande, der erlernten
Weisheit und dem Reichthum. Darum gestatten sie das Los nicht, denn
Christus ist ihren Dingen fremd. Aber uns ist bekannt, dass diejenigen,
so Gott gefallen wollten, diesen Weg gewählt haben in Dingen, die so
sein können und anders...

  ... Und so vertrauten wir auf Gott und es beteten viele und fasteten in den Gegenden dieser Länder, und viele kamen hernach zusammen und beteten zu Gott. Und es kam, es sei sein Wille, dass wir uns
vom Papste trennen und von seiner Priesterschaft. Und wir liessen einige
Zeit verfliessen zu Gebeten und Fasten, ob wir gleich in diesem Jahre
die Ordnung einrichten sollen, über die wir einig geworden nach dem
Muster der ersten h. Kirche, und welche Personen Gott dazu bestimme,
die möchte er zeigen auf dieselbe Weise wie früher. Und als wir wieder
zusammentraten in demselben Vertrauen wie vordem, so trafen wir diejenigen Einrichtungen, die nöthig sind, damit Einigkeit unter uns herrsche,
Einmüthigkeit und Gehorsam. Und wir wählten ihrer neun, damit aus
diesen neun drei es würden, oder zwei, oder einer. Wenn es aber noch
nicht an der Zeit sei, so solle es keiner werden. Denn so war es einge-
richtet, dass er nach Gottes Wolgefallen, auf alle kommen konnte, und
wäre es auf keinen gekommen, so hätten wir uns einstweilen von allen
Priestern ferngehalten, bis es uns Gott einmal zeigen würde demselben Vertrauen gemäss, und auch diejenigen Personen, von denen es ihm gnädig
wolgefalle. Da wir uns aber gänzlich von den Priestern, die von der Gewalt des päpstlichen Amtes stammen, losgesagt hatten, in vollstem Glauben, es sei Gottes Wille nicht, dass wir von ihnen den amtlichen Dienst
empfangen: so vertrauten wir um so fester, Gott werde unsere Bitte gewähren. Auch trieb uns dazu die Noth unseres Heils, da wir nach der
Gewissheit der Schrift wussten, das christliche Volk, wo es sich zusammenfinden könne, solle eine Ordnung besitzen und die Verwaltung der Sakramente bis zum jüngsten Tage. Und Gott that es auf unseren Glauben
und unser Gebet hin, dass es auf alle drei kam. Und dabei offenbarte
Gott seine Macht in uns. Und viele von uns erkannten und fühlten, Gott
habe uns heimgesucht und zu unserer Bestärkung grosse Dinge gewirkt
in unserem Geiste.[1]) Und es waren mehr denn sechzig Brüder zusammengekommen. Und so haben wir in festem Vertrauen es empfangen und in
der Freude unseres Geistes Gott gedankt, dass er gute Dinge thue am
Ende der Tage und sein Werk wirke in diesen Ländern der Erde, in
seinem Volke. Dann berieten wir uns unter einander über ihre Bestätigung im Priesteramte, wie es am besten ohne Anstoss bei den Men-

---

  [1]) Der Zusatz „in unserem Geiste" ist zu beachten. Vielleicht hat auch diese
Stelle nach ihrer erster Fassung den Anlass zu Gerüchten gegeben, die Wahl sei von
wunderbaren Vorgängen begleitet gewesen.

schen geschehen könnte, obgleich wir glaubten und gar nicht zweifelten, sie seien bereits von Christo geweiht und bestätigt, wie es uns der Herr gezeigt hatte. Und wir glaubten auch, es könnten die einen den anderen die Bestätigung ertheilen nach der Ordnung der Händeauflegung, da wir aber wussten, es sei in der römischen Kirche anstössig, wenn jemand die Bestätigung im Priesteramte anders empfienge als nach der Art der ersten, und da wir gutes im Sinne haben sollen, nicht nur vor Gott sondern auch vor der ganzen Welt, um, soweit es möglich ist, mit allen Menschen im Frieden zu verbleiben und ihnen kein Ärgerniss zu geben, wenn wir nur dabei die Wahrheit bewahren: darum, den Willen Gottes erkennend, suchten wir es durch den einen, den wir vordem gehabt durch das Amt des Papstes, und auch von den Waldensern, die von der ersten Kirche abstammen, von dem wir die Hoffnung hegten, er sei im Stande der Gnade, und welcher der Älteste unter denjenigen ist, so uns in diesen Ländern gegenwärtig. Und diese beiden haben wir zur Bestätigung jener drei angenommen, wenn Gott es haben wolle, so möge er es zeigen auf unser Gebet und unseren Glauben hin, wenn er es durch die Waldenser haben wolle, so möge er dem Ältesten ein Herz dazu geben, damit er es aus Liebe und im Glauben thue. Und Gott gab es ihm, so dass er es that mit Vertrauen und, uns darin bekräftigend, redete er gute Dinge und, Gott dafür lobend, sagte er, Gott habe es gethan zum Heile seines Volkes. Und so ward die Bestätigung jenen dreien durch Händeauflegung nach der Ordnung der ersten Kirche und der apostolischen Geschichte, unter Gebeten....

D.

Psaní bratří starých za krále Jiřího v úzkostech.

... Také tázáni sme od mistra, co jest nám zjeveno, abychom pověděli, řka: Poznáme-li, že jest pravé, také příjmeme. Tak sme napsali o tom, že my to za největší zjevení máme, když sme pravdu poznali pána Krista...

Pak o zjevení, kteréž Bůh prvním křesťanóm činil, tak i nyní též jest mocen zjeviti a, což zjeví, naplniti. I z toho se radujem a pánu Bohu děkujem, že i tento čas to ukazuje k oužitku spasení a k zřízení lidu svého, kterak se mají míti v řádu mezi sebou, jakožto i prvním v přirozeném zákoně i starém mnoho toho činil, a zvláště Ezechiel prorok mnoho psal zjevení o chrámu vzdělání ... Tak i v novém zákoně zjevení mívali sou muohá v první církvi, a mají býti a budou až do dne soudného vyvolaným božím, neb tak písma svědčí.

Než divové a zázrakové — tiť sou přestali při vyvolených božích podlé písem, neb sou byli pro nevěrné židy a pohany, ale přenešeni sou na Antikrista, který přišel ve všelikém svedení nepravosti, v divích a zázracích ...

Pak my sme něco napsali mistru k žádosti jeho, kterak jest pán Bůh mezi námi některým zjevil, že jsú to prvé pověděli a potom se naplnilo, ale někteří kněží to zvědevše v rouhání obrátili, řkouce: že jim duch svatý zjevil je z holubí baňky... Však proto vždy nám nesluší nechati mluveni a psaní pro ty, kteřížby se rádi pánu Bohu líbili a proto se ptají, chtíce zvěděti, co jest při nás ...

(Protož) my věříce slibuom jeho (Ježíše Krista), jakož jest řekl: Cožkoli prositi budete otce ve jméno mé, dáť vám — a opět dí: Kdež se koli sberou dva neb tři, já sem mezi nimi a začkoli svolíce se prositi budou, staneť se jim — : a tak my v ten čas vzali sme před se toto: chceli pán Buoh aby již konečně odřezání bylo od moci papeže a tak i od kněžství skrze jeho úřad pošlého; a druhé jestli libezná vůle jeho, abychom řád způsobili podlé zřízení církve, a tak dále: při které osobách má všeliká pře rozsúzena býti a na nich přestáno o každou věc, aby žádný mimo to, což rozsoudí, jinak tím nehýbal, než za pravé držal a v milosti poddán byl podlé toho, jakož dí svatý Pavel: Sbor boží, sloup a utvrzení pravdy —; pak dále kteří mají posluhovati svátostmi a kdo má první místo držeti v moci úřadu podlé toho, jakož die: Toběť klíče dávám — a opět: Komu odpustíte, budeť odpuštěno, a komu zadržíte, budeť zadržáno. A o toť sme se mnozí svolili, Čechové i jiní, abychom se za to pánu Bohu modlili věříce, že chceli to míti tento čas, že nám to ukáže, podlé příkladu téhož, jako učinili apoštolé, když dvanáctého vyvolili, neb to jest bylo v lidu prvním i potom v lidu křesťanském, neb v starém zákoně stojí napsáno z ducha svatého, že los jest z vůle božie, na koho má padnouti, a podlé toho sou apoštolé činili, ačkoli toho římský sbor nedrží a jinak to převrací a zápověď mají, aby podlé toho nevolili, neb jde úřad jich podlé moci a urození a vyučení moudrosti a bohatství: proto nedopouštějí losu, neb Kristus jim nepřisluší k jich věci. Ale vám známo jest, že ti lidé, kdož se chtěli pánu Bohu líbiti, že jsú i tak hledali v těch věcech, ješto muž tak býti i jinak ... A tak podlé toho sme se dověřili a modlili i postili mnozí po krajinách těchto zemí, a pak sme se sešli mnozí a modlili se pánu Bohu, i stalo se jest tak, že jest vůle boží, již abychom se odtrhli od papeže i od jeho kněžstva I dali sme tomu prodlený čas, aby se opět za to pánu Bohu modlili i postíce se, hnedli máme toho roku to zřízení konati, o které sme se svolili podlé řádu první církve svaté, a které osoby chce míti pán Bůh k tomu, aby ukázal skrze túž příčinu jako i prvé. A tak když sme se spolu sešli opět s tajným dověřením jako i prvé, těch sme věcí mezi sebou pořídili, aby byla jednota a svornost a poslušenství. I volili sme jich devět, pak z těch devíti aby byli tři, pakli dva neb jeden, pakli ještě času není, aby nebyl nižádný, neb tak bylo způsobeno, že mohli všichni vyjíti, kdyžby Bůh ráčil, a kdyžby bylo nepřišlo na žádného, byli bychom nechali všech kněží těch časův, ažby nám vždy někdy pán Bůh oznámil podlé téhož dověření, a osoby k tomu, kteréž se jeho milosti líbí. Ale poněvadž sme se pustili konečně kněží, kteříž pocházejí z moci úřadu papeže, z viery věříc tomu, že Bůh nechce, abychom k nim zřenie měli o posluhování ouřadu jich, proto sme vieru viece přeložili, že to Bůh učiní nám, zač ho prosíme, neb také potřeba nás k tomu nutila spasení našeho, vědouce z jistoty písma, že křesťanský lid, kdež se muž shromážditi. má mezi sebou míti zřízení a posluhování svátostmi až do dne soudného. A tak učinil pán Bůh k vieře a k modlitbě, že přišlo na všecky tři. A při tom ukázal zjevně pán Bůh moc svou v nás. Také sme poznali čitedlně mnozí, že pán Bůh navštívil nás a ku potvrzení učinil veliké věci v duchu našem. A bylo nás více než 60 bratří a tak sme s velikým dověřením přijali to a s radostí ducha svého děkujíce pánu Bohu, že nám dobré věci učinil v posledních časích dělaje dielo své v těchto krajinách země v lidu svém. Pak ještě o potvrzení jich v úřad kněžský spolu mluvili sme, kterak by nejslušněji bylo bez úrazu lidem, ač sme věřili beze všeho pochybování, že jsou již posvěcení a potvrzení od pána Krista Ježíše, jakož nám to učinil známo pán. A také sme s to vieru měli, že by mohli potvrditi jedni druhých podlé řádu vzkládáním rukou, ale však vědouce to, že jest to v římské církvi věc urážčivá, kdo by v kněžství potvrzen byl než způsobem prvních, a nám sluší obmýšleti dobré věci netoliko před Bohem ale také přede všemi lidmi, abychom což na nás jest se všemi lidmi pokoj měli a bez ourazu všem byli, pokudž můžem zachovávati se v pravdě: protož znajíce v tom vůli boží hledali sme toho skrze prvního, kteréhož sme měli skrze úřad papežův prvé, a také od Waldenských, ješto sou v původu první církve, o kterémž sme naději měli, že by v milosti boží, byl a nejstarší z nich v těchto zemích nám přítomný, i ta obadva přijali sme ku potvrzení těch tří, chceli pán Bůh, aby okázal k modlitbě a k víře, chceli míti skrze Waldenské, aby tomu staršímu dal srdce k tomu, aby z milosti a z víry to učinil. I dal jemu pán Bůh, že učinil to s dověřením a potvrzuje nás v tom mluvil dobré věci chvále Boha z toho a řka, že to učinil pán Bůh k oužitku spasení lidu svého. A tak potvrzení stalo se jest těm třem skrze vzkládání rukou podlé řádu první církve a zprávy apoštolské s modlitbami ...

E.
Das Schreiben an H. Albrecht.

... Und da man uns von den Waldensern sagt, sie seien verurtheilt: wir nehmen uns ihrer nicht an, und überhaupt keiner Rotte, die irgendwie auf Irrwegen wäre gegen den Glauben Christi und die rechten christlichen Werke. Denn wir sind nicht ihnen beigetreten, um erst von ihnen Belehrung zu empfangen, sondern einige von ihnen uns und zwei von ihnen haben mit uns der Wahrheit Folge gegeben: ein alter Priester, der Gefallen fand an allem, wie es bei uns ist, und uns gern das geleistet hat, um was er gebeten wurde; und der zweite war auch willig gewesen, und er erbot sich, was wir auch immer irriges an ihm bemerken sollten gegen den Glauben Christi, gegen das Gesetz Gottes und die erste Kirche, er sei gern bereit, es zu verbessern. Aber er ist damals in Wien verbrannt worden. Auch sind wir berichtet, dass, als sie ihn verurtheilten und es in den Predigten kund machten — dass sie ihn keines Irrthums geziehen, sondern nur, er habe nicht im Gehorsam der römischen Kirche gestanden, und desswegen solle er verbrannt werden nach unserem Recht. Aber wir sagen dagegen, dass diejenigen, die abgefallen sind von dem lebendigen Glauben Christi und von der untrüglichen Liebe und so von der Einheit der heiligen Kirche, dass das Recht Jesu Christi durch den heiligen Geist diese zum ewigen Feuer verdamme, wie die apostolischen Schriften melden. Und so ist unser Ursprung der Art, wie wir vorher gesagt, darum sollten wir nicht verurtheilt werden der Waldenser wegen, denn wir sind zu ihnen nicht beigetreten, sondern einige von ihnen zu uns...

E.
Psaní P. Albrechtovi.

... Pak jakož nám mluvie o Valdenských, že sú oni odsúzeni, my jich v ničemž nezastáváme, i všech rot, kteréžby v čem scestni byli proti víře pána Krista a skutkuom křesťanským pravým. Neb sme k nim nepřistúpili, abychom od nich naučenie teprv přijímali, ale oni někteří k nám a sú i dva povolni s námi v pravdě. Jakožto kněz jeden starý, kterýž s vděčností obliboval ty věci, kteréž sú při nás i poslúžil nám v tom, v čemž žádán byl, s milostí. I druhý kněz Steffan také byl povolil, a poddával se tak, cožbychom koli při něm znamenali scestného při víře Pána Krista, proti zákonu Božiemu a první Církvi, že chce rád opraviti. A v tom pak času upálen u Viedni. A také sme toho tak zpraveni, že když jej odsuzovali, i na kázání ohlásili, žeby viny jemu nedávali žádné takové, by v čem blúdil, než že nebyl v poslušenství kostela Římského a že proto má upálen býti podlé prav našiech. Ale my zase pravíme, že kteříž sú vypadli z víry pana Krista živé i z lásky neomylné a tak z jednoty Církve svaté, tyť odsuzují práva Krista Ježíše skrze Ducha svatého k věčnému ohni, jako písma apoštolská oznamují. A tak náš puovod jest tiem obyčejem, jakož sme napřed pověděli. Proto neměli bychom my býti pro Valdenské odsúzeni, neb sme k nim nepřistúpili, ale oni někteří k nám...

F.
„Wie sich die Menschen gegen die röm. Kirche verhalten sollen."

... Wir wollen an uns ein Beispiel geben, wie wir uns benahmen, da wir den Weg des Heils suchten und dabei erkannten, das Heil der

Menschen sei in grosser Gefahr, denn selbst die Führer, die Priester, bekennen durch die Lippen, was sie durch ihre Werke verläugnen... Und durch den Empfang der Sakramente werden sie nicht gebessert, weder das Volk noch die Priester... Auch bemerkten wir, wie sie ihres Heils sicher zu sein meinten, das Volk und die Priester, durch die kirchlichen Dienstbarkeiten, dabei aber in offenbaren Sünden verharrten; und wir sprachen darüber mit ihnen in Prag, in Vilémov und an anderen Orten, und zwar mit denjenigen, an die wir uns hielten und die recht wandeln wollten... (Auch) einigen von der Partei der Taboriten durften wir uns nicht zugesellen, da wir ihren verkehrten Sinn fürchteten... Mit denjenigen wollen wir keine Gemeinschaft haben, die nicht in Einfalt wandeln, das Wort Christi bewahrend, sondern wir suchten diejenigen Menschen, welche die Furcht Gottes hätten... Und es gab solche, einige alte fromme Männer, die von Anfang an dem Bösen widerstanden, das auf beiden Seiten geschah, und von ihnen waren etliche Literaten und Priester, etliche einfältige Leute. Und wir hatten die Absicht, mit diesen Priestern Gott zu dienen, an welchen Orten es uns gestattet war. So war es der Fall in Chelčic im Prachyner Kreise, in Kunwald auf der Liticer Herrschaft; und an anderen Orten in Böhmen und in Mähren. Aber es konnte nicht von langer Dauer sein, denn das Volk, obgleich in offenbaren Sünden befangen, meinte doch bei unseren Priestern des Heils sicher zu sein, und ferner wegen einiger Satzungen der bösen Päpste und wegen einiger Gebräuche, welche die Taboriten zuerst eingeführt. Wegen dieser Dinge konnten sie ihr Gewissen nicht zur Ruhe bringen, und als sie einiges davon lassen und den bösen Menschen das Heil nicht mehr zusichern wollten, so standen die anderen Priester gegen sie auf und reizten das Volk, so dass man gegen uns Falsches und Unwahres berichtete und uns vor den Beamten anklagte. Und so wurden König Georg, glorreichen Andenkem, Klagen hinterbracht, mündlich und schriftlich, und auch vor M. Rokyzana redeten sie gegen uns, aber er nahm lange Zeit die Klagen nicht an... Und so kam es in jenen Jahren, dass sie uns mit Gewalt drängen wollten, den Priestern unterthan zu sein... Und aus dieser Ursache erlitten 7 Brüder Marter.

Als wir aber bemerkten, wie die Priester darin beharrten und uns zwingen wollten, von ihnen, den Bösen, bei der Verwaltung der Sakramente dasselbe zu glauben, wie von dem Besten der ersten Kirche, indem sie viele Gründe vorbrachten, der heiligen apostolischen Schrift widerwärtig: so schrieben wir damals — noch in ruhigen Zeiten — an den König und liessen ihn durch die Herren bitten. Auch der Priester Martin Lupáč legte Fürsprache ein und bat den Herrn Trčka, für uns zu sprechen, der es auch that...

Als man uns aber kein Gehör geben wollte und als Befehle ergiengen, uns überall zu fangen und zu quälen, so wurden wir dennoch in unserem Vorsatz nicht wankend, ein bussfertiges Leben zu führen... Und da wir erkannt hatten, dass unser Gewissen bei ihrem Ursprung aus römischer Weihe nicht zur Ruhe kommen könne, der apostolischen Schrift gemäss, so fragten wir im Laufe einiger Jahr nach einem Ursprung aus der ersten heiligen Kirche, ob es in irgend welchen Ländern noch Men-

*

schen gäbe, die in Wahrheit den Glauben Christi hätten und christliche
Werke und Priester solcher Ordnung, wie es den Beamten der heiligen
Kirche geziemt, auf dass wir ihnen beiträten und von ihnen Priester be-
kämen. Desswegen wollten einige in die Indischen Länder den Weg wagen. Da aber in unserer Anwesenheit zwei Männer von dort in Prag
erschienen, die erzählten, wie es dort zugehe, so erkannten wir, es sei
kein Grund, dort den Ursprung zu holen, obgleich es unter ihnen viele
gute Christen geben mag.

Auch mit den Griechen haben wir gleichfalls in Prag gesprochen
und auch einige Böhmen sind dort gewesen und haben selbst gesehen,
wie es dort zugeht. Und auch unter den Raizen und Russen, unter den
Armeniern und in der Moldau, auch dort sind und können tugendhafte
Leute und gute Christen sein. Aber den Ursprung der Priesterschaft haben sie mit der Welt gemein. Da sie aber von der römischen Kirche
getrennt sind, so können leicht die treuen Christen unter ihnen ein reines Gewissen bewahren. Obgleich[1]) in den ersten Jahren einige von ihnen
Marter erlitten hatten, so konnten wir doch durch sie den Ursprung der
Priesterschaft nach der Wahrheit der apostolischen Schrift nicht erlangen,
denn ihrem Ursprung nach sind auch sie verdorbene Priester, diese Wa-
lachen. Auch die Russen. Jedweden weiheten sie, der nur Gaben gäbe,
wie sie denn unlängst drei Böhmen geweiht, ohne zu wissen, wie ihr
Lebenswandel wäre. Und diese verwalten den Dienst, obgleich sie nicht
kraft des päpstlichen Amtes geweiht sind, denn sie dulden alle, wenn sie
nur an den Dienstbarkeiten theilnehmen. Auf diese Weise haben sie auch
einige Waldenser aufgenommen, die auch den Dienst verwalteten. Mit
diesen sind wir bekannt geworden und einige von ihnen sind unter uns.
Auch sprachen wir mit ihren Priestern und besonders mit Stefan, den
sie in Wien verbrannt haben. Dieser Mann war verständiger als andere
Priester und erzählte uns viel von dem Ursprung aus der ersten Kirche.
Denn sie sagen, dass sie in diesem Ursprung verbleiben, einer nach dem
andern, bis zu ihnen selbst; wie sie denn auch erzählten, ihre Vorfahren
hätten dem Sylvester nicht nachgegeben, da er durch den Kaiser zum
Papst gemacht wurde und den Reichthum empfieng; und dass sie so beharren in verschiedenen Landen, wo sie können, wie denn vor Jahren
ihnen am Rhein ein Bischof selbander verbrannt worden ist. Und so
besprachen wir manche Dinge mit ihnen und namentlich mit ihrem Priester,
jenem Stefan, der sich dem kirchlichen Dienst nicht anbequemte bis zum
Tode, obgleich er den Priestern in Böhmen bekannt war und namentlich dem
M. Rokyzana und dem Priester Martin Lupáč, die ihn für einen Guten hielten.
Er waltete des Dienstes im geheimen den Waldensern unter den Deutschen
und desswegen ist er verbrannt worden. Dieser erbot sich uns, alles verbessern zu wollen, was immer bei ihnen dem Glauben Christi und dem christlichen Leben widerstrebend erkannt würde. Doch sollte er nach der apostolischen Schrift gerichtet werden, wie es in der ersten Kirche war. Und
auch wir erboten uns dazu und wollten es wirklich zu Ende führen. Da
sie aber mit Priestern römischer Weihe Freundschaft hielten, denen sie es

---

[1]) Vgl. Palacký IV., S. 492—5.

auch eröffneten, so haben es diese hintertrieben. Und ein zweiter alter
Priester derselben, den wir als einen bussfertigen Menschen erkannten,
diesem gefielen die Dinge, die unter uns sind, und er erklärte daran gern
theilnehmen zu wollen. Aber den Ursprung der Priesterschaft konnten
wir bei ihnen nicht finden, so wie in Wahrheit die apostolischen Schriften
bezeugen, da einige von ihnen zugaben, von ihren ersten Vorfahren abgefallen zu sein, und da auch das für schädlich gefunden wurde, dass
sie, von den Leuten nehmend, Schätze sammeln und die Armen verlassen,
dieweil es doch bei einem christlichen Priester sündhaft ist, Schätze zu
bewahren, nicht nur aus dem Vermögen der Leute, sondern hat er sein
Eigengut von den Eltern, so soll er es zu Almosen verwenden und die
Armen nimmermehr in der Noth verlassen; denn nach der apostolischen
Schrift würde er den Glauben verläugnen und die Liebe . . . .

. . . Ferner ihre Bestätigung im Priesteramte betreffend, suchten wir
es so wie es am besten wäre, indem wir auch da Gutes im Sinne hatten
nicht nur vor Gott, sondern auch vor der ganzen Welt. Denn wir glaubten
zwar und zweifelten gar nicht, sie seien bereits geweiht durch die Salbung des heiligen Geistes und bestätigt durch den obersten Bischof: aber
dennoch ward es den einen durch die anderen, den ersten aus der römischen und den zweiten, den wir genannt, aus dem Ursprung der ersten
Kirche. Denn wie die Priesterschaft römischer Weihe von Sylvester stammt,
der ein Priester der ersten Kirche war und den Ursprung der Priesterschaft der Welt gab, so hat es desswegen Gott so veranstaltet, dass es
von ihnen wieder auf diese komme, indem sie das Priesterthum an diese
abgaben . . . .

. . . . Obgleich in dieser Zeit uns und dasjenige, was unter uns ist,
die Priester und das Volk verlachen und verspotten und lästernd schmä-
hen und sich bereit machen, uns zu martern und zu verbrennen, so wissen
wir, den ersten sei es auch geschehen, die dadurch Christum nachfolgten.
Und so wird auch jetzt unter uns, was Gott wollen wird, geschehen zum
Nutzen des ewigen Heils derjenigen, die um der Gerechtigkeit willen
leiden, deren das Himmelreich ist. Desswegen sind wir viele Zeugen
dessen, dass bei uns von Gott diese Dinge sind und auch die Bestätigung
durch Handauflegung, welche ward dem einen in Wahrheit durch zwei, und
zweien durch einen, der bis heute lebt, mit Gottes Hilfe durch J. Chr.
sich und andere lenkend durch die Weisheit des heiligen Geistes . . . . .

Man frägt uns, woher unsere Priester stammen? Darauf haben wir
geantwortet . . . . Und ausserdem wollen sie wissen, von wem sie gewählt
sind und bestätigt durch Handauflegung. Auch dieses ist oben berührt
worden, wie die einen von den andern die Bestätigung empfangen haben,
und dass diejenigen Priester, die von der Römischen mit uns eines Sinnes
waren und auch von denjenigen, die von der ersten Kirche stammen —

dass diese uns den Dienst mit Liebe geleistet haben, damit nicht jemand sage: sie werfen sich selbst zu Priestern auf. Darum thaten wir es so und verschmähten sie nicht, auf dass das Priesterthum von ihnen übertragen würde auf diejenigen, so in der That sich dieses Amtes würdig erweisen durch J. Chr. Aber es könnte jemand einwerfen, diese Priester wären keine Bischöfe gewesen. Darauf antworten wir: uns hat dabei nicht als Muster gedient der Ursprung der Priesterschaft von den hohen Ämtern der römischen Kirche, sondern das Beispiel der ersten apostolischen Kirche. Denn es gibt untrügliche Stellen in der Schrift, dass damals Bischof und Priester dasselbe gewesen sei, wie der h. Paulus an Timotheus schreibt und an Titus . . .

F.
Jak se lidé mají míti k Římské Církvi.

. . . Ale nynie na sobě příklad dáme, kterak sme se v tom měli, když sme se na cestu spasenie ptali a těm věcem srozumívali, že jest veliké nebezpečenstvie o lidské spasenie, neb sami vuodce kněžie ústy vyznávají, a skutkem zapierají . . . Také skrze přijímání svátostí nepolepšují se, lid i kněžie . . . Také sme ty věci znamenali, kterak se spasením bezpečie kněžie i lid skrze služebnosti kostelnie jsúce v zjevných hřiešiech, a o to sme s nimi mluvievali v Praze, v Vilémově i jinde, kterýchž sme se přidrželi, chtíce rádi dobře živi býti . . . (Též) k některým z strany Táborské nesměli sme se přiměsiti, bojíce se při nich smysluov zlých . . . A všech takových neradi bychom účastni byli, ješto nechodie v sprostnosti, řeči pána Krista neostříhajíce, než těch lidí sme hledali, kteříž by bázeň božie měli . . . Jakož i někteří byli i muži staří nábožní, ješto hned tomu zlému nepovolovali, ješto se dílo s obú stranú, a ti sú byli někteří literáti i kněžie i někteří prostí. A tehdy sme měli s těmi kněžími úmysl pánu bohu sloužiti, kdež bychom kteří místo měli, jakož se to bylo stalo v Chelčicích v kraji Prachenském i v Kunwaldě na zbožie Litickém i také někteří jinde v Čechách i v Moravě, ale že to státi nám nemohlo, nebo lid v zjevných hřešiech vždy bezpečili se spasením při našich kněžiech, a druhé pro některá ustavenie papežuov zlých, a také pro zvyklosti některé Táborských, ješto uvedeny sú počátkem skrze ně. Pro kteréžto věci nemohli opraviti svědomie svého, a když něco toho chtěli zanechati ø lidí zlých spasením nebezpečiti, proto se jiní kněžie zbúřili, i lidu k témuž popudili, že na nás křivé věci a nepravé zpravili a úředníkuom obžalovali. A z toho královské Milosti Jiřiemu slavné paměti žaloby byly ústné i skrze psanie a k mistru Rokycanovi mnohé řeči na nás šly, ale nepřijímal žalob dlúho na nás. . . . A tak ty věci dály se těch let . . . že nás tiskli násilím, abychom poddáni byli kněžiem . . . A z těch příčin sedm bratří našich mučedlnictvo trpěli jsú.

Ale my znamenavše těch časuov, že kněžie utvrdili se, aby vždy mocí nás připudili, abychom o nich zlých věřili jako o oněch v první cierkvi nejlepšiech při posluhování svátosti, mluviece při tom mnohé duovody své piesmu svatému i apoštolskému odporné, ale my těch let ještě pokojných psali sme královské Milosti i po páních prosili, jakož i kněz Martin Lupáč k tomu se přičinil i pana Trčky k tomu žádal, aby mluvil, jakož jest to i učinil. . . .

Ale když tak slyšenie nemohlo býti, ale o nás přikázánie bylo, aby nás jímali a trápili, kdežby zvěděli, ale my vždy sme neoblevili, v tom což sme předsevzali, abychom v kajícím životě trvali a svědomie své ustavovali, podlé toho, jakož řeči Božie oznamují. A to již poznavše, že při jich puovodci Římského svěcenie nemuožem se spraviti ve svém svědomí, jakož apoštolská písma oznamují, i ptali sme se o prodlení několika let na puovod první Církve svaté, zuostávají-li ještě lidé v kterých zemích, ještoby v pravdě víru pána Krista měli a skutky křesťanské a kněžie zřízené, jakož přislušie na úředníky Církve svaté, abychom k nim přistúpili a skrze ně kněžie měli. Protož někteří chtěli se pokúšeti do zemí Indických, ale že v přítomnosti našie v Praze zjevili se dva mužie odtud i vypravili, kterak tam jest, i srozuměli sme, že není tam proč pro puovod jíti, ale muožt mezi nimi býti mnoho dobrých křesťanuov.

Také sme s Řeky mluvili též v Praze, i někteří z Čech tam byli, ješto ty věci viděli, kterak oni se mají. Též i v Ráciech i v Russích i mezi Armeny i v Muldavě, jakož jsú a mohú býti i tam lidé ctnostní a křesťané dobří. Ale puovod kněžie mají spolu s světem. Než že ten jest rozdíl od římské Církve, i mohú se snadně křesťané věrní zachovati mezi nimi v svědomí dobrém. Ačť sú také v první léta někteří z těch trpěli mučedlnictva, ale však sme od nich nemohli míti puovodu kněžie podle pravdy písma Apoštolského. Neb také podlé puovodu svého jsú kněžie zkažení ti Valaši. Též i Rusové. Světili by ledakohos, kdyžby jim jedno dal. Jakož nedávno tři světili z Čech nevědúce, kterak sú živi. A ti posluhují nejsúce z moci úřadu Papežova svěceni, neb se ve všem strpie, když jedno spolu slu- žebnosti přijímají. Jakož také některé z Valdenských přijali, ješto také posluhovali, s nimiž sme se seznámili, a někteří z nich s námi jsú. Také sme mluvili s kněžími jich a zvláště s Štefanem, kteréhož upálili v Vídni. Ten člověk byl jest rozumnější jiných kněžie, kterýž nám mnoho pravil o puovodu první Církve. Neb pravie se býti zuostávajíce jedni po druhých v tom puovodu až do nich. Jakož také pravili, že nepovolili předci jich Sylvestrovi, když učiněn papežem od Císaře a bohatstvie přijal. A že tak trvají, kdež mohú kteří po zemích, jakž před lety upálili jim Biskupa sama druhého na Rejně. A tak mnohé věci mluvili sme s nimi a zvláště s tiem knězem jich Štefanem, kterýž se nepoddal k posluhovánie kostelnímu až do smrti, ačkoli byl znám s kněžími v Čechách a zvláště s mistrem Rokycanú a s knězem Martinem Lupáčem, kteříž jej za dobrého měli. Tenť jest posluhoval tajně těm Valdenským mezi Němci a tou příčinú jest upálen. Ten jest tak poddával se nám, žeby chtěl opraviti, cožby koli poznáno bylo při nich odporného víře pana Krysta a křesťanskému životu. Ale aby to zpraveno bylo písmem apoštolským, jakož bylo v první církvi. A my též poddávali jsme se a skutkem chtěli sme toho dovésti. Ale že měli přízeň s kněžími Římského svěcenie, jímž se zjevili a oni to zrušili a druhý kněz jich starý, jakož sme jej poznávali kajícího člověka býti, tenť jest oblíbil ty věci, kteréž sú při nás, a přisvědčoval se chtě rád toho účasten býti. Ale když sme při nich nemohli naleznúti puovodu kněžstva, tak jakož svědčie v pravdě písma Apoštolská, ješto někteří z nich poznali, že sú vyvinuli z prvních předkuov svých a také to škodlivé při nich shledáno, že od lidí berú a poklady shromaždují a chudé opúštějí, ješto knězi křesťanskému jest to proti víře, aby jaké poklady choval, netoliko z statkuov lidských, ale by měl vlastnie své od svých rodičuov, mát ve almužny obrátiti a nikoli v núzi chudých neopauštěti. Nebo podlé piesma Apoštolského kupy by zapřel a lásky by se odsúdil.

————

Pak ještě o potvrzení jich v úřad kněžský, toho sme hledali, kterak by nej- slušněji bylo, i v tom obmýšlejíce dobré věci netoliko před Bohem ale také přede všemi lidmi. Neb sme my věřili beze všeho pochybování, že jsú již posvěceni skrze pomazánie Ducha sv. a potvrzeni skrze biskupa svrchovaného. Však proto šlo to jedněm skrze druhé, jednoho z Římských a druhého, jakož sme jmenovali, z puovodu první církve. Neb jakož přišlo kněžstvo Římského svěcenie skrze Sylvestra, jenž byl kněz prvnie církve a puovod učinil kněžstva světského, protož P. Buoh tak zpuosobil, aby přišlo takéž zase s nich na tyto, skrze jich kněžstva ode- vzdánie těmto....

————

Ačť tohoto času nás i ty věci, kteréž sú při nás, kněžie i lid mnohý v po- směch mají a porúhají se tomu a zlořeciece ohyžďují, k trápenie a k pálenie nás se chystajíce, však vieme, že tak prvním bylo a skrze to P. Krysta následovali. Takéž i tohoto času při nás, což P. Buoh bude chtíti, toť se stane k užietku spa- senie života věčného těm, ješto pro spravedlnost trpie, jichž jest královstvie ne- beské. Protož svědkové sme toho mnozí, že tyto věci jsú z Boha při nás, i to po-

tvrzenie rukú vzkládánie, kteréž se stalo jednomu v pravdě ode dvú a dvěma od
jednoho, kterýž zuostává i podnes, v moci Boží skrze P. Krysta zpravuje se i jiné
múdrostí Ducha sv.....

       Také jakož nás tiežie: odkud bychom kněžie měli? K tomu jest odpověď...
Ale jakož chtěliby zvěděti od nás, od kohot sú svěceni neb potvrzeni skrze rukú
vzkládánie: o tom napřed dotkli sme, kterak sú jedni skrze druhé vzali potvrzenie,
že ti kněžie, kteří jednomyslni byli z prvních Římských s námi, i také z těch,
ještot sú z puovodu prvnie circkve, tit sú k tomu posluužili s milosti, aby také někto
neřekl, že sami se kněžími dělají. Protož sme se k tomu tak měli, abychom jimi
nepohrdali, ale aby kněžstvie přeneseno bylo od niech k těmto, kteříž skutečně
dokazují hodni býti úřadu toho skrze Kr. J. Ale mohlby někto tomu odepřieti a řka,
že ti kněžie nebyli biskupové. K tomu odpovieme, že sme se již v tom rozpravo-
vali puovodem kněžstva úřadno velikých v Římské církvi, ale první církve apoštolské následovali sme. Neb jsú jistá písma v zákoně položená, že jest tehdy jedno byl biskup a kněz, jakož sv. Pavel k Tymoteovi a k Tytovi píše....

G.

Das Buch der Prager Magister (Vertheidigung des Glaubens gegen die Pikarden).

In welcher Art und Weise er (Michael) jene Rotte begründet, und
welche Ordnungen er dieselbe gelehrt, darüber berichtete er vor den Prager Magistern also:

    „Als ich die Menschen erblickte, sowol diejenigen, die das gött-
liche Blut aus dem Kelche trinken, als auch die, so das Sakrament unter
einer Gestalt empfangen, wie beide dem Gesetze Gottes nicht nachleben
(denn ihre Thaten sind von demselben weit entfernt, und sie sind des
christlichen Lebens bar und wandeln nicht den engen Weg Christi): da
begann ich darüber nachzudenken, wie ich mich von beiden trennen
könnte. Ich betete zu Gott, der mich auch stärkte, und ich trat jenen
einfältigen Leuten bei aus dem gemeinen Volke, und redete ihnen zu,
durch ihre Werke ihren Glauben zu bethätigen. Sie giengen darauf ein
und wuchsen bald zu einer grossen Zahl heran. Dann unternahmen wir
es, uns gänzlich von der Macht des päpstlichen Amtes zu trennen und
so auch von seiner Priesterschaft, und aus unserer Mitte Priester zu bestellen; ferner welche die Diener sein sollten, und wer unter ihnen die
erste Stelle haben sollte in der Gewalt des Amtes. Und darum beteten
wir zu Gott und fasteten, Gott möge uns zeigen, ob er es in jener Zeit
haben wollte, und das nach dem Beispiel, wie die Apostel thaten, als sie
den Zwölften wählten. Und es kam durch das Los, er wolle es. Und uns
ward der Glaube: Gottes Wille sei es, dass es geschehe, und wir sagten
uns gänzlich von den Priestern los, die von der Gewalt des päpstlichen
Amtes stammen, im vollsten Glauben, es sei Gottes Wille nicht, dass
wir von ihnen den Dienst empfangen. Da wählten wir aus unserer Mitte
neun, damit aus diesen neun drei es würden, oder zwei, oder einer.
Wenn aber Gott es noch nicht haben wolle, so solle es keiner werden.
Und wir nahmen zwölf Zettel, und auf drei schrieben wir: „ist", auf
den übrigen allen stand geschrieben: „ist nicht". Und wir mischten sie

unter einander, riefen einen Jüngling herbei, und geboten ihm, die Zettel unter die neun zu vertheilen. Und das Los fiel auf drei, wie wir Gott gebeten, und wir erkannten und fühlten, Gott habe uns heimgesucht. Und es waren zugegen der Brüder mehr denn sechzig und diess alles haben wir mit dem grössten Vertrauen empfangen, mit Danksagung, und wir glaubten und zweifelten nicht, diese seien schon geweiht und auch im Priesteramte bestätigt durch Jesum Christum. Da wir aber Gutes im Sinne hatten nicht nur vor Gott, sondern auch vor der ganzen Welt, so weit wir nur könnten, so besprachen wir uns über ihre Bestätigung im Priesteramte. Und sie schickten mich zu einem Ältesten der Waldenser: ich Michael gieng zu ihm. Und dieser dankte unter Thränen Gott, dass er noch vor seinem Tode von Menschen solcher Art zu hören bekomme, und er bestätigte mich als Bischof, indem er mir die Hand auflegte. Und ich kehrte zu den Brüdern zurück und einen von den obgemeldeten, Matthias, der ein gutes Zeugniss hatte von seinen Eltern und von den Leuten der Umgegend, er sei von Kindheit bis zu jener Zeit im guten Gewissen ohne Befleckung einer Todsünde bewahrt worden, diesen habe ich im Auftrag der ganzen Gemeinde durch Handauflegung zum Bischof bestätigt. Und da alle Gott lobten und er die Arbeit dieses Amtes übernahm, da habe ich sofort beiderlei Priesterthum, das ich hatte, das römische und das der Waldenser niedergelegt und von ihm das Priesterthum neu empfangen, um andern an mir ein Beispiel zu geben. So auch andere, die von der Versammlung ein gutes Zeugniss hatten."

Das ist die Priesterordnung der Pikarden, die Ordnung dieser Rotte, von der wir schon oben gehört, wie hoch sie dieselbe anschlagen und sagen, uns hielten sie für keine Priester, weil wir aus dieser Kirchenordnung nicht entsprungen wären. Aber Gott behüte uns solcher Ordnung, die vielmehr ein vorwitzig Wirrsal ist, voll Lug und Trug. Denn brave Menschen, wolverhalten und glaubwürdig, da sie gleich anfangs jene sich rühmen hörten, von einem Waldenser-Priester auf obgemeldete unordentliche Art und Weise die Bestätigung erhalten zu haben, begaben sich zu dem Waldenser-Priester und sprachen darüber mit ihm sehr angelegentlich. Und dieser betheuerte es hoch und sagte, er habe auf ihre inständigen Bitten dem genannten Michael, da er kam, die Hände aufgelegt in der Art und in der Absicht, wie es bei der Busse geschehe, aber durchaus nicht zur Bestätigung eines Priesterthums oder einer Rotte. Seinen Widerspruch hielt jener Mensch, jener Waldenser-Priester, von dem die Pikarden ihre Bestätigung empfangen haben wollen, bis zu seinem Tode aufrecht. Ferner merke, wie wirr die Pikarden reden und handeln, wenn sie sagen, dass sie von den Waldensern die Bestätigung ihrer Priesterschaft empfangen haben. Aber sicher ist es, dass die Waldenser von den römischen Priestern geweiht und bestätigt sind, und diese römischen Priester haben die Pikarden ganz und gar verworfen ... Und so müsste es denn sein, dass sie die Bestätigung von denjenigen empfangen hätten, die keine Priester sind, deren Amt todt ist, des inneren Lebens bar und ledig ... Und da es sich so verhält, wie sollten die Pikarden eine Priesterschaft haben, wenn sie behaupten, ihre Priesterschaft stamme von den Waldensern ab? ...

Dass aber die Waldenser, von denen die Pikarden reden, aus römischer Weihe stammen, damit darüber niemand Zweifel hege, so wollen
wir berichten, wann und wie es geschah, eine Sache, die feststeht, von
den Waldensern selbst berichtet und von denjenigen, die dabei waren,
zum künftigen Andenken aufgezeichnet wurde.

Als man zählte nach Christi Geburt um das 1430. Jahr, da in jener Zeit überall in verschiedenen Gegenden grosse und bedeutende Verfolgungen über die Waldenser gekommen waren, so dass ihrer viele und
besonders die Ältesten und Priester zu Grunde gegangen waren, damals
nahmen diejenigen, die übrig geblieben, ohne Priester zu haben, ihre
Zuflucht zu einem gewissen Bischof Nikolaus, einem Priester römischer
Weihe, und zwar im J. 1433 unter der Regierung K. Sigismunds, und
baten ihn inständigst, ihnen Priester zu weihen: und er willigte ein. Da
schickten sie zu ihm zwei, einen gewissen Friedrich den Deutschen und
Johann den Welschen, und diese weihte derselbe Priester-Bischof zu
Prag, im Slavenkloster, am Feste des heiligen Kreuzes, im Herbste des
gemeldeten Jahres. Dann wurden die gemeldeten zwei Priester zu Bischöfen ihrer Gemeinschaft gewählt. Und im J. 1434 wurden sie nach
Basel gesendet und dort im Sommer angekommen zu Bischöfen geweiht
und bestätigt wiederum von einem Priester-Bischof römischer Ordnung,
da in jener Stadt die Versammlung aller Priesterschaft tagte . . .

H.

Apologia (1503).

. . . Das Losen geschah durch denjenigen, welcher die Lose vertheilte, ohne zu wissen, wie sie die einzelnen treffen sollten. Und zur
Vermehrung des Vertrauens hatte Gott durch ein Gesicht einem Bruder
die Personen gezeigt, die dazu bestimmt waren. Und als das Los auf
drei gefallen war, so bekräftigte er es durch sein Zeugniss. Hernach um
die drei Gewählten zu Priestern zu ordiniren — über ihre Ordination
und Bestätigung wurde Rath gehalten. Aus den Schriften des neuen Bundes hatten sie die Lehre geschöpft, in der ersten Kirche hätten Priester
und Bischof dieselbe Macht besessen, und zwei Grade hätten genügt, das
Priesterthum und der Diakonat. Aber später, als Streitigkeiten entstanden und geschlichtet werden mussten, und um die Eintracht herzustellen
und zu bewahren, wurden einige Priester zu Ältesten gewählt, denen
nach Christi Einrichtung nicht mehr zustand als den einfachen Priestern,
nach den menschlichen Satzungen dagegen mehr, nämlich die Ordination
und das Regiment. Und überdies, wenn der Drang der Noth die Treuen
befällt, welcher nicht allein die menschlichen Gesetze bricht, sondern
auch einige der göttlichen, in diesem Falle kann ein einfacher Priester,
der das Priesterthum besitzt, das, was er besitzt, den anderen in der
Noth geben. Ein Beispiel — der Sabbath, der im Tempel entheiligt wurde
durch Bereitung der Opfer, von den Makkabäern durch den Kampf . . .
Aber eine dringende Noth war es, die die Brüder dazu trieb, auf Grund

dessen, was eben bemerkt worden. Den Ursprung konnten sie jedoch nicht suchen, weder bei den Römern noch bei den Griechen, ihres Gewissens halber, da sie von ihnen, so lange sie an der Sünde beharrten, nicht glauben konnten, sie wären Christi und aus Christo und von der h. Kirche ... Und bei den Böhmen war nichts zu holen, auch hätten sie, zu ihren Schaden, nicht die Absicht gehabt, es zu geben, und die Brüder hätten es mit gutem Gewissen nicht verlangen können. Da aber Gott aus seiner Gnade einigen Priestern römischer Weihe, an die sich die Brüder hielten, dieselbe Gesinnung ertheilt hatte, und die Kenntniss und Befolgung der Wahrheit, darum aus derselben dringenden Noth, wesswegen jene drei gewählt worden waren, um als Priester bestellt zu werden, ist einträchtig aus der Mitte der Priester Michael, Pfarrer von Senftenberg, gewählt worden zum Ältesten und zum Bischof. Und da sie ungern die menschliche Ordnung verworfen hätten und da sie gehört hatten, dass die Waldenser (obgleich sie einige Gebrechen an sich hatten, welche die Brüder später näher kennen lernten) in ihrer Art der ersten Kirche zunächst kämen, und dass sie den Ursprung von den Aposteln hätten und denselben auch bewahrten: desswegen wurde der genannte zum Bischof gewählte Priester zu dem Bischof oder ältesten Priester der Waldenser geschickt und hat ihm aufrichtig die Gesinnung und Bitte der Brüder eröffnet. Dieser hörte es und pries Gott mit Dank dafür, was er gethan. Und er erfüllte der Brüder Bitte gern und mit Wolgefallen und leistete den Dienst durch Gebete und Handauflegung, segnend nach ihren Ordnungen. Und da bei ihnen [wie einige von uns es gesehen, die bei ihrer Priesterordination zugegen waren [1])] beides zugleich ertheilt wird, das Priesterthum und das Bisthum und nur was die Ausübung betrifft, wenn die Noth nicht drängt, dieselbe niemanden zusteht, ausser er sei an erster Stelle oder dazu befohlen: desswegen war jener Priester bei ihnen Priester und Bischof zugleich. Und da die Magister einwenden, sie [2]) empfiengen ihre Weihe von den Römern, so sei hier bemerkt: Sie sind stets Priester gewesen. Auch verwarfen wir kein Priesterthum ausser einer Irrlehre wegen, und wer gereinigt wird und Busse thut, den halten wir für einen Priester. Und jener genannte Priester hat nach seiner Rückkehr mit Willen der ganzen Gemeinde, mit seinem Willen und mit Willen des erwähnten Bischofs, jene drei bestätigt, nicht nur im Priesterthum, sondern auch im Bisthum. Und mit Willen aller hat unter ihnen Michael damals den bischöflichen Vorrang inne gehabt. Aber nach einiger Zeit übertrug er aus gewissen Gründen mit Einwilligung aller den Vorrang in der Arbeit einem andern, der die Arbeit seines Amtes übernahm. Und nach einiger Zeit wurde aus triftigen Gründen dem Priester Michael die Arbeit im Priesteramte eingestellt, später aber durch den Ältesten, den er bestätigt hatte, wieder bewilligt ...

[1]) Lukas selbst in Italien?
[2]) Die Waldenser.

H.
Apologia (1503).

Losy pak pustili skrze toho, jenž povolán jsa rozdával neznaje, co na koho má přijíti. A k větší dověrnosti P. Bůh byl jednomu bratru u vidění oznámil osoby, kteréž k tomu měli býti. A když los padl na tři, vydal tomu svědectví. Potom aby pak ti tři vyvolení řízeni byli k kněžství, o jich řízení a potvrzení se radili. A že sou naučení písma svědectví nového slyšeli, že za první církve kněz a biskup jednostajné moci a že ta dva stupně v církvi dostatečna byla, kněžský a jáhenský, než potom pro mnohé roztržky a zprávy, a pro uvedení a zachování jednoty, kněží někteří za starší voleni byli, jenž podlé ustanovení Krystova nic neměli nad kněží prosté, než podle ustanovení lidského měli více totiž řízení a správu, a ještě když nuzná potřeba najde věrné, kteráž zákony netolik lidské ale některé i Božské láme, tehdy beze všeho pochybování muž kněz prostý, kněžství maje, to což má, v nouzi jinému dáti. Příklad o sobotě, již v chrámě rušili oběti strojíc, Machabejští bojujíc.... Ale nuzná potřeba přítomná bratří vedla k tomu, důvod z řečí svrchu položených, o to nemohli nikam k žádnému původu, ani k Římskému ani k Řeckému, zření míti pro svědomí, poněvadž dověrnosti o nich míti nemohli, by doniž v té nepravosti sou, byli Krystovi a z Krysta J. a z církve svaté.... A k Českým nebylo proč, poněvadž nebyli dokonáni. A aniž oni proti sobě úmysl měliby dáti, ani bratří by mohli s dobrým svědomím žádati. A že P. Bůh z milosti své dal některým kněžím Římského svěcení týž úmysl a známost pravdy i následování, k nimž se bratří přivinuli, protož z té nutné potřeby, pro niž tři ti voleni, aby ustaveni byli za kněží, z jednomyslnosti z jiných kněží zvolen jest kněz Michal, farář Žamberský, za staršího a za biskupa, a žeby neradi byli řádem lidským pohrdli.... a že zaslechli, že ač u Valdenských někteří nedostatkové sou, kteréž i potom lépe poznali, však žeby nejbližší spůsob měli první církve, a žeby původ svůj měli od apoštolův a v tom se ostříhali: protož svrchu jmenovaný kněz volený za biskupa poslán na potvrzení k biskupu neb kněží staršímu Valdenskému a sprostně vypravil jemu úmysl i žádost bratrskou, kterýž slyše to chválil Boha z toho, co P. Bůh učinil, s vděčností. A k žádosti bratrské i s milostí a s oblibením tomu povoliv skrze modlitby a rukou vzkládání s požehnáním podlé řádův jich poslouží. A že u nich (jakož někteří z našich jich řízení kněžskému jsouc přítomni viděli) že vše se spolu dává i kněžství i biskupství, toliko v požívání, když nouze přitomná není, aby žádný leč na prvním místě neb podlé poručení nepožíval: protož tento kněz u nich i kněz i biskup byl. Pak jakož mistři vedou, žeby se posvěcovali od Římských, stůj to: Vždy kněžími byli, a že my kněžství nezamítáme žádného, leč pro bludy, pročež očištěný když jest a pokání činící, držíme, že kněžem jest. A kněz napřed psaný, vrátiv se, i půl všeho zboru i s svou i s dřív řečeného biskupa volí potvrdil těch tří netolik na kněžství ale i na biskupství. Mezi nimiž tehdy z vůle všech dřív psaný kněz Michal prvotnost biskupství držal, než pak v prodleném čase z příčin některých svě prvotnosti práce s povolením všech svalil na jednoho z nich, aby práci ouřadu jeho vedl. A v prodlení času opět z některých příčin hodných nadepsanému knězi zastavena služba ouřadu kněžského a potom skrze staršího, jím potvrzeného, dopuštěna zase....

I.

Lukas': Von der Erneuerung der h. Kirche (1510).

(Denn) so sollte es sein, der Anfang und Ursprung der Priesterschaft sollte Gottes Willen entstammen...

Und Gott zeigte, er wolle es und es sei sein Wille, da sie ein Los gemacht hatten, nämlich Zettel, und auf drei geschrieben „ist"; die übrigen aber waren leer. Und zum Losen stellten sie neun Personen, mischten die Zettel unter einander und beriefen einen Jüngling, welcher ohne zu wissen, was es gab, ohne Falsch, welche Zettel ihm in die Hand kamen, denen vertheilte, unter denen gelost wurde. Und nachdem er die Lose vertheilt hatte, trat jeder zu den Ältesten und übergab seinen Zettel. Und es hatten drei Personen die beschriebenen Zettel erhalten, auf denen stand „ist", d. h. es ist der Wille Gottes. Und während gelost wurde, beteten die anderen mit Eifer und vom Herzen in ihrer Noth und riefen zu Gott um ihr Heil. Nachdem aber Gott gezeigt hatte, er wolle es haben, so liessen sie die Gewählten vortreten. Und derjenige Bruder, welcher, bevor es geschehen, ein Gesicht gehabt hatte, bezeugte, dieses seien die Personen. Da verkündeten sie allen die frohe Nachricht, Gott habe sie erhört. Und sie riefen jeden einzeln herbei, befragten ihn um seinen Willen und baten, er möge die Last der Arbeit übernehmen; und Gott gab ihnen ein aufrichtig Herz, so dass sie aus Gehorsam einwilligten und zu ihrem und ihrer Nächsten Heile die Arbeit übernehmen. Auch tröstete man sie, Gott werde ihnen die nöthigen Gaben ertheilen und sie nicht verlassen.

Nach dieser Ordination tragen sie Sorge um ihre Bestätigung im Priesterthum und Bisthum, denn in der ersten Kirche war und hiess es dasselbe. Und obwol sie vollen Glauben hatten, ihre Wahl und die innere Weihe zu diesem Amte sei ihnen von Gott gekommen: so suchten sie es doch, da sie nicht allein vor Gott, sondern soweit möglich auch vor der Welt es bewahren wollten, durch eine äussere Ordnung, nämlich: durch einen Priester — Ältesten, dazu gewählt und bestätigt, auf dass er jene Personen bestelle und bestätige, ihnen die Arbeit übertrage, derer Amtsführung sie unterthan wären. Und dazu wählten sie den Priester Michael, den Pfarrer von Senftenberg, damit er im Ursprung den Vorrang hätte zu ihrer Bestätigung. Zwar konnte derselbe Priester sie sofort bestätigen und durfte es dem Gesetze Gottes nach thun, so dass sie durch einen blossen und allerdings dazu gewählten Priester bestätigt werden konnten. Da sie aber, so weit es ihnen möglich war, keine menschliche Einrichtung verwerfen wollten, wenn sie es nur in Wahrheit erlangen und haben könnten; und da sie gehört hatten, die Waldenser hätten vom Ursprung der ersten Kirche eine Ordnung, in der das Priesterthum und das Bisthum neben einander lief, so schickten sie den oben gemeldeten zum Seniorat gewählten Priester zu einem Ältesten derselben und zwar ihn selbander, der auch kam und ihm alles eröffnete, was unter den Brüdern geschehen war, und warum er von diesen geschickt sei. Und er hörte es, billigte es mit Freuden, dankte Gott dafür und war willig und bestätigte ihn jenem Wunsche und jener Bitte gemäss. Und sie kehrten zurück und meldeten es. Und daraus erwuchs ihnen Vertrauen, da Gott dem Waldenser-Bischof das Herz dazu gegeben, dass er gern einwilligte und es that. Desswegen wurden die oben gemeldeten Personen unter Gebeten und Fasten durch Handauflegung und Übertragung der priesterlichen und bischöflichen Amtsgewalt bestätigt und so geboren zum Dienste in Gemässheit des Gesetzes Gottes und der ersten heiligen Kirche. Und einer der ersten Senioren, der da meinte, es sollte ihm seines Priesterthums römischer Weihe wegen etwas mehr zum Theil werden, als jenen einfachen und gemeinen, beneidete sie um das Priesterthum und den

Bruder Michael um den Vorrang und gieng hinweg mit Murren. Die anderen aber alle freuten sich und lobten Gott und sangen Lob Gott in der Höhe und den Menschen, die guten Willens sind. Und da ward verfasst das Lied: „Freuen wir uns alle." Und aus gerechten und billigen Ursachen bestellten sie eine Rangordnung durch Wahl, wer den Vorrang unter den Priestern geniessen sollte. Und dieses war das Los: Stehen alle auf, so ist es der Priester Michael, bleiben sie aber sitzen, so ist Matthias dazu gewählt. Und es geschah, dass alle aufstanden. Und hernach aus gerechten und billigen Ursachen und da es nöthig war, legte der Priester Michael den Genuss des Vorranges nieder und übertrug es Matthias, der dazu berufen war. Und er selbst ward unterthan in der Ordnung des Ranges. Und seiner Gebrechen wegen wurde ihm der Dienst eingestellt. Als er aber Busse that, wurde er wieder durch die obengemeldete Person zugelassen.

I.

Br. Lukáše: O obnovení Církve.

(Neb) tak slušelo, aby původ a počátek kněžství bylo z samé vuole Boží.

I ukázal pán Bůh to, že chtěl a vuole jeho byla, když los učinivše z listkův a na třech napsali „jest" a na jiných na všech nic nebylo. A postavili k losu tomu vyvolivše osob devět a smísivše ty listky spolu, povolali mládence, aby nevěda nic, co komu dáti, i sprostně, kterýž mu se z listkův nahodil, rozdával v losu stojícím; a když rozdal, každý potom přistupuje k starším navracoval lístek. I přišli všickni listkové psaní na tři osoby, na nichž bylo „jest" t. vuole Boží. A toho času obětování losu modlili se horlivě a srdnatě z nouze i z potřeby své k Pánu Bohu, pro své spasení volajíce. A když Pán Bůh ukázal, že chce tomu, tehdy kázali vystoupiti těm osobám. A ten bratr, kterýž prvé vidění viděl, než se to stalo, o tom, svědectví vydal, že ty osoby jsou: i oznámili tu všem radostnou věc, že je Pán Bůh uslyšel. A povolávajíce ptali se na vůli každého, žádajíce, aby to břímě práce vzal na se; i dal jim Pán Bůh k tomu srdce upřímné, aby z poslušenství povolili k tomu, a aby pro své i bližních spasení vzali tu práci na sebe, kteréž sou i těšili, že Pán Bůh přidá k tomu potřeb i neopustí.

Po tomto řízení starali se o potvrzení jich na kněžství i na biskupství. Neb to za první církve bylo a sloulo jedno. A ač věřili úplně, že jich vyvolení i posvěcení vnitřní z Boha jest k tomu ouřadu, avšak opatrujíce netoliko před Bohem, ale, pokudž nejdál možné, i před lidmi, hledali toho skrze zevnitřní řád, aby skrze kněze Staršího, na to zvoleného i potvrzeného, ustavili i potvrdili ty osoby, a práci svěřili a jim poddáni byli, zprávě jich. I vyvolili k tomu kněze Michala, faráře Žamberského, aby on v puovodu v prvotnosti byl k potvrzení jich. A ač ihned ten kněz potvrditi jich mohl a učiniti to podlé zákona Božího, aby knězem prostým a ovšem na to zvoleným potvrzeny byli; než že jsou nechtěli, pokudž jest bylo možná, žádným zřízením lidským pohrdati, kdyžby jedno mohli dojíti a míti v pravdě; a zaslechše, žeby Valdenští z původu první církve řád měli, v nich kněžství a biskupství spolu běželo: i poslali svrchupsaného kněze, zvoleného k starosti, k staršímu jednomu z nich a to sama druhého, kterýž přišed oznámil jemu vše, co se stalo mezi bratřími a proč od nich poslán. A on vyslyše to vděčně oblíbil a chvále Boha z toho, i povolil tomu i potvrdil ho k žádosti a prosbě té. A navrátivše i zvěstovali to. Z čehož opět dověrnost šla, kdyžt tomu biskupu Valdenskému chtěl Pán Bůh srdce, aby z milosti tomu povoluje i učinil. Protož potom dřív psané osoby s modlitbami a postem skrze rukou vzkládání v svěřování moci ouřadné kněžství i biskupství potvrzeni jsou a tudy narozeni k služebnostem podlé zákona Božího a první církve svaté. A hned kněz jeden z prvních starost, domněv se, žeby on pro své kněžství římského svěcení měl něco více vzíti nežli jiní sprostni obecní, závidě těmto kněžství a knězi Michalovi prvotnosti, i odšel s reptáním a jiní všickni s radostí chválili Pána Boha chválu zpívajíce na vysostech Bohu a na zemi pokoj lidem dobré vuole. A tu složena ta píseň: „Radujme se společně atd." A potom z příčin hodných a slušných pořád činili vyvolení, kdoby měl požívati prvotnosti mezi kněžími. A toto los ten byl: Jestliže všichni stanou, tehdy kněz Michal, pakli seděti budou, tehdy k prvotnosti aby zvolen byl Matěj. I stalo se, že všichni vstali. A potom opět z hodných příčin a slušných, z potřebí, kněz Michal prvotnost svou v požívání vzdal a vložil na Matěje podlé povolání. A sám v řádu poddanost podnikl jest. A pro jeho nedostatky zastaveno mu přisluhování, a když kající byl, přijat zase k témuž skrze osobu nadepsanou....

K.

Lukas': Der Ursprung der Unität (1527).

.... Und um es kurz zu berichten: versammelt im Namen Gottes hielten sie Synoden und beriethen sich unter einander unter Gebeten, ob Gott es haben wolle, und ob die Zeit gekommen sei, eine Priesterordnung aufzurichten. Und sie setzten dazu eine besondere Versammlung an und beriefen gottesfürchtige und eifrige Männer aus Böhmen und Mähren, gegen fünfzig an der Zahl.... nach Lhotka bei Reichenau. Und da erwogen sie alles, die Gemeinen zugleich mit den Priestern und Ältesten, die man bereits vor der Ordination als einen Rath eingesetzt hatte, besonders aber mit dem Priester Michael, Pfarrer von Senftenberg. Und da beteten sie im Vertrauen zu Gott, sein Wille möge geschehen im Himmel also auch auf Erden, und wenn er es haben wolle, so solle er ihnen Ein Herz verleihen. Und sie wurden Eines Herzenz und Eines Sinnes und wählten neun Männer aus der Menge, die sie als die besten kannten und die am besten wandelten. Und da beschlossen sie also: da alles von Gott ausgehen sollte, so möchte es geschehen durch Zuversicht, durch das Gebet und durch das Los. Gott möchte zeigen, ob er von den neun drei haben wolle, oder zwei, oder einen; wenn er aber keinen haben wollte, so möchte er auch dieses zeigen. Und sie bereiteten das Los, nämlich Zettel, nicht wenige an der Zahl, auf denen nichts geschrieben stand; nur auf drei Zetteln stand geschrieben „ist". Sie mischten die Zettel in einem Gefäss unter einander und vermengten sie nach Möglichkeit und beriefen einen Jüngling, Namens Prokop, welcher nicht wusste, was da geschah. Ihm geboten sie die Zettel, ohne dieselben anzusehen, den neun zur Loswahl gestellten Personen zu vertheilen. Da wurde durch ein Wunder das Los der drei Zettel, auf denen stand „ist", drei Personen von den neun, die von einander getrennt sich aufgestellt hatten, zu Theil, während alle indess eifrig und vertrauensvoll in der Noth ihres Heils beteten, Gott möge seinen Willen offenbaren, welche er wählte. Da sie aber sahen, das Los sei auf drei gefallen, so erwuchs ihnen die feste Zuversicht, Gott wolle es haben, und Freude darüber, der Wille Gottes sei geschehen. Ein Bruder aber, Gabriel Komárovský, verfasste damals das Lied: „Freuen wir uns alle etc." Und um diese freudige Zuversicht zu erhöhen, hatte Gott, ehe es geschah, sie dem Bruder Gregor gezeigt und zwar damals, als er mit anderen gefangen, auf die Folter

gespannt worden und dann in Ohnmacht lag. Da sah er dies drei Personen, welche das Los treffen sollte. Und selbst bekräftigt im Glauben,
er habe ein wahres Gesicht gehabt, erzählte er es den anderen und vermehrte seine eigene Zuversicht und das Vertrauen der übrigen.

Die Ordination, Bestellung und Bestätigung
der Priester.

Zwar hatten sie die vollste Zuversicht, jene seien von Gott gewählt und ordinirt: da sie aber nicht nur vor Gott, sondern auch vor der
ganzen Welt das, was gut ist, bewahren wollten, ohne die menschliche
Ordnung zu vernachlässigen, so trugen sie Sorge, jene zu ordiniren, zu
bestellen und zu bestätigen im Priesterthum und Bisthum. Denn in der
Zeit der ersten Kirche war dies dasselbe, Ein Name des Amtes und Ein
Amt . . . . Und da der Priester Michael von Senftenberg vorher, vor der
Ordination der Priester, als ein bussfertiger Mensch, unter ihnen zum
ältesten Priester gewählt worden war . . . ., so wurde er dazu durch das
Los gewählt, nämlich zur Ordination und Bestätigung der anderen durch
den Glauben, durch das Gebet und die Handauflegung und zur Erthei-
lung der Amtsgewalt des Dienstes. Und diese Macht ward ihm ertheilt
von der ganzen im Namen Gottes versammelten Gemeinde durch diese
Art und Weise des Loses: Wird es der Wille und das Gefallen aller
sein und werden demnach alle ohne Aufforderung und Nöthigung aufstehen, so wird es kund werden und bekannt, dass man diess für das
Los des göttlichen Willens halten solle, und dass jene Macht ihm von
Christo durch sie vollständig übertragen werde. Und als man das Los
des Aufstehens und Sitzenbleibens verkündete, da standen alle auf einträchtig. Und als alle aufstanden, da stand auch Bruder Gregor auf. Und
man beschloss, jener gemeldete Priester, der gewählt worden war und
das Los der ganzen Gemeinde als Bischof zur Bestätigung erlangt hatte,
solle bestätigen nach dem Beispiel der ersten Kirche durch den Glauben,
das Gebet und die Handauflegung . . . . nach den Worten: „Du sollst
nicht verachten u. s. w." Und so geschah es. Wiederum erwuchs aber
allen die Zuversicht, es sei der Wille Gottes, wie im Himmel also auch
auf Erden.

Die Übertragung des bischöflichen Vorranges.

Dann trugen sie Sorge — und gewisse Ursachen geboten es und
die Nothwendigkeit in jener Zeit und auch für die Zukunft — dass der
Ursprung vollständig und rechtmässig bei den gewählten und bestätigten
Brüdern sei. Und sie errichteten unter ihnen eine Rangordnung durch
das Los, (das erst) auf Matthias, dann auf Tůma von Přelauč, dann auf
Elias (fiel), obgleich mit Gleichheit im Priesterthum oder Bisthum. Und
dann wurde mit Bruder Michael gesprochen, der damals den bischöflichen
Vorrang inne hatte, er möge diesen niederlegen als Rangordnung, nicht
aber als Amt, denn das Amt ist zweifach, das Priesterthum und der Diakonat, aber die Ordnung vielfach, und dabei gibt es mancherlei Vorrang, wie

das Erzbisthum u. s. w. Und da der besagte Mann, der Priester Michael, willig war, so that er es und übertrug den Vorrang der Bischofsordnung dem Bruder Matthias, der unter jenen das erste Los hatte und guten Rufes und Wandels war und ein gutes Zeugniss vieler besass . . . . Und das ist es, wenn in den Schreiben der Brüder von der Übertragung des Priesterthums gesprochen wird, verstehe: des bischöflichen Vorranges mit Einwilligung der ganzen Gemeinde . . . . . Und da von der Übertragung des Priesterthums die Rede war, so ist bekannt, dass man das im Irrthum und in der Verführung befangene Priesterthum römischer Weihe nicht übertragen konnte, sondern gänzlich lassen musste, seiner Irrthümer wegen, denn zur Erneuerung passte es so wenig wie das alte Fass für den neuen Wein. Noch konnte es zur Erneuerung des Priesterthums dienen — ein neuer Lappen auf einem alten Kleide.

K.
Br. Lukáše: O původu jednoty (1527).

. . . . A aby krátce zavříno bylo, když sněmy a rady o to mívali ve jménu Páně shromáždění, se modléce, chtělli by tomu Pán Bůh, a jižli čas jest vyzdvižení řádu kněžského, i uložili o to zvláštní sjítí, svolání činíce z Čech i z Moravy mužův nábožných a žádostivých k padesáti . . . . na Lhotce u Rychnova. A tu mnohá rozjímání majíce obecní lidé i s kněžími i s staršími způsobenými k radě před zřízením, a zvlášť s knězem Michalem, farářem Žamberským, modlitby z víry činili prosíce, aby se stala vůle Boží, jenž v nebi jest, aby se stala na zemi, a chceli Pán Bůh tomu, aby jim srdce jedno k tomu dal. A jsouc všickni jedno srdce a jedna duše, i volili ze všeho množství mužův devět, což nejlepšího svědomí a obcování znali, a v tom učinili svolení tím úmyslem: poněvadž ta věc má původem z Boha jíti, aby šla skrze víru, modlitbu a los; aby z těch devíti, ráčí-li míti tři nebo dva neb jednoho, ukázal. K tomu způsobili los listkův nemálo, na nichž psáno nic nebylo, a toliko tři listky, na nichž psáno bylo „jest". A smísivše v nádobce ty listky v hromadu, což nejvíc mohli, povolali mládence jménem Prokopa, kterýž nic o tom nevěděl. I rozkázali bez ohledávání listkův rozdávati je těm devíti osobám k losu postaveným. I přišel divem los listkův všech tří, na nichž psáno „jest", na tři osoby z devíti, rozdílně od sebe postavené, když toho času vroucně a dověrně v nouzi a potřebě svého spasení se modlili, žádajíce, aby ukázal Pán Bůh vůli svou, kteréby z nich ráčil zvoliti. A z toho, když to poznali, že na tři přišlo, náramnou dověrnost měli vůle Boží a radost i utěšení v duchu, že vůle Boží se stala. A bratr jeden, Gabriel Komárovský, k tomu tudíž písničku složil: „Radujme se společně ɔc." A ku pomoci té potěšené dověrnosti Pán Bůh prvé i předukázal, než se stalo, bratru Řehořovi, a to tehdy, když s jinými vsazen a potom na skřipec zvržen i omdlel a v tom opuštěný ležal. A tu viděl ty tři osoby, na něž mělo přijíti losování, a sám tudy utvrzen v pravdě vidění svého i jiným oznamuje, že sou ti, k dověrnosti sobě i jiným posloužil.

O řízení, ustavení i potvrzení na kněžství.

A ač úplně dověrnost měli, že Bohem zvoleni i zřízeni sou, však opatrujíce dobré netoliko před Bohem, ale i přede všemi lidmi, nechtíc pominouti řád lidský, protož péče byla o řízení, ustavení i potvrzení jich na kněžství i na biskupství. Neb to za první církve vše jedno bylo a jediný ouřad sloul i byl . . . A že kněz Michal Žamberský prvé před zřízením kající za staršího kněze mezi všemi byl zvolen . . . protož ten k tomu losem zvolen k řízení a potvrzení jich skrze víru a modlitbu a rukou vzkládání, a tak ouřadně a příslušně svěřeni. A ta moc dána mu ode všeho zboru ve jménu Páně shromážděného v tomto způsobu losu: jestliže k tomu všech oblíbená vůle byla by, tedy vstanouli všickni bez pobízení

8

neb nucení, bude to vědomo i známo, že to bude za los Boží vůle a že ta moc od Krysta skrze ně úplně mu se svěřuje. A když los povědín stání neb sedění, tehdy všickni jednosvorně vstali. A když všickni vstali, tehdy i bratr Řehoř vstal. A na tom zůstáno, aby dřív řečený kněz zvolený a biskupství losem k potvrzení ode všeho zboru přišlý potvrzoval příkladem církve první věrou, modlitbou a rukou vzkládáním podlé toho: „Neroď zanedbávati milosti, kteráž tobě dána skrze rukou vzkládání." A tak stalo se. A opět poslouženo nemálo k dověrnosti, že jest vůle ta Boží, kteráž v nebi, táž i na zemi.

O prvotnosti biskupství odevzdání.

Potom péče byla o to, i příčiny i potřeba kázala na ten čas i na budoucí, aby původ cele i právě na bratří zvolené i potvrzené přišel. A zřídivše mezi těmi řád prvotnosti, přišla prvotnost podlé losu prvního na Matěje, potom na Tůmu Přelouckého, potom na Eliáše, ač v rovnosti kněžství neb biskupství. I mluveno s bratrem Michalem, na němž tedy prvotnost biskupská byla, aby ji s sebe složil jako řád a ne ouřad, neb ouřadové dva: kněžský a jáhenský, ale řádové rozliční, mezi nimiž prvotnosti sou jako arcibiskupství atd. A že člověk řečený, kněz Michal, povolný byl, i to učinil a prvotnost řádu biskupského vzdal bratru Matějovi, prvnímu mezi těmi v losu, jenž dobrého svědomí i obcování byl, maje dobré svědectví od mnohých... A tož jest, co se píše v listech bratrských odevzdání kněžstva, rozuměj prvotnosti biskupské podlé povolení všeho zboru... A jakož se dotklo o odevzdání kněžství, vědomé, že kněžství římského svěcení bludného v zavedení nebylo co odevzdávati, ale naprosto opustiti strany bludův jeho, neb to k obnovení nepříslušelo, podobně jako sud starý k vínu novému, ani obnovení kněžství, jako záplata nová k rouchu vetchému.

L.

Summa quaedam brevissima collecta ex variis scriptis Fratrum, qui falso Waldenses vel Piccardi vocantur, de eorundem Fratrum origine et actis. 1556.

Primi autores [1]) Unitatis Fratrum erant quidam Boëmi, reliquiae auditorum Matthiae Parisiensis, Hussii, Jacobelli, Rochezanae et caeterorum, quorum non postremus fuit Gregorius, sororis Rochezanae filius, homo nobilis, licet pauper, et alii quidam cives Pragenses, diligentiores auditores Rochezanae et Lupaczi, quibus nulla fuerant commercia cum Waldensibus, immo quibus vix quisquam Waldensium visus fuit.[2]) Nam illi latitabant iis temporibus dispersi per regiones istas circa Boëmiam.

Itaque Gregorius cum sociis suis, postquam ex concionibus Rochezanae cognovissent, qui pristinae Ecclesiae status fuerit, et quantopere ab eo deflexerint Christiani, non Romana Ecclesia tantum, sed et qui sub utraque specie coenam Domini celebrabant, Boëmici sacerdotes: conferunt inter sese varia cum magno conscientiae suae dolore, ac timent, ne prorsus ruant in exitium cum tota turba hominum veneno Ecclesiae seductae infectorum. Constituunt ergo inter se, ut saluti suae, qua possunt ratione consulant, nec amplius in oscitatione aliqua torpeant. Accedunt Rochezanam, et omnia revelant, suae denique conscientiae perturbatae dolores

---

[1]) Vgl. Černýs Schreiben an Flacius Illyricus. Gindely Quellen S. 278.

[2]) Blahoslav widerspricht sich selbst an einer anderen Stelle der Summa (Waldenses autem, quorum valde pauci hisce temporibus degunt ɔc.). Vgl. Zezschwitz S. 156.

apud illum expromunt, et quid facto opus sit consulunt. Is relegat eos
ad Petrum Chelčiczky et ad ipsius scripta. Obtemperant isti. Postea redeunt, se nihil quod conscientiae tranquillitatem praestaret, invenisse dicentes,[3]) tandem rogant, num velit Rochezana haec omnia, quae in mi-
nisterio vituperabat, abiicere, et purae veritati adhaerere; quod si fecerit, se paratos esse affirmant, ut eo Duce et Magistro utantur spretis
omnibus periculis ɔc. Verum negat ipse, rem esse inquiens gravissimam,
tam inveteratum robur errorum aggredi ɔc. Recedunt tristes atque con-
sultare non desinunt, quid jam amplius sit faciendum. Conscientia eos
nihilo minus urgente, ut quae magis ac magis exacerbaretur, statuunt, ut
adhuc semel eadem de re loquantur cum Rochezana. Factum id in se-
creto quodam loco, sed nihil efficiunt. Rochezana persistit in sententia
sua, pluris pacem mundi quam veritatis assertionem faciens, utpote is,
qui plus vanam gloriam, quam conscientiae dulcem tranquillitatem vena-
batur.

Coeperunt itaque iam ipsi seorsim convenire, simul orare, subsidium
et consolationem a Deo petentes. Interea legebant scripturas sacras et
tractatus Chelcziczky et aliorum. Confirmantur in sententia, nempe opus
esse, ut qui salvus esse velit, erroribus Antichristi reiectis, purae adhae-
reat veritati.

Scribunt ergo iterum Rochezanae ac rogant vehementer, ut humanis constitutionibus impiis, quas duriter taxaverat toties publice in concionibus suis, relictis, et ipse veritatem amplectatur, et promoveat eos,
qui veritati favent, atque Deo placere student. Fit nihil. Respondet nun-
ciis Rochezana, quod si vellet consilio eorum et petitioni obtemperare,
se magnis involveret periculis, et similiter contemptus redderetur, sicut
ipsi, si persisterint in proposito, contemnerentur; et in summa, rem esse
bonam fatebatur, quam peterent, sed nimis periculosam.

Cum itaque nostri Patres integre intellexissent, Rochezanam nequaquam id facturum, ut quod ore professus erat, factis praestaret, et re
ipsa exprimeret, tum primum eum relinquunt, et alios sacerdotes quaerunt, qui eiusdem essent propositi. Inveniuntur aliqui, quorum non postremus fuit Michael quidam, quem solum authorem Unitatis nostrae nonnulli rerum nostrarum ignari affirmant.[4])

---

[3]) Vgl. Šafaříks nachgelassene Studie über Chelčický (Č. Č. M. 1874), wo
eine Reihe von Quellenaussagen über das Verhältniss der Brüder zu Chelčický
citirt wird. Die wichtigste Stelle findet sich in dem *ersten Schreiben der Brüder
an Rokycana* (vor 1467): „Und damals empfahlst du uns den Peter Chelčický. Auch
haben wir mit ihm gesprochen, seine Schriften gelesen und so erkannt, die Bosheit der Priester und des Volkes sei noch grösser. *Und auch an dir sind wir irre
geworden* (tak že i o tobě pochybili jsme), da du dasjenige thust, was du für böse
hältst. Und da sprachen wir mit dir darüber, erfuhren aber, es könne nicht anders
sein, und du wolltest dich lieber an die Welt halten und uns meiden. Hast du
doch zweien von uns in der Capelle gesagt: „Ich weiss, dass ihr Recht habt, aber
wollte ich mich euer annehmen, so müsste ich mit euch dieselbe Schmach über
mich ergehen lassen.“ — Wenn Blahoslav sagt: postea redeunt, se nihil, quod conscientiae tranquillitatem praestaret, invenisse dicentes — so widerspricht dies geradezu den Quellen. Vgl. übrigens den folgenden Absatz (Coeperunt illi ɔc.).

[4]) Gemeint ist der Pfarrer Johann Lipenský. Über Lukas' Gegenschrift (1513)
s. o. S. 42.

Interea Rochezana, cum nostros in proposito firmiter persistere intelligit, convertitur in inimicum, et incipit traducere fratres, ac Regem Georgium irritare et persuadere quod vult. Efficit, ut capiantur, et in vincula coniiciantur nostrorum quidam.[5]) Occasio huius rei fuit mendax fama, nescio a quo orta, affirmans, eos esse hoc animo, ut Taboritarum more armis suam sententiam vindicent, initio sumpto a quadam arce, quam primum occupaturos aiebant, quod ne quidem cogitabant illi unquam, sicut postea in suis scriptis huius rei mentionem faciunt. Tractati miseris modis quatuor eorum; cum innocentes essent, dimittuntur tandem. Expelluntur tamen Praga. Locum eis, in quo habitarent, concessit rex Georgius in propria sua ditione 20 milliaribus distante a Praga. Illi vero incipiunt istis ministris, qui eiusdam sententiae secum erant, adhaerere, qui studebant paulatim relictis humanis traditionibus, verbum Dei purum proponere. Acta sunt haec anno Domini 1457.[6]) Itaque in isto statu manent per aliquot annos.

Dum nostri ita adhaerent supradictis sacerdotibus, incidit alia incommoditas, quae gravissime omnium conscientiam laedit. Coguntur isti sacerdotes, non tantum nostris, quos pios esse sciebant, sed etiam caeteris omnibus ad Parochias suas pertinentibus indignis sacramenta distribuere ɔc. Quomodo enim eos a baptismo et aliis arcerent administrationibus, si vellent a primitivae Ecclesiae exemplo non deviare sed omnibus vestigiis veterum insistere? Vident, vulgus vitae dissolutae assuetum non laturum correptiones, excommunicationes, immo ne mutationem impietatum Papisticarum. Oritur nova difficultas. Eo res devenit, ut inciperet Michael iste Parochus et alii ad exemplar primitivorum ministrorum, relictis impiis additamentis Antichristi, dignos ad mysteria admittere, arcere indignos. Non durat hoc diu. Accusatur ab aliis sacrificulis apud Rochezanam. Efficit statim hic, ut huic Michaeli et similibus interdicantur conciones totumque ministri officium. Sacrificuli vero papistici, qui locum Michaelis caeterorumque obtinent, postea cogere nostros incipiunt ad palinodiam aliquos, alios spernunt.

Oritur mira difficultas. Infantes recens nati manent sine baptismo, multi abstinent a concionibus eorum ɔc. Accedunt item Rochezanam et Lupaczium, rogant, ut agere velint cum rege, ut sibi praebere dignetur rex benignas aures, se velle sui propositi reddere rationem; verum non admittuntur. Consulit tandem Lupaczius,[7]) ut strenue ac constanter pergant in proposito, et relictis sacerdotibus a Papa ortis, suos proprios ministros sibi eligant, et veteris Ecclesiae more confirment. Atque addit inter alia: Hoc si feceritis, contra Episcopos et totam Ecclesiam Papismo

---

[5]) Vgl. Gindely I. 28. Die älteste Nachricht über die Verhaftung der drei Studenten im *J. 1461* s. Monumenta Hist. Un. Prag III. 56. Die erste Schilderung der Verhaftung und Folterung Gregors findet sich in Lukas' Schrift v. Jahre 1527, aus welcher dieselbe die späteren (Hist. Fr. Ms. U., Camerarius, Lasicius, Jafet) entlehnt haben. Br. Gregor scheint nicht zum Widerruf genöthigt worden zu sein.

[6]) Diese Jahreszahl bezieht sich nur auf die Ansiedelung der Brüder auf der Litizer Herrschaft.

[7]) Der Rath des Lupáč, Rokycanas Suffragans, eines früheren Anhängers der Taboriten, wird bereits in vielen älteren Quellen erwähnt. Vgl. Gindely I. 31.

infectam erit, at contra Deum neutiquam. Idem et alii consulunt, ut faciant; alioqui dilapsuros turpiter et perituros. At nostri, rem hanc longe maximam esse scientes, in angustum hac ratione coguntur. Orant Dominum, ut se iuvare dignetur in tantis difficultatibus atque periculis. Post multas orationes cum ieiuniis etiam recordantur exempli de electione Matthiae Apostoli, ubi sorte usi fuerint Apostoli. Utuntur et ipsi sorte, hoc unicum quaerentes, an placeat Domino, ut sese in universum separent ab Ecclesia Romana, adeoque et Boëmica ɔc. Confirmantur sorte placere hoc Deo, et iam esse tempus id fieri. Agunt Deo gratias, et confidentius obdurant unanimiter in proposito suo. Deinde eligunt aliquot viros, qui inter eos primatum tenerent, et authoritate praepollerent, caeteros omnes sponte sua obedientes regerent, quorum praecipuus erat ac velut pater Gregorius, homo grandaevus, pietate singulari et prudentia clarus.

Atque hoc tempore inquirunt diligenter, an extent alicubi homines, qui non essent Papistico fermento corrupti ɔc. Audiunt varia de Graecis, Armenis, Indiae cultoribus ɔc., quos rumor fuit, a Papa avulsos esse, nec eum pro capite agnoscere. Verum nec eorum vel doctrinam vel vitam Apostolis convenire, perspiciunt, sed deditos esse variis deliciis et vivere iuxta carnem, sicut Paulus loquitur.[8])

Tandem anno 1467 conveniunt in quodam loco praecipui nostrorum viri circiter 60 consultari, quid iam ultro faciendum, caeteris quidem omnibus eorum conatum precibus ad Dominum sedulo adiuvantibus. Ministros legitimos, quibus utebantur, paucos se habere considerabant, qui si vel tyrannide, vel communi fato perirent, unde alii petendi? Convenit inter eos, ut pergerent confidenter, ac iuxta consilium prudentissimorum virorum, Lupaczii et aliorum, ministros ex se ipsis eligerent, et apostolico more confirmarent. Orantes igitur cum ieiunio eligunt 9 viros, et faciunt schedulas 12. Novem erant vacuae, in tribus vero scriptum fuit hoc verbum EST. His peractis iterum orant Dominum, ut pro sua bona voluntate et misericordia disponere haec velit, ut istorum virorum vel unus, vel duo, vel tres ministri aut sacerdotes sorte declarentur. Si vero non placet Domino hic conatus, ut nullus fiat (id enim fieri potuisset, si omnibus vacuae schedulae obvenissent). Cum omnes surgerent, schedulae, quarum 12 erant, in vase a puero quodam, omnium quae agebantur ignaro, distribuuntur. Interea quid factum sit, quale ostentum seu prodigium, quo Dominus confirmavit hunc pussillum gregem, ac se eis praesentem adesse demonstravit, huius in Epistola ad Rochezanam mentio fit.[9]) Tum accedunt viri, qui schedulas obsignatas habent, et quilibet suam fratribus mensae adsidentibus exhibet. Tres scriptae inveniuntur, declarantur igitur tres viri a Domino et hoc pio coetu electi

Matthias de Conwald
Thomas Přelauczky
Elias Molitor.

---

[8]) In einer alten Quelle („Wie sich die Menschen zur römischen Kirche u. s. w.") wird gesagt, die Brüder hätten schon damals die Absicht gehabt, eine Gesandtschaft in fremde Länder zu schicken.

[9]) Damit kann nur Gregors Vision gemeint sein. Eine andere Deutung gibt dieser Stelle Lasicius.

His personis evulgatis, statim genubus flexis omnes gratias agunt
Domino, et recipiunt eos pro legatis Christi, omnesque confcstim dextris
porrectis istis tribus sese submittunt. Praesunt igitur isti tres hoc tempore, ita tamen, ut eorum unus Matthias nempe sorte ac suffragiis primus eligatur, cui confertur authoritas haec, ut alios postea ordinaret ɔc.[10])
Haec omnia, licet in scriptis fratrum continentur, paucis tamen nota
fuere. Ideoque ante aliquot annos quidam coeci et dolosi homines hanc
Dei dispositionem videntes impudenter et irridere et incessere non du-
bitarunt, turpissimum schisma separationem hanc vocantes. At nos vide-
mus et experimur, divinae dextrae esse opus, cui Dominus hactenus be-
nedixit et promovit feliciter, ut declarant haec nostra tempora, et non
dubitamus, Dominum successus maiores largiturum in dies ɔc.

Relatum est tandem nostratibus, alicubi prope Austriam[11]) esse
quosdam e numero Waldensium, quos fama fuit doctrinam Christi puram
habere, nec locum esse simoniae apud illos ullum. Item conferre apud
eos utrumque gradum simul et episcopalem et sacerdotalem (ut vocant).
Mittuntur duo nostrorum ad Episcopos seu Seniores Waldensium, quorum
duo inveniuntur.

Narrant nostri ipsis propositum suum, ac omnia, quae transacta sunt,
quid egerit cum eis Dominus, et iudicium illorum hac de re quaerunt.
Rem sanctam et piam aiunt esse Waldenses, ac commendant factum vehementer, et summo cum gaudio eos in proposito confirmant, iam veros
a Domino electos et missos ministros Christi esse aiunt, et imposita capiti manu illos benedicunt atque socios in Domino seu Coëpiscopos appellant et hortantur, ut pergant in vinea Dei ad suos reversi ɔc.

Narrant eis quoque de rebus suis, originem esse a Petro Waldensi,
quem fuisse socium Sylvestri affirmant, qui cum ditaretur a Constantino
inimicus factus est Petro sibi non consentienti ɔc. Indicant et cursum
patrum suorum et varia certamina ɔc.

Revertuntur ad suos et recipiuntur cum gaudio nostri legati, reci-
tantque ea, quae cum Waldensibus acta sunt in conventu seniorum illorum. Placuit omnibus Waldensium pietas et charitas, qua complexi erant
legatos. Cogitant ac consultant, ut si fieri possit cum eis in unum populum unamque Ecclesiam coalescant. Cognoscunt igitur diligentius de omnibus rebus Waldensium. Doctrina eorum videtur ex sacris scripturis esse
sumpta, sicuti et nostrorum, quam tum professi erant iam aliquoties in
Epistolis seu scriptis apologeticis ad Rochezanam et alios. Vitam quoque
eorum doctrinae correspondentem inveniunt. Deprehendunt tamen quaedam veris Christi imitatoribus indigna atque reprehensionis digna. Eligunt viros idoneos, qui ad eos mitterentur, et illis exponerent fratrum
Seniorum adeoque totius coetus huius sententiam. Quod videlicet omnes
unanimi consensa constituerint, ut se illis adiungerent, atque ita in unum
populum cum illis coirent, simodo ipsi similiter essent affecti. Porro esse
quaedam minus convenientia, quae vellent eis pro admonitionis officio
totius Unitatis Fratrum nomine candide expoɔere.

---

[10]) ɔc. steht überall in der Handschrift.
[11]) Vgl. Nigranus an Flacius (1556): mittunt semel atque iterum legatos ad
Waldenses, quorum duo praeɔipui erant *in Moravia prope Austriam.*

Quorum haec est Summa:

Primum malum videri, cuius omnino non essent ignari, quod veritatem occultent ac non profiteantur libere, persecutionum ac periculorum pertaesi, templa papistica visitent, ubi sacramentis communicent et communicare suis permittant, non aliam ob causam, nisi ut occultentur, nec qui sint prodantur, cum quidem illos ipsos, quibuscum per externum ministerium de uno pane comedentes ɔc. in unum corpus coalescunt, ipsissimum credant esse Antichristum, cui hac ratione fucum fieri putant, quod sine gravi vulnere conscientiae, ut ne quid durius dicatur, fieri non possit. Hoc enim esse in utramque pedem claudicare, remque hanc videri nostrorum toti congregationi prorsus intolerabilem, cum plane christianum et vere catholicum sit, quod quisque credat corde, ore etiam profiteatur.

Alterum malum, quod qui sunt praecipui inter ipsos, utpote Seniores, Ministri, thesauros congregant ex hac pecunia, quae illis dabatur, non quidem ratione et modo Decimarum Papisticarum, sed ex gratia et amore Christi, ad sublevandos eos, qui penuria premerentur, et propter operas Ecclesiasticas atque persecutiones non possent labore proprio victum quaerere. Rem hanc videri alienam a ministris Christi, qui iure divino Apostolos sanctos imitari deberent, ac iuxta Christi praeceptum cavere a possessione auri et argenti, reponere potius debere eos thesaurum in coelis, curam vero vitae suae reiicere in Dominum, ac lilia agri imitari.

Waldenses nostris respondent, sibi non displicere propositum Fratrum de unitate ineunda, deliberaturos cum suis postea hac de re. Vitia autem haec exposita nomine totius congregationis Fratrum se nec ignorare, nec defendere, verum fateri, quibusdam in rebus multum a pristina puritate patrum suorum deflexum esse, cogitaturos tamen de emendatione. Convenit inter eos, ut tandem certo tempore conveniant iterum, ac istis de rebus aliquid certi constituant, sacerdotibus Papisticis omnibus nescientibus. Concipiunt nostri spem futurae unionis, et parant sese magna cum laetitia tempus constitutum exspectantes. Sed quid actum postea. Antequam tempus constitutum venisset, revellant Waldenses omnia haec sacrificulis Papisticis, qui dissuadent et dehortantur, atque persuadent ipsis, ut a proposito cessent, rem hanc eis fore inutilem et forte exitiosam.[12]) Sacerdotum turba, antea iam nostris satis infensa, hac occasione mirum in modum irritatur. Regi et omnibus Magistratibus nostros deferunt, multa manifestissima mendacia congerunt, declamitabant pro concionibus impudicissimi Rabulae, nos esse de nomine Pichardorum, Adamitarum, de quibus Aeneas[13]) et alii scribunt, qui interempti erant a Žižka omnes praeter paucissimos, qui in vinculis detinebantur.

Publice horribiliter traducimur, scribitur et decantatur ubique, nos homines esse tetros, horrendis flagitiis pollutos, neque aetati, neque sanguini parcentes. Rochezana quoque nunc primum convertitur in atrocissimum hostem, et similem sui reddit Regem Georgium. Scribit Rochezana

---

[12]) Vgl. Blahoslav an Georg Israel (Beilage N).
[13]) Cap. XLI. De Adamitis haereticis.

prolixas litteras, plenas tetrorum mendaciorum. Hae ubique in templis per totam Boëmiam et Moraviam leguntur.[14]) Iam reddimur odiosi omni carni. Hic quoque postea secuta sunt quorundam vincula, quibus nonnulli ad decennium et ultra detenti sunt, aliorum excarnificationes ɔc. Longum esset recensere.

Respondent nostri Rochezanae et mittunt ad eum, omnium nomine rogant, ne credere velit mendaci famae a sacerdotibus excitatae ɔc., neve tantopere saeviat in eos, quos ipse verbum Dei seminando olim genuerit. Placatur ipse nonnihil, sed persecutiones manent. Scribunt praeterea nostri Regi Georgio[15]) et rogant, ut licentia eis concedatur ad suae causae expositionem, atque dicunt, se non esse illos sectarios homines ac haereticos, cum inhaererent vestigiis Hussii, nec quicquam pertinaciter defendere velle affirment, sed paratissimos esse, ut per sacras scripturas, sicubi a veritate aberrarent, ut simplices, vel a minimo instruantur. Non obtinent quicquam, sed spargitur vulgo fama, cuius author ignorabatur, nostros non opportere audiri, dudum iam esse condemnatos, utpote qui Waldenses essent, corruptissimorum hominum genus.[16]) Scribunt ergo propediem nostri Magistratibus, Regi, Dominis Civitatum Pragensium Senatoribus et aliis,[17]) negant, se esse Waldenses, multo minus Pichardos nec Adamitas, sed veras Hussii reliquias, auditores Rochezanae ɔc. Per Deum et misericordiam eius orantes, ut prius quam condemnentur, audiantur.

Nihil impetratur, opprimuntur, et probris ac conviciis magis ac magis immerguntur, ut postea latitare in montibus et cavernis petrarum cogantur plurimi. Irascitur iterum Rochezana ac loquitur nostris, qui ad se venerant, quaedam cum eo communicaturi: Etiamsi nihil sit impietatis, quod eis obiiciatur, tamen me spretum esse ab eis video; debuisse et potuisse illos manere nobiscum, et uti sacerdotibus a Romanis Episcopis ordinatis, qui essent prae aliis pii et non ita ceremoniis addicti ɔc. Scripto ei nostri respondent humili et pio, in quo inter alia causas suae ab illo et omnibus a Papa originem trahentibus sacerdotibus separationis recensent, se affirmantes non more Taborensium propter ceremonias, nempe albas, ornatus, corporalia ɔc. a sacerdotibus discessisse et peculiarem Ecclesiam instituisse, neque propter vitam multorum sacerdotum pollutam potissimum: sed maxime propter errores intolerabiles ɔc. Nihil tamen profuerunt omnia haec scripta.

Waldenses autem, quorum valde pauci hisce temporibus in Boëmia degunt, paulatim sese subducunt hinc, Stephanus, unus de Senioribus eorum, Viennae igne perimitur. Confluunt tandem in Marchiam, ubi socii eorum aliqui sunt, lucrantur nonpaucos istic, sed post aliquot annos persecutionem movent papistici sacrificuli atrocissimam; plurimi Waldensium seu aqua, seu igni aut gladio pereunt. Interea quidam ex Marchia venit in Boëmiam, ubi cum inveniret Ecclesiam Fratrum nostrorum, adscribitur

---

[14]) Výbor II. 734. vgl. o. S. 20.

[15]) Vgl. Gindely I. 45.

[16]) Vgl. o. S. 98.

[17]) Vgl. Gindely I. 49. Blahoslav anticipirt hier diese Gruppe von apologetischen Schriften der Brüder.

in album illorum et manet cum illis. Post aliquot annos suos amicos visitare volens in Marchiam it, atque ibi narrat, quales reperit Fratres in Boëmia. Hac ratione rumor ac fama certa venit in Marchiam de nostris Fratribus, quod a quibusdam Baronibus defendantur, ita ut licet non admodum libere convenire, tamen libere vivere sub dominio ipsorum possint. Multi igitur Waldensium aut eorum, qui Waldensibus isthic adhaeserant, relinquunt patriam et deveniunt in Moraviam in Civitatem Fulneckam et alias. Hos commendarunt Waldenses nostris, recipiuntur ergo a fratribus et fiunt membra per istas civitates dispersarum ecclesiarum nostrarum, quorum filii et nepotes manent illic hunc usque diem. Caeteri autem, qui in Marchia remanserunt, perierunt in istis persecutionibus. Hoc modo Ecclesia Waldensium sublata est in his regionibus nostris.[18])

---

[18]) Vgl. Camerarius p. 116—117: Magna pars horum (Waldensium)... in Marchiam Brandenburgensem venerunt, quo ante tempus etiam illud aliqui ex ipsis abierant. Sed non diu post et ibi sunt gravissime afflicti et inde expulsi, multis ex eorum numero gladio, aqua, igni interemtis. Paulo ante hanc cladem, quidam ex Waldensium coetu, *Petrus Textor* nomine, ex Marchia in Bohemiam venit. Is, cum Landiscronae reperisset Fratrum Ecclesiasticum conventum, magnopere laetatus cum illis sese coniunxit, et est in ipsorum coetum receptus ɔc. Die ausgewanderten Waldenser siedelten sich in Böhmen in Landskron, in Mähren in den Städten Fulnek und Weisskirchen (Hranice) an.

Über den Verkehr der Brüder mit den Märker Waldensern enthält die Hist. Fr. (Ms. Un.) folgende wichtige Angaben:

„1480. Aus diesem Jahre findet sich ein Schreiben der Brüder vor, die in der Mark waren. Es berichtet, wie es ihnen dort ergieng und welche Verfolgungen sie litten. Gesendet ward dieses Schreiben an die Brüder in Böhmen. Es lautet also: Liebe Brüder... Da ihr erfahren wolltet, wie es den Brüdern in der Mark ergieng, so wisset: Als der alte Markgraf vor einiger Zeit einen Krieg führte, da kam er in eine Stadt, in die Nähe der Brüder. Da erhoben sich die Priester und Mönche, und klagten die Brüder an und baten, er möge erlauben, dieselben zu verurtheilen. Und der Herr antwortete, sie sollten die Brüder erst hören: sollten sie sich auf Irrwegen befinden, so mögen sie widerrufen; ist es aber nicht der Fall, so sollen sie bis auf weiteres dieselben in Ruhe lassen. Aber die Priester leiteten davon eine Vollmacht her, als ob der Herr dieselbe ihnen ertheilt hätte, und trachteten mit Hilfe einiger Bürger die Brüder gefangen zu nehmen. Auch forderten sie dazu den Bürgermeister einer Stadt auf, der aber es nicht that; und da sagten dieselben, sie hätten die Vollmacht dazu von dem Herrn empfangen: „und weil du es nicht thun willst, so werden wir dem Herrn schreiben, dass du mit den Ketzern eins bist und mit ihnen hältst." Und der Bürgermeister gieng den Herrn zu suchen, aber der alte Herr war wieder in sein Land gezogen. Indessen haben die Priester einige Brüder zum Verhör vorgeladen und sie fragten dieselben nun mit vielen Fragen, was ihr Glaube von dem bösen Priester wäre, aber über ihr Glaubensbekenntnis befragten sie dieselben nicht. Aber einige Brüder begaben sich zu dem jungen Markgrafen, der ihnen Geleitsbriefe gab an die Vorgesetzten der Priesterschaft, die Pröbste und die Officialen, diese sollten sie bis zu seiner Ankunft in Ruhe lassen. Die Priester lasen die Briefe und zürnten den Brüdern noch mehr und nahmen einige in Haft. Andere Brüder aber, als sie es sahen, entwichen. Das war die erste Verfolgung... Und um die Zeit kam ich zu ihnen, wie euch, liebe Brüder, bekannt ist. Und jenes Schreiben, das über den Glauben handelt, habe ich ihnen eigenhändigt mit der Ermahnung, sie möchten vorsichtig sein und dasselbe nicht in die Hände der Priester und unvernünftiger Menschen kommen lassen. Da die Brüder aber wünschten, jenes Schreiben einem Herrn zu zeigen, so willigte ich ein. Es gefiel dem Herrn sehr, so dass er sagte: die Brüder haben den wahren Grund der ersten h. Kirche gefunden. — Auch der Rath einer Stadt wünschte das Schreiben zu sehen, und ich gab auf ihre Bitte nach,

Nostri vero creverunt in istis turbis in Boëmia et Moravia, semper enim Dominus addebat, qui sese piis patribus adiungerent. Sed ad priora revertar.

Defunctis Georgio Rege ac Rochezana et regnante Vladislao inquirunt nostri diligenter, an sint alicubi homines in orbe, qui Christum profiteantur, Papae autem non obediant. Suadent igitur quidam, ut mittantur aliqui in longinquas regiones, ac pervestigent mores et Religiones varia-

sie zu derselben Vorsicht mahnend wie vordem. Und die Herren gaben es ihrem Schreiber zum Abschreiben, der bereits ein Priester war und die erste Messe gelesen hatte — früher ist er aber Stadtschreiber gewesen. Und dieser gab im geheimen den Brief selbst oder eine Abschrift den Priestern, und als ihn die Herren an die Verfertigung einer Abschrift mahnten, sagte er, dies vertrage sich mit seinem Priesteramte nicht mehr."

„Dann haben die Priester das Schreiben willkürlich verfälscht und dem Bischof überreicht. Dieser gab es dem Markgrafen, und so geschah es, dass der Markgraf den Geistlichen die Erlaubniss ertheilte, die Brüder zu verfolgen. Eines Tages, am Morgen, haben sie dieselben überfallen, in Haft genommen und sechs Männer verbrannt und vier Weiber. Den Peter aber und einen andern Bruder, da er eine Berufung an den Markgrafen eingelegt hatte ... stellten sie vor einen Mönch, der sich Doktor der sieben Künste nennt, dieser verhörte ihn und erklärte dann in seiner Predigt, dass diese Leute im Glauben irrten gegen die heilige römische Kirche, gegen die Geistlichkeit und gegen die Sakramente, und er that es vor vornehmen Personen, zuletzt vor dem Markgrafen. Sie sagten dem Peter, er möchte widerrufen und die Leute aufsuchen, die er verborgen hätte, um diese wieder auf den rechten Weg zu führen: zu diesem Zwecke wollten sie ihn freigeben. Aber Bruder Peter sagte: Lieber lasse ich mich in Stücke reissen! — Als sie ihn zum Tode führten, fragten sie, ob er den Leib des Herrn empfangen wolle. Aber er sagte: Ihr habt ihn nicht und könnt mir ihn nicht geben. — Und vor dem Scheiterhaufen sagten sie ihm, er sollte etwas gutes sagen. Als er aber zum Volke zu reden anhub, da stimmten die Mönche und die Priester einen Gesang an, dass ihn die Leute nicht hören könnten. Dann nahmen die Geistlichen die Weiber derjenigen Brüder, die sich geflüchtet hatten, unter Eid und Versprechen, ihnen die Männer, wenn sie nach Hause kämen, zu verrathen. Und überall lauerten sie ihnen auf, um ihrer habhaft zu werden und sie zu fangen, wenn sie das Land verlassen sollten. So mussten die Brüder in grossen Ängsten diesen Winter sich in Wäldern bergen, und da sind sie auch jetzt. Aber sie sind mit Gottes Hilfe bereit, lieber alles zu erleiden, was er zulässt, als gegen ihn etwas zu thun. Und sie bitten euch um Rath und Hilfe. Können sie in diesem Lande nicht geduldet werden, so möchten sie es erlangen, dass man sie ziehen liesse. Und wohin sie sich wenden und was sie thun sollten: darum bitten sie euch in ihren grossen Ängsten. Und wollt ihr, liebe Brüder, ihnen schreiben, so thut es in deutscher Sprache, denn unter uns ist niemand, der das Böhmische übersetzen könnte."

Vor der Auswanderung der Waldenser schickten die Brüder eine Gesandtschaft an dieselben, mit Thomas dem Deutschen an der Spitze. Eine wichtige Nachricht darüber hat Jafet aus einem nicht näher bezeichneten „Buche" des Krasonický († 1532) in sein erstes Werk (die Stimme des Wächters) aufgenommen:

„Die Überreste der Waldenser, die in den umliegenden Gegenden wohnten, vereinigten sich mit den Brüdern und ihrer Unität, eine grosse Menge des Volkes und auch einige Priester. Und auch die Mark verliessen sie damals und kamen nach Mähren, wo sie sich namentlich in der Stadt Fulnek und in der Umgegend ansiedelten. Und auch in Landskron, da sie Deutsche waren. Ihre Nachkommen sind da bis auf den heutigen Tag. Denn die Brüder waren ihnen gewogen, und sie hatten zu ihnen eine Gesandtschaft geschickt, bestehend aus vielen Personen, mit ihrem (der Brüder) Priester, Thomas von Landskron, dem Deutschen, welcher die Waldenser gut kannte. Und dieser gewann ihrer viele und bewog sie, die Mark zu verlassen und nach Mähren zu kommen."

rum gentium. Comprobatur omnibus consilium. Erant quidam iam ad-
iuncti Fratribus, non ex nobilibus saltem, sed ex Baronibus etiam Boëmiae,
opulenti homines. Ii legatis impensas se subpeditaturos pollicentur. Maxime Dominus Bohusche Kostka Baro a Postupicz, Lithomysliensis Dominus ɔc. Eliguntur quatuor viri
  Lucas Baccalaureus Pragensis,
  Maress Kokowecz,
  Martinus Kabatnik,
  Casparus ex Marchia.[19])

Isti pergunt una Constantinopolim, Hinc Lucas pergit ad peragran-
das regiones Graeciae, Maresch Moschovitas[20]) et aliarum adiacentium
regionum oras petit, Martinus Hierosolimam et Egiptum nacto quodam
Judaeo contendit, Caspar Constantinopoli relinquitur, ut eos expectet, do-
nec revertantur. Reversi tandem omnes domum, nec quod quaerebant,
invenerunt. Elapsis aliquot annis eodem Vladislao regnante denuo mittuntur legati duo, viri docti, Lucas Baccalaureus, de quo superius, et
Thomas Germanus, ut peragrent Italiam et Gallias. Istic invenerunt Romae et alibi quosdam viros pios, Deum timentes, dispersos inter igno-
bile vulgus, concupiscentiis carnis deditum, variis in periculis versantes.
Invenerunt tandem et nonnullos Waldensium varia discrimina sustinentes
per Gallias dispersos, qui eos humaniter recipiunt ac tractant ut fratres.

Renovatur tandem persecutio in Moravia, nam edicto regio eiiciun-
tur fratres nostri ex hoc marchionatu, ac non pauci venerunt in Moldaviam Anno 1481, ubi recipiuntur a Duce quodam. Sed paulatim postea
sese subducentes certas ob causas revertuntur in patriam. Nam Rex Hun-
gariae Matthias, qui tunc Marchionatu hoc potiebatur, mutaverat sententiam suam concedebatque Fratribus libertatem habitandi in Moravia hoc
tantum addens, si quando eos expellere vellet, concessurum se unius anni
spatium, in quo possent suas possessiones vendere.[21]) Interea fiunt varia

Nikolaus von Schlan († 1542), welcher die Zeiten der alten Brüder gesehen
hatte, erzählt in der Vorrede zu seiner von Gindely (Quellen 45 ff.) herausgegebenen
Schrift, zwei Waldenser seien aus der Mark nach Böhmen gekommen, um die Brüder
kennen zu lernen. Sie blieben unter ihnen einige Zeit. Später gieng mit ihnen zu
den Märker Waldensern ein Bruder, welcher der böhmischen Sprache, obgleich selbst
ein Deutscher, vollkommen mächtig war. — Comenius widmete seinen deutschen
Katechismus (Amsterdam 1661) der zerstreuten Herde von Fulnek. Es ist bekannt,
welche Bedeutung der Fulneker Gegend in der Geschichte der erneuerten Unität
zukommt. — Lasicius, obgleich seine Erzählung die ausführlichste ist, besass keine
anderen Quellen. Er bringt in das Ganze nur Verwirrung, indem er von einer
zweifachen Wanderung der Waldenser zu berichten weiss. — Die Reise der Brüder — es waren Michael, Thomas der Deutsche, Prokop und Joh. Táborský — im
J. 1480 hatte wahrscheinlich das Ziel, die Waldenser in der Mark aufzusuchen.
Vgl. Camer. 98 ff, Gindely I. 61.
  [19]) Casparus ex· Marchia war ohne Zweifel ein Märker Waldenser.
  [20]) Die Sendung des Mareš nach Russland und die Auswanderung der Brüder
nach der Moldau ist es wahrscheinlich gewesen, welche Anlass zu der Sage gab,
in Kaukasus bestehe eine Colonie der Brüder. S. Dobrovský Reise nach Schweden
und Glitsch Geschichte von Sarepta. Vgl. Brüderbote 1877.
  [21]) Br. A. V. enthält ein Schreiben der Senioren an die Brüder in der Moldau mit der Jahreszahl 1494 (?). (S. Cröger I. 98—99.) Die Hist. Persec. Cap.
XXII. versetzt die Auswanderung in das J. 1488: „Anno 1488 Matthias... proscrip-

certamina nostrorum cum papisticis quibusdam Sacerdotibus, multa plura
cum magistris Pragensibus et sacerdotibus (quos vocant) sub utraque, ut
testantur plurima scripta eorum et nostra.

Incipit interea fama clarus esse Erasmus Rotherodamus, qui a multis commendatur ut assertor Christianae ac Catholicae Veritatis fortissi-
mus. Ad quem quidam nomine Johannes Šlechta, homo nobilis Boëmus,
multa falsa de Fratribus scripsit, ut testatur Epistola eius, quae inter
Erasmi epistolas habetur.²²) Moventur hac de Erasmo fama nostri, mittunt ad eum Legatos Antverpiam, viros pietate et prudentia claros, Nicolaum Claudianum, virum eruditum et insignem medicum, et Laurentium
Wotik, Baccalaureum, is adhuc superest, homo grandaevus, et multarum
rerum gnarus.²³) Qui ei Apologiam Fratrum Norimbergae Anno 1511

---

sit e Moravia fratres: quorum aliquot centeni, assumpto secum Ministro, Nicolao
Slanski, per Hungariam et Transsylvaniam in Moldaviam usque pervenerunt: ad
quos biennio post unum e Consenioribus, Eliam Krenowski, fratres miserunt, per
literas quosque ad patienter ferendum pro veritate exilium animantes." — Vgl. Camerarius p. 117—118. — Slanský erzählt in seiner Vorrede, er sei in der Moldau
gewesen, wo den Brüdern „gegen den Brauch jenes Landes" gestattet wurde, eine
Stadt zu gründen. Zweimal habe er vor den Türken fliehen müssen.

²²) Johannes Šlechta von Všehrd nimmt unter den böhmischen Humanisten
eine hervorragende Stellung ein. Wie Bohuslav Hassenstein von Lobkowitz, so
war auch er der katholischen Kirche zugethan. Sein Schreiben an Erasmus (Erasmi
Epistolarum Opus. Bas. 1538) v. 10. Okt. 1519 — die Gesandtschaft der Brüder
kann also nicht vor 1519 fallen — enthält eine Schilderung des Religionsparteien
in Böhmen. Der Bericht über die Brüder erzählt Wahres und Falsches. (Tertia
secta est eorum quos vocant Pyghardos. Hi denominationem a quodam transfuga
eiusdem gentis acceperunt, qui huc veniens ante annos nonaginta septem eo tempore quo Joannes Zizka ... bellum hic ecclesiasticis et omni clero indixerat ... ei
adiunctus infecit imprimis ipsum ducem scelerum pestiferis doctrinis et postea totum exercitum eius ... Episcopos et sacerdotes ipsi sibi eligunt laicos rudes et
literarum expertes, uxores et liberos habentes ɔc. (Über den fabelhaften Pikardus
s. Dobrovský Die b. Pik. und Adam.: Abh. der b. G. der W. 1788.) Šlechtas Schreiben hat den Brüdern in der That geschadet vgl. Gindely Quellen S. 68. (40.) —
Erasmus' Antwort Cal. Nov. 1519. (Epist. Opus 465—469. vgl. Comenius' Excerpt
aus Lasicius u. Gindely I. 149.) ist wahrscheinlich den Brüdern bekannt geworden
und hat sie zur Sendung jener Gesandtschaft bewogen. Es musste auf dieselben
einen grossen Eindruck machen, wenn sie in Erasmus' Schreiben lasen: Non lo-
quor de articulis, quibus ad fidem pertrahimus, sed de iis ex quibus ceu fontibus
scatet Evangelica pietas, videlicet e contemptu pecuniarum, e contemptu bonorum,
e moderatione affectuum, irae, odii, invidiae. Quibus cupiditatibus si quis serviat,
quaeso quid confert fidei professio? ... Was die Communio sub utraque betrifft, so
hätten sich die Böhmen dem allgemeinen Brauche fügen sollen — tametsi, ut dicam ingenue, quid sentio, demiror, cur visum sit immutare quod a Christo fuit in-
stitutum ... Die Brüder nimmt Erasmus gegen Šlechta in vielen Punkten in Schutz.
Quod sibi sacerdotes et Episcopos eligunt, non abhorret a consuetudine veterum ...
Iam quod se vicissim fratres appellant, non video, cur debeat reprehendi ... Quod
minus tribuunt doctoribus, quam divinis voluminibus, hoc est, plus deferunt deo
quam hominibus, recte sentiunt ...

²³) Nic. Claudianus (gest. um 1526) war ein gelehrter Arzt und nimmt unter
den Typographen der Unität eine hervorragende Stellung ein. Unter seine Leitung
wurde in Nürnberg die Apologie (1507 böhmisch, 1511 lateinisch) gedruckt und
nach seiner Zeichnung eine Karte von Böhmen gestochen (vgl. Frind Kirchengeschichte
Böhmens). In Jungbunzlau richtete er eine Druckerei ein und begann seine Thätigkeit mit einer neuen Ausgabe des N. T. (1518.) — Wotik starb nach Camerarius
(p. 125) im J. 1565.

impressam offerunt, ac totius Unitatis Fratrum nomine rogant, ut legere velit librum, ac si quos errores offenderit, indicaret et declararet, promptissimos esse, ut cedant et emendent. Sin vero nihil, quod Christianis indignum sit, invenerit, ut dignetur eos suo testimonio nonnihil iuvare. Accipit apologiam Erasmus, et lecturum se eam, pollicetur. Praeteritis aliquot diebus, cum revertuntur ad hominem [24]) nostri iudicium eius audituri, is respondet, se hominem esse occupatissimum, itaque non vacare sibi ut possit totum librum hunc diligentiori, quo opus esset, evolvere iudicio, percurrisse tamen se multa, nec ullum animadvertisse contineri errorem. Verum ut suo testimonio eos ornaret, rem sibi ait videri supervacaneam, non necessariam, imo periculosam, quae Ecclesiae nonnihil incommodi adferre posse videatur. Nam meo, inquit, testimonio non acquiescent alii, nihil ergo sublevabimini hac re, libris autem meis, quibus nunc repullulans Ecclesia multum iuvatur et leguntur ubique libere, conciliaretur hac re odium, et fortasse deinde condemnarentur et interdicerentur.

Revertuntur ii ad suos in Carmelum ac enarrant hoc senioribus, qui quidem meliora sperarent de viro Evangelico, tamen contenti sunt iis, in memoriam revocantes illud Christi: Ego non accipio ab hominibus testimonium; ut approbavit eventus, dum neque Tyberio Senatus Romanus acquievit, ut Christus Deus approbaretur.

Atque circa haec tempora Doctor Martinus Lutherus scribit ad Senatum Pragensem de instituendis ministris, sed nihil efficit, alia item plurima scripta eius in Boëmiam adferuntur. Ne igitur ullam patiantur praeterire occasionem Fratres, quae spem aliquam Charitatis Christianae dilatandae habere videbatur, mittunt ad eum nuncios suos semel atque iterum, ei hanc veritatis lucem gratulantes. Hi quid effecerint, testantur libri utrorumque, impressi etiam lingua Boëmica.

Obdormivit in Domino Frater Lucas Anno 1528, qui praecipuus Seniorum in Unitate Fratrum fuit prope triginta annis. Oriuntur hoc tempore et alii viri docti et pii, quorum libri paulatim circumferuntur in Boëmia. Nostri cum viderent Lutherum magis ac magis in veritate proficere, rebus in Ecclesiis suis dispositis, ac repetitione baptismi, quam hactenus retinuerant certis de causis, sublata absque Ecclesiarum scandalo, at certe non sine sudore, mittunt iterum legatos ad eum, qui cum eo diligentius agant de dogmatibus Christianis ac unitate ineunda.

Componitur res feliciter, obiiciunt quaedam D. Luthero, quae suis scriptis inseruerat de nostra Unitate, agnoscit ille, et factum per ignorantiam ait, suo tempore se refercire velle pollicetur. Contenti nostri sunt statim.

His peractis veniunt legati Waldensium ad nostros in Carmelum, viri duo Galli, homines eruditi, enarrant fratrum suorum labores, pericula et quandam mutationem atque dissidium seu discordiam exortam oc., percontantur de Fratre Luca, qui antea Gallias visitaverat, ut supra, sed

---

[24]) Lasicius Ms.: Erasmus, vir dupplicis ingenii oc. Qui quidem interiecto aliquanto temporis intervallo, quo superstitiosam religionem inferioris Germaniae observabant, reversi ad eum, rogabant, num libellum legerit.

is iam migraverat ad Dominum, aiunt se hanc ob causam missos esse a
coetu Waldensium, ut viderent, an verum sit, quod in patria sua audis-
sent, mutationem quandam accidisse in hac Fratrum Bohemorum Unitate.
Item ministros, qui ante caelibes vixerant, uxores duxisse. Manent ipsi
apud nostros per integrum semestre unum, ut et nostras Ecclesias inspi-
ciant et regimen consuetum apud nos, tum ministros, eorum operas, concordiam, unanimitatem, mutuam obedientiam adeoque totam vitam Christi cognoscant. Spirant viri illi pietatem per totum hoc tempus, quo nostris adsunt, commendant omnia, quaecunque hic instituta vident, et ad
suos in Gallias revertuntur.[25]) Sed quoniam et per hos duos viros et per
opuscula quaedam cognoscunt nostri, in Suevia quosdam etiam esse, qui
Evangelium profiteri incipiant, ut Bucerum, Capitonem et alios, mittunt
nuncios Argentoratum cum literis et Apologia ad Bucerum, hi quid effecerint, ex literis Buceri et aliorum patet.

Paucis vero annis exactis oriuntur iterum persecutiones in Boëmia
contra nostros, certatur scriptis, scribuntur a sacerdotibus Papisticis, sub
utraque variis mendaciis pleni tractaculi, contra eduntur plurima a nostris, sed omnia haec in lingua vernacula. Dum haec geruntur, veniunt
graviora, capitur Johannes Dux, Saxoniae Elector, Rex Ferdinandus regnum Boëmiae opprimit, decreta contra nos publicantur, capiuntur duo
nostrorum, unus praecipuus minister Johannes Augusta, homo ut pietate
ita animi robore praestans, et alter e numero virorum inferiorum. Pragam
vehuntur, deinde horrendis excarnificationibus excrucientur, tantum non ne-
cantur, mancipantur deinde carceri, cum nihil culpae in eis invenitur, deti-
nentur in vinculis ad hunc usque diem, cuius facinoris iam nonus agitur
annus. Capiuntur et alii multi, et varie opprimuntur omnes, sed de istis suo
et tempore loco. Novum decretum paulo post publicatur, quo nostrates
omnes, quicunque regiae ditioni subiectas urbes inhabitant, proscribuntur ex
omnibus totius regni provinciis, quaecunque hunc Regem agnoscunt pro
Domino suo. Fit moesta profectio, relinquunt plurimi Patriam, alii uxores,
nonnullae viros, liberi parentes, et contra. Circiter 400 proficiscuntur in
Poloniam, vix tamen non spoliati prius in patria evadunt manus non la-
tronum, sed vicinorum conspiratorum, qui in montibus seu silva Hercinia
eos iam ad miserabile facinus prompti expectant. Ast Dominus, qui suis
nunquam deest, ita eos mirabiliter protegebat et fortunavit iter, ut vel
ipsi hostes demirarentur. Ex Polonia fessi et afflicti edicto regio, quod
suasu et hortatu Episcoporum publicatum fuit, expelluntur, ac Poznanien-
sibus egredientes flebile exhibent spectaculum, quis enim Christi spiritu
non expers sedibus patriis eiectam spectando turbam, hominibus exosam,
veluti mactationi destinatas oviculas, vera catharmata mundi ac portenta,
ut inquit Esaias, quis inquam non moveretur, ac non defleret tantam in-
nocentium hominum afflictionem?

Ventum est in Prussiam, ubi a Principe Alberto, Duce Prussiae, viro
humanissimo ac pietatis studioso, benigne suscepti sunt, sed ob quorun-

---

[25]) Über Daniel von Valence und Johannes von Molines, die „Abgesandten"
der Waldenser, s. Herzog Waldenser S. 389 u. Herzogs Encykl. XVII. 536. Vgl.
Gindely Quellen 68 (40). — Camerarius und Lasicius bringen nur Paraphrasen von
Blahoslavs Summa.

dam Theologorum suspiciones, quas de Fratribus conceperant, durius tractantur, fit examen ministrorum, sed dum nihil invenitur in eis reprehensione dignum, conceditur eis locus in Prussia. Venit hoc tempore Andreas Osiander in Montem Regium et profitetur Theologiam in Academia. Erant isthic nostri iuvenes et adoloscentes quidam studiis vacantes, quorum ego unus. Sed propter pestem atrociter grassantem avocantur et instinctu D. Pauli Sperati, Episcopi Pomezanensis, mittuntur Basileam. Interim dum pestis nonnihil remitteret, mittuntur iterum alii Regium Montem adolescentes studiorum gratia.

Incipit Osiander seorsim a communi Theologorum sententia de iustificatione fidei discedere et sumit in dies illius incendii flamma vires, ac consumit totam concordiam atque pacem publicam totius Ecclesiae Regimontanae. Commovetur brevi non solum Prussia tota, sed et Germania quoque. Oritur inde periculosissima pugna eruditorum hominum, Ecclesiae procerum. Iam in hoc eruditorum gravi ac funesto conflictu nostri iudicabant, utrinque fieri ea, quae non decebant Christianos utpote odia, simultates, probra, convicia, adeoque spiritualia homicidia. Mittunt legatum suum ad Principem, qui (iis, quae ad Ecclesiolas nostras per Prussiam dispersas pertinebant, peractis) mentione Osiandri facta humiliter duci exponit, fratribus non placere hanc tam acrem a Theologis excitatam pugnam. Rem hanc aliter debere eos tractasse, nempe non coram tota Ecclesia, sed in concilio virorum pietate et Doctrina praestantium, cum spiritus Prophetarum Prophetis subiiciatur. Certe si quis alicubi erraret, ac admoneretur fraterne ab iis, qui spiritualiter sunt in re divina, sententiam revocare et corrigere deberet, quod si pertinaciter sua defenderet contra veritatem nec corrigere vellet, excommunicationis vi feriendus esset, ut praeceptum Christi iubet. Sed suadet et postulat vehementer Princeps, ac instat, ut legatus noster cum Osiandro conferat. Factum modeste, sententia Fratrum de Iustitia exponitur Osiandro, non refragatur, non vituperat, nihilominus tamen perstat in sua sententia. Legatus vero revertitur domum.

Denuo elapso biennio Princeps Prussiae petit cum nostris colloqui, mittuntur ad Suam Celsitudinem legati, agit cum illis, ut sententiam Fratrum de Iustificatione sibi exponant, et quid eis videatur de hac Theologorum concertatione, quomodove in concordiam redigi et uniri possint. Candide illi agunt, et simpliciter omnia proponunt, ac scripta eadem etiam tradunt Duci ɔc. Hinc revertuntur in Poloniam maiorem, ut in mandatis habent, ubi non paucos inveniunt, qui doctrinam Fratrum amplectuntur, et se membra huius gregis, quem transeuntem per Poloniam viderant, fieri optant. Hi brevi voti compotes facti sunt.

Sed dum haec aguntur, quidam Evangelicorum virorum, qui societatem inter sese fecerant, non absimilem Unitati nostrae, ita ut seniores seu Episcopos sibi sorte elegerint ac confirmarint, audita fama Unitatis nostrae ɔc. scribunt ad nos in Carmelum literas humanitatis de Christiano pectore fluentis plenas. Respondetur eis ac mittitur Apologia cum Confessione, quam obviis excipiunt ulnis. Tandem isti legati, qui a toto concilio ministrorum missi erant in Prussiam, revertuntur a Principe, et veniunt in Poloniam atque agunt cum praedictis viris, totaque eorum societate de rebus necessariis. Succedit negotium Domino coadiuvante, adiungitur iste coetus virorum doctorum et piorum nostrae Unitati, Apologiam nostram et Confessionem et alia id genus scripta approbant, atque datis dextris recipiuntur in sanctam societatem in Domino, ita ut ipsi ovibus suis, quas Domino iam in istis locis Polonorum lucri fecerant, praesint, nostri autem gregem Domini Bohemorum exulum, quoque in Prussia et alibi, curent, mutuis sese utrique orationibus ad Deum et quibuscunque officiis pietatis iuvantes. Et haec acta sunt Anno 1555.

Hactenus de his, quae ad Unitatem nostram pertinebant, dictum esto. Quae post haec sequutura sunt, Deus novit, et nos effectus docebit. Certissimum autem est, Dominum Jesum ducem nostrum sic suam Ecclesiam et omnia vera membra, ubicunque locorum fuerint, curaturum et protecturum, ut nullus eorum ex manibus eius eripiatur aut pereat. Amen.

Haec in Carmelo scribebam 1556 certis ac gravibus quibusdam de causis, quas alibi exposui.　　　　　　　　　　　　　　　　　　　　*J. B.*

M.

Blahoslavs Schreiben an Rokyta (1557).

Joannes Blahoslaus Joanni Rokytae veram et aeternam per Christum salutem. Quod tardius tibi respondeam, carissime frater, non moleste feres, scio. Novisti enim occupationes meas, propter quas etiam nunc brevius quam vellem ut scribam necesse est, omni proëmio omisso. Partem quandam cuiusdam scripti Matthiae Flacii Illyrici, quod ad Dominum Wergerum Episcopum Iustipolitanum dederat, mihi ostenderas, cum apud nos esses, in quo satis duriter Unitatem nostram, adeoque et legatos, qui anno 1556 mense Junio ad eum missi fuerant a Fratribus, tractat, sugillat ac canino mordet dente.

Quoniam autem ego unus istorum legatorum fueram, operae pretium fore duxi, ut rem ipsam, quomodo sese habeat, tibi aperirem, et quae Illyricus scribit, quam vera sit, declararem. Scribit Illyricus in haec verba:

Illyricus.

Quod Waldenses fratres attinet, honoravi ego eos in meo Catalogo tanquam veritatis testes, non tanquam haereticos sum insectatus nec enim in eo libro eos ut haereticos recenserem. Equidem conhonestavi eos ultra quam quod iam conscientia mea probet ɔc.

Responsio.

Vides Illyrici fastum, quanti ille facit suum catalogum, ac si illius id proprium sit, ut nobis indicet, tanquam rerum omnium ignaris, qui sint veritatis testes, et qui non. Sed faciat quanti vult sua, quanti revera sint, alii multi boni et eruditi viri vident. Tu nunc consideres velim praeceps ac temerarium consilium huius viri. Scripserat praeterito anno ad Fratres Waldenses, nempe ad nostros fratres, qui in Prussia ac Polonia habitant, quandam cohortationem, ubi mirum in modum commendat Unitatem Fratrum, et ad constantiam diligenter hortatur. Tandem scripsit quoque epistolam non longam ad Seniores Fratres, satis humanam, in qua hoc tamen durius esse videtur, quod duriter obiurgare Fratres videtur, quod nomen Waldensium non agnoscant, cum re vera sint Waldenses. Addit et hoc: si, inquit, quis originem vestram a Rochezana aut Miliczio deducere vellet, longissime a vero aberraret. Cum igitur a venerando viro Domino Ioanne Nigrano ei sit responsum, cur Fratrum Unitas nomen Waldensium nolit agnoscere, ac veram originem Fratrum a Hussio, Rochezana, Lupaczio ɔc. debere deduci, vehementer exarsit. Cognovit nempe callidus homo, se non tanti fieri apud Fratres, quanti ipse se fieri et quantopere observari volebat. Scripserat nempe Frater Ioannes Nigranus, Senior Unitatis nostrae, in nullius hominis gratiam quicquam nos dicturos aut facturos, sed veritatis fore testes. Cum igitur veritati testimonium ferrent contra Illyrici a veritate alienum de origine nostra, gravissime id tulit et succensere coepit vehementer. Et quoniam veritas odium parit, incidit et ipse in hanc foveam, ut veritatis testes, qui propter conscientiam verum fateri cogebantur, quos et ipse antea venerabatur, odio prosequi non dubitaret. Videbat se argui imprudentiae, ut qui antequam integre cognovisset, de re iudicaret et definiret. Porro imprudentis cum sit dicere: non putaram, ideo et ipse non voluit dicere: non putaram, sed in sua sententia perstitit, fortasse etiam, (quod non dubito) ab Anthonio Carlostadio, sive ut ille mavult vocari Bodenstein, homine doloso, confirmatus, cuius quidem rei satis evidentia documenta praebet, cum nos non desinit vocare Waldenses. Verum astute fecit, dum non imprudenter, hunc morsum. Nam si conscientia eum admoneret factae conhonestationis istius, certe admoneret eum quoque veritas, quam ex literis Fratris J. N. et ex meo scripto didicit, nempe de origine Fratrum.

Verba Illyrici.

Nam ante annum duo fuerunt ad nos missi, qui complures libros nobis attulerunt, in quibus non paucos errores de Iustificatione, et efficacia Sacramentorum ex dignitate ministri pendente et aliis deprehendimus. Iustitiam nempe nostram saepe in renovatione seu inhaerente aut infusa charitate collocant ut Papistae, aliquando etiam et alteram partem iustitiae cum remissione peccatorum coniungunt.

Responsio.

Satis profecto audacter, ut ne dicam impudenter censor iste iudicat et damnat Unitatem nostram . . . .

. . . .

Raptim 23. Augusti Slezanae in conventu procerum totius Unitatis. Anno Domini 1557.

N.

Blahoslavs Schreiben an Georg Israël (1557).

Venerando, pietate ac singulari prudentia ornato viro Fratri *Georgio Izraheli*, Ecclesiarum Christi (quae falso Piccardorum nomine dehonestantur) in Polonia Pastori etc., collegae et Symistae in Domino observando

et amando. Inter alias, vir optime, pias collationes, quae inter nos, cum
nuper in Moravia convenissemus, erant, magna mentio fuit cuiusdam epistolae Ioannis Oecolampadii, quam ad quosdam fratres scripserat, quae
impressa exstat in libris Epistolarum Zuinglii et Oecolampadi etc., numero,
ni fallor secunda, cuius inscriptio talis est.

Ioannes Oecolampadius Fratribus N. N. salutem.[1])

Hanc Epistolam tu dicebas a quibusdam in nos detorqueri, ac si
Oecolampadius ad nostros olim eam scripsisset, nostramque taxaret ac
satis duriter obiurgaret Unitatem, idque maxime fieri a quodam Anthonio
Carolostadio Bodenstein, concionatore Toronensi. Quae omnia ego antequam tu mentionem rei istius fecisses, cum ex aliis audissem, diligenter
literas istas Oecolampadii legi et cum quibusdam doctis viris contuli ac
perquisivi, qui sint isti fratres, ad quos hanc epistolam vir ille acris
iudicii scripsisset. Quid vero invenerim, quidve hac in re certi habeam,
tibi breviter hoc meo scripto patefaciam.

Certum est, carissime Collega, hanc epistolam non esse scriptam
ad Nostram Unitatem seu ad fratres nostros, multo minus ad nos, qui
nunc vivimus, sed constat, scriptam esse ad Fratres Waldenses, quorum
reliquiae adhuc manent in Italia, in Galliis et alibi. Quibus vero id pro-
bari possit rationibus, eas ostendam, et quidem evidentissimas (meo iudicio).

Primum autem tibi, mi frater, non est ignotum, Oecolampadium,
pastorem Ecclesiae Argentinensis, non ante centum annos, aut ducentos
fuisse, sed nostra hac aetate, ita ut multi sint, quibus ille non solum
bene fuit notus, sed socios, quos ipse in deliciis habuit, ipse ego nonnullos Basileae novi; non igitur res est adeo intricata ac oblivione tam
obscurata, ut non facile possit in lucem produci.

Scis in Unitate nostra inter proceres ministrorum, quos vocamus
Seniores, esse viros grandaevos, qui a multis annis omnibus Synodis ac
Consiliis, et variis actionibus, quae ad religionem spectant, in nostra
quidem Unitate, adesse soliti sunt, et non ita pridem duo venerandi patres, Frater Daniel senex et frater Venceslaus Wrautecensis in Domino
obdormieruut, omnino dierum pleni, qui et primos auctores Unitatis
nostrae noverant et omnes sequentes Seniores ad haec usque tempora
nostra.

An non aliquis eorum de aliquo scripto Oecolampadii ad nostros
fratres aliquid scivisset? cum omnia doctorum virorum scripta, quaecunque ad nostros dantur, in consilio Seniorum leguntur, et tandem
per unum, ad hoc negotium adornatum, respondetur, secundum totius
consilii voluntatem decretam. At ego ex istis viris praedictis, ut multis
aliis de rebus, ita et de hoc scripto diligenter perquisivi, sed plane nihil
inveni; ignari istius rei (utpote nunquam factae) omnes fuere et sunt,
qui adhuc vivunt.

---

[1]) Oecolampadii et Zwinglii Epistolarum libri IV. Basileae 1536. Vgl. Herzog S. 336. Übrigens hat auch Oecolampad die Brüder und die Waldenser iden-
tificirt. Vgl. Oecolampads Schreiben v. 13. Oct. 1530. (Dieckhoff S. 370.)

Impossibile esset autem, eos ignorare rem tam magnam; maxime cum Oecolampadius in hoc scripto de rebus magni momenti, et tam ardenter agat. Sed dicet forte aliquis, fieri posse, ut haec iam oblivioni sint tradita. Verum, licet non est veri simile, ut huius rei aliquis eorum sane unus, vel duo non meminerint, tamen rebus aliis, non tam magnis etiam consultum est optime, ut nunquam oblivione (humano more loquendo) deleri possent: cur has res negligerent? Nusquam in tabulis Unitatis quicquam huius rei invenitur, nec in ulla bibliotheca, quae in tota Unitate sunt, exstat aliquod scriptum Oecolampadii ad nostrorum quenquam.

Habentur Epistolae D. Martini Lutheri, Melanchtonis, Buceri, Calvini, Capitonis, Sperati et aliorum; certe si quid scripsisset ad nostros Oecolampadius, inveniretur et illius scriptum inter aliorum doctissimorum hominum scripta.

Item nec aliqua responsio inter scripta haec, quae totius Unitatis, at Seniorum tantum nomine ad quosvis scribuntur, invenitur.

Sciunt praeterea omnes Seniores, qui adhuc vivunt, quorum nonnulli senio confecti, multorum certaminum et actionum variarum meminerunt, ac eas saepe variis se offerentibus occasionibus recitant, — sciunt, inquam, inter Zuinglium vel Oecolampadium et Unitatem nostram aut aliquos Seniores nullam unquam intercessisse negotia aut familiaritatem. Non ignoramus multi, quid fuerit inter quosdam viros doctos, Saxonicarum et aliarum quoque Ecclesiarum praesides, et inter nostram Unitatem. Exstant omnia ista, quae agebantur ante XXX annos inter D. Mart. Lutherum et fratrem Lucam, unum de numero Seniorum nostrorum, qui tum temporis adhuc vixit, homo septuagenarius; sed de Oecolampadii prorsus nihil scitur. Facile autem intelliget, qui legerit Epistolam Oecolampadii, eos quibus scripsit, ei familiares fuisse, ita ut non semel scripserit, sive ipse ad eos, sive ipsi ad eum, imo etiam nuncii seu legati ad Oecolampadium ab eis mittebantur. Non fuit profecto vir ille tam imprudens, ut ad ignotos talia scriberet, quorum tandem eum pudere oporteret, sicut fecit Matthias Flacius Illyricus, qui ad nostros de nomine Waldensium et de origine Unitatis nostrae quaedam satis imprudenter et ambitiose, ut non impudenter dicam, nuper scripsit, plus credens Anthonio Carolostadio, versuto homini, quam totius Unitatis nostrae Senioribus, quorum libri ea de re extant latine et Boëmice scripti.

Valde imprudenter profecto fecisset Oecolampadius, si ea nostrae Unitati obiecisset, quae nunquam apud nos fuerunt. Nam ab initio Unitatis nostrae ante centum annos, et ultra etiam, nunquam Unitas nostra quicquam tale perpetravit, credidit, docuit aut professa est. Cuius rei testimonium firmissimum est: I. Scripta omnia in Unitate edita, quae multa sunt. II. Omnes quotquot vivunt senio confecti homines, seu ex numero ministrorum seu ex vulgo, qui neque tale quidquam viderunt, nec unquam a suis patribus audiverunt, sed contraria experti sunt et ipsi, et eorum patres, et nos quoque experimur.

Ante octoginta annos, cum nostri patres, Unitatis nostrae Seniores, vidissent Waldensium quosdam, qui tum temporis in Austriae finibus prope Moraviam fuere, erga Ecclesias nostras bene affectos, miserunt ad eos

*

suos legatos, qui omnia, quae apud eos aguntur, perquirerent, non tantum doctrinam, quam profitebantur, qualis fuerit, sed et mores eorum et ceremonias ɔc. Ii reversi nunciarunt, quae viderunt et resciverunt, omnia. Placebant multa nostris, imo omnia, quaecunque sanctorum Apostolorum doctrinae non adversabantur. Decreverunt itaque (si Domino placeret, et ipsi Waldenses nempe vellent), ut cum eis sanctam facerent Unitatem, ac in unum populum coalescerent. Ea tamen conditione, si quosdam naevos, qui eis primum per legatos exponerentur, corrigere vellent. Quorum unus fuit, de quo Oecolampadius in hac Epistola scribit, nempe communicatio Sacris Papisticis. Verum quia Waldenses non correxerunt vitia sua admoniti a nostris, sicut neque post Oecolampadii admonitionem resipuerunt (nam adhuc vitio hoc sunt obnoxii multi eorum, sicut ante annum cum Witebergae fuissem a quodam docto viro, qui unus eorum fuerat, et tum primum ex inferiori Germania venerat, audivi); ideo nostri non adiunxerunt se Waldensibus, sed manserunt Boëmi discipuli, et reliquiae auditorum Hussii, Lupaczii et aliorum, qua de re latius antea scripsi, cuius scripti et tu habes exemplum .   .   .   .

.   .   .   .

Ex Carmelo, 20. die Novembris 1557.

O.

Blahoslavs Geschichte (nach Martinius von Dražov).

... Die Brüder wählten (behufs der Bestätigung) zwei Priester zu Ältesten, einen Waldenser und einen römischen Priester, den Waldenser, der Stefan hiess. Und für diesen flehten sie zu Gott, wenn er die Bestätigung durch die Waldenser haben wolle, so möge er ihm das Herz dazu stimmen, auf dass er es im Vertrauen vollbringe ... Den zweiten aber, Michael, einen Priester römischer Weihe, der den Gebrauch des Priesterthums nach päpstlicher Ordnung niederlegte. Aber das Priesterthum legte er nicht nieder, sondern nur den Gebrauch zum Bösen . . . . .

Diesen Michael schickten die Brüder selbandern nicht nach Italien (wie einige sagten), sondern an den Ältesten — Bischof der Waldenser, bei denen Priesterthum und Bisthum neben einander liefen, auf dass er die Vollmacht empfange, andere zu bestätigen . . . . Und dem Ältesten der Waldenser sagten sie alles, was geschehen war. Er hörte sie aber mit Wolgefallen und bestätigte sie in der eben gemeldeten Absicht. Es ist aber nicht wahr, er hätte ihnen, wie einige sagen, die Hände zum Zeichen der Busse aufgelegt. Übrigens wollen wir nicht läugnen, der Waldenser habe vielleicht später aus Furcht anders gesprochen. Beide kehrten aber zurück und bestätigten die drei Gewählten durch Handauflegung. Aber nach einiger Zeit wurde dem Michael aus gewissen Gründen der Gebrauch des Vorranges genommen . . . .

P.

Lasicius: Geschichte der Brüder.

Tandem post longas haesitationes ... convenerunt in pago Lhota,[1]) quae vox manumissionem atque ex servitute liberationem significat, prope oppidum Rychnov (Duchko hospiti erat cognomen) LXX circiter, clerici, nobiles, cives, agricolae. Ubi precibus sacris dediti ac illis Christi promissis persuasi confisique: quicquid duo tresve ɔc.: rogarunt supplices Patrem Coelestem, velletne id, seu ut verbis utar illorum, essetne ipsius voluntas, ut se iam plane a Babylone spirituali ... subducerent ..., et novum ordinem ministerii sancti, soli Christo addicti, inter se constituerent? Usi sunt quoque in precando his Davidis verbis: Domine valde mitis ɔc. Quid deinde factum? Exaudit supplices misericors ille et verax in dictis Coelestis Pater,[2]) voce hae ad aures ipsorum demissa: Gest ma wule: Est, inquit, mea voluntas ... Addunt quoque quidam, sorte eius rei aggrediendae quaesitum tempus indicatum esse, qua sorte quondam Israelitae soliti erant voluntatem Dei cognoscere ... Sic autem hac de sorte Johannes Blagoslaus, doctus Episcopus Fratrum in Moravia, quem maxime sequimur: Post multas, inquit, orationes cum ieiuniis ɔc.[3]) Omitto in praesentia illos, quibus hoc, quod refero, omissum a timidis scriptoribus, etsi vere accidit (quid enim Deo volente non fieret), tamen quia est insolens et rarum, incredibile esse videtur[4]) ... (Folgt ein gelehrter Excurs über die Wunder) ... Quod si hodie Pater Coelestis, cui sui curae sunt, rarius loquitur clara voce, sed crebrius instinctu sui spiritus, non est tamen ideo hoc, quod narro, commentum existimandum, lectum a me in manuscriptis proborum virorum antiquae fidei libellis. Quare immerito tunc adversarii veritatis Fratres enthusiastas cognominabant. Quod Deo volente factum est semel, non est sperandum expectandumve cum phantasticis enthusiastis semper. Sed nos omissa nunc Apologia ad Historiam revertamur.

Fratres, actis Deo pro hoc beneficio gratiis, sua in sententia tali miraculo confirmantur.[5]) Post eligunt tres viros, qui ad tempus primarii essent, alios regerent, et sponte sua obedientes officii commonefacerent. Quorum praecipuus ille Gregorius, rerum Divinarum scientia vitaeque sanctimonia clarus, caeteri Procopius et Clenovius. (Das Folgende über die nach Lasicius schon damals beabsichtigte Sendung nach dem Orient s. bei Comenius.)

... Sed nos ad Fratres. Apud quos postquam[6]) tres illi Presbyteri Ecclesiam aliquandiu administrassent, et ordo Christo auspice institutus

---

[1]) Lhota bedeutet Frist, Zufristung, dann ein zeitweilig von Abgaben befreites Dorf.
[2]) Hier bricht Comenius (Exc. III.) ab.
[3]) Vgl. Blahoslavs Summa.
[4]) Vgl. Dieckhoff S. 357—358.
[5]) Vgl. Comenius (Exc. IV.): Fratres ... sua in sententia, soli fundamento, Sacra Scriptura, in qua Deus suam revelat voluntatem, esse nitendum, confirmantur Postmodum eligunt ...
[6]) Vgl. Comenius (Exc. V.): Postquam illi tres ...

perquam utilis eis esse videretur (iam vero non ullus alius sacerdos quam ille Michael, doctrinae pietatisque Hussi quasi haeres, aliis fato, aliis violentia hostium veritatis absumptis): Fratres, indictis A. 1467. publice ieiuniis, precati sunt Deum omnes, ut de his, quae ipsi grata forent, cogitantibus benignum, et qualis natura sua est, misericordem se ipsis praestaret. Quibus peractis, convenerunt rursus eodem loci ubi et ante, totidem aut pauco plures viri quam 70, reliquis in suis sedibus conatum eorum precibus divinis adiuvantibus. Ubi illis Christi promissis animati: quicquid orantes petieritis, credite, vos accepturos: seligunt inter se XX viros, et integrae conscientiae, et legis divinae scientia caeteris excellentiores, ac divino plane consilio novem segregant, e quibus Deus Coelestis Pater, sumeret, quos duces Ecclesiae constitueret; reliquos vero undecim rei huic peragendae designant. Destinatos sortioni, quae delectos a Deo declararet, Christo, sponso Ecclesiae, commendant, ut si quos illorum muneri Ecclesiastico praefici vellet, eos ipsemet sanctificaret, spiritusque sui donis expleret. Parant praeterea duodecim Chartulas convolutas, ex quibus novem vacuis tres inscriptum EST, voluntatis divinae signum, habuere. Quibus eo modo constitutis, rursus orant supplices Deum, ut pro sua in Ecclesiam clementia, cuius redimendae ac in unum corpus fidei cogendae causa Unigenum, Spiritumque suum in terram demississet, et doctores ductoresque semper illis dedisset, ex illis novem viris unum, duos, tresve simul Ecclesiolae suae rectores deligeret, sin id nollet, ne faceret. Quod quidem fieri potuit, si omnibus purae schedulae obvenissent.

Habuit ibidem Gregorius ad universum coetum eiusmodi oratiunculam: Quandoquidem, Chari Fratres, id negotii Deo commisimus, ut si velit, aliquos ex his viris seligat ad munus legationis filii sui in Ecclesia rite obeundum, aequum est, ut in voluntate ac iudicio eius acquiescamus. Interea bono sitis animo, non fallet nos ille, qui se effecturum ad Patrem suum recepit, quod quis ab eos firma fiducia praeditus petierit."

Postea Procopius Diaconus [7]) schedulas aversis oculis e sitella eximens, dabat singulatim candidatis in medio stantibus. Hi vero illo, ubi undecim consederant, accedentes, suam singuli apud eos deponebant. Ubi, rem mirandam, inventi sunt tres, quorum schedulae signatae fuerunt, scilicet: Matthias Conwaldensis, 25 annos natus, Thomas Praelaucius ac Elias Chrenovicius. Ac revera isti fuerunt inter illos novem tanto muneri aptissimi, et quod inde ab adolescentia vitam bene constituissent suam, testimoniis aliorum ornati. Hi ergo visi sunt omnibus Deo placuisse, ut Ecclesiae administrationem susciperent. Sic enim de sorte hominum ille sapientissimus Prov. XVI.: In sinum coniicitur sors, sed a Jehova est omne iudicium. Quod quidem ita esse, praeter alios in Jonathamo, filio Sauli, Jona Propheta et Matthia novo Apostolo, apparuit. Tum extemplo omnes Deo pro ducibus gratias egere, sorti consensere, electis obedientiam, Christo autem per eos fidem datis dextris polliceri, eosdemque orare, ut munus laboriosum, ad quod se divinitus vocatos esse, ipsimet cernerent, alacribus animis susciperent. His autem annuentibus ... laeti omnes carmine ex tempore composito, gratias Deo concinunt. Cuius hoc est prin-

---

[7]) Comenius: adolescens.

cipium: Gaudeamus simul omnes hodie ɔc. Caetera ex canticis ipsorum petantur. Nam et hodie hac cantione Deum celebrant in suorum ministrorum creatione ... Tandem omnes coenae Domini ceremonias, qualis in sacris Literis legitur, absolvunt.

Quod ad consecrationem, ea a solo Deo ad preces Ecclesiae per Christum proficiscitur. Ego, inquit, me ipsum pro eis sanctifico . . . . . . Inibi pius ille Michael, Romani chrismatis sacerdos, rogatus a coetu, tali sorte electis manus cum fausta apprecatione in nomine Jesu imponit, et sacri ministerii munus, quod et ipse a suis maioribus acceperat, committit. Fecit idem postea Stephanus Episcopus Waldensium, ut erat hominum existimatio, quam proxime ad veritatem Evangelicam accedentium, cum ad illum is ipse Michael cum uno horum trium missus a coetu esset. Acceptam a Waldensibus confirmationem Michaelis comes reversus ad suos cum reliquis communicavit. [8]) Quo facto Fratres ostendere voluerunt, nihil se boni damnare, quodcunque esset, sive in Romana, sive in alia Ecclesia, nihil enim ipsis magis cordi est, quam ordo quivis bonus, etiam ab hominibus institutus. [9]) Ac libenter fatentur, esse in Papatu quaedam bona ... sed eiusmodi quae sunt, ... malis permista ... Quapropter distinguunt et in bona, quae sunt recipienda, in mista, quae purganda, et in mala prorsus reiicienda. Exinde Michael Matthiae cessit, et abrogato vetere sacerdotio in sacrificando constituto, verius novo ritu sumpsit, seque ipse electis submisit ...

Erat ibidem Romanae rasurae quidam alius sacrificulus, qui sibi novos ministros praeferri indigne ferens missos fecit Fratres ... Post haec Matthiae, ut primas partes inter alios teneret, concordi omnium suffragio facta est potestas ... Isti haec omnia, quae flagranti quodam spiritu excitati literis mandamus, quasi per manus posteritati tradiderunt, ad nos quoque accurata inquisitione perlata. Porro fuit aliquot ante diebus Gregorio illi divinitus patefactum, tam de his tribus eligendis, quam de primatu Matthiae, quod is nemini, antequam ita evenit, indicare voluit, soli Matthiae primatum praedixit. Qui Gregorius sancte rogatus ab omnibus, num sors viso ipsius respondisset, ita se vere habet, respondit.

Caeterum quo tunc miraculo Deus, quem Johannes Evangel. lucem vocat, hanc suorum parvulam gregem se in posterum magis ac magis illustraturum, demonstravit, id Epistola Fratrum ad contumacem Rochezanam paucis attingit, pluribus senes referunt. Etenim memores illorum Gedeonis de signo repetito et Davidis Psal. LXXXVI verborum: Miserere mei Deus, facque mihi signum in bonum: precati sunt ipsi quoque his verbis Deum: „Oramus te, benique Pater, ut si quos ad ministerium Ecclesiae tuae fame verbi tui sinceri pereuntis destinasti, ostendas id uobis aliquo signo!" Post quam preces coenaculum illorum luce quadam collustratum resplenduit ... Quod ego literis nequaquam proderem, nisi

---

[8]) Comenius (Exc. V.): Fecit idem Stephanus, Episcopus Waldensium electosque confirmavit; quin et Episcopalem potestatem suos Pastores confirmandi dedit. Quo facto ...

[9]) Comenius (Exc. V.) bricht hier ab mit dem Zusatz: qualis est, ut Clerici nonnisi ab Episcopis ordinentur ɔc. ɔc.

me cogeret historices veritas, dissimulationis inimica. Adeo Fratres, mode-
stiae humilitatisque Apostoli sequaces, qui ne illud quidem, quod usque
in tertium coelum abreptus fuerit et ineffabilia ibi audiverit, apertis verbis dicere de se voluit, ab omni gloriatione sunt alieni. Quare id per-
moleste tulerunt, quod homo quidam simplex ad Rocheczanam cum Epistola, quae numero quarta erat, missus, rem illi omnem copiosius ex-
posuisset. Iam enim tum infensus erat Fratribus, ac narrante pro sua simpli-
citate sincere, Deum tam voce prius edita, quam luce postea immissa,
consilium eorum se probare ostendisse, irrisit odio flâgrans ipsorum, quod
ipsi videre negatum fuit. Visum igitur Fratribus, ut haec propter male-
volos vel optima quaeque perperam interpretari solitos deinceps preme-
rent nec in vulgus efferrent, ita ut et Joh. Blahoslaus Moravus, antistes
ipsorum A. 1556. Summam rerum omnium gestarum ex variis Fratrum
manuscriptis colligens hoc miraculum intellexerit, non expresserit. Interea inquit, quod factum sit, qualé ostentum ɔc. Attamen cum idem
vir postea hanc meam Historiolam primae scriptionis [10]) censurae gratia
ad se missam videret, ter eam, uti fatebatur, perlegens, toties confessus
est, se senem ex senioribus, hos ex suis maioribus id, quod ego silentio
praeterire nolui, pro comperto cognovisse...

   Porro rebus omnibus in Ecclesia institutis, perlatum est ad Fratres,
habitare Waldenses prope Austriam, qui etiam doctrinam Christi puram
conservarent, Simoniam vitarent, et utrumque gradum, tam Episcopalem,
quam Sacerdotalem, simul conferrent. Ita enim scriptum de illis comperio.
Nam Waldenses furore Antichristi per varias Europae regiones multoties
dissipati habitabant etiam in nonnullis Bohemiae, Austriae, Marchiaeque
Brandenburgensis locis, ubi Episcopus illorum cum duobus sectae suae
viris a sanguinariis Pontificiis combustus est, quin multo plures olim ita
extincti alibi sunt. De his enim intelligenda illa Flacii Illyrici verba,
non bene Fratribus Bohemicis ab eo tributa, Epistola ad quendam Se-
niorem Fratrum Calendis Aprilis ao. 1550. Magdeburgi scripta: Vestrae,
inquit, Ecclesiae potissimum fuerunt illa septem hominum millia. ... De
quibus sic quodam Papista Reinerus (Citat nach Catol. Test. p. 432).

   His diebus (nach 1467) Waldenses, qui tunc non multi latebant in
Bohemia, viso Fratrum inquieto statu... paulatim se alio subduxere, et
Episcopus quidem illorum Stephanus Viennae combustus est, alii autem
e Bohemia egressi, abierunt in Marchiam Brandeburgensem, ubi tunc complures degebant, virtutumque suorum exemplis non paucos a Papatu ad
se pertrahebant. Verum postea, quae furiae Fratres in Bohemia, eaedem
etiam Waldenses in Marchia infestarunt. Etenim excitata a malis adversus se atrocissima procella, hic aqua, ille igne, alius ferro perit. Quo tempore quidam ex eis, Petrus, artificio textor, ut venit Lanscoronam, vidit
Fratrum Ecclesiam, in medio afflictionum florentem... Allexere Petrum
ad Fratres hae (ihre) virtutes, ita ut membrum unitatis eorum fieri ex-

---

[10]) Vgl. oben S. 75.

petierit. Quare examinatus ab illis in canone fidei et veritatis, dignus visus est, qui more recepto adscriberetur albo coetus eorum.

Deinde post aliquot annos Petrus reversus suis, quales sint Fratres, utque Patronos e nobilitate habebant, licet conventus publicos excercendi cultus divini causa, impedientibus sacrificulis, non agant, enarrat.

Haec ratio fuit, qua primum nomen Fratrum in Marchia innotuit, quae adeo laeti audivere Waldenses, ut multi accepto a Senioribus Ecclesiasticis fidei probitatisque testimonio commigrarint Fulnecum in Moraviam ad Fratres, inque alia oppida, sedes veterum Marcomannorum, quo ritu solemni admissi in communionem Ecclesiae abiecta priori simulatione, domicilia sibi inter eos compararunt manentque tam diu ibi posteri illorum, unum cum illis corpus Ecclesiae facti. Caeterum illi qui remanserunt in Marchia, deleti sunt saepe renovatis persecutionibus, nec in Bohemia, Moraviaque ab eo tempore auditi sunt alii Waldenses, praeter eos, qui hoc pacto transirent ad Fratres. Cum autem ille Petrus textor revisens identidem patriam studio christiano ad eius veri notitiam, qua ipse praeditus erat, complures adduceret, ... ita ut auctus sectatorum eius numerus bonis Waldensibus, multis malis fractis, haud mediocriter animos adderet, passim id increbruit, magnum iam in Marchia numerum Picardorum Waldensiumque nequaquam tolerandorum inveniri ... (Folgt eine Schilderung der Verfolgung in den grellsten Farben z. B. Ardentis mediis in flammis progenitoribus lactantes quoque una eum cunabulis adiiciebantur.) Ipse etiam Petrus cum Fratribus duodecim abreptus a textina tractus est ad idem supplicium, qui spe vitae hac conditione sibi proposita, ut damnaret ea, quae aliis persuaserat, respondit: malle se membratim dissecari, quam verum falsum dicere. Instantibus autem monachis, ut vel moriturus aliquid boni ad populum diceret, coepit de veritate evangelica ... verbo facere, sed sublatus clamor vocem dicentis oppressit ... Pauci per varia discrimina elapsi anno salutis humanae 1480 cum literis suorum presbyterorum de his adversis ad Fatres venerunt.[11])

Labente anno natali domini Jesu 1489 [12]) misere fratres in Gallias et Italiam Lucam Pragensem et Thomam Germanum, coetus pios et veritatis coelestis amantes in ea Europae parte indagaturos et perquisituros, quae primas in Christianitate tenere existimabatur. Quibus regionibus dum vacant perlustrandis, inveniunt in media fece vulgarium Christianorum, carnis concupiscentiis deditorum, nonnullos Dei metu praeditos variis periculis subiectos.[13]) Quibus cum de religione collocuti alteri alteros cohortatione ad absolvendum sub cruce cursum christianae pietatis cohortati sunt, oportere, dicentes, per multas oppressiones regnum coeleste in-

11) Vgl. Summa Anm. 18.
12) Comenius (Exc. IX.): 1488.
13) Comenius: ... variis periculis expositos (per eosdem enim dies pientissimus monachus, Hieronymus Savonarola, Florentiae vivus comburebatur, cuius rei fratres fuere spectatores).

trare. Ac tum interea stertentibus illis, qui ad gubernacula Ecclesiae positi erant, inciderunt et in Gallia in Waldenses eiusdem fortunae, a quibus hospitaliter accepti sunt atque tractati. Ita Deus ubique locorum habet suos, vulgo ignotos, quorum vita crux est perpetua, mors perenne gaudium. Morati vero aliquandiu Romae, ut omnia de ea in Apocalypsi scripta oculati testes pernoscerent, viderunt illam antiquam, cum scriberetur Apocalypsis, sitam in septem montibus fuisse..., eam vero, quae nunc esset, ad Tiberim ... descendisse ...

Haec et alia plura ... non sine stupore spectantes, animadvertunt quendam Waldensem huius ipsius deastri vegeti, humeris sex baiulorum gestati, fastum mollitiemque detractantem, qui causam ab illis rogatus, cur hoc cum suis clam faceret, nec publica peccata publice carperet, respondit: malle se ita bestiam devorare, quam ab ea devorari; nisi, inquit, eadem pati velitis, quae expertus quidam, qui hoc ipsum cernens et clara voce: non sic Petrus — dicens, sacco protinus inclusus aquam Tiberis bibit. Non licet hic, Bohemi, neque tutum est verum palam dicere. Peccare multifarie, periurare, mentiri, assentari, scortari licet. — Tuebatur suam opinionem illo Josephi et Nicodemi, occultorum Christi discipulorum, exemplo ... Quod quidem sinceris Fratribus displicuit. Quare ad suos reversi omnia ipsis narrant, demirantibus Deum tantam immisisse mortalibus deceptionis efficaciam, ut inquit Apostolus, ut crederent mendacio, a veritate animos aversos haberent.[14]) Regi vero Wladislao hac cum inscriptione literas attulerunt: Serenessimo Regi Wladislao, Ducibus, Baronibus et Senioribus Regni Bohemiae, pusillus grex Christianorum, iniquo nomine nuncupati Picardi, gratiam a Deo patre et filio eius Jesu Christo. Quae literae scriptae fuerunt vel a Gallis vel ab Italis Waldensibus, qui eos latini sermonis parum gnaros esse putabant. Alteras dedit ad presbyteros Calixtinos quidam Theodorus de fonte Citiculae; utrisque multa cognitu utilia exponuntur, sic tamen ut eadem ab ipsismet fratribus, licet fortassis minus luculenter, scribi potuerint. Erat enim Lucas artium liberalium baccalaureus, nec Thomas indoctus. Quaedam aliquando audacius importuniusque disseruntur, quam rei temporique conveniebat.

Q.

Krasonickýs Traktat gegen Cahera (Nachtrag).

Die Görlitzer Stadtbibliothek besitzt unter anderen böhmischen Handschriften auch einen Traktat Krasonickýs, den dieser um 1525 gegen Cahera, den utraquistischen Administrator, verfasst hat. (Cod. Chart. 8º N. 15.) Laurentius Krasonický († 1532), ursprünglich ein Utraquist, hat sich als reifer Mann der Unität beigesellt und gehörte zu ihren angesehensten Mitgliedern. Etwa 17 Schriften hat er verfasst, von denen aber nur die Minderzahl sich erhalten hat, unter ihnen der Görlitzer Traktat. Derselbe handelt von dem Sakramente des Leibes und Bluts Christi: ein

---

¹⁴) Hier bricht Comenius (Exc. IX.) ab.

scharfer taboritischer Geist weht darin. Das Dogma der katholischen Kirche wird von dem Bruder mit ähnlichen Argumenten bekämpft, wie einst von Nikolaus, dem Taboritenbischof, dessen Traktat v. J. 1423 sich unter den Handschriften derselben Bibliothek erhalten hat. (Cod. Chart. 4⁰ N. 70. Böhmisch; die lateinische Bearbeitung desselben Traktats fieng mit den Worten an: Ad magnificationem. Vgl. F. Procházka Miscell. der böhm. und mähr. Literatur, S. 270.) Krasonický, der sich zur blossen Zeichenlehre bekannte, stand nicht auf demselben Standpunkte wie der erste Theolog der Unität, Br. Lukas von Prag.

Der Traktat zerfällt in drei Abtheilungen. In der mittleren erzählt Krasonický die Entstehung der Unität, „wie er es von anderen vernommen und soweit er es in Gedächtnisse behalten". Doch hat er neben der Tradition auch ältere Schriften, die wir noch besitzen, zu Rathe gezogen. Die Wahlsynode beschreibt er in ähnlicher Weise wie Lukas: die späteren haben aus beiden geschöpft. Unter zwölf Zetteln waren drei mit „ist" bezeichnet. Aus einem Gefässe vertheilte ein Jüngling die Lose unter neun Candidaten, von denen jeder seinen Zettel den Ältesten reichte, die an einem Tische sassen. Diese rollten die Zettel auf.

Über die „Bestätigung" geht Krasonický leicht hinweg. Die Anwesenden gelobten den Gewählten Gehorsam, als denjenigen, die Gott gegeben und gesandt hatte. Und das hätte ihnen genügt. Aber den Menschen zu Lieb (pro příjemnost lidskou) entschlossen sie sich auch zu einer „äusseren" Ordination (svrchné řízení), „etwa durch Händeauflegung", obgleich sie die Überzeugung hatten, die Gewählten seien bereits von Gott geweiht und ordinirt. Von wem die Ordination ertheilt wurde, wird nicht gesagt. Die Waldenser werden in dem ganzen Traktat nirgends genannt. Auf die äussere Succession legt Krasonický kein Gewicht. Auch sei es fraglich, ob sie überhaupt in der Welt zu finden sei. Am wenigsten in der katholischen Kirche: der h. Petrus habe wahrscheinlich Rom nie erblickt.

Krasonickýs Schrift ist mit Geist und Witz geschrieben. Der polemische Ton, den sie anschlägt, ist scharf, mitunter derb. Auch wird das Ganze belebt durch Anspielungen auf Personen und Ereignisse jener Zeit und durch Reminiscenzen, die der Verfasser überall anbringt. Er hatte noch auf den hussitischen Schlachtfeldern die Knochenhaufen liegen gesehen. Zwei Stellen des Traktats verdienen noch besonders hervorgehoben zu werden. Unter denjenigen, die der Welt die Verleitung der römischen Kirche verkündet, nennt Krasonický auch den „Doktor Hieronymus *Savonarola*". Seine Worten lauten: „Die Schriften, die er verfasst und seine Schreiben an den Kaiser und an andere bezeugen, welches Geistes er war. Die halbe Stadt hat um ihn geweint, als ihn der Papst erst martern, was er durch Martern abgezwungen, öffentlich verkünden, und endlich ihn auf dem Platze zu Florenz mit zwei Genossen auf einem Kreuze henken und dann verbrennen liess."

Die Schilderung entspricht dem wirklichen Vorgange (Vgl. P. Villaris Biographie) und hat, wie man wird annehmen dürfen, den mündlichen Bericht des Augenzeugen Lukas zur Quelle. Krasonickýs Traktat

kam also zur Bestätigung der Nachricht dienen, Lukas sei im Todesjahre
Savonarolas (und nicht bereits 1489) in Italien gewesen. — An einer anderen Stelle polemisirt Krasonický gegen die lasterhaften Priester, die
in der Wandlung Gott von Himmel herabrufen wollen, mit den Worten:
„*Theodorus aus Italien* über euch und gegen euch, ihr Christus-Ma-
cher! (tvořitelé Krysta)." Sollte damit der räthselhafte Theodorus de
fonte Citiculae gemeint sein?

~~~~~~

Quellen und Untersuchungen

Geschichte der Böhmischen Brüder.

Herausgegeben

von

Jaroslav Goll.

II.

Peter Chelčicky und seine Lehre.

PRAG.

Druck und Verlag von J. Otto.

1882.

Inhalt.

PETER CHELČICKÝ UND SEINE LEHRE.

Peter Chelčický und seine Lehre. [1]

Das Dunkel, das die Gestalt des Peter Chelčický, seine persönlichen Schicksale und Verhältnisse unseren Blicken entzieht, wird nie vollständig weichen. Die erste Generation der Böhmischen Brüder, seine Zeitgenossen, haben nur aufgezeichnet, dass sie mit ihm gesprochen und seine Schriften gelesen haben; sie haben zugleich gestanden, wie mächtig die Wirkung gewesen sei, die von denselben ausgieng. Aber nur von seinen Schriften sprechen sie, nicht von seiner Person. Und obwohl auch in der Folge die Bekanntschaft mit Peters Schriften bei vielen die wichtigste Strecke des Weges gewesen ist, der sie der Unität zuführte, [2] so haben auch sie es versäumt, die damals sicherlich noch lebendige Tradition der Vergessenheit zu entreissen. Nur Lukas von Prag hat in einer seiner späteren Schriften, undankbar

---

[1] Die Geschichtsforschung hat sich erst in den letzten Jahrzehenten eingehender mit Peter Chelčický beschäftigt. Zuerst hat ihm Gindely eine Stelle in der geistigen Bewegung des 15. Jahrhundertes angewiesen, dann hat Palacký seine Bedeutung tiefer erfasst und gewürdigt. Die biographischen Daten, die sich aus Chelčickýs Schriften ergeben, sind am vollständigsten von J. Jireček (Rukovět 1875) zusammengestellt worden. Am eingehendsten handelt über Chelčický Ferd. Schulz in der Zeitschrift „Osvěta“ 1875. Der Hauptfehler dieses geistvollen Aufsatzes ist, dass in demselben den Ideen Chelčickýs mitunter ein geradezu modernes Gepräge gegeben wird. Mit meinen Vorgängern habe ich mich im Č. Č. M. 1881 auseinandergesetzt. Die hier folgende Darstellung fasst manches kürzer, ist aber ausführlicher namentlich da, wo von Chelčickýs Lehre gehandelt wird.

[2] So bei Lukas von Prag und Laurentius Krasonický. Dieser erzählt: Da es mich in der böhmischen Partei nicht länger litt, in der ich geboren, aufgewachsen und erzogen war, und da ich von beiden Parteien (den Katholiken und Utraquisten) vernahm, dass sie, die einen wie die anderen, schlechten Glauben und schlechten Wandel hätten: da ergriff mich Furcht vor der Hölle und in meiner Noth flehete ich zu Gott, er möge mich meiner Irrthümer und Sünden wegen nicht verdammen. Und da kamen in meine Hände Bücher unter dem Namen des Mag. Joh. Hus. Es waren dies aber die Schriften des Peter Chelčický. Besonders seine Postille und dann auch andere. (Krasonickýs Schrift gegen Cahera. Einen Auszug nach der Görlitzer Handschrift habe ich im Č. Č. M. 1878 veröffentlicht.)

gegen das Andenken des Mannes, dessen Lehre auch ihm den Weg in die Unität der Brüder gewiesen, einiges aufbewahrt, was ungünstig lautet: Peter habe nämlich, im J. 1443 zum Landtage nach Kuttenberg geladen, seine Schriften verbrennen wollen; er, der in ihnen gepredigt, der wahre Christ müsse in die Fussspuren des leidenden Christus eintreten, habe „das Kreuz Christi gefürchtet"; anderen Versöhnlichkeit, die auch dem Feinde mit Liebe entgilt, vorschreibend, habe er selbst einem Priester, der mit ihm in Streit gerieth, bis zu seinem Tode nicht verzeihen wollen; er habe das Andenken seiner Gegner aus Rachsucht in seinen Schriften gebrandmarkt und durch seine Polemik gegen die Taboriten zu ihrem Untergange beigetragen. Lukas bemerkt zwar, er wiederhole nur, was er gehört, ohne selbst es zu behaupten oder in Abrede zu stellen; aber er hat es doch aufgezeichnet, um in Peter die „kleine Partei" zu treffen, gegen die er nicht minder heftig auftrat, als Chelčický gegen seine Gegner.[1]) In anderen Kreisen beginnt frühzeitig die Sagenbildung von dem Schuster Chelčický, die von Henricus Institoris, dem geistesarmen Inquisitor, bis zu dem grossen Slavisten Dobrovský reicht.

Es ist nicht möglich, eine zusammenhängende Lebensgeschichte Chelčickýs zu entwerfen; nur einiges können wir aus seinen Schriften, fast der einzigen Quelle, die uns zu Gebote steht, errathen. Unbekannt ist uns sein Geburts- und Todesjahr, und über seinen Stand und Lebensberuf giengen noch unlängst die Ansichten der neueren Geschichtsforscher weit auseinander. Doch hat die Meinung einen entschiedenen Sieg davongetragen, die in Chelčický einen *Laien* erblickt.[2]) Im

---

[1]) Lukas' Schrift gegen die kleine Partei v. J. 1524: Ich selbst habe seine (Chelčickýs) Schriften gelesen und abgeschrieben, bevor ich mich den Brüdern anschloss... Vieles hörte ich auch von den Brüdern, die mit ihm verkehrt hatten, was nicht zu loben wäre, namentlich sei er unversöhnlich und rachsüchtig gewesen; einem Priester, mit dem er in Streit gerathen, habe er bis zu seinem Tode nicht verzeihen wollen; so sagte jener Priester. Die Priester der Taboriten hat er mit Unrecht getadelt, ihnen in seinen Schriften Unrecht gethan, namentlich was den Glauben vom Leibe Gottes betrifft. Er war gerade wie ihr; wer ihm irgendwie widerstrebte, dessen Namen hat er in seinen Büchern mit Spott überhäuft. Einige sagen, er sei der Urheber des Todes einiger Priester der Taboriten gewesen. So heisst es; ich behaupte es nicht... Auch sagen jene Gewährsmänner, als der Landtag bei Kuttenberg zusammenkam und er als Angeklagter dort erscheinen sollte, da habe er das Kreuz Christi gefürchtet und hätte aus Furcht lieber alle seine Schriften verbrannt. Das sage ich... wie ich es gehört, ohne zu behaupten, noch zu widersprechen.
[2]) Šafaříks (Nachgelassene Studie über Chelčický Č. Č. M. 1874) Beweisführung, Peter sei ein Priester gewesen, hat F. Schulz treffend widerlegt. — Vgl. den Eingang der Replik gegen Rokycana, wo Chelčický selbst sich als einen Bauer bezeichnet. Und in seinem Schreiben an den Priester Nikolaus sagt Chelčický, seine (geistige) Armut sei weit entfernt, *Priestern* Lehren zu ertheilen; indes könne auch ein *Priester* etwas von ihm annehmen.

Dorfe Chelčic im südlichen Böhmen, unweit von Vodňan, hat er wohl die meisten Jahre seines Lebens zugebracht. Jedenfalls stammt sein Zuname von diesem Orte, wo er vielleicht, wie Palacký vermuthet und seine eigenen Schriften zu bestätigen scheinen, einen mässigen Grundbesitz inne hatte, der es ihm möglich machte, für einige Zeit die Hauptstadt des Landes aufzusuchen. Man kann Petr Chelčický mit seinem Landsmanne Thomas von Štítné, dem gelehrten Ritter, vergleichen. Doch hat ihn nicht wie diesen die Hochschule nach Prag gelockt; zu den Füssen der Magister ist er wohl nie gesessen. Wie aber der Ritter später aufs innigste sich an Milič, den berühmten Prediger, anschloss, so mag Peter in seiner Heimat die Kunde von jenen Predigten erreicht haben, die zahlreiche Zuhörer in der Bethlehemskapelle versammelten. Ein tiefes religiöses Bedürfnis hat ihn nach Prag geführt, aber keineswegs das Verlangen nach gelehrter Schulbildung. Auch hätte ihm den Zugang zu den Lehrsälen *die Unkenntnis der lateinischen Sprache* verschlossen.[1] Aber die neue Bewegung hatte von Anfang an die Pflege der Volkssprache gefördert: die böhmischen Schriften des Johannes Hus und anderer wird Peter schon damals eifrig gelesen haben, wozu sich persönlicher Umgang mit gelehrten Männern gesellte, mit deren Hilfe er sich einen gewissen Grad von theologischer Bildung aneignen konnte.[2] Da er später, als er selbst die Feder ergriff, nicht ohne Bücher gewesen ist, so hat er vielleicht schon damals sich einen kleinen Vorrath von Handschriften zu verschaffen gewusst oder selbst angefertigt, wozu seine gelehrten Freunde Auszüge aus lateinischen Schriften beisteuerten, unter ihnen vorzüglich die Prediger der Bethlehemskapelle,[3] neben denen aber Peter auch von solchen Männern zu lernen nicht anstand, die, wie Mag. Protiva, jenen feindlich gegenüberstanden.

Wenn Chelčický sich von anderen belehren liess, so schlug er doch bald seinen eigenen Weg ein, vielleicht bereits auch ein an Jahren reifer Mann, dessen Geburtsjahr ziemlich weit vor dem Anfange des 15. Jahrhundertes liegen kann. Doch lassen sich darüber nur unsichere Vermuthungen aufstellen, ebenso wie wir die Frage nicht

---

[1] S. die Replik gegen Nikolaus von Pilgram (Cap. 28.). J. Jireček geht zu weit, wenn er annimmt, Peter habe die Kirchenväter im Original lesen können. Etwas Latein scheint übrigens Chelčický in Prag gelernt zu haben.

[2] Jireček nimmt an, Chelčický habe auch Hus persönlich gekannt und sei demnach bereits im J. 1410 nach Prag gekommen. Dafür scheint allerdings die wichtige Stelle in der Replik gegen Nikolaus (Cap. 26.) zu sprechen.

[3] Replik gegen Nikolaus (Cap. 28.) nennt Peter ausdrücklich den Martin Volyně. Der dort erwähnte Auszug war wohl zugleich eine Übersetzung.

zu beantworten vermögen, wann Chelčickýs Aufenthalt in der Hauptstadt seinen Anfang genommen und wie lange derselbe gewährt habe. In Prag anwesend war er jedenfalls in der Zeit, da die hussitische Bewegung, mächtig anschwellend, die Dämme durchbrach, um sich zu einem Bürgerkrieg zu gestalten: in den Jahren 1419 und 1420. Es sind dies die ersten — und eigentlich die einzigen — ganz festen und bestimmten Daten seiner Lebensgeschichte, verbunden mit Nachrichten, die bereits die eigenartige Stellung des Mannes kennzeichnen.

Bereits vor Ausbruch des Krieges lassen sich in der hussitischen Bewegung verschiedene Strömungen unterscheiden, aus denen in der Folge die Parteien hervorgiengen. Auch auf die Frage ist verschieden geantwortet worden, ob es erlaubt sei im Streite, der Glauben, Cultus und kirchliche Verfassung betrifft, zum Schwerte zu greifen, namentlich wenn sich seine Schärfe gegen die höchsten Autoritäten wenden sollte, gegen Kirche und Staat.

Während es in der Hauptstadt der Staatsgewalt noch gelang, blutige Tumulte, die sich in der Neustadt Prag gegen die städtische Obrigkeit erhoben, durch einen Vergleich zur Ruhe zu bringen, dem zufolge der König sich mit der Entschuldigung und Abbitte der Gemeinde, in welcher jener Excess stattgefunden, begnügte, dann aber die von ihr gewählten neuen Räthe bestätigte, hatte bereits auf dem Lande eine Bewegung begonnen, welche, die Volksmassen ergreifend, alsbald grossartige Formen annehmen sollte. Noch zu Lebzeiten K. Wenzels fanden jene merkwürdigen Versammlungen unter freiem Himmel statt, namentlich auf dem Berge Tabor bei Bechyně, wobei die Theilnehmer sich von den Priestern abkehrten, die ihnen in den Pfarrkirchen den Kelch verweigerten. Sie trennten sich von den Gemeinden, denen sie bisher angehört hatten, und sagten sich los nicht allein von den durch die Obrigkeit eingesetzten Hirten, sondern auch von der Autorität, die sie eingesetzt hatte. An deren Stelle traten diejenigen Priester, die, dem Verbote der Kirche trotzend, dem Volke das Sakrament unter beiderlei Gestalt reichten, und die wohl als die eigentlichen Erfinder und Urheber dieser Versammlungen anzusehen sind.[1] Alsbald erschienen bei den Versammlungen auch waffenkundige Männer, wie Nikolaus von Hus. Wenn wir nun lesen, diese religiösen Meetings hätten K. Wenzel in seinen letzten Lebenstagen die Befürchtung eingeflösst, er werde nicht auf dem Throne seiner Väter sterben, so ist dies durchaus glaubwürdig. War es erlaubt, sich

---

[1] Vgl. Laur. von Březová. Höfler Ss. II. 1. S. 351.

von der kirchlichen Obrigkeit zu trennen, wie leicht konnte dieses Beispiel auf dem weltlichen Gebiete zur Auflehnung gegen König und Staat führen, die da waren, um die Kirche gegen ihre Feinde zu schützen und die Ungehorsamen zum Gehorsam zurückzuführen!

Mit dem Tode des Königs brach die Bewegung in Prag wieder los, wobei die ikonoklastische Plünderung der Kirchen und Klöster ein Anzeichen bildete, dass die radikalen Tendenzen, denen der Laienkelch nur *ein* Theil des Programms war, auch unter der hauptstädtischen Menge Wurzel gefasst hatten. Bereits wurden Versammlungen in dem nächsten Umkreise der Hauptstadt veranstaltet. Die dort Versammelten zerstreuten sich nicht, sondern fanden Aufnahme innerhalb ihrer Mauern. Zwar stellte ein Vertrag, den die Stadt mit den Besatzungen der Prager Burgen und dem Oberstburggrafen, Čeněk von Wartenberg, schloss, die Ruhe wieder her, und wenn das fremde Volk gleichzeitig die Hauptstadt verliess, so ist es wohl dabei als Bedingung vereinbart worden: als aber dann nach kurzer Pause (October 1419) nicht bloss Tumult, sondern offener Kampf begann und zwar zwischen der provisorischen Regierung und der Hauptstadt des Landes, da strömten dieser sofort Bundesgenossen zu, nicht mehr friedliche Pilger, sondern bewaffnete Haufen, die Waffen mitgenommen hatten, um, wie Wenzel Koranda gesagt, die Böcke vom Weinberge Christi zu vertreiben. Mit diesen Waffen mussten sie sich den Weg zur Hauptstadt bahnen. Doch nur um dieselbe alsbald wieder zu räumen, als zwischen der Regentin, dem Oberstburggrafen und anderen Herren einerseits und den Pragern anderseits ein Vertrag (13 November 1419) abgeschlossen wurde, in dem beide Theile sich versprachen, für die Freiheit des Laienkelches einzustehen, während die Prager zugleich zusagten, die Bilderstürmerei innerhalb ihrer Mauern nicht mehr zuzulassen.

Nach Abzug der Fremden ergriff die Hauptstadt eine friedlichere Stimmung und hielt längere Zeit an. Die Gebote Sigismunds, des legitimen Erben der Krone, die Ketten und Barrikaden in den Strassen zu entfernen, fanden willigen Gehorsam (Januar 1420); geistliche und weltliche Gegner des Kelches wurden zur Rückkehr in die Stadt, aus der sie früher geflohen, aufgefordert, den Mönchen Schutz vor Verhöhnung und Misshandlung zugesagt, dies alles auf unbestimmte Zusage des Königs hin und wahrscheinlich nicht ohne Einfluss des Herrn von Wartenberg, dem bis zur Ankunft Sigismunds anstatt der Königin Sophia die Regentschaft übertragen wurde.

Jene Massen waren nach Prag gekommen getragen von fanati-
scher Begeisterung, deren Quelle der Chiliasmus bildete, welcher eben
damals seinen Höhepunkt erreicht zu haben scheint.

Die Schwärmer[1]) verkündeten die Nähe der Wiederkunft Christi,
nicht des Richters des letzten Weltgerichtes, sondern des Königs des
tausendjährigen Reiches, das jenem vorangehen solle. Nur die Erwählten Gottes werden in ihm wohnen: die Verstorbenen, die auferstehen
werden, — unter ihnen Johannes Hus — und von den Lebenden diejenigen, die den Ruf der Verkündigung gläubig vernehmen. Die Gottlosen dagegen wird, wie einst Sodoma und Gomorrha, ein plötzliches
Strafgericht vertilgen, in dem nur diejenigen gerettet werden, die sich
auf „die Berge" flüchten, in die „fünf Städte", die allein übrig bleiben sollen.

Die Genossen des tausendjährigen Reiches werden auf einer höheren Stufe der Vollkommenheit stehen, als die Angehörigen der ersten apostolischen Kirche. Frei von äusserer Verfolgung und Bedräng-
nis, werden sie auch die höchste Stufe der inneren Freiheit erreichen,
auf der es keiner Zuchtmittel, keiner Belehrung bedarf; die Sonne
des menschlichen Verstandes wird nicht mehr leuchten, sondern alle
werden Gelehrte Gottes sein, unmittelbar von Gott das innere Licht
empfangend. Wenn schon jetzt in den Tagen der Erwartung alle Menschensatzung fallen und die Bibel allein gelten soll, so wird dann,
wenn die Zeit der Erfüllung kommt, auch die Schrift unnütz werden.[2])
Das neue Gesetz, das jeder in seinem Herzen eingeprägt tragen wird,
wird viele Bestimmungen des alten, geschriebenen aufheben,[3]) namentlich auch da, wo es gebietet, den Königen und der Obrigkeit unterthan zu sein. Der Staat und sein Organismus wird sich auflösen, alle
Zinspflicht aufhören, Jagd und Fischerei frei sein. Die Gerechten
werden in einem überreichen Überflusse leben, da die Güter der Gottlosen ihnen zufallen sollen. Es wird eine allgemeine Gleichheit herrschen, ohne König, ohne Unterschied der Stände, denn die Recht-
satzungen, die sie gegen einander abgränzen, auch diejenigen, die

---

[1]) Vgl. insbesondere Příbrams Schrift gegen die Priester der Taboriten. (Im
Auszug gedr. in der Zeitschrift der kath. Geistlichkeit — Č. K. Duch. — Jahr-
gang 1863.)

[2]) Koranda predigte in Pilsen, wie Příbram erzählt, die Erwählten Gottes,
die übrig bleiben werden, würden keiner Bücher bedürfen. „Ich möchte," so sagte
er, „meine Bibel, einige Schock wert, gleich bei einer Höckersfrau für drei Heller
verpfänden und sie nie wieder auszahlen."

[3]) Sie predigten, alle Gesetze, mögen sie die Fürsten, das Land, die Städte,
die Bauernschaft betreffen, würden aufhören, auch gute und nützliche, da sie als
Satzungen der Menschen und nicht Gottes aufgehoben werden sollen (Příbram).

vorläufig noch gut und nützlich sein mögen, werden ihre Giltigkeit verlieren. Es werden ihr Ende finden und aufhören Staat, Kirche und Schule.

Diese Lehren und Erwartungen mussten den höchsten Grad der Spannung und Erregung der Gemüther hervorrufen, der nicht andauern konnte. Als das zunächst ersehnte Wunder der Vertilgung der Gottlosen ausblieb, wurde der *Vertilgungskampf gegen die Gottlosen* verkündet;[1]) fortan sollte nicht mehr dem milden, liebreichen Heiland, sondern Christo in seinem Eifer und Zorn nachgeahmt werden. Nicht bloss zur Abwehr, sondern auch zum Angriff sollte das Schwert im Namen Gottes den Feind treffen.[2])

Darin liegt die Bedeutung der chiliastischen Periode der hussitischen Bewegung, dass durch sie Kräfte geweckt wurden, die nicht mehr bewältigt werden konnten. Vorbereitet durch die Volksversammlungen unter freiem Himmel, brach die chiliastische Schwärmerei in der zweiten Hälfte des J. 1419 mit grosser Gewalt aus. Aber rasch scheint sich jene Wandlung vollzogen zu haben, ohne Zweifel befördert auch durch den Anschluss von Männern wie Nikolaus von Hus und Johann Žižka, die jene Erwartungen der Schwärmer kaum theilten. Den Vertrag vom 15. November nicht anerkennend, trennte sich Žižka von den Pragern und verliess die Hauptstadt mit denjenigen, die umsonst gekommen waren. Ihren Führern gesellte er sich bei. Jene Städte aber, die das erwartete Strafgericht verschonen sollte und die sich mit einer Menge anfüllten, die, Haus und Hof in der Heimat aufgebend, ihr fahrendes Gut mitnahmen, wurden nun zu Mittelpunkten des Widerstandes, vor allen Pilsen, wo seit langer Zeit Korandas fanatische Predigt erscholl und wohin sich nun Žižka zunächst begab. Als es sich (Anfangs 1420) als unhaltbar erwies, trat an seine Stelle das neu begründete feste Hradiště an der Lužnic, das nach der Stätte der ersten Versammlungen den Namen Tabor empfieng.

Die Frage, ob und unter welchen Bedingungen der Christ berechtigt sei, die geistigen Waffen mit den materiellen zu vertauschen und mit der Schärfe des Schwertes für die Wahrheit einzustehen, hat jene bewaffneten Massen, die der Hauptstadt zu Hilfe gekommen

---

[1]) Příbram sagt: Als es aber nicht eintraf und Gott es nicht that, da fiengen sie an zu predigen: wir sollen es vollführen ... Und sie sagten, die Zeit der Strafe sei gekommen. Vgl. die zweite Beilage.

[2]) Sehr gut bezeichnet Příbram diesen Gegensatz, indem er sagt: Sie verwarfen den berechtigten und christlichen Kampf und die geheiligten Beweggründe, die zu einem berechtigten und christlichen Kampfe und zur Vertheidigung der Wahrheit gehören, von denen Augustinus schreibt...

waren, während ihres Aufenthaltes in derselben beschäftigt. Doch ist dieselbe nicht in der allgemeinen Fassung, ob der Christ überhaupt für die Wahrheit kämpfen dürfe und solle, aufgeworfen worden, denn dass diese Verpflichtung eintreten könne, darüber erhob sich kein Zweifel: sondern die Umstände erheischten die bestimmte Formulirung: ob die Volksgemeinde das Recht habe, wenn die weltliche Obrigkeit sich in der Vertheidigung der Wahrheit lässig zeige, an ihre Stelle zu treten. Unter den Priestern, die mit dem Landvolke nach Prag gekommen waren, erregte diese Frage Zwist und Streit. Die Bedenken, die einige gegen die Bejahung derselben geltend machten, haben auch die Prager Magister, als ihnen die Schlichtung des Streites übertragen wurde, gebilligt, indem sie der Volksgemeinde nur in der äussersten Noth jenes Recht zuerkennen wollten, wenn nämlich die Obrigkeit der Wahrheit offen widerstrebt und dadurch ihre Rechte selbst aufgibt.[1]) Jener Streit, in dem sich der Wendepunkt in der Entwickelung der chiliastischen Bewegung ankündigte, sowie die Lösung, die demselben die Prager Magister zu geben versuchten, ist auf den nächsten Verlauf der Dinge nicht ohne Einfluss geblieben. Die Prager schlossen sich der Obrigkeit wieder an, als sie durch den Novembervertrag sich verpflichtete, mit ihnen für den Kelch einzustehen. Ein Umschwung musste aber in dieser friedlichen Stimmung eintreten, als im J. 1420 nach Verkündigung der Kreuzbulle auch vom Standpunkte der Magister der Widerstand als ein legitimer erscheinen konnte. Prag rüstete sich zum Kampfe; bevor es aber die Taboriten herbeirufen konnte, bot sich ein neuer Bundesgenosse an, Herr Čeněk von Wartenberg, von dem zu erwarten war, er werde den gesammten utraquistischen Adel nach sich ziehen. Aber auch so musste der Bund der Prager mit den Taboriten, die im Süden des Landes unter Žižkas Führung einen siegreichen Angriffskrieg begonnen hatten, früher oder später doch erfolgen; festigte sich ihre Verbindung, dann war ein völliger Umsturz der Dinge im ganzen Lande zu erwarten auf Unkosten der Kirche, der Krone und des Herrenstandes. Um dies zu verhüten, versuchte es Herr Čeněk, die Prager, vor allem aber sich selbst, mit dem Könige zu versöhnen. Die von ihm trotz des Widerstandes einer Partei, die von Sigismund nichts hören wollte, eingeleiteten Unterhandlungen, wurden auch dann fortgesetzt, als er, den Bund mit den Pragern auflösend, sich dem Könige wieder unterwarf. Fast der ganze höhere Adel, auch diejenigen Herren, die sich bereits für

---

[1]) Vgl. die erste Beilage.

den Kelch erklärt, waren dem Könige treu geblieben oder kehrten zum Gehorsam zurück. Sigismund konnte erwarten, Prag werde entweder sich unterwerfen oder unterliegen; schroff wies er die Gesandten der Hauptstadt ab, die zu ihm nach Kuttenberg gekommen waren. Aber eben dadurch erreichte das Schwanken und Zweifeln ein Ende: die Prager riefen die Taboriten herbei. Ihnen folgten andere Zuzüge, eben aus jenen Städten, die in der chiliastischen Erregung als Zufluchtsorte gepriesen wurden. Alle, die Prager und die Ankömmlinge, verbanden sich zum gemeinschaftlichen Widerstande gegen König Sigismund so wie gegen alle Widersacher des Gesetzes Gottes und des Kelches.

Das Taboritenweib, das im Kampfe auf dem Žižkaberge mit den Worten fiel: „es geziemt sich einem getreuen Christen nicht vor dem Antichrist zu weichen", hat im Namen jener Kriegspartei gesprochen, die den Krieg als Pflicht proklamirt hatte und jenen zur Hilfe gekommen war, die sich nur ein beschränktes Recht zum Kriege zuerkannten und ohne diese Hilfe wahrscheinlich unterlegen wären.

Mitten in dem Siegesjubel der vereinigten Prager und Taboriten vernehmen wir die Stimme des Peter Chelčický. Er hatte auf die Frage, die die Gemüther aufgeregt hatte, eine andere Antwort gefunden. Für ihn gab es weder Recht noch Pflicht für die Wahrheit das Schwert zu erheben, da er jedweden Kampf für unchristlich erklärte. Wann hat Gott das Gebot „Du sollst nicht tödten!" widerrufen? Und dieses Gebot verbietet Mord, Todesstrafe, Kampf und Krieg ohne alle Einschränkung. Judas Makkabäus ist für Chelčicky „der grosse Mörder". Christi Wort und Beispiel gebietet den Feind zu lieben. Dem Feinde der Wahrheit darfst du in dem, was gegen Gott wäre, keinen Gehorsam leisten, darfst aber auch nicht seiner Gewalt dich mit Gewalt widersetzen, ihn nicht bekämpfen. Auch die Prager Magister befanden sich auf Irrwegen, da sie ein beschränktes Recht zum Kampfe einräumten. Dies sagte Peter unumwunden demjenigen, der unter ihnen die erste Stelle einnahm, den er selbst bisher zu seinen Lehrern gezählt, Mag. Jakobell, als er mit ihm in dessen Predigerwohnung bei der Bethlehemskapelle zusammentraf. Seine Gründe, die sich auf Aussprüche der grossen Kirchenväter stützten, bekehrten ihn nicht, und auch die grossen Erfolge, die die vereinigten Parteien auf dem Schlachtfelde davontrugen, vermochten nicht ihn zum Schweigen zu bringen; als er im J. 1420 nach Sigismunds Niederlage unter dem Vyšehrad nochmals mit Jakobell sich besprach, scheint er gegen die Magister den Vorwurf erhoben haben, sie seien schuldig an dem vergossenen Christenblute: sie hätten den Krieg überhaupt unter allen Umständen für unstatthaft erklären sollen.[1])

Bald darauf scheint Peter Prag verlassen zu haben. Mit den Prager Magistern verband ihn nichts mehr, ausser etwa die Forderung des Laienkelches, für den er ebenfalls einstand, da niemand daran rühren dürfe, was Christus selbst eingesetzt: eine weitere Bedeutung scheint er der Communion unter beiderlei Gestalt nicht beigelegt zu haben. Wahrscheinlich ist von nun an Chelčic sein bleibender Aufenthaltsort geworden. Es liegt in einer Gegend, wo von Anfang an im Gegensatze zu Prag die radikale Richtung Wurzel gefasst hatte. Die Taboriten sind Chelčický nach seinem eigenen Geständnisse von Anfang an sympathischer gewesen als die Magister, obwohl ihn von jenen in der Lehre vom Kriege und seiner Berechtigung eine tiefere Kluft schied als von diesen. Als er mit ihnen in persönliche Berührung trat, zeigten sich noch andere Differenzpunkte: vorzüglich in der Abendmalslehre.

Wenn der Hussitismus im Laienkelche sein Symbol fand, so hängt auch dies mit der vorbereitenden Bewegung des 14. Jahrhundertes zusammen. In seinem Eifer für den häufigen Genuss des Abendmals erblickte Matthias von Janov in demselben den Centralakt des kirchlichen Lebens.[2]) Der von ihm ausgegangene Impuls wirkte nach: man wollte das ganze Sakrament geniessen, der Laie sollte darin hinter dem Priester nicht zurückstehen.

Frühzeitig erwachte auch die Spekulation über das Dogma, und damit kam Zweifel und Zwiespalt. Auch Thomas von Štítné ist davon nicht unberührt geblieben, aber er hat doch im Vertrauen auf die Autorität der Kirche an der Transsubstantiationslehre festgehalten. Ihr Gegenstück ist die von Wiclif verfochtene Lehre von der Remanenz des Brotes und der realen Gegenwart Christi im Abendmal, zu der sich einige Zeit auch Männer, wie Stanislaus von Znaym, bekannten, die anfänglich mit Hus giengen, um sich ihm dann desto entschiede-

---

[1]) Die Hauptstelle s. in der Replik gegen Rokycana. In der Postille schildert Chelčický die Drangsale des fünfzehnjährigen Bürgerkrieges, zu denen er auch die Angst des Gewissens rechnet, die viele überfiel und bis zum Wahnsinn peinigte. „Und dies kam durch die falschen Propheten ... Als sie sahen, dass die Könige der rechten Predigt und dem Kelche sich widersetzen, da erhoben sie den Kampf gegen ihn ...“

[2]) In seinem Tractat de frequenti communione (Ms. Un. 3 A 10) lehrt Janov: quod corpus (et sanguis J. Chr. — diese Worte sind vielleicht ein späterer Zusatz) in templo dei in sacramento quiescens principaliter et maxime est adorandum et quod alia omnia, que subducunt vel distrahunt ab adoracione sacramenti, in templo Christi non sunt tolleranda (gegen die Bilderverehrung); quod Jesus crucifixus precipue in sacramento se dedit nobis.

ner entgegenzustellen. Auch Hus selbst ist bekanntlich derselben Abweichung angeklagt worden: indes auf dem Koncil hat er sich unzweideutig und rückhaltslos zur Kirchenlehre bekannt.

Peter Chelčický hat bereits während seines Prager Aufenthaltes Partei ergriffen, die Transsubstantiation abgelehnt und sich zu Wiclif bekannt; an diesen Ansichten hat er auch in der Folge festgehalten. Ein „grosser und berühmter Magister der Prager Schule", den er aber nicht nennt, hatte ihn einmal davon abbringen wollen und ihm einen Traktat mitgetheilt, der sich auf Ansichten der grossen Scholastiker stützte. Aber Peter wollte mehr als Thomas und Scotus dem Apostel glauben, der da spricht: „das Brot, das wir brechen."

Der Zwiespalt blieb auf den Gegensatz von Remanenz und Wandlung nicht beschränkt; alsbald tauchte eine dritte Lehre auf, die Irrlehre der „Pikarden", in der Brot und Wein zu blossen Zeichen herabsanken.

Nach dem Zeugnisse des Geschichtsschreibers der hussitischen Bewegung soll diese Lehre von fremden Ankömmlingen ins Land gebracht worden sein.[1]) Von ihnen, den Begharden, stammt wenigstens der Name, ein Schimpfname, der mit Grauen und Abscheu ausgesprochen wurde. Das wertvollste Sakrament wurde ja durch diese Ketzerei entehrt, das Mysterium frech entweiht. Noch mehr: zur Zeichenlehre bekannten sich die extremsten Parteien im Lande, bei denen sich zur Schwärmerei entweder ein rationalistischer Zug gesellte, oder eine zügellose Entfesselung der Sinnlichkeit, die dem Wahnsinn glich. Innerhalb der Taboritengruppe sind es die Reste der Chiliasten, an der Peripherie der Bewegung, die sich Böhmens bemächtigt hatte, die Adamiten.

Der Chiliasmus scheint sich ziemlich rasch verflüchtigt zu haben. Vielleicht von Anfang an nicht von allen getheilt, die zu den Taboriten gerechnet wurden, von anderen bald wieder aufgegeben, erhielt sich derselbe, wie es scheint, in abgeschwächter Gestalt, nur bei einem Bruchtheil der ganzen Partei. Zu ihr gehörte der bekannte Priester Martinek Huska, genannt Loquis; er wollte an die Stelle des Sakramentes ein Liebesmal setzen. Chelčický hat ihn persönlich kennen gelernt, wahrscheinlich im Laufe des Jahres 1421, als er, von Tabor vertrieben, unstet herumirrte. Er bezeugt auch, dass in Martinek noch

---

[1]) Vgl. dagegen Chelčickýs Replik gegen Nikolaus (Cap. 13.). Er scheint die Zeichenlehre als eine folgerichtige Entwickelung der taboritischen Ansicht anzusehen.

die Flamme des Chiliasmus nicht vollständig erstorben war.[1]) In anderen flackerte sie nochmals mächtig auf, um unseren Blicken in unheimlicher Beleuchtung die letzten Ausläufer der ganzen Bewegung erscheinen zu lassen. Die Adamiten, für welche die Zeit des neuen Reiches bereits gekommen war, bedurften keiner Sakramente. Das Liebesmal wurde ihnen zur Orgie.

Nicht nur die gemässigten Untraquisten sondern auch die Taboriten stiessen diese extremen Elemente aus. Der Hussitismus hatte seine Ketzer und gebrauchte gegen sie dieselben Waffen, die die Kirche gegen die Anhänger des Johannes Hus empfahl, das Schwert und die Fackel. Žižka hat beide mit kräftiger Hand geschwungen und dadurch die Kräfte, die das Taboritenthum ins Leben gerufen hatten, jetzt aber mit einem Zersetzungsprozesse bedrohten, wieder gebannt. Gegen die Pikarden waren die Prager Magister und die Priester der Taboriten einig, und doch begannen zwischen beiden alsbald Streitigkeiten über das Sakrament des Leibes und Blutes Christi, die auch Peter Chelčický veranlassten — zum erstenmale, wie es scheint — zur Feder zu greifen. Er betheiligte sich an der Polemik nicht im Bunde mit den Taboriten, sondern vermehrte die grosse Menge der Traktate durch Streitschriften, die gegen sie gerichtet waren.

Es ist nicht möglich den Hergang im einzelnen festzustellen. Gewiss ist nur, dass das Haupt der Taboriten, ihr Bischof, Nikolaus von Pilgram, genannt Biskupec, es war, der den Verkehr anbahnte, wahrscheinlich in der Zeit, als die Polemik mit den Prager Magistern, die bald nach der Ausstossung der Pikarden folgte, eben erst begann, und als die Taboriten bemüht waren, ihre eigene Lehre zu fixiren und zugleich nach beiden Seiten hin abzugränzen. Da sie als Pikarden nicht gelten wollten und doch von ihren Gegnern zu ihnen gerechnet wurden, so musste ihnen daran liegen, dass die öffentliche Meinung, von diesen beeinflusst, sich nicht gegen sie erkläre. Als einmal Nikolaus, vielleicht zufällig, in Begleitung eines anderen Taboritenpriesters nach Vodňan kam, schickte er um Peter nach den nahen Chelčic. Biskupec und sein Begleiter erwarteten ihn vor der Stadt, auf einem Teichdamme sitzend, und empfiengen ihn, als er kam, mit der Frage: was die Leute von ihrer Abendmalslehre sprächen. Peter antwortete, von den einen werde sie gelobt, von den anderen getadelt. Was darauf Peter, dem die Lehre

---

[1]) Palackýs Ansicht, Martin sei kein Chiliast gewesen, wird durch die Replik gegen Biskupec widerlegt.

der Taboriten bisher nicht genau bekannt war, vernahm, hat seine Billigung gefunden. Als aber nach längerer Zeit der Verkehr, wieder von Biskupec angeregt, sich lebhafter gestaltete — Peter kam zu den Taboriten und wurde von ihnen aufgesucht — als Chelčický auch die Traktate kennen lernte, die eben erst entstanden, da wurde er anderer Meinung. Drei Jahre waren seit jener ersten Begegnung bei Vodňan verflossen, da richtete Peter an den Taboritenbischof ein Mahnschreiben, das dieser übel nahm. Chelčický antwortete mit einer Replik; nur diese hat sich erhalten. In ihr liegt die Sympathie, die ihn mit den Taboriten verband, im Streite mit dem bitteren Gefühl der Enttäuschung. Später hat er noch einmal zur Feder gegriffen und einen besonderen Traktat „vom Leibe Christi" verfasst, in dem er die Taboriten geradezu als „die Pikarden unter dem Kelche" bezeichnet.

Was ist nun die Lehre der Taboriten gewesen? [1])

Sie verwarfen die Transsubstantiation, aber auch die „persönliche und wesentliche" Gegenwart Christi im Sakramente. Persönlich und wesentlich war und ist Christus nur da gegenwärtig, wo sein Leib war und ist: auf Erden, auf dem Kreuze, dann verklärt nach der Auferstehung auf Erden und nach der Himmelfahrt zur Rechten des Vaters. Der verklärte Leib Christi ist zwar „schnell und durchdringend", aber in *einem* Augenblicke an *einen* Ort gebunden. Geistig ist Christus auch nach seiner Himmelfahrt hier auf Erden zugegen und zwar auf verschiedene Weise, vornehmlich aber in den Menschen und mit ihnen, indem er sie mit den Gaben des heiligen Geistes speist, indem er durch seine Macht seine Getreuen schützt, fördert und im Guten wachsen lässt. Derart ist auch Christi Gegenwart im Sakramente: Christus ist in demselben zugegen durch seine Gnade, die er dem würdig Geniessenden spendet.

Die taboritische Auffassung, wie sie uns namentlich in den Traktaten des Johannes von Saaz entgegentritt, setzt an die Stelle der wirklichen Gegenwart die wirksame. Und eben dadurch will sie sich auch von der Zeichenlehre der Pikarden unterscheiden, indem das sakramentale Brot für ein näheres Zeichen als der Felsen, der Weinstock und auch als die Sakramente des alten Bundes erklärt wird. Die Sakramente des neuen Bundes — und namentlich das Sakrament des Leibes und Blutes Christi — bezeichnen Christus und haben ihn irgendwie gegenwärtig.

---

[1]) Palacký stellt dieselbe nicht richtig dar, wenn er sagt (IV, I. S. 471), es sei ein taboritischer Grundsatz, dass Brot und Wein *nur* Zeichen seien.

Den Taboriten entgegentretend, sucht Chelčický nachzuweisen, dass der Unterschied zwischen ihrer Auffassung und der Lehre der Pikarden ein scheinbarer, ein erkünstelter sei. Ihr Sakrament sei doch nur leeres Brot, zweck- und nutzlos zugleich, Christus sei in ihm nicht mehr gegenwärtig als in jedem anderen Objekte. Das Bild des Gekreuzigten wäre besser geeignet, das Gedächtnis seines Todes zu erwecken. Die Taboriten hätten kein Recht gehabt, in ihren Verhandlungen mit den Prager Magistern irenische Formeln zu acceptiren, da sie doch dabei ihre ursprüngliche Lehre sich vorbehielten, obgleich sie dieselbe vor anderen und namentlich vor dem Volke verbürgen. Da sie von ihrer wahren Lehre nur etwas von weitem andeuten, aber alles zu sagen nicht wagen, so sei in ihren Reden überall „ja und nein" enthalten.

Chelčický spricht den Taboriten das Recht ab, sich auf den auch von ihnen hochgeachteten Wiclif zu berufen. Sie hätten ihm vielmehr „Unrecht gethan", ihn missverstanden. Mit ihm weiss sich dagegen Chelčický selbst in Übereinstimmung, wenn er an der realen Gegenwart Christi im Sakramente festhält. Wenn er aber zugleich dieselben Argumente wiederholt, die Wiclif aus der Rüstkammer der Scholastik genommen, um die Lehre von der Wandlung der Elemente aus dem Felde zu schlagen:[1] so ist es seine Meinung nicht, dass auf diesem Gebiete den Künsten der Logik die Entscheidung zufalle. Wie die Menschwerdung, so ist auch Christi Gegenwart im Sakramente ein Mysterium, „eine göttliche Sache" erhaben über die menschlichen Gränzen und nur durch den Glauben erfassbar.

Chelčický erspart ferner den Taboriten einerseits den Vorwurf nicht, sie hätten durch ihre Lehre die damals oft gehörten schrecklichen Lästerungen des Sakramentes verschuldet, findet es aber anderseits nicht folgerichtig, dass sie doch eine „niedere Anbetung" Christi im Abendmal zulassen wollen. Ist Christus im Sakramente gegenwärtig, so gebührt ihm die volle Anbetung, ist er es nicht, so ist sowol die höhere als auch die niedere Anbetung nicht statthaft. Doch ist seine Absicht keineswegs, die kirchlichen Gebräuche in Schutz zu nehmen, vielmehr verwirft er die Frohnleichnamsfeier, die Ausstellung der Monstranz, das Aufbewahren des geweihten Brotes; aber auch die hussitische Gewohnheit, die Hostie wie eine Fahne vor den Kriegern in den Kampf zu tragen ist ihm ein arger Missbrauch. Bei Gottes

---

[1] Ziemlich günstig spricht sich Chelčický in der Replik gegen Biskupec über die Ubiquitätslehre aus: wenigstens sei sie von der Wahrheit nicht so weit entfernt, wie die Lehre der Taboriten.

Einsetzung darf Sinn und Absicht, in der dieselbe geschehen, nicht ausser Acht gelassen werden. Das Sakrament ist nur zum Genusse eingesetzt. Und so hat es auch die erste Kirche gehalten. In ihr konnte über die Zulässigkeit der Anbetung kein Streit entstehen, da man sich nur zum Genusse versammelte. Die Aussetzung zur Anbetung vor einem Volke, das, ohne geniessen zu dürfen oder zu wollen bloss im Anschauen und in der Anbetung des Nutzens des Leibes Christi theilhaftig zu werden meint, ist ein Abfall von Christo zur Irrlehre des Antichrists. Ist nun das Sakrament zur Anbetung nicht gegeben, so ist doch das Gebet zu Christi im Sakramente statthaft, als Bitte um würdigen Genuss, als Dankgebet, als Erinnerung an Christi Kreuzestod.[1])

Nach dieser Begegnung und Auseinandersetzung mit den Taboriten verschwindet Chelčický unseren Blicken für längere Zeit vollständig. Er hat sich keiner der bestehenden Parteien angeschlossen, sich an ihren Streitigkeiten nicht betheiligt. An seinen gleich im Anfange des Krieges geäusserten Ansichten hielt er unwandelbar fest. Sein Fortgang hatte ihn eines anderen nicht belehrt, der Ausgang, der Trugschluss desselben, den die Compaktaten bezeichnen, ihn mit der Kirche nicht ausgesöhnt. Das Ende entsprach eben dem Anfange; hier lag der Fehler, dort zeigten sich die Folgen. Es lässt sich zwar nicht mit Sicherheit behaupten, ist aber doch wahrscheinlich, dass eben dadurch Chelčický angeregt worden ist, die Ansichten, die er vom Anfang an gehegt, tiefer und allseitiger zu begründen. Sie gestalteten sich in ihm zu einer Kette von Grundsätzen und Folgerungen, zu einer Art von System: in dieses brachte er nun seine Ansichten von Kirche und Staat und ihrem gegenseitigen Verhältnisse. Indem er dabei von einem Ideal ausgieng, dessen Realität er, aller Schwärmerei abhold, nicht in die Zukunft, sondern in die Vergangenheit der ersten Jahrhunderte verlegte, und dieses Ideal mit der Wirklichkeit, in der er lebte, verglich, fand er überall nur Verfall und Verleitung, deren Bann auch die hussitische Bewegung nicht gebrochen hatte. Er gieng Ursachen und Symptomen dieses allgemeinen Abfalls von dem wahren Christentume im einzelnen nach, und obgleich die Gegenwart seinen Blicken trostlos erschien, gab er doch nicht alle Hoffnung für die Zukunft auf. Er erwartete kein Reich der Heiligen auf Erden; das Reich des Antichrists sollte vielmehr bis an das Ende

[1]) Chelčický billigt die Elevation als besonders geeignet, diese Erinnerung zu erwecken. So in der Replik gegen Biskupec. In der Replik gegen Rokycana wird auch die Elevation getadelt.

der Tage dauern: aber in Chelčickýs Schriften spricht sich doch hie
und da die Hoffnung aus, es werde die Zahl der getreuen Christen
wieder zunehmen, es würden die Suchenden den Pfad des Heiles
wieder finden und im Reiche des Antichrists Gemeinden von Christi
wahren Nachfolgern begründen, den ältesten Christengemeinden ver-
gleichbar, die unter Heiden entstanden und sich erhielten. Die Sammlung und Organisation der zerstreuten Elemente zu einem Ganzen
durch persönliches Eingreifen, betrachtete er nicht als seine Aufgabe.
Chelčický war aller Sektenbildung abhold, und fühlte sich zu diesem
Werke nicht berufen und vielleicht als Laie auch nicht berechtigt.
Er übte eine systematische zersetzende Kritik an dem Bestehenden:
positive Vorschläge zu einer Neugestaltung fand er nur in seinen
Rückblicken auf die bessere Vergangenheit und ihre Mustergiltigkeit.

Desto fleissiger führte er seit dem Ende des Krieges die Feder.
So entstand die Postille, sein umfangreichstes Werk. Da er für die
würdigste Sonntagsfeier die Anhörung des göttlichen Wortes hielt,
die Predigt „getreuer Priester" aber selten geworden war, so wollte er,
der Laie, dem Volke in seinem Werke einen Ersatz bieten. Eine
ganze Reihe von späteren Schriften findet sich in der Postille gleichsam in Keimen enthalten, die in der Folge zu besonderen Traktaten
sich entfalteten. Einer von ihnen gestaltete sich zu einem Werke, das
an Umfang der Postille wenig nachstehend, den Namen erhielt: „Das
Netz des Glaubens". Darin hat Chelčický am ausführlichsten seine
Gedanken über Kirche und Staat ausgesprochen. Aber es ist nicht
möglich, bei diesen Schriften den Zeitpunkt genau zu bestimmen, in
dem sie entstanden sind.

Auch über Chelčickýs Verkehr mit Rokycana fehlen bestimmte
Daten.

Während der besiegte Taboritismus seiner Auflösung entgegen-
gieng, während ein Theil der Utraquisten vom Schlage Příbrams ausser
der Forderung des Laienkelches alles übrige fallen liess, ohne Berechtigung nur in diesem einzigen Punkte der Kirche den Gehorsam wei-
gernd[1]): sammelte sich eine mittlere Partei um Rokycana. Im Dogma

[1]) In den Sitzungsberichten der k. b. Gesellschaft der Wissenschaften 1878
habe ich nach der Wiener Handschrift einige Stellen aus Příbrams böhmischen
Traktat „über den Gehorsam" mitgetheilt. Derselbe ist gegen Wiclif und Peter Payne
gerichtet. In ihm bestreitet Příbram die Definition der Kirche als Gemeinschaft
der Erwählten. Das Papsttum, sagt Příbram, indem er gegen Wiclif und seine
Lehre, die römische Kirche sei die antichristliche Kirche, sich erklärt, sei von
Christus begründet und werde bis an das Ende der Tage bestehen. Niemand dürfe
von derselben abfallen.

von der Kirche durch keine unversöhnlichen Gegensätze geschieden, strebte sie die dauernde Begründung einer utraquistischen National-kirche an unter einem besonderen Erzbischof. Dieses konnte auf doppelte Weise erfolgen, entweder mit Genehmigung der Kirche oder gegen ihren Willen. Zwischen beiden Richtungen hat diese Partei und der an ihrer Spitze stehende Rokycana geschwankt. Der erwählte Erzbischof zeigt ein doppeltes Gesicht, einerseits bereit sich mit der Kirche zu versöhnen, andererseits mit Elementen in Berührung tretend, die von der Kirche sich völlig abkehrten, und in diesen Hoffnungen erweckend, die er schliesslich doch nicht erfüllte.

Es wäre vom Interesse zu erfahren, wann und wie die Verbindung zwischen Peter Chelčický und Rokycana angeknüpft worden ist. Nicht ohne innere Wahrscheinlichkeit ist die Vermuthung, der Anfang derselben falle bereits in die Zeit, als Rokycana seit den letzten Tagen König Sigismunds sich gezwungen sah, Prag für lange Zeit (1437—1448) zu meiden. Zwischen beiden Männern fand einmal unter Umständen, die wir nicht kennen, eine Begegnung statt; sie sprachen dabei „von den Menschen, die Priester hiessen, und wie gering der Nutzen sei, welchen sie den Menschen brächten" — ein Thema dessen Erörterung dann im schriftlichen Verkehr fortgeführt wurde. So entstand die bedeutendste polemische Schrift Chelčickýs, seine Replik gegen Rokycana. Chelčický unternahm es, auf jene Frage die Antwort zu geben und konnte dabei nicht umhin, auch die utraquistischen Priester, die Gesinnungsgenossen Rokycanas, unter diejenigen zu rechnen, deren Wirksamkeit keine Früchte bringe. „Es ist schrecklich," so ruft er ihnen zu, „dass ihr nicht bedenkt, ob ihr Christum im Volke auferbauet oder ob ihr dem Antichrist durch euere Arbeit und Wissenschaft aufhelfen wollet!" Die Replik gegen Rokycana enthält eine Auseinandersetzung Chelčickýs mit den hussitischen Parteien und insbesondere den Utraquisten in engerem Sinne des Wortes, so wie mit ihren Führern, auch Mag. Johannes Hus nicht ausgenommen, und kommt einem Absagebriefe an dieselben ziemlich nahe, der indessen einen Bruch mit Rokycana nicht herbeiführte. Denn als später diejenigen Männer, die die Brüderunität begründen sollten, ihren Verkehr mit Chelčický anknüpften, geschah es mit Wissen und mit Billigung des Rokycana.[1]) Und dieser Verkehr ist der letzte Lichtstrahl, der auf die Gestalt Peters fällt.

Dass er die weiteren Folgen dieses Verkehrs, die Begründung der Unität und den Bruch der Brüder mit Rokycana erlebt hat, ist

---

[1]) Darüber wird in der Fortsetzung dieser Untersuchungen mehr zu sagen sein.

nicht wahrscheinlich. Aber seine geistigen Erben hat Peter Chelčický noch kennen gelernt.

———

Die Erbschaft, die Chelčický den Begründern der Unität hinterliess, ist seine Lehre gewesen. Er hat dieselbe in seinen zahlreichen Schriften niedergelegt, die mitunter an die gelehrten Traktate der Zeit erinnern, gewöhnlich aber die populäre Vortragsweise der damaligen Postillen einhalten.[1] Grosse Kraft und satirische Schärfe gewinnt Chelčickýs Stil,[2] wenn er das falsche Christentum schildert; seine polemischen Ausführungen treffen den Gegner mit wuchtigen Schlägen. Beweisführung und Polemik werden meist durch Schriftstellen begründet, daneben die ältesten Lehrer der Kirche, wie Dionysius Areopagita hochgehalten, die Kirchenväter, wie der h. Augustin, manchmal angezogen, nicht selten auch getadelt, die grossen Scholastiker, wie Thomas von Aquino, verspottet. An die Stelle der letzteren tritt Wiclif.

In keiner seiner Schriften trägt Chelčický das Ganze seiner Lehre systematisch vor. Auch haben sie selten ein geschlossenes Thema. Abschweifungen, Wiederholungen kommen überall vor. Wenn in dem Folgenden der Versuch gemacht wird, Chelčickýs Lehre in eine Art von System zu bringen, so geschieht es auf die Gefahr hin, den theologisch geschulten Lesern nicht zu genügen, bei anderen aber kein rechtes Interesse an einer Lehre zu erwecken, die dem Kopfe eines Denkers und Grüblers entsprang, welcher, im Zeitalter des Humanismus lebend, sich zwar den grossen Autoritäten des Mittelalters nicht unterwarf, aber doch seinem ganzen Wesen nach dem Mittelalter angehört.[3]

Die einzige Quelle des Glaubens ist Gottes Wille. Davon geht Chelčický überall aus. Diesen seinen Willen hat Gott den Menschen einmal endgiltig und erschöpfend kundgegeben, und zwar durch die Apostel, durch die von ihnen verfassten Schriften und die von ihnen begründete Kirche. Diese entstand, indem sie überall predigend Gemeinden stifteten, vollkommen im Glauben und tadellos im Wandel, ein Muster für alle Zukunft. Für Chelčický gibt es keine Entwicke-

———

[1] Postillen in böhmischer Sprache haben vor Chelčický Milič, Hus, Jakobell verfasst.
[2] Vgl. Palacký IV, 1 S. 480.
[3] Manches liesse sich in ein modernes Gewand kleiden, wie die Forderung vollständiger Toleranz und Religionsfreiheit, die Ansichten über das Verhältnis von Kirche und Staat: aber es sind dies dann keine Sätze Chelčickýs mehr. Eine solche Darstellung formulirt nicht das Wesen der Sache, sondern alterirt es.

lung zum Besseren; jede Veränderung ist ein Abfall vom Musterbilde, jede menschliche Einrichtung, die das Gesetz zu ergänzen oder gar zu verdrängen sich anmasst, schlecht, auch wenn ihr Inhalt an sich nicht zu verwerfen wäre. Das Gesetz Gottes ist vollkommen in allem genügend: alles, was neben ihm geschieht oder in anderer Weise, auch wenn es dem Gesetze nicht widerstreitet, ist verwerflich.

Die ersten Christen lebten unter Heiden, im heidnischen Staate, dem Körper nach seine Unterthanen, die auferlegten Steuern zahlend und in allen billigen Dingen Gehorsam leistend, um ohne Noth keine Verfolgung hevorzurufen, die sie, wenn dieselbe ohne ihre Schuld entstand, geduldig ertrugen, ohne je Böses mit Bösem zu vergelten. Kein anderes Band verknüpfte sie mit dem Staate und seinen Einrichtungen. Nie sollten die Christen vor die heidnische Obrigkeit treten, um durch ihren Spruch ihre Streitigkeiten zum Austrag zu bringen: zwar ist dies anfänglich aus Nachgiebigkeit gegen die menschliche Schwäche noch geduldet worden, später ist aber in den christlichen Gemeinden auch dieser Mangel verschwunden. Die Christen lebten im Staate, hatten aber an ihm keinen Theil; die christliche Gemeinde bedurfte für ihre Zwecke des Staates nicht.

In diesem vollkommenen Zustande verharrte die Kirche 300 Jahre lang, unter Leiden und Verfolgungen, die aber als ein Zeichen der Vollkommenheit zu betrachten sind. Geduldet haben alle „höchsten Priester" von Petrus angefangen und mit ihnen viele Märtyrer, Priester und Laien, alle durch Ertragung der Leiden ihren Glauben bezeugend, während die Wehleidigkeit der späteren ein Zeichen ihres Unglaubens ist und des gesunkenen Zustandes der Kirche. Dadurch aber, dass der Verfall kam, ist Christi Gesetz nicht nichtig geworden; es ist vielmehr eben so genügend und mustergiltig geblieben, wie es von Anfang an war.

Der Verfall begann, als sich das Verhältnis der Kirche zum Staate änderte. Wären alle Heiden durch die Taufe wahre Christen geworden, so hätte der Staat dadurch aufgehört: sein ganzer Organismus wäre unnöthig und zwecklos geworden. Chelčický will aber dem Staate alle Berechtigung doch nicht absprechen: für die Heiden ist es sogar nothwendig gewesen, weil sonst das Menschengeschlecht in einem allgemeinen Kriege aller gegen alle sich selbst ausgerottet hätte. Der Staat ist demnach, so zu sagen, ein nothwendiges Übel gewesen; das grössere Übel ist aber der christliche Staat, das grösste die staatliche Gewalt in ihrer Vereinigung mit der Kirche. Der Antichrist vermöchte nicht so viel gegen Christentum, wenn ihm die weltliche Macht nicht hilfreich zur Seite stände. Dieser Bund wurde nun in den Tagen Constantins und Sylvesters geschlossen und dadurch das Gift des Verderbens der Kirche eingeflösst. Bis dahin lebten Christen unter Heiden, seitdem leben wahre und gute Christen unter schlechten. Dennoch gilt noch immer das Gesetz Christi, obwol „die letzte Kirche" das Kreuz Christi, das sie hat tragen sollen, abgeworfen hat.

In dieser Vereinigung des Staates mit der Kirche kann man jenem doch eine gewisse Berechtigung zugestehen, wenigstens insoferne er die von den schlechten Christen immerwährend bedrohte Ruhe und Ordnung schützt und erhält, was schliesslich auch den Guten Nutzen bringt. Und auch dadurch ist die staatliche Gewalt, die Macht der Welt, von Nutzen, dass sie durch ihre Verfolgungen den wahren Christen Gelegenheit bietet, Leid zu tragen und dadurch ihren Glauben zu bethätigen.[1])

An sich ist allerdings der christliche Staat ein unlösbarer Widerspruch, oder vielmehr es gibt keinen christlichen Staat, ausser nur dem Namen nach. Denn zum Wesen des Staates gehört Zwang und Gewalt, um auch das Gute, das er schafft, zu befehlen und zu Stande zu bringen, und zwar der schlechten Christen wegen, die an die Stelle der Heiden getreten sind. Der wahre Christ braucht zum Guten nicht gezwungen zu werden, und darf zum Guten andere nicht zwingen, da Gott das Gute aus freien Stücken verlangt. Die Strafe, welche die Gesetze des Staates über den Verbrecher verhängen, sind nichts anderes, als Rache, die zu üben das Gesetz den Christen verbietet. Die Auflehnung gegen den Staat ist zwar ein Übel, aber auch jede Theilnahme an seiner Gewalt.

Alle Versuche, die mit den Kirchenvätern anfangen — auch Augustinus hat aus der Schrift Blut statt der Milch gesogen — Staat und Christentum zu versöhnen sind eitel; sie beruhen auf einer Missdeutung der bekannten Worte des h. Paulus,[2]) die nur Auflehnung

---

[1]) Der Staat selbst hat dadurch, dass er christlich geworden, nichts gewonnen, denn die herrschsüchtigen Rotten, insbesondere die Geistlichkeit, haben so viel Gut an sich gerissen, dass dem obersten Herrn, dem König, gar wenig geblieben ist. Unter Heiden ist das Königtum besser daran, denn da gibt es keine geistlichen Herren. (Netz des Glaubens.)

[2]) Der Apostel hat seine Mahnung an die Römer gerichtet, weil viele glaubten, da sie Christus vom Joche des alten Gesetzes befreit habe, so müssten sie auch der staatlichen Macht der Heiden fernerhin nicht untergeben sein. „Auch jetzt könnten viele Menschen — gute und böse — solche Gedanken von der grossen Freiheit fassen." (Netz des Glaubens.)

verbieten, da, wo der Staat in seiner Sphäre Gutes schafft,[1]) aber auch
da, wo er Lasten zu tragen auferlegt, wie Steuern und Frohndienste,
die, obgleich an sich nicht berechtigt,[2]) ja unter Christen eigentlich
unstatthaft, dennoch geleistet werden sollen, da sie zu leisten noch
nicht sündigen heisst. Zur Sünde zwingt aber der Staat die Christen,
indem er sie zum Kriege aufruft. Da, so wie überall, wo Sünde geboten wird, erreicht der Gehorsam seine Gränze, namentlich wenn die
staatliche Gewalt im Dienste der Kirche und der Priesterschaft auf-
tritt und zum Abfall vom rechten Glauben nöthigt. Wenn überhaupt
jeder Glaubenszwang ein Übel ist, so ist derselbe, zu Gunsten der
verleiteten Kirche geübt, ein doppeltes. Aber auch dann bedeutet das
Recht des Ungehorsams noch kein Recht, selbst Gewalt anzuwenden.
Es sündigen sowol diejenigen, die die alte Kirche mit Gewalt schützen,
als auch diejenigen, die für die Wahrheit des göttlichen Wortes in
den Krieg ziehen, denn beide lügen, wenn sie beten: vergib uns
unsere Sünden . . . .

In dem christlichen Staate und in der christlichen Gesellschaft,
wie sie sich seit den Tagen Constantins ausgebildet, gibt es für den
wahren Christen keine Stelle, ausser in den untersten Schichten, die
nur gehorchen, ohne zu befehlen, die dienen, ohne zu herrschen. Jede
Herrschaft, jede Ständegliederung verstösst gegen das Gebot der brüderlichen Gleichheit (Luk. XXII, 24—27) Könige wollen den Christen
ihr stolzes Joch auferlegen, da doch alle durch Christi Blut erkauft
sind, und verachten die Kreatur, die ihnen ähnlich ist. Niemand kann
König und in Wahrheit Christ zugleich sein. Constantin hätte das
kaiserliche Diadem niederlegen müssen. Was das alte Gesetz noch
gestattet hat, ist in dem neuen durch Christi Gesetz verboten. Ämter
im Staate und in der Gemeinde darf der wahre Christ auch deswegen
nicht bekleiden, weil er verpflichtet ist, die Gelegenheit zur Sünde
zu meiden, die überall ihnen anklebt. Er darf nicht Richter sein, da
er sich als solcher der Gefahr aussetzt, sich durch Geschenke beste-
chen zu lassen, nach Gunst und Ungunst sein Urtheil zu fällen, un-
redliche Zeugen zur Zeugenschaft aufrufend ihres Betruges mitschuldig
zu werden, und vor allem, weil die Gesetze, die er handhaben wird,
nicht die Besserung, sondern nur die Bestrafung der Schuldigen be-

---

[1]) Nur dass die Macht gebietet und zwingt, während der Glaube dasselbe
nur lehrt. Das alte Gesetz hat den Zwang zugelassen. Im neuen Gesetz sündigt
derjenige, der zwingt, aber auch, wer sich widersetzt.
[2]) Die Worte des Apostels (Rom. XIII.) enthalten kein unter Brüdern gel-
tendes Gebot.

zwecken, ja den Tod des Sünders fordern. Der Christ soll aber Böses
ertragen und mit Gutem vergelten. Auch Handel darf er nicht treiben,
da aller Handel mit Übervortheilung anderer, mit absichtlichem oder
unabsichtlichem Betruge verbunden ist. Vor allem sind aber die Städte,
in denen sich Handel und Wandel ansammelt, Gefässe des Giftes, in
denen der wahre Christ sich unmöglich von der Verführung der Welt
frei halten kann. Kain [1]) ist ihr Erfinder und Begründer gewesen.
Städte und Burgen sind gebaut worden, um in ihnen den gesammel-
ten Raub in Sicherheit zu bergen; sie sind der Wehleidigkeit der
Menschen entsprossen.[2]) Unter wahren Christen wären sie unnütz,
da die christliche Liebe ihre Graben ausfüllen, ihre Mauern dem Erd-
boden gleich machen möchte. Landbau und Handwerk scheint Chelčický für die einzige mit dem Christentum völlig verträgliche Be-
schäftigung gehalten zu haben. Am heftigsten eifert er gegen diejenigen
Stände, die von der Arbeit anderer leben, namentlich gegen den Adel.
Das Netz des Glaubens, das in seinem 2. Theile „die Rotten", d. h.
die verschiedenen Stände schildert, enthält viele Ergüsse seiner de-
mokratischen Gesinnung, drastische Schilderungen der „Wappenrotten",
der Herren und Ritter, Stellen, die der Literaturhistoriker zur Schäz-
zung seines Stils besonders heranziehen wird.[3])

---

[1]) Kain ist der wahre Vater des Stadtvolkes. Er hat die ursprüngliche Einfalt des Lebens in List verwandelt, indem er Mass und Gewalt erfand, während
früher das einfältige Volk tauschte, ohne zu messen noch zu wägen. (Netz des
Glaubens.)

[2]) In den Städten müssen alle Gebote übertreten werden, die dem Christen
befehlen, ihr Leben nicht zu vertheidigen, die ihm verbieten sich zu rächen. (Netz
des Glaubens.)

[3]) Als Probe mag folgende Stelle aus dem „Netz des Glaubens" genügen:
Der Distelstrauch (der Parabel Jud. IX.) mit seinen grausamen Stacheln
ruft: „Da ihr mich zum Herrn wählt, so werdet ihr fühlen, dass ich euer Herr
bin: ich werde so herrschen, dass wenigen die Haut heil bleibe. Schinden will
ich den Kerl (chlapa) wie eine Linde!" Und ein anderer ruft ihm zu: „Schinde
den Bauer, er schlägt wieder aus, wie die Weide am Bache!" ... Und der Mensch
der Lust mit breitem Fettbauch spricht: „Unser sind sie ja, die Väter haben sie
gekauft als ewig Erbgut für uns; sie stehen in der Landtafel ..." Das mag wahr
sein, es ist ihr wahres Erbeigentum nach Erbrecht, das die Väter ihnen erworben
und durch Verschreibung gesichert. Und die Hölle haben sie euch auch verschrie-
ben: dies natürlich Erbtheil habt ihr nach eueren Vätern. Wenn aber die Väter
euch Menschen gekauft und Grund und Boden, so haben sie fremdes Gut (Ps.
XXIII.) gekauft und auf fremdem Boden. Denn der Herr spricht: Mein ist die
Erde ... Darum rühmt euch nicht dieses Handels, denn wo hat euch Gott Ver-
schreibungen gegeben, dass er euch sein Gut überlasse? ... Einen schlechten Kauf
haben euere Väter gekauft. Wer kann den Menschen so ungerecht und unbillig
kaufen, dass er ihn misshandle, wie das Vieh, das zum Schlachten bestimmt ist,
auf dass er an ihrem Harm sich weide. Seine Hunde hält er besser, als seine
Eigenleute. Dem Hund ruft er zu: „Feldmann! Komm her und lege dich aufs
Polster!" So willst du Menschen kaufen, du Fetter! Aber sieh, wen du gekauft
und wie du gekauft! Die Menschen waren früher Gottes, ehe du sie gekauft ...

Der demokratische Zug des Hussitismus kommt auch bei Chelčický zur Geltung, Gleichheit und Brüderlichkeit sind bei ihm For-
derungen des göttlichen Gesetzes, da aber dieses Staat und Gesellschaft nicht regelt, sondern eigentlich aufhebt, so konnte in seiner
Lehre ein politisches Programm keine Stelle finden. Die mit der Auflösung des Staates gleichbedeutende Reform müsste Chelčickýs Ansicht
gemäss von denjenigen ausgehen, die da herrschen und die sich ihrer
Rechte und Vortheile freiwillig entsagen müssten. Dies ist aber nicht
zu erwarten. Die Revolution kann aber die Reform nie zu Stande bringen, da der Christ niemals Gewalt anwenden darf.

Ein Gegenstück zu der Schilderung der weltlichen Stände bildet
bei Chelčický in dem Netze des Glaubens das Bild der geistlichen
Rotten, vor allem der Mönche.

Alle Orden versündigen sich gegen das Gesetz Gottes, das für
alle Christen genügend ist; sie wollen aber etwas besseres gefunden
haben, als der Weg ist, den Gott selbst gezeigt hat. Die Begründung
der Orden war eine Sünde, der Grundstein des Klosters ist Gotteslästerung. Die Bettelmönche missachten insbesondere das Wort des
Apostels: wer nicht arbeitet, der soll nicht essen. Nirgends, weder im
alten noch im neuen Gesetze, ist das Betteln geboten.

Die Rotte der Pfarrgeistlichkeit verdankt ihren Ursprung Constantin, der befahl, Kirchen zu bauen und mit Grund und Boden zu
dotiren; dann kam der Zehent hinzu mit anderen Abgaben. Gäbe es
kein Kirchengut, so gäbe es auch diese Priester nicht; sie sind
Brunnen ohne Wasser, Wolken ohne Regen, aber keine Nachfolger
der Apostel, die dadurch ihr Amt antraten, dass sie der Welt ent-
sagten. Dann ist auch das Patronatsrecht mit vielen Gefahren für
seine Inhaber verbunden. Es ist erst mit dem Kirchengute aufge-
kommen, eben so wie die Einrichtung der Kirchenspiele, die Zuthei-
lung der Gläubigen an bestimmte Kirchen. — Verwerflich sind ferner
die gelehrten Rotten, eitel ist die Gelehrsamkeit der Magister der
Collegien; sie hat Christi Gesetz verfälscht.

Alle diese Rotten sind das Gefolge von Kaiser und Papst: sie
sind mit ihnen, den zwei Walfischen, in das Netz des Glaubens eingedrungen. Seitdem ist das Netz durchlöchert. Der Verfall der Kirche
gipfelt aber und stellt sich vorzüglich im Papsttum dar. Der Papst
empfieng vom Kaiser Ehre und Macht und Reichtum, während die

Und Christus hat sie gekauft, nicht um Gold und Silber, sondern um sein Blut.
Beim Gericht wird Gott dir sagen: „Was du dem Geringsten von den Meinigen
gethan, hast du mir gethan. Fahre zur Hölle!"

Vorgänger des Sylvester nach Apostelart in Armut und Demut sich der Arbeit, der Predigt und anderen Dienstbarkeiten widmeten. Dem Kaiser an Macht gleich, ja ihn übertreffend, hat sich der Papst sogar Gottes Macht angemasst, nämlich die Macht die Sünden zu vergeben, das Gesetz Gottes aufzuheben und zu verändern. Er hat den lebendigen Glauben in äussere Gebete und Ceremonien verwandelt, den Gottesdienst der primitiven Kirche, die kein vorgeschriebenes Gebet ausser dem Vaterunser, keine Ornate, keine kirchlichen Gebäude gekannt, abgeschafft. Er ist der erste und oberste Antichrist, der Gipfel der Verleitung.[1]

Diese Verleitung besteht hauptsächlich darin, dass die Kirche das unmittelbare Verhältnis der Menschen zum Schöpfer und zum Heiland aufheben will. Sie masst sich an, das Heil zu vermitteln, ja zu schaffen, indem sie es von der Erfüllung ihrer Gesetze abhängig macht. Die Kirche begeht dadurch einen Raub am Kreuze Christi. Den gekreuzigten Heiland, den Mittler, will sie verdrängen und an seine Stelle sich und ihre Heiligen setzen. Das Dogma, dass der Sohn Gottes Mensch geworden ist, hat die Kirche unverfälscht bewahrt und gegen Ketzer mit Erfolg vertheidigt: aber ihr Glaube ist blind und todt. Gar schwer sind jedoch die Gefahren der Verleitung zu erkennen und zu meiden, denn die schwersten sind verdeckt unter dem Scheine des Guten, gekleidet in das Gewand des Gesetzes.

Das unmittelbare Verhältnis des Menschen zu Gott wird, wie Chelčický überall lehrt, durch den lebendigen Glauben begründet. Der Glaube, dass Christus, der Sohn Gottes, für uns gestorben, ist überall unter Christen — guten und schlechten — zu finden: das wahre Christentum bethätigt sich aber in der Nachahmung Christi.[2] Was gut ist, erkennt der Mensch am sichersten daran, dass es Gott gebietet: ohne dieses Kennzeichen könnte er das Gute nicht immer erkennen. Das Vorbild Christi ist aber ebenso verbindlich wie das Gesetz.

Man darf jedoch nicht glauben, dass diese Auffassung des Christentums als Nachahmung Christi bei Chelčický den ganzen Begriff desselben erschöpft. Christus ist ihm nicht allein Lehrer und Vor-

---

[1] Chelčický erwartet am Ende der Tage weder das tausendjährige Reich noch die Erscheinung des Antichrists. Der Antichrist ist kein bestimmtes Individuum: diese Auffassung bekämpft er ausdrücklich.

[2] Die Gelehrten vertheidigen Christum gegen die Ketzer, sind aber doch weit von ihm entfernt, namentlich „wenn die Wahrheit seiner Armut gepredigt wird und der enge Weg gegen ihren Geiz und ihre Lustbarkeiten" (Postille). — Sie sind „die Feinde seines Kreuzes".

bild, sondern auch Heiland und der einzige Mittler zwischen Kreatur und Schöpfer. Wie den Aussätzigen von der Krankheit, so hat er das Menschengeschlecht durch sein Blut von der Sünde gereinigt und steht als Hohenpriester, als allgenügender Fürsprecher immerwährend vor Gott. Kein Mensch, und wäre er auch so heilig, kann das Heil vermitteln.

Der Menschen Wille ist auch nach dem Sündenfalle frei geblieben; [1]) Gutes und Böses steht vor ihm: wähle! Nur das freigewählte Gute ist wahrhaft gut und wertvoll. Aber dennoch gelangt der Mensch zu dieser Wahl nicht ohne Hilfe Gottes. Die innere Wiedergeburt, kann ohne seine Gnade nicht eingeleitet, der Wille des Menschen dem Willen Gottes nicht gefügig werden. Die innere Wiedergeburt ist es, die dem Menschen ein neues Herz gibt, neue Erkenntnis, neue Gedanken, neue Werke. Welcher Antheil fällt aber bei diesem Heilsprozesse Gott, welcher dem Menschen zu? [2])

Chelčický berührt überall, wo er von Willensfreiheit, von Wiedergeburt, von Gnade spricht, die tiefsten Probleme der theologischen Spekulation. [3]) Seine Antworten lauten nicht immer gleich, ja er scheint sich mitunter zu widersprechen. Stellen, in denen im Gegensatz zum todten auf den lebendigen, werkthätigen Glauben, auf Werke und ihre Verdienstlichkeit Gewicht gelegt wird, lassen sich andere gegenüberstellen, in denen das Heil von Gottes Gnade allein hergeleitet wird und der Antheil des Menschen an demselben ganz zu schwinden scheint. Die guten Werke sollen vollbracht werden, heisst es in der Postille, doch ohne Zwang, nicht aus blosser Furcht vor der Hölle, sondern aus Liebe zu Gott; aber auch ohne den Eigendünkel, der da meint durch sie das Heil verdienen zu können. Wir können Gott in diesem Leben, so viel Mühe wir uns auch geben, nie vollkommen gefallen. Darum müssen wir bitten, dass er in seinem Sohne, dem

---

[1]) In der Postille wird Christus mit dem Arzte verglichen, der den Kranken die Heilsmittel angibt. Verschmäht sie dieser, so verliert er „freiwillig" das Leben. Gott beabsichtigt alle Menschen zu retten durch den Glauben an seinen Sohn. Wenn jemand nicht glauben will, so ist er schon gerichtet: Gott hat ihm den Weg zum Heile bereitet, er aber will ihn nicht wandeln: es ist seine eigene Schuld.

[2]) Von der Wiedergeburt handelt Chelčický in einem besonderen Traktate (Rede des Paulus von den alten Menschen Cor. 5—6.). Es werden zwei Stadien unterschieden. In dem durch Anhörung des Wortes Gottes geweckten lebendigen Glauben stirbt der Mensch der Sünde ab: er wird gerecht d. h. er hat eben aufgehört zu sündigen, er wird frei von der Schuld der Sünde. Dann folgen gute Werke. Im alten Gesetze gab es Opfer, um die Vergebung der Sünden zu erlangen, aber sie vermochten nicht die Sünde im Menschen zu tilgen.

[3]) In dem Folgenden ist auch die Antwort erhalten, wie sich Chelčický zu der Praedestinationslehre verhalte.

gekreuzigten Heiland, uns unsere Gebrechen und Sünden nachsehe, uns durch ihn und in ihm gerecht mache; denn wie durch ihn bei der Hochzeit Wasser in Wein verwandelt worden, so können wir nur durch ihn in unseren Werken genügend gefunden werden. Die Kleinen, denen Gott seine Geheimnisse offenbart, sind diejenigen, die zu ihm hoffen, er werde sie in seiner Güte retten, und die ihre Hoffnung nicht auf ihre guten Werke gründen, sondern auf Christi Tod und die Gnade Gottes. Der Kleine erschrickt vor seinen Werken, da er ihre Unzulänglichkeit merkt, ohne den geheimen Rathschluss Gottes zu kennen, ob er ihm in seinen Werken gefalle oder nicht. In diesem Gefühle demütigt er sich vor Gott, und nur der Glaube, der allein die Seelen reinigt, und die Hoffnung auf Gottes Güte halten ihn aufrecht und erwecken in ihm die Erwartung, Gott könne ihn in seiner Barmherzigkeit und seinem Reichtum wegen seines Glaubens und seiner geringen Werke reich machen und annehmen. Jesus, der vor dem Vater stehend die Unzulänglichkeit der Sünder ergänzt, hält ihn in der rechten Hoffnung aufrecht.

Wird demnach auf die Gnade, auf den Glauben und die Hoffnung überall mehr Gewicht gelegt, als auf die Werke und ihre Verdienstlichkeit, so kommen diese vor Gott doch zur Geltung. Noch bestimmter spricht sich Chelčickýs Synergismus an einer Stelle seiner Postille aus, die also lautet: „Weder lange noch kurze Arbeit könnte das himmlische Königreich verdienen, nur durch Gottes Gnade kannst du es erlangen. Aber etwas können wir daneben doch verdienen, wenn wir erfüllt sind vom lebendigen Glauben und von Liebe zu Gott und in diesem Glauben und in dieser Liebe uns bemühen und streiten gegen den Leib, gegen die Welt, gegen den Teufel und dabei Gottes Willen erfüllen. Wer mehr liebt, dem wird mehr verziehen werden und so wird er auch mehr verdienen. Aber alles verdienen kann er nicht. Und so muss er dennoch aus Gnade und nicht aus Verdienst des Königreiches Gottes theilhaftig werden."

Lassen sich aber unter diese Formel alle Fälle subsumiren? Chelčický scheint daran gezweifelt zu haben. In der Parabel von den Arbeitern des Weinberges fand er „grosse Geheimnisse" verborgen. Denn wer sind die Murrenden, wer die letzten Arbeiter, die den ersten Lohn empfiengen? In einer besonderen Schrift, deren Grundlinien sich bereits in der Postille finden, hat Peter diese Fragen zu beantworten gesucht, wobei er zu dem Endergebnisse gelangt, der letzte und tiefste Grund unseres Heils sei die freie Macht Gottes, der die einen frei von aller Sünde schafft, die anderen nach ihrer Wiedergeburt frei von Sünde erhält. Aber die meisten müssen ihr Heil durch Busse und Arbeit verdienen. Doch gibt es auch solche, die gute Werke vollführen, ohne ihr Heil dabei zu finden, da sie — die Murrenden — nur auf ihre äussere Gerechtigkeit bauen, während dagegen offenbare Sünder durch ihre Demut Gnade finden, ja noch in der letzten Stunde, ohne Werke, nur durch ihre bussfertige Gesinnung gerettet werden. Gott kann für nichts — viel geben. So hat der Schächer, der unter allen der letzte an Christus geglaubt hat, zuerst den Lohn empfangen.

Zum Schächer am Kreuze kehrt Chelčický nochmals zurück in seiner Erklärung der Passion Christi nach dem Evang. Joh. Sie ist unter seinen Schriften vielleicht die tiefsinnigste. Wenn er in derselben dem Opfertode Christi die Macht beilegt, die Schuld der Menschheit zu tilgen,[1] obgleich es unter den Menschen keinen gab, der es verdient hätte; wenn er den Glauben des Schächers dem Glauben des Blinden vergleicht, der bloss auf seinen Glauben hin gesund ward; wenn er die Quelle des Heils nur in Gottes Gnade und Barmherzigkeit sucht, die durch des Menschen Werk nicht bestimmt werden: so scheint auf Seite des Menschen allein der Glaube übrig zu bleiben, in dem er vor Gott zwar nicht gerecht wird, aber doch als gerecht angenommen werden kann. Allein das Heil ohne Werke und durch den Glauben allein ist so zu sagen nur ein Ausnahmsfall; denn wie die Gnade Gottes in der Regel dem Menschen, der gerettet wird, nicht allein die Schuld erlässt sondern auch die Sünde in ihm tilgt, die Wiedergeburt in ihm einleitet, ihn, wenn er beharrt, nicht allein rechtfertigt, sondern auch gerecht macht: so finden auch seine Werke Gnade vor Gott, der den guten Willen, aus dem sie hervorgehen, schätzend, ihre Unvollkommenheit übersieht. Die Unterlassung der Werke, wo sie geübt werden können, die leichtfertige Verzögerung der Busse bis zum Tode — der Schächer am Kreuze tröstet uns in der Verzweiflung und warnt zugleich -— führen zur Verdammung. Der rechte Glaube leitet den Menschen zur Arbeit an in Werken, die ihm den ewigen Lohn gewährleisten.

Beruht auch das Heil auf dem unmittelbaren Verhältnisse des Menschen zu Gott, so gibt es doch auch besondere Heilsmittel, Sakramente, von Christus eingesetzte Zeichen einer heiligen Sache, die

---

[1] Das Blut Christi ist das wahre Purgatorium, das die Gebrechen tilgt, die auch in Gerechten noch bleiben; stirbt er, so werden sie ihm nicht zugerechnet. (Vom Ursprung des menschlichen Gesetzes.)

die Gnade mittheilen.[1]) Von dieser Ansicht ausgehend, erkennt Chelčický, streng genommen, von den kirchlichen Sakramenten nur zwei als solche an, während die übrigen sich mit jenem Begriffe nicht decken und zu Gebräuchen herabsinken, die indes, von falschen Zuthaten gereinigt, nicht zu tadeln sind. Chelčický geht vielfach auf Ansichten zurück, die in den früheren Jahrhunderten des Mittelalters noch galten. So hält er bei der Busse die Beichte für entbehrlich, auch könne dieselbe vor einem guten Laien abgelegt werden.[2])

Welcher Art ist aber die Wirksamkeit der Sakramente und an welche Bedingungen ist sie geknüpft? Sie vermehren die Gnade Gottes, setzen aber ihr Vorhandensein im Empfänger voraus; ohne die Erwählung Gottes, ohne die durch seine Gnade eingeleitete Wiedergeburt geht ihr Nutzen verloren. Darum wäre es besser nach Art der alten Kirche nur Erwachsene zu taufen, die durch ihre Werke ihren Glauben bereits bethätigen können: aber die Kindertaufe verwirft darum Chelčický nicht, wenngleich er fordert, es soll nur Kindern frommer Eltern, die selbst den *lebendigen* Glauben besitzen, dieses Sakrament ertheilt werden, ebenso wie er überall auf die Ausschliessung der Sünder von dem Genusse des Abendmals dringt.

Gibt es aber nicht auch Bedingungen auf Seiten des die Sakramente verwaltenden Priesters? Chelčický verweigert den *bösen Priestern* überall den Gehorsam, da wo sie das göttliche Gesetz durch Menschenerfindung verfälschen; er räth, die bösen Priester zu fliehen, weil ihr Beispiel verleite, weil ihre Lehre vom Herzen nicht komme und zum Herzen nicht dringe, weil ihre Mahnung nicht fähig sei, den Sünder zu bekehren, dem Büssenden den rechten Weg zu weisen: aber er wagt es doch nicht, hinzuzufügen: weil die Wirksamkeit des Sakramentes von der moralischen Qualität des Priesters abhänge, weil der böse Priester nicht consekrire.

Es soll nach apostolischer Einrichtung einen Priesterstand geben. Der *gute Priester* ist derjenige, den Gott erwählt hat. Nur ein guter Mensch kann ein guter Priester werden. Darum sollte die Gemeinde, der Chelčický das Wahlrecht vindicirt, nur diejenigen zum Priesterstande berufen, bei denen ihren Wandel nach, die Wahl Gottes vor-

---

[1]) In der Replik gegen Biskupec sagt Chelčický, die taboritische Abendmalslehre entleere die Sakramente. Die Wirkung derselben bestehe in der Vermehrung des Glaubens und der Liebe; auch werde durch ihren Empfang der Glaube bezeugt. Der Empfang der Sakramente dürfe nicht absichtlich vernachlässigt werden.

[2]) In der Postille sagt Chelčický, die Priester des neuen Bundes hätten keine grössere Gewalt, als die des alten, welche nur erklärten, der Aussätzige sei rein geworden, aber selbst nicht reinigten. Nur Gott allein vergebe die Sünden.

ausgesetzt werden kann. Gibt es keine geeigneten Personen, so wäre es für die Christen besser ohne Priester zu bleiben. Aber auch in diesem Falle soll der gute Laie sich das Priesterrecht nicht anmassen: er kann andere belehren, [1]) er darf aber nicht consekriren. Dieses Vorrecht will Chelčický selbst dem bösen Priester nicht absprechen, so schwer es ihm auch fällt, den Judas darin dem h. Petrus gleich-zustellen. Wie es aber komme, dass Dorne Trauben tragen können, ist ein göttliches Mysterium, dessen Lösung indessen Chelčický mit anderen darin findet, dass er in Gott den wahren Urheber des Sakramentes erblickt, dem Priester aber das dienstbarliche Thun allein zuschreibt. Wird demnach das Zustandekommen der Sakramente als unabhängig von der moralischen Qualität des Priesters aufgefasst, so hängt diese Ansicht ebenso mit der Abendmalslehre Chelčickýs zu-sammen, wie der Umstand, dass er an der manducatio impiorum festhält. Es gibt aber doch eine Bedingung auf Seiten des Priesters: der rechte Glaube. Diejenigen, die der Zeichenlehre anhängen, die sich zur Transsubstantiationslehre bekennen, consekriren nicht. [2])

Welche Stelle gebührt Peter Chelčický in der geistigen Bewegung des 15. Jahrhundertes? Was ist sein Eigentum, was hat er von anderen übernommen und woher stammt es?

Es ist kaum möglich, bei jedem Grundgedanken, den er aus-gesprochen, die Provenienz festzustellen. Wenn Chelčický den Verfall der Kirche von der Zeit Constantins und Sylvesters datirt, so weiss man, dass er diesen Satz nicht zuerst aufgestellt hat. Arnold von Brescia, Dante, Wiclif haben dasselbe ausgesprochen, die Waldenser haben dasselbe gelehrt, das Mittelalter hat an die Schenkung Constantins geglaubt und an dieselbe Argumente geknüpft, sei es um die Macht und Herrschaft der Kirche zu vertheidigen, sei es um sie anzugreifen. Diejenigen, die in dem Reichtum und in der weltlichen Macht das Gift erblickten, das die Kirche zerstörte, mussten zu der Ansicht gelangen, die Wiederherstellung derselben sei durch das Auf-

---

[1]) Die Anhörung der Beichte durch einen Laien fällt unter diesen Gesichts-punkt.

[2]) Vgl. den Traktat von den Sakramenten. Dass auch die Anhänger der Trans-substantiationslehre nicht consekriren, sagt Chelčický in dem Traktate vom Leibe Christi. Sie seien daran erkennbar, dass sie sich dem Kelche widersetzen und sollen nicht minder gemieden werden als „die Pikarden unter dem Kelche". Dies alles folgt bei Chelčický aus dem Grundsatze, die Sakramente seien nur bei stif-tungsmässiger Verwaltung wirksam. Auch bei denjenigen sei der Leib Gottes nicht zu finden (sie consekriren nicht), die die geweihte Hostie zur Anbetung ausstellen.

geben des Reichtums, durch die Rückkehr zu den ersten reinen Jahrhunderten zu erreichen. Dies hat Arnold von Brescia, dies hat Wiclif gelehrt. Auch Kaiser Fridrich II. hat ein ähnliches Programm aufgestellt, [1]) und die Hussiten haben in dem Artikel von der weltlichen Herrschaft des Clerus dasselbe gefordert. Die Idee der christlichen Vollkommenheit hat das Mittelalter oft mit der Armut in Verbindung gebracht, und die Kirche selbst, obwol sie für das Ganze diesen Gedanken ablehnte, hat ihn doch innerhalb ihrer Sphäre in den Bettelorden geduldet. Dass aber diese Idee schliesslich doch zur Opposition gegen die Kirche und ihre Machtstellung führen musste, beweist eben die Geschichte der Bettelorden. Es wird demnach kaum möglich sein, zu sagen, woher Chelčický eine Ansicht genommen, die überall zu finden war. Auch ist die Thatsache nicht charakteristisch, dass er sie aufgenommen, sondern darauf kommt es an, welche Bedeutung er ihr gab, welche Consequenzen er aus ihr zog, welche Stellung er ihr in seiner Lehre anwies.

Man kann behaupten, dass die Gestalt Chelčickýs aus dem Rahmen der hussitischen Bewegung nicht herausfällt. Alle Einflüsse, welche diese hervorgerufen haben, können auch ihn, der sie in allen Fasen miterlebt hat, berührt haben. Nicht alle in gleichem Masse: aber dieses Mass festzustellen, ist äusserst schwierig.

Unter den sogenannten Vorläufern des Johannes Hus ist einer, Matthias von Janov, gleichsam auch als ein Vorläufer Chelčickýs bezeichnet worden. [2]) Ich finde dagegen, dass bei aller Ähnlichkeit, welche bei beiden namentlich da zu finden ist, wo das Wesen des wahren Christentums im Gegensatz zum falschen dargelegt wird, ein Einfluss des Janov auf Peter sich nicht nachweisen lässt. Was eben jenen charakterisirt, das fehlt bei diesem gänzlich, nämlich die mystische Auffassung des Christentums. Chelčický ist herb und nüchtern. [3])

---

[1]) Habemus nostre conscientie puritatem, ac per consequens Deum nobiscum: cujus testimonium invocamus, quia semper fuit nostre voluntatis intentio clericos cujuscunque ordinis ad hoc inducere, et precipue maximos ad illum statum reducere, ut tales perseverent in fine, quales fuerunt in ecclesia primitiva, apostolicam vitam ducentes, et humilitatem Dominicam imitantes ... Talibus (der schlechten Geistlichkeit) igitur subtrahere nocentes divitias, quibus damnabiliter onerantur, opus est charitatis. (Huillard-Bréholles VI. 1. p. 393.)

[2]) Vgl. Jirečeks Rukověť.

[3]) Vgl. De Hypocrisi (Ms. Un. 5 F 7 fol. 56): Regule, que demonstrant Christianum non esse hypocritam, sunt he. Prima est: perfecte abicere se ipsum usque ad odium proprie anime propter J. Christum. Secunda est: totaliter se conferre ad J. Christum et donare se ipsum sibi usque ad dileccionem ipsius unius ac solius. Tercia est: perfecte amare crucem Christi et ignominiam passionis eius et per vitam imitari. Quarta est: omnia facta et fienda a dileccione domini J. in-

Die eigentlichen Urheber der hussitischen Bewegung haben ohne Zweifel direkt auf Chelčický eingewirkt: er ist ein Zuhörer ihrer Predigten gewesen, er hat mit ihnen persönlichen Umgang gepflogen. Aber er steht ihnen frei gegenüber, beugt sich vor ihrer Autorität nicht, widerspricht ihnen: sein Tadel trifft auch den Johannes Hus und noch mehr denjenigen, der später seine Stelle einnahm, den Jakobell von Mies. [1]) Diese selbstständige Stellung zeigt sich auch darin, dass er sich in seinen Schriften auf frühere Freunde und spätere Gegner des Hus beruft, deren Andenken damals, als er schrieb, in den hussitischen Kreisen gewiss verpönt war. Dies sind Stanislav von Znaym und namentlich Johannes Protiva. Chelčický citirt mit einer gewissen Vorliebe, die auf intime persöhnliche Beziehungen schliessen lässt, Protivas Schriften, die wir leider nicht kennen. Wenn wir aber auch nicht im Stande sind, ihre Einwirkung auf Chelčický bestimmt zu bemessen, so kehrt doch in jenen Citaten überall derselbe Grundgedanke wieder, dass nämlich das göttliche Gesetz höher stehe als das menschliche und dass es genügend sei, die Kirche zu begründen und zu regieren. Und aus den Citaten lässt sich unschwer erkennen, dass beide Männer zwar in diesem Gedanken zusammentrafen, aber dann doch in entgegengesetzter Richtung auseinandergiengen. Denn Protiva scheint von der Superiorität des göttlichen Gesetzes ausgehend, die Herrschaft der Kirche über den Staat verfochten zu haben, während Chelčický Staat und Kirche trennt, jenen in der Idee zwar vernichtet, aber doch nicht der Kirche unterwirft. Protiva verficht die bestehende Kirche, Chelčický greift sie an. [2])

Die Gegner der Hussiten haben diese oft Wiclifisten genannt; und nicht mit Unrecht, denn wie der Hussitismus überhaupt unter Wiclifs Einfluss steht, so gilt dies namentlich von seinen radikalen Elementen. Auch von Peter Chelčický. Wenn er in der Schrift das allgenügende und allgemein verbindliche Gesetz Gottes findet, wenn

---

cipere et ad ipsam terminare. — Chelčický nennt Matthias von Janov in seinen Schriften nur einmal (in der Replik gegen Rokycana) und zwar, um ihn zu tadeln.

[1]) Replik gegen Rokycana.

[2]) Johannes Protiva (vgl. Jirečeks Rukovět) war der erste Prediger an der Bethlehemskapelle (1391—6), später Pfarrer bei S. Clemens in Pořič (Prag). Über seine Beziehungen zu Hus s. Palacký Docum. 164 ff. Die Citate finden sich im Netz des Glaubens und in dem Traktate vom Ursprung der menschlichen Gesetze. In diesen wird aber dem Protiva ein Citat zugeschrieben, das in der Replik gegen Rokycana Wiclif in den Mund gelegt wird, eine Verwechslung, die wol dadurch zu erklären ist, dass Chelčický lateinische Schriften nur mit fremder Hilfe benutzen konnte, die aber keinen zureichenden Grund bietet für die von G. Anněnkov (Č. Č. M. 1880) aufgestellte Annahme, Chelčický citire überall unter Protivas Namen den Johannes Wiclif.

*

er in Christo das Musterbild, dem der Christ namentlich in seiner Demut, Sanftmut und Armut nachstreben soll, so wie den beständigen Mittler und Fürbitter erblickt, wenn er nur die freie Erfüllung der Gebote als wertvoll und verdienstlich erklärt und dabei neben der Gnade auch den Werken einen Wert vor Gottes Barmherzigkeit zugesteht, wenn er den Heiligenkultus verwirft: so sind dies alles Sätze, die an Wiclif erinnern. An ihn lehnt sich Chelčický an in seiner Sakrament-lehre, ihm verdankt er seine Abendmalslehre. Die Transsubstantiations-lehre bekämpft er mit Wiclifs Argumenten, den Taboriten gegenüber weist er nach, dass sie mit Unrecht ihre Lehre mit seiner Autorität decken. Mit Wiclif theilt Chelčický die radikale Opposition gegen die bestehende Kirche. [1]) Und doch findet diese Übereinstimmung eine Gränze.

Sein Verhältnis zu Wiclif hat Chelčický selbst in der Replik gegen Rokycana ganz bestimmt und treffend ausgesprochen. „Ich achte Wiclif," so lauten seine Worte, „vorzüglich deswegen, da ich von ihm höre, nie-mand unter den alten und auch unter den jetzigen Doktoren habe so gut gesprochen und geschrieben gegen das Gift, das der h. Kirche eingeflösst ist, und aus dem der oberste Antichrist entsprossen ist... Aber der h. Petrus hat die Christen gelehrt, Christus habe für uns gelitten und uns ein Beispiel hinterlassen, auf dass wir eintreten in seine Fussspuren... Das habe ich mit dem Glauben erfasst, und käme jetzt Petrus vom Himmel und geböte, es solle das Volk unter die Waffen treten, um durch die weltliche Macht die Wahrheit zu vertheidigen und das Gesetz Gottes zu befreien: ich glaubte ihm nicht mehr..." Die Lehre von der weltlichen Macht, die Lehre vom Staate in seinem Verhältnis zur Kirche ist der Punkt, an dem die Übereinstimmung Chelčickýs mit Wiclif — und auch das Bewusstsein dieser Übereinstimmung — aufhört. [2]) Nach Wiclif soll zwischen Kirche und Staat — Harmonie bestehen, nach Chelčický soll es zwischen bei-den kein Verhältnis geben. Und das ist, wenn ich nicht irre, das Eigenartige des Mannes. Es ist nicht da zu finden, wo er mit Wiclif, wo er mit den Hussiten und unter ihnen namentlich mit den radikalen Taboriten übereinstimmt, sondern das charakterisirt ihn, worin er

---

[1]) Citirt wird Wiclif in der Replik gegen Biskupec, in dem Traktat von den Sakramenten; in der Replik gegen Rokycana.

[2]) In dem Traktate von dem dreifachen Volke bekämpft Chelčický die An-sicht eines Taboriten, die (streitende) Kirche habe drei Bestandtheile: den Clerus, die Krieger (d. h. den Staat) und das Volk. Diese Ansicht geht offenbar zurück auf Wiclifs Traktat De Christo et suo adversario Antichristo. (Ausgabe von R. Buddensieg. Gotha 1880.)

von ihnen abweicht, ihnen sogar widerspricht. Das wahre Christentum verträgt sich — um es zu wiederholen — nach Chelčický weder mit der Kirche noch mit dem Staate, wie sich beide im Laufe des Mittelalters entwickelt haben, am wenigsten aber mit dem Verhältnisse bei der zu einander, das die reformatorischen Ideen des 14. und 15. Jahrhundertes nicht aufheben wollten, wenn sie es auch anders auffassten, indem sie an die Stelle der Pflichten, die die Kirche des Mittelalters dem christlichen Staate auferlegte, Rechte setzten.

Aber auch diese Ideen, die Staat und Kirche vollständig scheiden, die Kirche, Staat und Gesellschaft einer vernichtenden Kritik unterwerfen, sind dem Mittelalter vor Peter Chelčický nicht vollständig fremd gewesen. Sie sind vielmehr bei einer Sekte zu finden, die die Kirche ausstiess und der Staat im Dienste der Kirche verfolgte: bei der Sekte der Waldenser. Es wäre aber gewagt, sofort zu behaupten, Chelčický habe die Prämissen seiner Lehre von der Waldensern erhalten, da bei aller Ähnlichkeit, die sich bei näherer Vergleichung herausstellt, auch eine parallele Entwickelung angenommen werden könnte. Wir müssen zurückgreifen auf die oft berührte Frage, ob sich Beziehungen zwischen den Waldensern und der hussitischen Bewegung überhaupt nachweisen lassen.

Böhmische Waldenser lassen sich in keiner Zeit mit Bestimmtheit nachweisen, ich meine Gemeinden der Waldenser, die sich durch Generationen im Lande erhalten hätten.[1] Dagegen erfahren wir mit vollständigster Sicherheit, dass es in einem Nachbarlande, Österreich, seit dem 13. Jahrhunderte ununterbrochen Gemeinden der Waldenser gegeben habe, und wir kennen auch ihre Lehre, wie dieselbe im letzten Jahrzehnte des 14. Jahrhundertes durch die Inquisitoren in Artikel gebracht worden ist.[2]

[1] Palacký, Über die Beziehungen der Waldenser zu den Secten in Böhmen. Prag 1870. — v. Zezschwitz, Die Katechismen. S. 154. — Ich mache einen Unterschied zwischen Gemeinden der Waldenser und Anhängern ihrer Lehre unter der einheimischen Bevölkerung, ohne läugnen zu wollen, dass gewiss auch fremde Waldenser nach Böhmen kamen. Nur mit diesem Vorbehalt kann ich Wilhelm Pregor beipflichten, der in seinen wichtigen Beiträgen zur Geschichte der Waldesier (München 1875. S. 51) sagt, dass es in Böhmen zahlreiche Waldenser unmittelbar vor dem Auftreten des Hus gegeben habe. Der früher fälschlich dem Peter von Pilichdorf zugeschriebene Traktat vom J. 1395, auf den sich W. Pregor beruft, ist auch in böhmischen Handschriften zu finden. So in Ms. Un. 13 E 5, wonach Höfler (Ss. III S. 167) zu berichtigen ist, der Andreas de Broda als den Verfasser annimmt. Die Schlussbemerkung: Reprobacio Waldensium haereticorum finita a. d. 1428 in Egra — rührt vom Abschreiber her.

[2] Hier kommen in Betracht: Der Traktat vom J. 1395. — Der Bericht des Inquisitors Petrus über die österreichischen Waldenser v. J. 1398 (bei Pregor). — Mit derselben Inquisition hängen zusammen: a) Refutatio errorum, Max. Bibl. XXV

Die österreichischen Waldenser verwarfen den Heiligenkultus, die Lehre vom Fegefeuer, die Todtenmessen, allen Prunk, ja alle äussere Ausstattung des Gottesdienstes, indem ihnen eine geweihte Kirche nicht heiliger galt als jeder andere Ort. Für überflüssig und eitel erklärten sie die Ornate, das Glockengeläute, den Kirchengesang, die Orgelmusik: bei der Messe genüge die Consekrationsformel und das Vaterunser. Bei der Taufe hielten sie den Gebrauch des ungeweihten Wassers für zulässig, verwarfen die Firmung als Sakrament und wollten dieselbe durch die Handauflegung ersetzen. [1]) Sie verwarfen jeden Eid und von dem absoluten Verbot des Tödtens ausgehend, verdammten sie Könige und Obrigkeiten, die in ihren Gesetzen und Urtheilen die Todesstrafe verhängten. [2]) Aus demselben Grunde hielten sie jeden Krieg für sündhaft, auch die Kreuzzüge gegen Heiden und Ungläubige. [3]) Sie verwarfen die im Staate und in der Kirche geltenden Gesetze, [4]) das weltliche und das kanonische Recht, so wie seine Lehrstätten, die Universitäten. [5])

Die Kirche galt ihnen als verdorben und verleitet seit den Tagen Sylvesters: den Papst nannten sie das Haupt der Ketzer. Den Gesetzen der Kirche wollten sie keine grössere Bedeutung zugestehen als anderen Menschensatzungen; [6]) den Schriften der Kirchenväter schrieben sie nur eine bedingte Autorität zu: eine unbedingte Geltung gebühre einzig dem Neuen Testamente nach seinem Wortsinn. [7])

---

p. 303 sq. Im Eingange wird der Inquisitor Petrus genannt; b) Index errorum a. a. O. p. 307 sq. Die p. 309 abgedruckte Abschwörungsformel lautet in Ms. Un. 13 E 7 also: Ich N. swere ein ayd got dem almechtigen, mein herrn von *prag* und den gegenwertigen herrn an seiner stat . . .

[1]) non credunt confirmacionem sanctam esse sacramentum, sed loco eius habent manuum inposicionem. (Bericht des Petrus Art. 14.)

[2]) Item dampnant et reprobant imperatores, reges et principes, marchiones, lantgravios, duces, barones, iusticiarios, iuratos, iudices et scabinos propter quodcunque homicidium, quamcunque iudicialiter et iuste factum. (Bericht Art. 72.)

[3]) Item dampnant et reprobant dominum apostolicum mittentem bellatores contra sarracenos et crucem dantem vel predicantem contra quoscunque paganos. (Bericht Art. 73.) Um so mehr musste ihnen jeder Krieg zwischen Christen für sündhaft gelten.

[4]) Item — leges imperiales et sanciones canonicas. (Bericht Art. 77.)

[5]) Item dampnant et reprobant omnia studia privilegiata. (Bericht Art. 70.) — Item universitates scholarum Parisiensem, *Pragensem*, Viennensem et aliarum re · putant inutiles et temporis perditionem. (Index errorum Art. 18.)

[6]) Septimo dicunt: quod ea, quae constituuntur ab episcopis et ecclesiae praelatis, non sunt servanda, eo quod sint traditiones hominum, non dei. (Refutatio errorum.)

[7]) Item dicta sanctorum nihil curant, nisi quantum pro secta eorum confortanda retinent; sed tantum novum Testamentum ad literam observant. (Index errorum Art. 21.)

Was wir von Waldensern anderer Gegenden und anderer Zeiten erfahren, gilt auch von diesen: sie hatten ihre Prediger, denen sie das Recht zur Predigt ohne Autorisation der Kirche zuerkannten. [1] Sie hielten sie für von Gott berufen und, da sie in evangelischer Armut lebten, für wahre und echte Nachfolger Christi und der Apostel: sie achteten sie ihres reinen Lebenswandels wegen mehr als die Priester der Kirche. [2] In geheimen Versammlungen hörten sie ihre Predigten und beichteten ihnen lieber als den Priestern der Kirche. [3] Und dennoch nahmen sie Theil an dem kirchlichen Gottesdienste und empfiengen die Sakramente aus den Händen der Priester. [4] Dies gilt namentlich von den Gläubigen der Sekte (credentes), während unter ihren Predigern, wie es scheint, die Ansichten auseinandergiengen: einige von ihnen hielten sich für berechtigt, zur Osterzeit sich untereinander zur Consekration und Communion zu versammeln, andere dagegen mischten sich mit ihren Gläubigen unter die Kirchenbesucher; andere endlich enthielten sich nicht nur der selbstständigen Verweltung des Sakramentes, sondern hielten sich auch frei von der Theilnahme an der kirchlichen Abendmalsfeier. [5]

Das war die Lehre der österreichischen Waldenser, die auch in Böhmen nicht unbekannt blieb. Gewisse Ansichten galten daselbst in den ersten Jahrzehnten des 15. Jahrhundertes als specifisch waldensisch, wie die absolute Ablehnung des Eides [6] und die Läugnung der Fegefeuers. [7] Die Lehre der Waldenser fand in Böhmen auch

---

[1] Primo habent... suos confessores puros laycos heresiarchas. — Item credunt illos a solo deo, non a domino papa vel aliquo episcopo catholico potestatem habere predicandi verbum dei. (Bericht Art. 1, 2.)

[2] Secundo dicunt, sacerdotes ecclesiae... ideo non esse veros et legitimos successores discipulorum Christi, quia possident propria... Tertio quia vident in pluribus presbyteris ecclesiae mala exempla superbiae, avaritiae, incontinentiae... et aliorum vitiorum, ideo plus credunt suis haeresiarchis praebentibus eis exempla bona humilitatis, largitatis, castitatis... et aliarum virtutum... (Refutatio errorum.)

[3] Item credunt suos hereticos a peccatis posse absolvere melius quam sacerdotes ecclesie... (Bericht Art. 5.)

[4] Item licet presbyteris confiteantur, Christi corpus ab eis accipiant, sectam tamen ipsorum ipsis nullatenus manifestant. (Bericht Art. 6.) — Item sacramentum confirmationis non credunt, licet plurimi eorum se confirmari faciant, ne notentur. (Index errorum Art. 10.)

[5] Index errorum.

[6] Dies sagt Mag. Joh. Hus. (Vgl. Documenta p. 185.)

[7] Laurentius von Březová (p. 397) sagt von den Taboriten: item purgatorium animarum esse post hanc vitam *cum Waldensibus* negabant. — Paleč sagt in seinem Traktat „Utrum de necessitate salutis sit hominem confiteri solis presbyteris sua peccata tam mortalia quam venalia." (Ms. Un. IV. H.7): error *Waldensium* dicens, confessionem posse fieri eque ordinate layco bono sicut presbytero, non sustinendus, quia heresis.

Anhänger, [1] die das Auftreten der Johannes Hus sympathisch be-
grüssten. [2]

Es ist eine beachtungswerthe Thatsache, dass fast unmittelbar
vor dem Ausbruche der Hussitenkriege sich in Böhmen Anhänger
derselben Lehren und Ansichten finden, zu denen sich die österreichischen Waldenser bekannten, und zwar *im südlichen Böhmen*, wohin
jene Lehren und Ansichten unschwer über die Gränze des Landes
gelangen konnten. Gerade dort, wo sich alsbald Tabor erheben sollte, [3]
haben Laien ohne kirchliche Weihe und Autorisation Predigten gehalten und Beichte gehört, das Sakrament der Taufe mit ungeweihtem
Wasser gespendet. Mit Verachtung der Kirchen, „der Höhlen der
Räuber", wurden in Scheuern gottesdienstliche Versammlungen abgehalten und daselbst die Messe in der einfachsten Art und Weise
celebrirt. Wenn wir weiter hören, dass nur den guten Priestern die
Macht zu consekriren vindicirt wurde, d. h. solchen, die einen reinen
Lebenswandel führten und der Lehre der Mag. Johannes Hus bei-
pflichteten, so sieht man, dass die Bewegung bereits jene Gränze über-
schritt, an der die Waldenser schwankend stehen geblieben waren. [4]
Gegen diese und ähnliche Lehre erhoben alsbald die Prager Magister
ihre Stimme. Bereits im J. 1417 [5] mussten sie die Lehre vom Fegefeuer, den Cultus der Heiligen, die kirchlichen Gebräuche, Weihungen und Ceremonien in Schutz nehmen; ein Jahr später (1418) [6]
sahen sie sich gezwungen, den Grundsatz zu bekämpfen, nur das,
was die Schrift ausdrücklich lehre, sei anzunehmen, so wie die Consequenzen dieses absoluten Schriftprinzips: *die unbedingte Verwerfung
des Eides und der Todesstrafe*, [7] ferner die Lehren: nur der gute
Priester habe die Macht, die Sakramente zu spenden; der schlechten
Obrigkeit im Staate und in der Kirche sei es erlaubt, den Gehorsam
vollständig zu kündigen.

Ähnliche Lehren wurden auch nach dem Zeugnisse des Laurentius
von Březová auf den grossen Versammlungen unter freiem Himmel

---

[1] Vgl. Palacký Über die Beziehungen S. 33.
[2] S. Articuli Michaelis de Causis (1414), Docum. p. 198. Vgl. Palacký
a. a. O. S. 20.
[3] Anonymi relatio de delictis, quae in arce Kozí et civitate Ustie super
Lužnic committuntur. Doc. p. 636.
[4] Aus der Relatio geht nicht hervor, dass Laien sich auch die Macht zu
consekriren angemasst hätten.
[5] Doc. p. 654.
[6] Articuli XXIII. a magistris cleroque Pragensi ... publicati (Doc. p. 677) —
ein wichtiges Stück auch der Concessionen wegen, die bei jedem Artikel gemacht
werden.
[7] A. a. O. Art. 7, 8. Vgl. v. Bezold, Zur Geschichte des Hussitentums. S. 21.

verbreitet, in denen auf Grund des absoluten Schriftprinzips die Vereinfachung der Gottesdienstes, die Abschaffung der Bilder u. s. w. gefordert, die Lehre vom Fegefeuer bekämpft, gegen die Verbindlichkeit der Ohrenbeichte geeifert und der Grundsatz verfochten wurde, die Reformation der Kirche sei durch die Rückkehr des Clerus zur evangelischen Armut [1]) zu erreichen. *Dagegen hören wir nichts mehr von der Verwerfung des Eides und der Todesstrafe.*

Als dann die Bildung der Parteien sich vollzog, finden wir vieles, was an die Lehre der Waldenser erinnert, bei den Taboriten wieder, die ihr radikales Programm mit Gewaltmitteln ins Werk setzten. Auch Anhänger des Kelches mussten ihrer gewaltsamen Reformation weichen, die sich namentlich gegen den dotirten Clerus wandte. [2]) Wenn wir aber denjenigen beipflichten, die den Einfluss der Waldenser auf die hussitische Bewegung überhaupt und auf die Entstehung des radikalen Taboritismus insbesondere als *einen* Faktor in Rechnung bringen, [3]) so dürfen wir nicht vergessen, dass es noch eine andere Quelle gab, aus der die der Waldenserlehre verwandten Ansichten herkommen konnten und gewiss auch hergekommen sind, nämlich Wiclifs Schriften. Was oben über ihre nachhaltende Einwirkung namentlich unter den radikalen Hussiten gesagt wurde, soll durch jene Annahme nicht abgeschwächt werden. Beide Strömungen konnten neben einander und einander verstärkend bestehen, *die von Wiclif ausgehende unter den Theologen, die von den Waldensern herrührende unter dem Volke.* Im Hussitismus haben Zeitgenossen [4]) und neuere Geschichtsforscher [5]) beide Faktoren gefunden.

Am vollständigsten ist die Zusammenfassung jener zwei Faktoren bei Peter Chelčický zu finden. Bei ihm tritt uns auch dasjenige entgegen, was wir bei den Taboriten vermissen, was bei Wiclif nicht zu finden ist, *das absolute Verbot des Tödtens;* und zwar so, dass er diesem waldensischen Überschuss in seiner Lehre eine massgebende Stelle anwies. Die nächsten Consequenzen dieses Grundsatzes sind bereits in den Artikeln zu finden, die durch die Inquisition kurz vor 1400 formulirt worden sind, die weiteren hat Peter Chelčický gezogen. Diese sind es, die ihn — er selbst sagt es in seinen Schrif-

---

[1]) A. a. O. p. 389, 392.
[2]) A. a. O. p. 398, 443.
[3]) Diese Meinung hat bereits Dieckhoff ausgesprochen. (Die Waldenser im Mittelalter S. 72, 272.)
[4]) Andreas de Broda (Höfler Ss. II. 336.)
[5]) Pregor a. a. O. S. 55.

ten — von Hus, [1]) von den Hussiten, von dem sonst so hochgeschätzten Wiclif scheiden.

Die bisherigen Erörterungen über den Einfluss des Waldensertums auf die Entstehung der hussitischen Bewegung liefern zwar keinen eigentlichen Beweis, lassen aber doch die Annahme zu, welche Palacký mit den Worten ausgesprochen: „Ich bezweifle jetzt nicht mehr, dass Peter Chelčický frühzeitig... eine umfassende Kenntnis der Waldenserlehre besass und daran Gefallen fand." [2]) Aber Palacký setzt hinzu: „obwol er sich dazu nie ausdrücklich bekannte," — eine Thatsache ebenso auffallend wie unerklärlich,[3]) die aber doch nicht geeignet sein dürfte, die für Palackýs Annahme sprechenden Gründe zu entkräften. [4])

----

[1]) In der Replik gegen Rokycana wirft Chelčický in schroffer Weise dem Johannes Hus vor, er weiche von dem Gesetze Gottes ab insbesondere darin, was er vom *Morde*, vom *Eide*, von den *Bildern* geschrieben. Dies ist die einzige Stelle, wo Chelčický vom Eide spricht.

[2]) Wir dürfen dies wol weiter ausführen und sagen, Chelčický sei aus dem *südlichen* Böhmen als ein Anhänger der Waldenserlehre nach Prag gekommen, und habe in der Folge immer an ihr festgehalten.

[3]) Die Erklärung, welche Palacký a. a. O. S. 33. gibt, kann nicht genügen.

[4]) Chelčický nennt die Waldenser nirgends, auch da nicht, wo man es am ehesten erwarten sollte, wie in der Postille, wenn er sagt, in den *deutschen Gegenden* und überall mehre sich unter den Menschen die Kenntnis von der Schlechtigkeit der Geistlichkeit und der durch sie verschuldeten Verführung. Einmal erwähnt Chelčický den *Petrus Waldus*, in der Replik gegen Rokycana, wo es heisst: „Erst hatten Sylvester und Petrus der Waldenser sich vor dem reissenden Thiere in Wäldern und Gruben geborgen, als aber Sylvester es in den Glauben aufnahm, da hat der Kaiser den Sylvester auf ein Maulthier gesetzt und in Rom herumgeführt."

Albert Ritschl, dessen Hypothese von dem Zusammenhange des Peter Chelčický und der Brüderunität mit den Spiritualen ich nicht beipflichten kann (Prolegomena zu einer Geschichte des Pietismus — Georg Witzels Abkehr vom Luthertum — Zeitschrift für Kirchengeschichte 1878.) sagt: „Die Stelle scheint in den Worten „und Petrus Waldus" eine Interpolation darzubieten, da nachher nicht von Ehren die Rede ist, welche Constantin auch dem Petrus Waldus erwiesen hätte." Diese Begründung ist kaum zutreffend, denn wenn wir etwas vermissen, so ist es eher die Bemerkung, Petrus Waldus habe sich von Sylvester getrennt, er habe vom Kaiser keine Ehren empfangen. Eine spätere Interpolation wird übrigens auch durch den Umstand wahrscheinlich, dass in Chelčickýs Schriften die Sylvesterlegende sehr oft erwähnt, Petrus Waldus aber neben dem Papste sonst nirgends genannt wird, ausser eben in der Replik gegen Rokycana. Sind die Worte „und Petrus Waldus" keine Interpolation, so müsste man annehmen, Chelčický habe die Walduslegende erst spät kennen gelernt. — Was Johannes Aquensis in seinen Locustarium (Dudik, Iter rom. I, p. 279) sagt, verdient keine Berücksichtigung. Die epistola Petri Chelczicensis ad Rokycanam, in der jener den Petrus Waldensis als den „primus inventor" der Begardi d. h. der Brüder bezeichnet haben soll, ist wol nichts anderes als die Replik. Übrigens ist Johannes Aquensis ein ebenso alberner Schwätzer wie Jakob Lilienstein, auf den er sich auch beruft. (Vgl. Quellen und Untersuchungen I. S. 49.)

Einen Zusammenhang zwischen Chelčickýs Schriften und der Literatur der Waldenser vermag ich nicht nachzuweisen. Die Anklänge, die sich in dem Waldensertraktat vom Antichrist vorfinden, beweisen keinen direkten Zusammenhang.

(Vgl. Quellen und Untersuchungen I.) Es gibt aber bei Chelčický manches, was an die Inquisitionsartikel erinnert. Postille: Kirchen sind Häuser Gottes, aber wir sind nicht verbunden in geweihten Kirchen zu beten. Es ist uns die Freiheit gegeben, an jedem passenden Orte zu beten. — Netz des Glaubens: „In der primitiven Kirche wurde die Messe ohne Ornate, ohne Altäre, ohne Kirchen celebrirt, das blosse Vaterunser genügte zum Gottesdienst." — An die Waldenser mahnt es, wenn Chelčický besonders drastisch gegen den Kirchengesang eifert, wenn er alle Feiertage, den „heiligen Sonntag" ausgenommen, verwirft, wenn er der Polemik gegen das Fegefeuer und den Heiligenkultus in seinen Schriften viel Raum gönnt, wenn er gegen Universitäten und die „Rotten der Collegien" sich erklärt, wenn er besonders eindringlich vor der Beichte bei einem schlechten Priester warnt. Die Ansicht der Waldenser, der Hochmut sei die Wurzel der Sünden, ist auch Chelčický nicht fremd. In der Replik gegen Rokycana wird das Verbot des Tödtens in ähnlicher Weise begründet, wie es auch die Waldenser thaten. (Replik: Gott allein kann die Seele des Menschen erschaffen und mit dem Leibe verbinden u. s. w. Vgl. Index errorum Art. 23: sicut nos non posse vivificare, sic nec debere occidere.) An die Waldenser mahnt es endlich, dass Chelčický, trotzdem er die bösen Priester zu meiden räth, ihnen die Macht zu consekriren doch nicht abzusprechen wagt. Das Ideal eines guten Priesters, wie es Chelčický vorschwebt, mahnt an den waldensischen Wanderprediger; von den Waldensern weicht Peter aber darin ab, dass er dem Priester nicht nur evangelische Armut, sondern auch Händearbeit auferlegt.

Dies und anderes mag aus waldensischer Quelle stammen, beweist aber noch keinen unmittelbaren Verkehr Chelčickýs mit Waldensern. Ein solcher ist zwar an sich nicht unwahrscheinlich, aber wir besitzen darüber keine bestimmten Anhaltspunkte. Dagegen stehen uns ganz bestimmte Zeugnisse zu Gebote über den Verkehr der Waldenser mit den Taboriten, wobei vor allem diejenigen Schriften der Waldenser in Betracht kommen, die aus taboritischen Quellen geflossen sind und die jene nicht erst von den Brüdern bekommen haben, da diese die taboritischen Traktate als ihre eigenen Bekenntnisschriften nicht anerkannten. Unter den übrigen Zeugnissen nehmen die erste Stelle die Nachrichten ein, die über den Aufenthalt Friedrich Reisers in Böhmen (vgl. Quellen und Untersuchungen I, S. 27.) berichten. Bei ihrer Berührung mit dem (entwickelten) Taboritismus erscheinen die Waldenser als der empfangende Theil. Friedrich Reiser ist nicht der einzige gewesen, der sich in Böhmen Anregungen zu einer missionsartigen Thätigkeit in Deutschland geholt hat. Wenn z. B. im J. 1430 zu Freiburg i. U. die Waldenser gestanden, dass ihre „Apostel" aus Deutschland und *Böhmen* kämen, so sind unter diesen sicherlich keine eigentlichen Hussiten zu verstehen. (S. G. Ochsenbein, Der Inquisitionsprozess wider die Waldenser zu Freiburg i. U. im Jahre 1430. Bern 1881. S. 384.)

BEILAGEN.

I. Zur Frage von der Berechtigung des Krieges.

Die Frage, ob und unter welchen Bedingungen der Christ Waffen führen und gebrauchen dürfe, ist nicht erst im 15. Jahrhunderte aufgeworfen worden. Die Kirche des Mittelalters hat dem Geistlichen die Theilnahme am Kriege verboten; er sollte auch darin vollkommen und so zu sagen christlicher sein als der Laie. Auf demselben Standpunkte stand auch Mag. Johannes Hus, als er gegen die päpstliche Kreuzbulle auftrat. Der Aufruf zum Kriege gegen Christen schien ihm der Theilnahme am Kriege gleichzukommen.

Am Anfange des Hussitenkrieges gewann die Frage, ob und wie das Christentum mit der Kriegsführung verträglich sei, eine grosse Bedeutung (vgl. o. S. 8 ff.), und auf den weiteren Fortgang der Bewegung hat die Art und Weise, wie sie von verschiedener Weise beantwortet wurde, einen nicht unwesentlichen Einfluss ausgeübt. Auch hängt mit derselben Frage eine nicht geringe Menge von Traktaten zusammen. Vor allem das oben S. 12 berührte Gutachten der Magister (A.). Wie und wann es entstanden sei, darüber berichtet nur ein Zeitgenosse, Nikolaus von Pilgram, der in seiner Taboritenchronik (Höfler Ss. II, 481) erzählt, anfangs habe man die Wahrheit ohne Krieg (sine bellicis difficultatibus) vertheidigen wollen, später habe aber das Volk notgedrungen (ex necessitate, non voluntate) den Krieg, aber bloss um die Wahrheit gegen Angriff zu vertheidigen begonnen, und zwar infolge eines Beschlusses sowol der Prager Magister als auch anderer Priester (consilio magistrorum Pragensium et aliorum sacerdotum pro tunc populum gubernantium). Die Erzählung des Nikolaus stammt aus der Apologie der Taboriten v. J. 1431 (a. a. O. S. 687), der sie wörtlich entnommen ist, und aus der zugleich hervorgeht, dass die anderen Priester eben die der Taboriten waren, oder vielmehr die geistlichen Führer der Scharen, aus denen bald darauf die Taboriten hervorgehen sollten. (Bellum erectum est ex magistrorum et *nostro* simultaneo consilio.) Zugleich erfahren wir, dass jener Beschluss in Prag selbst gefasst worden sei und zwar, als der Krieg den Anfang nehmen sollte (in principio illorum bellorum ... mutua simul con magistris habentes consilia). Diese Darstellung ist nicht vollständig richtig, denn aus jenem Beschlusse selbst d. h. aus dem von Christann von Prachatic und Jakobell verfassten Gutachten geht hervor, dass dem Beschlusse, den der Verfasser der Taboritenchronik als einmütig rühmt, Streit vorhergegangen sei, und zwar, wie ich annehme, zwischen ihm selbst und Wenzel Koranda. Dieser Streit ist nun in der Art geschlichtet worden, dass beide ihre Streitfragen, von denen zwei die Berechtigung des Krieges betrafen, den genannten Schiedsrichtern vorlegten, die dann im Einverständnisse mit anderen Magistern den Schiedsspruch fällten. Vorausgesetzt nun, die Streitenden seien Nikolaus von Pilgram und Wenzel Koranda gewesen: worin giengen ihre Ansichten auseinander? Ich glaube zu der Annahme berechtigt zu sein, der letztere habe die Berechtigung des Krieges für die Wahrheit bedingungslos verfochten, der erstere dagegen durch gewisse Bedingungen eingeschränkt. Das Gutachten der Magister wäre dann im Sinne der gemässigten Ansicht ausgefallen, doch wahrscheinlich so, dass es sich mit derselben nicht vollkommen deckte, namentlich was den Hauptpunkt des Streites betrifft, nämlich die Berechtigung der Volksgemeinden den Krieg anzufangen, ohne von der legitimen Obrigkeit dazu aufgerufen zu sein. Denn, wie aus den den Schiedsrichtern vorgelegten Fragen und ihrer Beantwortung hervorgeht, darüber scheint sich kein Streit erhoben zu haben, ob der Krieg für die Wahrheit Gottes überhaupt berechtigt sei, sondern darüber giengen die Ansichten auseinander, aus welchen Bedingungen jenes Recht und jene Pflicht hervorgehe und hauptsächlich, *wer* berechtigt sei, das Schwert zu führen. Den allgemein anerkannten Grundsatz, die weltliche Obrigkeit sei verpflichtet, die Kirche zu vertheidigen, finden wir hier wieder, doch so, dass an die Stelle der Kirche die Wahrheit des Gesetzes Gottes tritt. Was sollte aber geschehen, wenn die Obrigkeit sich in Erfüllung ihrer Pflicht saumselig erweist? Hat dann die Gemeinde das Recht an Stelle der Obrigkeit für die Wahrheit einzutreten? Schwere Bedenken standen entgegen, der Gemeinde ohne Obrigkeit dies Recht, das ihr wahrscheinlich Koranda bedingslos vindicirte und auch Nikolaus nicht absprach, zuzuerkennen. Das Gutachten spricht der Gemeinde ohne Obrigkeit das Recht eher ab als zu. Sehen wir indessen näher zu, so ist es in demselben doch enthalten und die Bedingungen, die es von allen Seiten einschränken, gelten weniger für das Volk, das verpflichtet ist, das Schwert zu ergreifen, wenn die Obrigkeit ruft, als für die Priesterschaft, die an die Stelle der fehlenden Obrigkeit treten und den Ruf an das Volk ergehen lassen könnte. Davor warnt eben das Gutachten, und es geschieht dies in Ausdrücken und Wendungen, die eigentlich den Christen jedweden Krieg verbieten, so dass es fast als ein Widerspruch erscheint, wenn auch dem Volke das Recht mit „körperlichen Waffen" die Wahrheit zu vertheidigen nicht bestimmt und offen abgesprochen wird, da ja, auch wenn alle Bedingungen erfüllt sind, der bessere und sichere Weg, den die Christen das Beispiel des Heilands und der Märtyrer lehre, verlassen wird. Ich kann daher der Ansicht Palackýs nicht beipflichten, das Gutachten habe Žižka befriedigt. Eher das Gegentheil ist anzunehmen. Während die Prager im November 1419 vom Kampfe wieder abstanden, als in Folge des damals mit der Obrigkeit geschlossenen Vertrags die Berechtigung zum Kampfe den Grundsätzen das Gutachten gemäss wieder zu schwinden schien, trennte sich Žižka von ihnen, um denjenigen beizutreten, die trotzdem den Kampf fortsetzten.

Palacký bezeichnet ferner Žižka und Nikolaus von Hus als die Fragesteller, die jenes Gutachten der Magister provocirt hätten. Dies stimmt aber mit dem, was jenes Gutachten selbst berichtet, nicht überein. Erst viel spätere Quellen, denen Palacký folgt, stellen in dieser Weise Žižka in den Vordergrund, die ja überhaupt, wie es scheint, viel zu früh ihn als den Führer betrachten. Zuerst findet sich in einer Schrift des Lukas von Prag vom Jahre 1527 [1]) die Erzählung, Žižka habe, als die Verfolgungen anhuben, sich mit den Magistern und denjenigen Priestern, die der Lehre des Mag. Johannes Hus anhiengen, berathen und sie befragt, „ob es erlaubt sei, die Verfolgungen durch die weltliche Macht im Kampfe" abzuwehren, und darauf die Antwort empfangen, es sei statthaft; auch hätten sie Schriftstellen, die sich darauf beziehen, gesammelt und ihm gegeben.

Es erübrigt noch die Frage zu berühren, *wann* das Gutachten verfasst worden sei. Sowol Palacký als Tomek versetzen es in die ersten Tage des Oktober, als diejenigen Scharen, die sich am 30. September in der Nähe von Prag versammelt hatten, in die Hauptstadt kamen. Mir scheint es eher in den folgenden Monat (November) zu fallen, der Lage der Dinge entsprechend, welche eintrat, als die be-

---

[1]) Von der Entstehung der Unität. Allerdings scheinen Lukas' Schrift in diesem Theile ältere Vorlagen zu Grunde liegen.

waffneten Scharen unter Břeněk von Švihov in Prag eintrafen (6. November), um an dem Kampfe theilzunehmen.[1]) Aber bald nach ihrer Ankunft sind Unterhandlungen angeknüpft worden, die durch den Vertrag von 13. November, der ihr Ergebnis bildete, Prag mit der Regentin und den auf ihrer Seite stehenden Baronen aussöhnten und beide Theile zur Vertheidigung des Gesetzes Gottes verbinden sollten. Im Widerspruch gegen diese Unterhandlungen mag Koranda seine Stimme erhoben haben. Das Gutachten wandte sich gegen ihn, bahnte den Weg zu dem Vertrage mit der Obrigkeit und verzögerte auch in der nächsten Zeit den Anschluss Prags an die Kriegspartei. Die Stimmung, die während derselben in Prag die Oberhand behielt, geben, wenn ich nicht irre, zwei Traktate wieder, ein Aufruf, der an den Patriotismus sich wendet und vor einem Bürgerkrieg zwischen Angehörigen derselben Nation warnt (B), während in einem anderen Aufsatz (C) der Widerspruch, der sich bereits in dem Gutachten der Magister vorfindet, noch greller hervortritt. Den Verfasser des letzteren trennt nur noch *ein* Schritt von dem Standpunkte, den Peter Chelčický einnahm. Einen anderen Ton schlägt ein dritter Traktat (D) an, in dem alle möglichen Gründe gesammelt werden, aus denen die Berechtigung des Kampfes für die Wahrheit *und für das Vaterland* hervorgehe.

Die Frage, innerhalb welcher Gränzen der Krieg berechtigt sei, taucht auch in der Folge wieder auf. (Vgl. die Beschlüsse der taboritischen Synoden v. 1422 und 1423, die auch dadurch bemerkenswert sind, dass sie den Priestern den Gebrauch der Waffen und die thätige Theilnahme am Kampfe verbieten.) Die Prager Magister haben den Taboriten nicht selten vorgeworfen, dass sie jene Gränzen zu weit stecken, und die Bedingungen, durch die der Krieg gerechtfertigt werde, nicht beobachten. So bildete jene Frage auch in der Folge einen Differenzpunkt zwischen den hussitischen Parteien.

---

[1]) Vgl. auch die allerdings sehr summarische Darstellung des Nikolaus von Pilgram, der sagt, die am 30. September nach Prag gekommene Menge habe die Absicht noch nicht gehabt, für die Wahrheit das Schwert zu ergreifen. (S. 479.). Erst die bald darauf anfangenden Verfolgungen hätten jenen Beschluss hervorgerufen (S. 481).

A.

(Ms. Capituli Prag. O. 13)

Salus Christi fidelibus, ad quos pervenerint ista scripta.

Quia inter discretos viros, *Nicolaum* parte ex una et *Wen*. parte ex altera, sacerdotes predicantes, orte sunt quedam materie litium in auditorio populo provocative, tandem predicti sacerdotes parte ex utraque coram multitudine populi super dictarum materiarum disceptacione sese ad nostram videlicet magistri *Cristani de Prachaticz* et magistri *Jacobi de Misa* informacionem evocarunt, et quicquid salubriter in materiis, in quibus habent controversias, eos docuerimus, accipere promiserunt. Nos igitur consilio plurium magistrorum advocato quatuor articulorum summarie sentenciam discucientes ad tollendas contrarietates odiosas de medio et ad caritatem inserendam in Christi populo per hec scripta taliter respondemus:

Ad *primum* articulum, cuius sentencia est, *an domini seculares tenentur gladio materiali defendere legis veritatem*, dicimus, quod sic, quoniam dicit apostolus: non sine causa gladium scilicet dominus secularis portat, sed ad laudem bonorum, vindictam vero malorum. Ideo enim et tributa accipiunt, ut inquietos corripiant, bonos exaltando, semper tamen caritate servata quoad deum et proximum, prout decet.

Ad *secundum*, cuius sentencia est hec: *si domini seculares ad tantum sint desides, quod nolunt veritatem gladio accepto defendere, an communitates fideles subiecte possint et debeant eam gladio defendere materiali, adversantes videlicet corporaliter perimendo,* — taliter respondemus: Quia cum simus christiani, Christus autem nobis tamquam precessor et legifer noster dicit: ego sum via, securius est nobis per pacienciam veritatem christianam protegere quam per accionem repercuciendo, quoniam dicit Christus: in paciencia vestra possidebitis animas vestras. Imo ad talem pacienciam nobis verbo et opere exemplavit, eciam in causa dei vel propria, quod discipulis volentibus, ut ignis de celo descendat et Samaritanos nolentes hospitari dominum consumat, comminatorie ait: nescitis, cuius spiritus estis ; filius hominis non venit animas perdere sed salvare. Et Petro volenti evangelii conditorem gladio materiali defendere dicebat: converte gladium tuum in vaginam. Quomodo autem noster legifer Christus coram Pilato velud agnus mansuetus stabat, potestatem, quam desuper Pilato esse datam dicebat, paciencter usque ad mortem crucis sustinendo, est Christi fidelibus indubie manifestum. Hanc viam securissimam, tutissimam apostoli sequebantur. Nam Petrus, qui sequebatur vestigia eius usque in patibulum crucis, in suis epistolis Christi fideles ammonet dicens: Christus passus est pro nobis, nobis relinquens exemplum, ut sequamur vestigia eius. Sic alii apostoli et martires in hoc mundo pressuras paciebantur sine repercussione et remurmuracione et hoc idem verbo et facto communitates fideles edocebant secundum illud dictum ecclesie catholicum: ceduntur gladiis more bidencium, non murmur resonat, non querimonia, sed corde tacito mens bene conscia

*

conservat pacienciam. Grave autem et periculosum videtur consulere communitatibus ad pugnandum corporaliter, et inter omnes artes ars ista pugnandi cum hoc, quod servetur caritas, est difficillima, quod oportet quemlibet hominem habere de necessitate salutis iuxta illud apostoli: si linguis hominum loquar et angelorum etc. Eciam quia belli auctoritas atque consilium videtur esse penes principes et potestates seculares secundum illud Rom. 13.: omnis anima potestatibus sublimioribus subdita sit. Et ad idem videtur esse Augustinus libro contra Faustum. Ex qua sentencia patet, quod non cuilibet de populo licet bella suscitare. Imo nulli, cuius adest facultas habendi aliunde secundum legem divinam vel humanam iusticie complementum. Ad belli namque rectificacionem videntur tria esse necessaria, videlicet iusta vendicacio, licita auctorisacio et recta intencio. Ex primo patet, quod oportet bellantem esse in gracia et habere iusticiam, quia aliter non esset vendicacio iusta. Ex secundo patet, quod deficiente iuris suffragio, sic videlicet quod aliunde non posset haberi iusticie complementum, tunc ex auctoritate principis consulto domino esset bellandum. Ex tercio claret, quod oportet intencionem cuïuscunque bellantis purgari a putredine vane fame, a libidine dominandi et zelo propriam iniuriam vindicandi. Ne tamen ignaris quibusdam videamur nimis disgredi a proposito, concedimus, *quod domini seculares possent tantum deo resistere et eius legi, quod per ipsum deum potestate eorum ablata liceret communitatibus a deo ad hoc opus admissis realiter et non fantastice defendere evangelicam veritatem,* servato tamen semper ordine debito et consono legi Christi, divino instinctu vel certa revelacione sive evidencia non fallente ad hoc monente. Cavendum autem est, ne quis frontose et nimis precipitanter potestatem dominorum eis ablatam asserat, quia nolunt condescendere cuicunque indifferenter vento nimis levi. Possunt autem communitates veritatem defendere et debent suos dominos adiuvando. Securum autem non est neque iustum videtur, quod communis populus acceptet opus sibi impertinens, presertim ubi talis populus habet dominos, in quibus non est defectus tam evidens et notabilis aut incorrigibilis, quod aliunde fieri non possit iusticie complementum, nisi ipse populus opus aggrederetur, satis arduum, periculis et laqueis involutum. Et ergo, sicut supra dictum est, securior via in hac causa pugnandi Christi et suorum sanctorum est amplectenda, via ambigua dimissa, hec est via paciencie, quam Christus docuit et implevit. Hac enim via sancti induti virtute ex alto quondam ecclesiam edificaverunt, que facit diligere inimicos et non solum non occidere, sed nec irasci, ut patet Mat. 5. Sic enim ad hanc viam apostolus hortatur communitates fideles dicens: imitatores mei estote, fratres, sicut et ego Christi! Qui provocans ad alia arma 2 Cor. 10 dicit: arma, inquit, nostre milicie non sunt carnalia. Ex lege igitur Christi patet, quod nemo pronus sit exhortari ad pugnam ambiguam et perplexam, sed *tucius est crebrius prohibere cuilibet sacerdoti evangelico, quantum in eo est, tam periculosum modum pugnandi.* Sic enim quodammodo esset cum Petro gladium in vaginam convertere. Quod securitatis est, teneant magis fideles, quod ambiguum et difficile, pretermittant et declinent.

Ad *tercium*, cuius sentencia est, *an fideles debeant et possint congregari tempore persecucionis*, dicimus, quod mistice et spiritualiter congregari tenentur fideles in domino Jesu, sic videlicet quod eorum sit anima una et cor unum. Congregari vero corporaliter Christi fideles ad certas civitates materialiter intellectas, sub quinquenario numero, ut dicitur, contentas non videtur nobis cadere sub precepto generaliter pro communitatibus tamquam necessarium ad salutem, cum lex non reddit ad se homines perplexos. Hoc autem faceret, si expresse obligaret ad quinque civitates materiales, et tamen non exprimeret neque determinaret eas, que essent ille distincte; tunc enim fideles valde essent perplexi et ambigui nescientes, ad quas deberent confugere, ad quam perplexitatem populum inducere sacerdotes debent sibi summe precavere, sicut debent cavere, ne presemptuoso spiritu populo predicent, quod iam infra breve tempus ventura est plaga horribilissima super populo, private tempus assignando et populum culpabiliter tenentes in suspenso, nulla super hoc habita certa revelacione divina. Fugam tamen inire christianis tempore persecucionis licet prudenter exemplo Christi, quando scilicet ex fuga ipsorum, ut est verisimile, non sequetur fidei irrisio et iusticie depressio, sed probabiliter coniecturatur, quod alibi ex tali fuga maior sit utilitas ecclesie quam ex remansione, ex qua sequeretur occisio ministrorum ecclesie sine fructu salutifero animarum.

Ad *quartum*, cuius sentencia hec est, *an mulier fidelis propter Christum et eius evangelium potest relinquere virum infidelem, si ei defenderet verbum dei audire et sacram suscipere communionem*, taliter respondemus: quod mulieri non licet consentire viro suo in malo contra salutem anime sue, et tali modo et forma ipsum relinquere scilicet virum licet sibi, videlicet in illicitis non consenciendo. Et ad tantum posset vir uxori sue irasci, quod liceret sibi volenti iram sedare mariti ab eo localiter discedere ad tempus, circumscripta tamen omni simulacione in hac parte, que si affuerit, illum recessum inficiet undiquaque, ex quo tamen recessu nullus sane mentis presumat asserere, quod vivente marito priori licet ipsi mulieri alteri viro matrimonialiter copulari aut quod non teneatur curam habere filiorum, quos peperit viro suo. Hoc enim asserere pertinaciter esset heresis contradicens sentencie Christi et sui apostoli s. Pauli.

B.

(Ms. Cap. O. 13.)

Bellandi materiam concernit infra scriptum.

Primo notanda sunt, que bellum rectificant iustum. Prima enim condicio rectificans bellum iustum est iusta vendicacio, iuxta quam condicionem oportet bellantem esse in gracia et habere iusticiam ad damnum vel iniuriam viudicandum secundum iura divina vel humana in ipso fundata ... Secunda est licita auctorizacio, propter quam condicionem patet, quod nulli persone licet bellum suscitare, cui aliunde adest facultas habendi iusticie complementum. Sed quando deficit iuris suffragium, tunc ex auctoritate principis consulto domino est bellandum ... Tercia condicio est intencio recta ... Sine istis condicionibus non licet cuiquam proximum debellare, et per consequens oportet causam, pro qua quis pugnat aut saltem pugnare debeat, esse dei misteria et non bona temporalia. Nemo namque debet se bello exponere, quod est periculum mortis, nisi in causa, qua mortuus foret martir. Necesse est ergo intencionem bellantis purgari a putredine vane fame, a libidine dominandi et zelo propriam iniuriam vindicandi et ira culpabili, postposita autem cupiditate temporalia perquirendi ... Ex qua sentencia patet, ipsos insipientes esse et non habentes fidem vivacem caritate formatam, qui se mortis periculo exponunt in causa, quam ignorant esse dei iusticiam, propter stipendia magna, ducti magis cupiditate insaciabili quam zelo iusticie, quorum merces temporalis, cum affuerit damnacio perpetua pro perpetrato facinore, eis non proficiet sed nocebit. *Que enim maior stulticia, quam Boemum gentem suam debellare propriam causa racionabili non habita propter temporale commodum, quo quesito et obtento et occiso suo proximo sibi dominabitur aliena nacio,* que, si posset, ipsam non solum bonis privaret fortune, sed, ut verisimile est, evisceraret, misericordia postposita qualicunque. Adverte ergo, o gens boemica, tempestive, ne cecitate ducta tuam conculces culpabiliter et iniuste propriam nacionem! Si enim vix licet christianum in iudicio bona sua repetere, quomodo plus distat a lege Christi pugnare, ubi causa non subest racionabilis, sed stipendium solum, quod facile perpenditur, temporale ...

Nulli ... christiano licet dubitare, quin debeat sub pena peccati mortalis servare mandata domini nunquam persequendo fratrem per se vel per alium, nisi propter caritatem fraternam, diligendo ipsum plus, quam omne bonum fortune, pro quo prosequitur. Scribitur namque Mat. 5 : audistis, quod dictum est antiquis, non occides etc. Ubi communiter in textu ira illicita erga fratrem est prohibita, sicut verbum derisorium, irracionabile, obprobriosum, contumeliosum aut aliter irritativum non sub quacunque pena, sed sub pena dampnacionis perpetue. Caritatem autem servare fraternam preservando se ab ira lege dei prohibita sub pena, que premittitur, valde difficile *Boemis* invadere saltem volentibus homines proprie nacionis, quia inter omnes artes videtur, quod cum arte bellandi stat de difficillimo observancia caritatis, quam tamen oportet omnem hominem habere de necessitate salutis. Et sic neminem licet suum fratrem invadere nisi propter amorem et commodum sic invasi, cum aliter ibi deesset intencio caritatis ... Sic *Boemi*, quibus non desunt inimicicie, quadam, ut apparet, cecitate moti, aliis inimicis ex hoc gaudentibus et finem expectantibus eis valde prosperum, proprios, ut videtur, culpabiliter et saltem imprudenter velud talpe subterranee lucem odientes volunt invadere indiscrete. Ad cuius nutum, consilium vel mandatum faciunt hec, deus novit! Sed hoc ex scriptura cognosco, quod Joab facinora perpetrans Salomonis precepto ad altare occissus est. Et indubitanter estimo, quod idem eveniet ipsis, *qui se legis evangelice pretendunt zelatores et tamen simplices proprie nacionis invadunt, pretermissis con-*

siliis hominum discretorum, quales indubie habent in propria nacione! [1])
O magna cecitas, o grandis perversitas! Ubi est hec scriptura cordi
impressa: Omnis qui odit fratrem suum, homicida est . . .

C.

(Ms. Cap. O. 13.)

Noverint universi modum et viam bellandi in causa dei duplicem.
Prima est quam habuit noster dux belli dominus Jesus et sui apostoli
atque martires in hoc suum dominum imitantes ceterique sancti ipsum
sequentes . . .

Secunda via in causa dei bellandi est, in qua plus periculi salutis
imminet, per quam sublimoribus potestatibus sive brachio seculari, cui
datus est a deo gladius sive potestas illa secularis, licet armis materialibus pugnare in causa dei et defendere prudenter legem et ordinacionem
Christi et ad vindicacionem malorum . . .

Audio, cum *contra percussores* allegatur illud apostoli: non vosmet
ipsos defendentes, karissimi! — dicunt enim se in peccatis excusando,
tamen nos non defendimus nos, sed legem dei. Attendunt Machabeos,
quoniam ipsi pro lege veteri et in veteri pugnaverunt. Ideo monent, ut
libri Mach. populo declarentur. Sed contra hoc pro responsione ad dicta
eorum primo notari potest, quod lex vetus respectu nove legis gracie
et amoris erat valde imperfecta et sic eis erat via imperfecta bellandi
in causa dei contra inimicos dei et suos, . . . *que quidem via sic imperfecta adhuc est permissa et concessa potestatibus sublimioriibus propter
eorum imperfeccionem.* Quia autem lex nova gracie est perfeccior multo
amplius quam vetus, ita *alia via est evangelice* preliandi in causa dei
longe perfeccior, *presertim sacerdotibus evangelicis* et *cetero populo
christiano perfecciori et spirituali* . . . Ad primam autem viam imperfectam, ubi plus imminet periculi, ubi caritas periclitatur sicut castitas in
deliciis, non ita cautum sacerdotibus evangelicis populum concitare, cum
homines ex natura infecta proni sunt ad iram et sediciones, percussiones
atque ex hoc ad sanguinis effusiones, nec sic ad illam viam imperfectam
veteris Machabeorum obligamur. Et non oportet, quod sacerdos evange-
licus per gesta Machabeorum ad talia bella incerta et periculosa usque
ad effusionem sanguinis concitet, nisi forte velit dicere populo, quod
illa carnalia bella fuerunt figure spiritualium preliorum sacerdotum
Christi et ecclesie sue legis futurorum . . . Sed notandum est, quod pars
Christi, cum preliatur prelia domini contra dei adversarios et contra
peccatum et regnum diaboli, tunc ibi currit iniuria dei simul et iniuria
nostra vel partis Christi; communiter multi ergo heu in causa dei pug-
nantes sub pretextu cause dei et iniurie dei nimis graviter ferunt iniurias proprias et inordinato zelo accenduntur . . . Sic ex tali zelo . . .
Petrus servo pontificis amputavit auriculam et correptus est, quamvis

---

[1]) Diese Worte enthalten wol eine Anspielung auf das Gutachten der Magister.

corpus Christi in eius vita mortali voluisset defendere. Sic Luce 9 Jacobus et Johannes adhuc imperfecti et fragiles inordinato zelo accepto contra gentem Samaritanorum dixerunt: domine, vis, dicamus, ut ignis descendat de celo et consumat illos. Et conversus Jesus increpavit illos et dixit: Nescitis, cuius spiritus estis, filius hominis non venit animas perdere sed salvare. Ideo et hodie hec timeo faciunt, qui sub pretextu cause et iniurie dei ex magno zelo inordinate palliato quasi dei zelo vindicant proprias iniurias et semet ipsos defendentes dicunt: tamen nosmet ipsos non defendimus...

D.

(Ms. Cap. D. 53).

De bello.

Cum in istis periculosis temporibus undique bella strepant et crassetur plus solito gladius fratrum contra fratres et gencium contra gentes, ideo ne ex ignorancia legis dei fervor belli involvat multos ad gehennam, dicenda sunt aliqua bellum humanum rectificancia et ab iniustis bellis revocancia veros Christi bellatores.

Primo, in quo dicitur, quod ad iustum bellum hominum requiritur persona, que sit caritate et gracia dei regulariter disposita et ab omni crimine penitus absoluta...

Secundo ad iustum bellum requiritur, ut persona sit ad bella licenciata legitime, hoc vero dupliciter accidit, vel deo auctore in bella cogente, vel homine superiore legitima potencia imperante...

Tercio ad iustum bellum requiritur, ne quis procedat ad bellum et os domini non interroget sine assidua oracione usque ad revellacionem sive in legis dei meditacione aut inquisicione usque ad informacionem...

Quarto requiritur, ut bellum sit ex re petenda, hoc est, ut sit causa iusta, pro qua est bellandum... Iusta autem causa est causa dei, causa fidei, causa legis et causa veritatis. Et pro hac quilibet miles Christi debet certare et agonizare usque ad mortem iuxta dictum apostoli, qui militibus dicit, quod non in vanum gladium portant. Dei enim iusticie minister est, vindex in ira ei, qui male facit...

Quinto ad iustum bellum requiritur, quod sit iustum ex modo. Et primo ex modo recte intencionis, nam intencio mala licitum bellum facit illicitum... Recta autem intencia est, que pure honorem dei intendit, salutem proximi *et commodum patrie.* Sed cum talia potissime fiunt per legem dei, patet, quod intencio bellantis tota esse debet ex lege dei per legem dei et propter legem dei. Et milites huius condicionis sunt milites Christi, qui non eunt in prelia propter stipendia... Alii sunt milites Antichristi, qui... propter nudum stipendium concurrunt ad bellandum et sanguinem iustum et iniustum effundendum. Et tales, sive reges, sive milites, sive clientes fuerint, sunt servi diaboli...

Sexto iustum bellum rectificatur ex fine laudabili, propter quem solum pugnandum est, ut non propter honores, famam et divicias aut ambicionem amplectendam...

Septimo bellum rectificatur ex iusto imperante, sicut iniustificatur ex iniusto contra veritatem intendente, ut si quis instauraret bellum in christianos contra aliquod punctum legi divine abolendum, nullatenus est sibi parendum, sed modestia caritatis salva pocius resistendum...

Octavo ad iustum bellum requiritur defendere veritatem tenentes et promovere innocentes. Nulla enim mundi causa veritas debellanda est et innocencia opprimenda. Qui autem non defendit veritatem, proditor est veritatis... Sicut sacerdos debitor est, ut veritatem, quam a deo audivit, libere predicet, sic laycus debitor est, ut veritatem, quam audivit a sacerdotibus, probatam quidem in scripturis sanctis, defendat fiducialiter, quod si non fecerit, prodit veritatem. Ideo satis consone dixit Ambrosius, quod populus aliquis suscitatur ad punienda peccata perversorum. Sicut enim ecclesiastici possunt papam iudicare et dampnare, si a fide erraverit, sic et populus fortassis possit quoad suos prefectos, qui fidem molirentur destruere christianam... Attendere eciam veri et iusti bellatores debent illum fortissimum Mathathiam Machabeum...

Nono ad iustum bellum requiritur, ut non sit ad iniustam destruccionem, sed *ad defensionem patrie et fratrum iustorum compatriotarum* adversus *exteros* patriam destuere volentes...

II. Zur Geschichte der chiliastischen Schwärmerei.

Ich habe (S. 22) zwei Stadien in der Entwickelung der chiliastischen Schwärmerei unterschieden: erst erwartete man das Wunder der Vertilgung der Gottlosen *ohne Kampf*, später wurde dagegen *der Kampf gegen die Feinde der Wahrheit* als Pflicht proklamirt. Unterstützt wird diese Annahme, welche dem Chiliasmus eine wichtige Stelle in der Geschichte der hussitischen Bewegung anweist, durch *polemische Schreiben des Jacobellus gegen Mag. Johannes Jičín*, aus denen ich einige Stellen mittheile. Auch in ihnen spiegelt sich die Stimmung, die in Prag nach Abschluss des Vertrags v. November 1419 herrschte.

A.

(Ms. Cap. O. 13.)

Gracia et veritas per dominum Jesum Christum, care in Christo frater. Nolens omnino scripta et petita tua sub silencio pertransire, sed utcunque perstringens pro responso videtur mihi, quod illud Jeremie 51: fugite de medio Babilonis, ut salvet unus quisque animam suam; similiter et illud Isaie decimum nonum: in die illa erunt quinque civitates in terra Egipti loquentes linguam Canaan etc. et alia dicta prophetarum

similia... non intelliguntur ad literam de materiali Babilon et corpora-
libus ac materialibus quinque civitatibus manu et arte hominum edificatis,
ut de civitate solis materiali... (Es folgen Citate aus Origines und Augustinus)... Ex quibus patet, quod Christi fideles... in quacunque civitate... salvabuntur... Ergo sive in Praga, sive in Pieska, sive in Plzna
iustus malo non consenciens contra evangelium, dum moritur, salvabitur...
Iustus nec in Praga nec alibi... debet timere dampnacionem ex hoc
solo, quod in Praga manet vel alibi, sicut nec ex hoc solo speranda est
salus alicui, quod in Plzna vel in Pieska moratur, et patet, quod pro-
phecia Isaie vel Jeremie ad sensum carnalem incertum, ut videtur, inde-
bite applicatur, et in termino prefixio in carnisprivio, ut scribitur pro-
phecia talium, sic implebitur vel non implebitur, patebit clarius veritas
vel falsitas, ut eventus rei probabit. Fateor tamen, ut concipio, si non
fallor, quod multe erunt tribulaciones electis ad salutem, reprobis ad
dampnacionem, nam apropinquant loco et tempore non a me vel ab
homine, sed a deo cognitis et prefinitis. Ex istis ulterius timeo, ne nostri
sacerdotes agitentur spiritu erroris secundum altitudinem sathane ad pe-
riculose scindendum et dementandum pauperculum et simplicem populum
christianum, unde sicut olim Jeremias prophetabat populo Israel quod
transirent ad Babiloniam et ibi manerent annis 70, alii autem prophe-
tabant false quidem ex parte dei, quod deberent exire cicius filii Israel
de Babilone, sic unus spiritus prophetat, quod rex Babilonis id est rex
Ungarie veniet de cubili suo et de terra sua et destruet Babilonem id
est Pragam, alius spiritus prophetavit et dixit, quod predictus rex nullo-
modo venit ad Boemiam sive ad Pragam. Cui ergo est credendum? Re
vera est populum dei reddere perplexum: bonum esset igitur evangelico
sacerdoti evangelice vivere et sic populum docere et peccata in populo
destruere, dimissis talibus propriis presumpcionibus. De hoc autem, quod
communis populus arripit carnalia et secularia arma concitatus per sacerdotes, ut scribitis, contra inimicos, ubi agitur periculum homicidii et
effusionis sanguinis et odia generantur, per que exciditur a caritate ob-
mittendo arma spiritualia Efes. 6: contra quod audiamus apostoli securum
consilium Rom. 12: karissimi, non vosmet ipsos defendentes... Patet,
quod via pugnandi in causa dei instar apostolorum et primitive ecclesie est secura via, sed via aliter pugnandi non conformiter primitive
ecclesie, sed longe difformiter, cum alio spiritu et aliis armis... est
periculosa. Sacerdotis ergo evangelici est suadere pugnam in causa dei
evangelicam secundum evangelicum et catholicum sensum cum armis spiritualibus instar primitive ecclesie Christi apostolorum. Concedo tamen,
quod bella possunt licite fieri a sublimioribus potestatibus secularibus,
ut dicitur Rom. 13, cui datus est gladius ad vindictam malorum. Caveat
subditus populus, ne usurpet sibi illum gladium a sublimioribus potestatibus inordinate contra dominum non habendo certam et specialem reve-
lacionem. Potestates autem sublimiores possunt licite bellare, sed periculum ibi magnum animarum currunt. Ideo secundum apostolum multa
licent, que non expediunt, et sacerdotes non oportet consulere ad omnia,
que licent fieri cum magnis periculis, sed debent suadere omnia, que expediunt, ut prelia domini contra vicia cum armis spiritualibus agantur.

Istis autem condicionibus adhibitis potestates sublimiores licite possunt bellare, primo quod sit causa dei, pro qua bellum committitur, 2^0 intencio recta, 3^0 instinctus divinus ad sic bellandum, quem olim David in causa dei bellando solebat habere, 4^0 quod tanta sit caritas pugnantis, quod velit parate cessare a preliando, adversario se volente reddere tamquam reum. Nullus tamen frontose presumat, se habere instinctum divinum ad taliter bellandum ex collisione alicuius spiritus erroris et simulate fantasie, occasione cuius moneat populum ad insurgendum contra personam aliquam inordinate eius sanguinem effundendo. Et hec ad vestra scripta et quesita respondere sufficiat pro presenti, et si in istis aliquo modo essem devius, a quocunque volo corrigi et melius edoceri.

B.

(Ms. Cap. O. 13.)

Gracia tibi et pax in mortuorum primogenito et principe regum terre, frater karissime. Quia in tua epistola mihi transmissa circa principium dicitur, quod in mea epistola, quam petitus et requisitus ad partes misi sacerdotibus, videntur multa poni contra dominum deum, prophetas eius atque dominum Jesum Christum cum apostolis ipsius, unde circa istud punctum *ego magister Jacobus magistro Johanni Giczin respondendo protestor*, quod non intendi nec intendo per dei graciam aliquid dicere, predicare, per epistolas scribere vel consulere contra dominum deum . . .

Secundo subiungit Giczin contra me, sic: Et primum posuisti, ut videtur, solummodo spiritualem Babilonem, animam, que confunditur, que turbatur, que pace deserta bella sustinet etc. Et contra hoc subdit sua verba dicens: Non solum anima peccatrix dicitur esse spiritualis Babilon, sed eciam prelati moderni viventes secundum hunc mundum a maximo papa usque ad minimum sacerdotem adversantem veritatibus legis dei dicendum esse Babilon misticatur. Et a maximo rege malo sectante hoc seculum usque ad minimum laicum infidelem dicuntur Babilon. (Pro responsione ad istas obiecciones est notandum: . . . Alle Getreuen [omnes fideles] sind ein Körper, ein Geist, eine Braut Christi, ein geistiges Jerusalem, alle Bösen ein Babylon, ut sunt prelati, papa, episcopi, simoniaci, totusque clerus cupiditatis lepra contaminatus et omnes magni reges, principes, potentes, divites huius seculi capti amore Babilonis et seculi. Aber es ist dies ein mystisches, unsichtbares, immaterielles Babylon.)

Sequuntur verba Giczin: Et non tantum, inquit, illi prelati prefati, sed omnia edificia sumptuosa, alta, ampla, superba dicuntur esse babilonica. Et vestes preciose, superbe, superflue, pompatice, coccinee, inaurate dicuntur esse babilonice . . . (Es folgt eine Entgegnung.)

Post hec magister Johannes dicit, quod omnia iam dicta sunt simul casura tempore ulcionis. Ideo dicit Joh. in Apokal. 18: cecidit, cecidit Babilon magna etc. Et ideo ne participes sint Christi fideles delictorum eius et de plagis eorum ne accipiant, mandat dominus exire eisdem in diebus ulcionis . . . (Aber auch diese Flucht ist mystisch zu fassen. Multi iusti in medio malorum habitantes salvantur, dum tamen ex mistica et spirituali exeunt Babilone.)

...Non... oportet, si Christus fugit in Egiptum cum Joseph et matre, quod ergo nunc fideles debeant in illam Egiptum descendere, morale tamen fateor fidelibus fragilibus esse exemplum relinquendum sic scilicet, quod imminente persecucione maxima et tribulacione, ne frangantur a fide et bono proposito, adherencia quoque veritatis, possunt cedere ad locum, ubi non est tanta tribulacio. *Nonne vero aliqui ad consilium aliorum de Praga exientes sine persecucionibus invadunt in tribulaciones et persecuciones et pericula corporum et animarum? Adhuc siquidem electi dei in Praga tantam novissimam tribulacionem non paciuntur, et futura non scitur pro certo. Et tamen vos scripsistis ad Pragam ad sexum femineum, ut cito exeant de Praga, cum alibi occurrunt et peccatores sicut in Praga. Insuper, ut mihi scriptum est, nominastis certum tempus carnisprivii inter tempus Scolastice et Valentini,* puto quod tempore illo plaga horribilissima super malos debuisset venire. Quare autem illa omnia in scripto vestro non notatis ad plenum intencionem vestram exprimendo, ut eo melius possemus vos funditus concipere? Quis, rogo, potest cognoscere, qui sunt predestinati et qui presciti, ut relinquendo omnes prescitos exiret ad solos predestinatos?...

...*De hoc autem, quod populus ex vestris predicacionibus, ut dicitur, et periculosis scripture interpretacionibus arripit arma bellica carnalia et relinquit consuetum laborem manuum suarum et ociose vivit de substancia et rapina aliorum proximorum, et occidunt, effundunt quoque sanguinem:* hec enim magna inconveniencia multi contra vos clamant, qui sunt fide digni, cum, ut spero, sunt amorem dei pre oculis habentes, *vocitantes vos sacerdotes sanguineos,* a quibus, dicunt, nemo fidelium deberet sacramenta divina percipere. *Nonne prius predicastis contra occisionem, et quomodo iam res sit versa in oppositam qualitatem!* Et puto, quod hec non latent vos, quam multi simplices fideles et pusilli scandalizantur. Cur ergo hec sciendo dici de vobis tacetis? Cur te non excusas, si reus non es? Cur non tollis scandala? Cur non scribis ad magistros et scabinos Pragenses pro tui expurgacione? Si autem es in aliquo reus, non queras excusaciones in peccatis, sed humiliter confiteri debes rei veritatem, in quo es reus, et in quo non, alias tacendo, que tibi asscribuntur, videaris approbare... Verum tamen simplicem populum in articulo necessitatis congregari in bono salutis et in Christo Jesu non audeo reprobare.

III. Zur taboritischen Abendmalslehre.

Die taboritische Abendmalslehre wird gewöhnlich unrichtig oder wenigstens unvollständig dargestellt. Wenn man sagt, die Taboriten hätten die Transsubstantiation abgelehnt, so wird dadurch ihre Lehre nur von der negativen Seite charakterisirt. Ihren positiven Inhalt gewinnen wir aus Traktaten, von denen uns leider die meisten nur dadurch bekannt sind, dass der Hauptgegner der Taboriten, Mag. Johannes Přibram, aus ihnen Artikel zu polemischen Zwecken ausgezogen hat. (Ms. Cap. D. 49.) Diese Traktate hat auch Peter Chelčický gekannt, als er gegen die Abendmalslehre der Taboriten auftrat.

Ein Traktat des *Nicolaus von Pilgram* begann mit den Worten: ad magnificationem ... derselbe, gegen den Přibram in der grossen Disputation auf Konopišt im Jahre 1423 auftrat. Nur der böhmische Text dieses Traktats hat sich in einer Handschrift der Görlitzer Stadt-Bibliothek erhalten und dient zur Controle der von Přibram dem lateinischen Texte entnommenen Artikel, von denen ich einige folgen lasse (A.). Eine Reihe von anderen Artikeln hat Přibram einem anderen Trak-tate des Taboritenbischofs entnommen, der mit den Worten begann: Utrum secundum legem evangelicam fideles necessitantur Christum in sacra-mento eukaristie adoracione latrie adorare. Unter B. ist ein Theil derselben abgedruckt;[1]) einen dritten endlich hat er zur Belehrung des Peter Chelčický geschrieben. (C. Vgl. Höfler Ss. II, 822—823.)

Als die taboritische Hauptschrift bezeichnen sowol Chelčický als Přibram den Traktat des *Johannes von Saaz des Deutschen*, dessen Anfangsworte lauteten: cum spiritus veritatis odiens omne menda-cium ... (Articuli Johannis de Zacz Teutonici, Höfler Ss. II, 824—827.) Ausserdem kennt Chelčický noch einen taboritischen Traktat von den vier Daseinsformen Christi (o čtyřech bytech), dessen böhmi-scher Text enthalten ist in Ms. Cap. D. 82. Aus diesen Schriften kann man die Abendmalslehre der Taboriten besser erkennen als aus den mit den Magistern vereinbarten irenischen Formeln, in denen der wahre Sinn verdeckt und verschleiert wird.

A.

Utrum Christus post, suam in celum ascensionem sit alicubi hic in terris substancialiter, corporaliter et essencialiter in illo corpore et in illa magnitudine, in quo et in qua resurrexit a mortuis et videntibus eius apostolis celum ascendit, reprobat et negat ... sic dicens: Quilibet credere debet, quod Christus hic in terris est cum sanctis et in sanctis spiritualiter per fidem, per spiritum sanctum, per caritatem, graciam, virtutem et veritatem ... Non tamen possunt probare nec ille scripture hoc pretendunt, quod ex illis fideles credere debeant, quod Christus post suam in celum ascensionem sit hic alicubi in terris substancialiter, cor-poraliter, essencialiter et personaliter ...

---

[1]) Ähnliche Ansichten, wie in denselben, finden wir auch bei Wiclif. Vgl. Lechler S. 626.

Ideo videre debent christiani et diligenter advertere alias scripturas, que evidenter ostendunt Christum post suam ascensionem substancialiter, corporaliter, essencialiter et personaliter esse in celo et inde de celo non descendere usque ad diem iudicii, sicut hoc nobis manifeste ostendunt iste divine scripture infra citande. (Es folgt eine lange Reihe von Citaten.)

Christus suo corpore naturali et glorificato, quo ascendit in celum, est in uno certo loco corporaliter et personaliter, et non est pro eodem instanti personaliter ubique aut in locis pluribus localiter a se distantibus, dicente angelo: surrexit, non est hic!

B.

In sacramento virtute verborum Christi panis non desinit esse panis sicut nec Johannes virtute verborum Christi desiit esse Johannes, licet per Christum dictus est Helias.

Remissiores ydolatrie fuerunt, qui quondam adoraverunt talpas et vespertiliones et serpentes, quam pontifices Romani illum panem ut deum adorantes.

Panis sacramentalis in sua natura, cum sit res inanimata, minoris est condicionis quam talpe etc. animata.

Quanto panis sacramentalis aliis quibuscunque rebus est natura sua inferior, tanto peccatum sic adorancium est sceleracius et summe iusticie displicencius.

Pauciorem multitudinem sacerdotes Baal quam predicti ad ydolatrandum seduxerunt. Et utinam septingenti viri in totali secta Romane ecclesie inveniantur, qui non sunt illa ydolatria maculati. (Ecce blasphemat totam ecclesiam Romanam!)

Ve sacerdotibus illam perfidiam ecclesie Romane sequentibus, si spiritus domini hanc ydolatriam populo notificabit...

Quantum patres legis veteris cavebant colere ymagines tamquam deum, tantum debet christianus cavere, ne colat illum panem sacramentalem tamquam ydemptice corpus Christi.

Sicut ille ymagines non poterant se vel suos cultores iuvare, sic nec dictus panis potest.

. . . .

In quolibet electo multo realius est Christus quam in eukaristie sacramento.

Deus, qui est maior corpore Christi, est multo realius in quacunque re mundi, quia essencialiter et substancialiter, quam Christi corpus in sacramento.

Nulla creatura ex dei mandato debet erigi, ut in ea deus adoretur.

Nullibi lex evangelica precipit Christum in sacramento latria adorare, nec apostoli alicubi ipsum sacramentum ad hoc, ut in eo Christus adoretur, erexerunt, aut ad faciendum hoc aliquid in scripturis relinquerunt, nec ecclesia primitiva hoc docuit aut observavit.

. . . .

Adhuc hodie ecclesia greca sacramentum ad adorandum non exponit, nec sacramentum summunt flectentes.

. . . .

Multi nimis male et ad suam dampnacionem conbusserunt homines nolentes hoc sacramentum aut Christum in eodem latria adorare. (Hoc ille. Hic zelat pro sociis suis hereticis conbustis).

Ista sentencia de non adoracione Christi in sacramento non est reticenda coram laicis, ne stulta pietate infideliter in ydolatriam precipitentur.

Pro quanto quilibet tenetur Christum diligere, pro tanto tenetur pro destruccione adoracionis Christi in sacramento usque ad mortem laborare.

Inter omnes hereses nulla est sic callide per diabolum et in maius vivencium dampnum in ecclesiam introducta quam heresis de sacramento scilicet erigendo et adorando.

. . . .

Ista veritas evangelica de non adoracione Christi in sacramento potest ad tempus in plateis corruere et per iniurias Antichristi modicum reticeri, sed exstingui non potest...

C.

Articuli eiusdem episcopi de tractatu suo, quem scripsit Petro in Chelczicz in vulgari.

Circa sacramentum eukaristie multi currebant et currunt errores usque in diem hodiernum, de quibus apostolus: „necesse est hereses esse."

Doctores loquentes de sacramento eukaristie non concordant, sed diversimode locuntur ab apostolis, ymo sibi ipsis contradicunt, nec suos sermones intelligunt. Et quomodo in eis potest se quis fundare? Nam sunt sicut domus debilis indigens reformacione.

Illa verba Christi: „hoc est corpus meum" — quatuor modis a diversis intelliguntur. Primi dicunt, quod Christus ita panem dicit esse corpus suum, quod nihil de pane materiali remaneat, sed totus transit in corpus Christi: et hii dicunt, quod accidencia stant sine substanciis. Et ita tenuit et tenet ecclesia Romana et clerus eius cantans: „non est panis, sed est deus." Et ita panem illum ut deum adorant.

Alii specialiter negant verba Christi, nullatenus volentes concedere, quod panis ille sit corpus Christi, sed quod in hoc pane est corpus Christi verum, naturale, corporaliter et cum membris suis, prout sedet ad dexteram patris. Propter quod canunt: „ibi sunt res mystice, corpus, sanguis cum ossibus, venis et cum crinibus." Et hii adorant Christum in sacramento adoracione latrie.

Alii dicunt non negando verba Christi sicut secundi, nec sicut primi dicunt, quod desinat panis, sed tenent sicut secundi, quod in illo pane est verum corpus Christi, ibidem adorandum cultu latrie.

Et isti omnes tres sensus reprobandi sunt et reprobantur, quia non recte senciunt putantes se devorare integrum corpus Christi, sicut cetus integrum et vivum Jonam. Et ab hiis tota inordinacio adoracionis illius

vel coram illo sacramento processit. Non pensantes scripturas, quod
Christus illo vero corpore recessit a nobis ad celum et non est alicubi
super terram nec erit ad diem iudicii.

Isti eciam omnes non bene considerant, quod Christus non dixit
„hoc" adverbialiter, id est „in hoc", hoc est: in pane isto; nec dixit:
ibidem est Christus, sed dixit „hoc" id est: panis est corpus meum. Et
illi doctores male considerantes immiscuerunt nobis illos sensus: hoc
est corpus Christi, ibidem est corpus Christi vel sub hoc est corpus
Christi.

Sunt igitur alii quarti proprius considerantes illa verba Christi, con-
cedentes et tenentes, quod Christus illum panem nominat corpus suum,
sed non in sensu primorum.

Et isti dicunt, quod in eodem sensu Christus dicit illum panem
esse corpus suum, in quo sensu scriptura vocat petram Christum et Jo-
hannem Heliam, hoc est, quod ille panis significat corpus Christi et est
corpus Christi in figura, nec propter hoc ille panis desinit esse panis,
sicut nec Johannes desiit esse Johannes propter verba Christi vel hoc,
quod prius fuit.

Et isti concedunt, quod in illo pane est corpus Christi aliquo modo
sed non illud naturale, quomodo concedunt secundi et tercii, quoniam
nec est nec erit ad diem iudicii super terram.

Et isto modo discipuli erraverunt, credentes, quod daret eis corpus
suum illud naturale ad manducandum, quibus dixit: non est sic, alioquin
quid manducaretis, cum videritis filium hominis ascendentem in celum,
ubi fuit prius; spiritus est qui vivificat, caro non prodest quidquam.

Et ad hunc sensum loquitur Ambrosius dicens, Christum dedisse
nobis carnem, non illam animalem seu corporalem, sed spiritualem, quod
est benediccio, sanctificacio, misericordia, veritas, iusticia, pax in hac
vita in sacramento et sine vita corporali Christi, sicut radius solis est
hic sine corpore solis.

IV. Die Schriften des Peter Chelčický.

Nur bei einigen Schriften Chelčický's ist es möglich Vermuthungen über die Zeit ihrer Abfassung auszusprechen. Es sind dies die
Replik gegen Biskupec, die Postille, das Netz des Glaubens, die Replik gegen Rokycana, eben seine Hauptschriften. Wahrscheinlich sind
sie auch in dieser Reihenfolge entstanden. An zwei von ihnen, die
Postille und die Replik gegen Rokycana, lehnen sich Gruppen von
Traktaten an, die ihrem Inhalte nach mit ihnen im inneren Zusammenhange stehen, indem in ihnen dieselben oder ähnliche Themata behandelt werden und verwandte Gedankenreihen einen auch in der
Form verwandten Ausdruck finden. Sie sind wol auch bald nach jenen
niedergeschrieben worden.

Zwei von Chelčickýs Hauptwerken sind im 16. Jahrhunderte gedruckt worden, die Postille und das Netz des Glaubens; die übrigen
Schriften haben sich in Handschriften erhalten. [1]

1. *Chelčickýs Replik gegen Nikolaus von Pilgram.* Dieselbe setzt
ein verlorenes Schreiben Chelčickýs voraus, auf das eine Antwort des
Nikolaus folgte. Von dieser kennen wir nur die von Příbram formu-
lirten Artikel. — Die Replik ist verfasst drei Jahre nach Peters
erster Begegnung mit Biskupec. Bei dieser kannte Chelčický die
taboritische Abendmalslehre nur vom Hörensagen (vgl. o. S. 16); er
wusste von ihr nichts mehr als davon, „was jetzt der Papst in Rom
thue." Das ist auch der Hauptgrund, warum ich mit F. Schulz den
Verkehr Chelčickýs mit Biskupec in den Anfang der zwanziger Jahre
versetze. [2] Später — nach Jireček in den Jahren 1443—1445 —
hätte er gleich bei der ersten Begegnung von der Lehre der Taboriten
unterrichtet sein müssen. Es lässt sich aber der ganze Verlauf dieses
Verkehrs von der ersten Besprechung bis zum Bruche mit den Tabo-
ritenbischofe nicht im einzelnen verfolgen, wie Ferd. Schulz es versuchte. Auch ist seine Darstellung der Ansichten Peters und des
Biskupec unrichtig und dadurch wird fast alles, was er über den
Verkehr beider Männer zu erzählen weiss, unhaltbar.

2. Mit den Taboriten setzt sich Chelčický auseinander auch in dem
Traktat „von dem dreifachen Volke" (o trojím lidu) (vgl. o. S. 36.),
in dem die Ansicht von den drei Bestandtheilen der streitenden
Kirche bekämpft wird. Auch dieser Traktat ist ein Bruchstück einer
polemischen Correspondenz mit einem Taboritenpriester. Chelčický
sagt an einer Stelle desselben: „Seit Anfang des Krieges habe ich
die Schriften der Priester der Taboriten und der Prager Magister
fleissig geprüft und alles erwogen, was sie in ihnen über die Berechtigung der Macht gesagt haben und noch sagen."

3. *Postille.* (Kniha výkladuov na čtenie nedělní. — Buch der
Erklärungen der Sonntagsevangelien.) Druck v. J. 1522. Wenn Chelčický beim zweiten Adventsonntag des „grausamen Krieges" gedenkt,
der, durch die Magister verschuldet, 15 Jahre lang gewährt hat, so

---

[1] Die wichtigsten sind: die Olmützer Handschrift (Replik gegen Nikolaus
von Pilgram, die Schriften N. 4—6, 14—17); die Pariser Handschrift (Replik gegen Rokycana und das Schreiben an den Priester Nikolaus; das letztere auch in
Br. A. J.); Ms. Cap. D 82, von der die erste Nachricht sich in meinem Aufsatze
in Č. Č. Mus. 1881 findet. (N. 2 N. 8—12.)

[2] Als Příbram am Ende desselben Jahrzehentes seine polemischen Traktate
gegen Peter Payne und die Taboriten schrieb, kannte er bereits die von Nikolaus
für Chelčický verfasste Schrift.

lässt sich bestimmt erkennen, dass die Postille *nach 1434* verfasst ist. Ob bereits vor 1436, wie Jireček und Schulz aus einer anderen Stelle schliessen, muss dahingestellt bleiben.

An die Postille lehnen sich an (vgl. o. S. 30—31) die Traktate:

4. *vom alten Menschen* (o. S. 29).

5. *von den Arbeitern des Weinberges,*

6. *Erklärung der Passion Christi nach dem Evangelium Joh.*

7. Als Chelčický mit der Postille beschäftigt war, schwebte ihm bereits auch sein drittes Hauptwerk in den Gedanken vor, das *Netz des Glaubens* (Síť víry. Druck v. Jahre 1521). In jener sagt nämlich Chelčický „aus der Erzählung des Evangeliums vom wunderbaren Fischfange liesse sich manche nützliche Lehre schöpfen, wenn er — der Verfasser der Postille — nur die nöthigen Kenntnisse und das erforderliche Geschick besässe, um alles aufzuschreiben." Dass Chelčický das Netz des Glaubens bald nach der Postille, in der königslosen Zeit, die nach Albrechts Tode folgte, und zwar zu Anfang der vierziger Jahre [1] verfasst hat, und nicht, wie Šafařík, J. Jireček und F. Schulz annehmen, in den Jahren 1455—1456, habe ich in Č. Č. M. 1881. nachgewiesen.

8—12. An den im Netze des Glaubens angeschlagenen Ton erinnern *vier* unter einander zusammenhängende *kürzere Traktate,* in denen die Verleitung des Antichrists und der Abfall vom Christentum mit Anknüpfung an Stellen aus den *Episteln des Apostels Johannes* geschildert werden. Der erste Traktat hat keinen bestimmten Titel, die übrigen handeln insbesondere von der brüderlichen Liebe und der Verdammung im Herzen (1 Joh. 3.); von der Prüfung und Unterscheidung der Geister (1 Joh. 4.); von den Merkmalen des Antichrists. — In die königslose Zeit fällt auch, wie es scheint, der *Traktat von den Sakramenten.* Chelčický sagt an einer Stelle, in der Ehe sei die Monogamie ebenso nothwendig, wie im Staate die Monarchie. „Und wenn im Lande diese Ordnung fehlt, *wie es ja jetzt der Fall ist,* so wird der Arme herrschen wollen über den Angesehenen, wer etwas hatte, wird nichts haben, wer nicht arbeitet, wird geniessen." — In diesen Traktaten finden sich auch polemische Ausfälle gegen die Magister und so bilden dieselben zugleich den Übergang zu

---

[1] Dies nimmt auch Palacký an, doch ohne Angabe von Gründen. Derselbe hält dafür, alle Schriften Chelčickýs seien innerhalb *eines* Jahrzehentes (1433—1443) entstanden.

13. *Chelčickýs Replik gegen Rokycana* (vgl. o. S. 21). Dieselbe setzt einen schriftlichen Verkehr beider mit einander voraus, dessen Ausgangspunkt wir, wenn ich nicht irre, besitzen. Der zweite Band des Brüderarchivs enthält nämlich ein Schreiben, das also anfängt: „*Wir hatten eine Unterredung mit einander*, warum die Menschen, so Priester heissen, dem Volke mit ihrer Lehre keinen Nutzen bringen." Es sind dessen viele Ursachen ... Ihnen fehlt der wahre Beruf, da sie weder Christus gesandt, noch die Kirche gewählt hat; sie haben ihr Amt durch Simonie von Simonisten erkauft; ihre Lehre ist falsch, ihr Wandel schlecht. Sie machen die Menschen zu Christen mittels des Wassers, aber nicht durch das Wort Gottes. Der wahre Christ sollte sie meiden. Die Schrift droht mit Strafen denjenigen, die aus Furcht es nicht wagen, die Wahrheit zu bekennen, die die Menschen mehr fürchten, als Gott. „Du aber, mein Bruder, fürchte Gott mehr, als die Menschen. Denn wer Gott fürchtet, wird niemand anderen fürchten, wie die Schrift sagt, wer aber Gott nicht fürchtet, wird die Menschen fürchten". Im Brüderarchiv folgt zum Schluss die Bemerkung „Johann Rokycan an Peter von Chelčic", die aber, wie ich vermuthe, irrig ist. Haben wir es nicht vielmehr mit einem Schreiben Peters an Rokycana zu thun? Wie wäre dieser dazu gekommen, einen Chelčický vor Gemeinschaft mit schlechten Priestern zu warnen? Ob Rokycana auf *dieses* Schreiben jene Antwort gegeben hat, der unmittelbar die Replik folgte, möchte ich nicht bestimmt behaupten. Doch ist das Schreiben des Brüderarchivs derart, dass es als erstes Glied jenen Schriftwechsel hervorrufen konute, der in der Replik gipfelt.

Wann dieselbe verfasst worden ist, geht aus ihr selbst nicht hervor. Nur beiläufig lässt sich eine Vermuthung aufstellen, wenn wir die Replik in Zusammenhang mit einer Gruppe von Schriften bringen, in denen, wie in ihr, ein polemischer Ton gegen die Kirche und zugleich gegen die Utraquisten angeschlagen wird. Es sind dies

14 - 17. vier in der Olmützer Handschrift enthaltene *Traktate*, die durch Inhalt und Form der Replik nahe kommen. Über ihre Reihenfolge und den Zusammenhang, der unter ihnen besteht, s. das Nähere in Č. Č. M. 1881. Auch diese Traktate schildern den *antichristlichen Verfall* und zwar ist der erste derselben wahrscheinlich nichts anderes, als eine kurze Einleitung zu den übrigen, so dass sein Titel „*Vom Thiere und dessen Bildnis*" auch auf die ganze Gruppe bezogen werden kann; dann folgt der S. 17 berührte *Traktat vom Leibe Christi*, der die bei diesem Sakramente drohenden Gefahren des Heils behandelt und in seinem zweiten Theile auf die unter dem

Scheine der göttlichen Gesetze heimtückisch verborgenen Fallstricke des Antichrists übergeht, so dass wir diesen zweiten Theil als einen besonderen *Traktat vom Antichrist* unterscheiden können. [1]) Der vierte Traktat endlich schliesst sich an den vorigen mit den Worten an: „ich habe bereits einiges gesagt von den Widerwärtigkeiten des Antichrists." Sein besonderes Thema besagt der Titel, der lautet: *„von der Grundlage der menschlichen Gesetze"*. Gerade dieser letzte Traktat der ganzen Gruppe deckt sich an sehr vielen Stellen mit der Replik gegen Rokycana, an die auch Chelčický deutlich anspielt, wenn er sagt: „Dies alles wird hier dargelegt, auf dass es deutlich werde, mit welchen Gründen die *Magister* und die ganze Rotte des Antichrists das Fegefeuer zu beweisen suchen. Was dagegen gesagt werden muss, *habe ich den Magistern geschrieben,* sie haben es aber nicht angenommen..." Es ist demnach die Replik älter als der Traktat von der Grundlage der menschlichen Gesetze und wol auch als die ganze Gruppe, zu der derselbe gehört. In dieser findet sich nun wenigstens eine Stelle, welche die Zeit der Abfassung errathen lässt und zwar in dem Traktat vom Antichrist, wo Chelčický der Vorgänge gedenkt, welche sich in Böhmen vor 40 Jahren abgespielt haben, als nach Verkündigung des päpstlichen Ablasses die Menschen, um denselben zu gewinnen, in die Kirchen strömten, dabei aber Geld und Seelen verloren. Wenn damit Chelčický, wie ich annehme,[2]) die von Johannes XXIII. (am 2. Dezember 1411) erlassene und im J. 1412 in Böhmen verkündete Ablassbulle und ihre Folgen meint, so fällt die Abfassung der besprochenen Traktatengruppe in den Anfang der fünfziger Jahre. Kehren wir nun zu der Replik zurück, so wird durch das Resultat dieser Untersuchung J. Jirečeks Annahme bestätigt, der Verkehr Chelčickýs mit Rokycana habe vor der Rückkehr des letzteren nach Prag (1448) seinen Anfang genommen. Ich vermuthe ferner, dass die Replik nach Rokycanas Rückkehr entstand, als nämlich dem erwählten Erzbischofe wieder die Oberleitung des gesammten utraquistischen Klerus zufiel, denn Chelčický wendet sich an ihn, als an denjenigen, „der viel in sich trägt und von dem grosse Dinge endgiltig besiegelt werden sollen."

---

[1]) In der Olmützer Handschrift kommt dieser Theil zweimal vor, einmal verbunden mit denjenigen Kapiteln, die vom Leibe Christi handeln, das anderemal unmittelbar hinter dem kurzen einleitenden Traktat.

[2]) J. Jireček und F. Schulz erblicken darin eine Anspielung auf die Walfahrten, die im J. 1405 entstanden und die Johannes Hus in dem Traktate „de sanguine Christi" bespricht.

18—19. Auch *in zwei Schreiben Chelčickýs* kehren dieselben Gedanken zurück, denen wir in der Replik gegen Rokycana [1]) und in den Traktaten der Olmützer Handschrift begegnen. Das erste richtet *an die Priester Nikolaus und Martin* (Br. A. II.) die Ermahnung, den moralischen Zustand ihrer Gemeinden zu prüfen, um zu erkennen, ob ihre Wirksamkeit rechter Art sei. Die beiden Priester waren offenbar mit Chelčický bekannt und er hatte von ihnen eine gute Meinung; aber was er auch sonst vermisste, das fehlte in ihren Gemeinden ebenfalls, nämlich eine geregelte Kirchenzucht. Von den Ermahnten hat der eine, Nikolaus, an Peters Worten Gefallen gefunden, um weitere Belehrung gebeten und so *das zweite Schreiben* (vgl. o. S. 6.) empfangen. Dasselbe erklärt, worin die wahre Busse bestehe und bekämpft die kirchliche Lehre vom Fegefeuer.

20. Ähnliche Gedanken wie in der Replik und der nach derselben angeführten Schriften, kommen auch in einem anderen kurzen Traktat vor, eine *Erklärung des ersten Kap. des Ev. Joh.* (Ms. Un.).

21. Von Chelčickýs Schrift „von den böhmischen Rotten" d. h. Religionsparteien hat Br. Jafet in „die Stimme des Wächters" ein Bruchstück aufgenommen.

V. Auszüge aus einigen Schriften des Peter Chelčický.

A.
Replik gegen Nikolaus von Pilgram.

Mein Gruss und meine Bitte haben bei dir eine schlechtere Aufnahme gefunden, als wenn ich offen gescholten hätte: deswegen mag es unterbleiben.... Wenn mein Gruss dir so viel galt, wie der Gruss des Judas und des Joab und meine Bitte, das, was ich geschrieben, ruhig anzuhören, wie die Bitte des Henkers: so fühle ich in meinem Gewissen, dass ich jenen nicht gleich bin... Der Henker nimmt Geld und köpft oder henkt, er bittet den Menschen um Verzeihung: ich aber habe kein Geld empfangen... und wetze kein Schwert, auch drohe ich dir nicht mit anderen Menschen, sondern habe deswegen mein Schreiben verfasst, weil andere drohen...

Kap. 2. Wenn du ferner sagst, eher hättest du dich des Todes versehen, als dessen, dass *ich mit anderen von uns* (já s jinými z nás) so listig jene Schriften dir entlockt hätte: so wisse, dass diese List in meinem Herzen nicht zu finden war... Erinnere dich, dass ich es nicht gewesen bin, von dem unsere Freundschaft ihren Anfang genommen,

---

[1]) und auch in dem *angeblichen* Schreiben Rokycanas an Chelčický.

sondern, dass du es gewesen bist. Und ich weiss noch heute nicht, warum
du es gethan, ich glaube, *drei Jahre sind seitdem verflossen.* Damals
bist du mit dem *Priester Lukas in Vodňan* gewesen und da habt ihr
um mich geschickt. Und als ihr da auf dem Teichdamme sasset, da fragtet
ihr, was die Leute von euerer Abendmalslehre sprächen. Ich antwortete,
die einen sagten, sie wäre gut, die anderen — schlecht. Du aber meintest,
nie wärest du gegen die rechte Lehre aufgetreten, sondern hättest nur
getrachtet, von dem Sakramente dasjenige fernzuhalten, was die Menschen
fälschlich hinzugefügt. Darüber wurde manches gesagt, und was du sagtest,
gefiel mir. *Später nach langer Zeit hast du abermals zu mir gesandt,
ich möchte zu euch kommen.* Und wieder hast du in ähnlicher Weise
viel geredet: du weisst, bei wem und mit wem. Was ihr geredet, hat
mir gefallen; und *ich bat, ihr möchtet es aufschreiben,* jedoch nicht in
der Absicht, um es gegen dich zu wenden ... Ich habe mich daran nicht
gestossen, bevor ich nicht noch andere deine Schriften erhalten ... Und diese
habe ich nicht von dir gefordert, sondern eine gabst du uns, *als du zu
uns kamst,* von freien Stücken, und andere, von deiner Hand geschrieben,
gaben mir andere, die gleichsam deine Hausgenossen sind ... Als ich
aber in diesen Schriften anderes las, als du früher bekannt hattest, da
glaubte ich ein Recht zu besitzen, es zu sagen ...

Kap. 9. Brüder Priester! seit langer Zeit (z dávna) hielt ich Freundschaft mit euch und stimmte mit euch überein in vielen Stücken unseres
Glaubens, aber keineswegs in dem Glauben vom Sakramente des Altars ...
Und auch jetzt möchte ich mich mit euch gerne besprechen, von Angesicht zu Angesicht, wie es Christen geziemt, aber ich sehe, dass es nicht
sein kann ... Weil ich die alte Freundschaft nicht zerstören will — wenn
sie fernerhin wird bleiben können! — und da ich sehe, dass ihr durch
das Zeugnis anderer nicht gerichtet werden wollt — obgleich mir seit
langer Zeit über euch das Zeugnis vieler euerer Parteigenossen aus Prag,
aus Tabor und von andersher zukommt — so bitte ich euch, nehmet geduldig von mir auf euere eigenen Worte, die Schriften euerer Hand und
desjenigen, dem ihr das Zeugnis ausgestellt, er sei der erste, der er-
leuchteteste unter euch gewesen an Verstand und Wandel und der Urheber
eueres Streites, dessen Schrift also anfängt: „Da der Geist der Wahrheit
gewaltig der Lüge widerstreitet" (Johannes von Saaz).

Kap. 13. ... [1]) Ihr sagt: es sei eine schwere Gotteslästerung, wenn
einige das Sakrament lästern und geringachten, indem sie sagen, es sei
kein Unterschied zwischen dem sakramentalen und dem gewöhnlichen,
materiellen Brote und Weine. Dazu sage ich: Brüder Priester! wenn es
eine Sünde ist..., so muss euch vor allen anderen Angst erfassen. Denn
in diesen Tagen sind früher in Böhmen diese Lästerungen nie gehört
worden, bevor ihr nicht „das Zeichen", „den Götzendienst" unter das
Volk gebracht. Seitdem bis heute führen viele die Worte im Munde:
„Schmetterling, Schlacke, Abgott". Und diese Lästerer haben sich von dem
todten Zeichen, dem Abgott, abgewendet und einer abscheulichen, zügel-
losen Unzucht zugewendet; noch heute wissen wir davon und kennen

---

[1]) Vgl. Palacký IV, 1 S. 471.

sie... Und sie loben euch vor uns, ihr wäret noch die standhaften Priester, die gegen den päpstlichen Abgott predigen, nur dass ihr es wol nicht frei thun dürfet, der Teufelsknechte und Götzendiener wegen; dürftet ihr, so würdet ihr den Getreuen zeigen, wo die Verführung stehe an heiligere Stätte...

Kap. 14. ... Ich will noch mehr von den Lästerungen sagen... denn für eine Lästerung halte ich es, wenn ihr sagt: Da das sakramentale Brot als eine leblose Sache weniger gilt als andere Objekte, welche lebendig sind, darum ist um so grösser die Sünde derjenigen, die dem sakramentalen Brote die Gott gebührende Ehre geben, je niedriger dasselbe seiner Natur nach steht, als der Maulwurf, die Fledermaus, die Schlange. [1] ... Ihr klügelt das heraus durch die Kunst der Logik... und so könntet ihr auch den Teufel höher schätzen, denn er ist ein vernünftiges Wesen, ja viel vernünftiger als der Mensch.... Auch hat einer von euch, euer Genosse, bei euch in der Kirche vor dem Volke gesagt: „Eher möchte ich vor dem Teufel niederknien, als vor diesem Sakrament!"... Ihr habt dies unter das Volk gebracht..., jenes Volk, gottlos und voll von Mord und Raub. Und nachdem solche genug gemordet und genug das Sakrament gelästert, haben sie sich in abscheulicher Wollust in Wälder und andere Schlupfwinkel geflüchtet; und einige sind *auf der Insel* [2]) und an anderen Orten hingeschlachtet worden. Andere lästern noch, das Sakrament die Fledermaus, den Schmetterling, den Abgott scheltend, *einige aber haben das Essen des Leibes Christi in Unzucht verwandelt* und nehmen das Weissbrot als Zeichen. Wenn sie von der Unzucht reden wollen, so sprechen sie nur von dem Weissbrot und so verstehen sie einander...

Kap. 21.... (Martinek, der Profet der Taboriten [prorok Táborský] und Sigismund von Řepan erklärten die Worte Christi in Ev. Joh. IV. also): „Wenn ihr den Leib des Menschensohnes nicht geniessen werdet" d. h. wenn ihr seine Werke nicht thun werdet, die der Menschensohn im Leibe gethan; „wenn ihr sein Blut nicht trinken werdet" d. h. wenn ihr die Kraft und die Ursachen seiner Werke nicht erkennen werdet, die gethan worden sind, damit wir nachfolgen, und so wie der Sohn mit dem Vater eins ist, mit dem Vater und dem Sohne eins werden. Weiter spricht Martinek viel von den guten Werken und sagt, das Abendmal des Herrn sei gegründet auf Liebe, von der der Herr gesprochen und die er in sichtbaren Werken gezeigt hat, zur Nachahmung, damit sie einander die Füsse waschen. Und nach diesem Beispiele haben sich die ersten Heiligen gerichtet: wenn ein Wanderer oder Prediger zu ihnen kam, so haben sie aus Liebe zu ihm seine Füsse gewaschen. Und noch viel mehr sagt er von Liebe und von Werken, auf ihnen das Abendmal des Herrn begründend. Und nachdem er viel auf der Liebe und den Werken herumgeritten (povrtěv se), sagt er: Die Apostel haben bei dem Male des Herrn die Art beobachtet, die sie in der Wüste bei ihm gesehen, wo er zweimal das Volk gespeist... So haben auch sie das Volk sich setzen

---

[1]) Vgl. o. S. 61.
[2]) Durch Žižka 1421.

lassen und, wie sie es bei ihm gesehen, herumgereicht. Diese Ordnung des Mals beschreibt er. Und noch mehr: die Christen sollen an den Festtagen zusammenkommen und nach gemeinschaftlicher Arbeit im Worte Gottes gemeinschaftlich essen und gleichsam ein Festmal halten. So lange er lebte, konnte er eine bessere Ordnung nicht ausfindig machen... Und viele halten diese Ordnung und tafeln und verspotten Gottes Gebot...[1])

Kap. 24.[2])... *Martinek* war kein einfältiger Mensch (prostný) und war nicht bereit, gern um Christi willen Leid zu tragen, weder er noch ihr. Wir haben mit ihm viel gesprochen davon und von anderen Dingen, wobei er in unserer Gegenwart sagte, *ein neues Königreich der Heiligen werde auf Erden errichtet werden*, in dem die Guten kein Leid tragen würden. Und wenn für immer den Christen bestimmt wäre, solches Leid zu erdulden, so wollte er ein Diener Gottes nicht sein. So sprach er... Und bei dieser Gesinnung hatte er kein Recht, die Worte Christi so gewaltsam zu deuten und aus ihnen zu nehmen, was sie nicht enthalten. Er hat aber Christi Anordnung beschimpft und sie das Mal des Papstes und der Ketzer genannt. Er wollte das lebendige Brot deuten als Arbeit in den Werken, da es doch besser war zu sagen: Christi Leib verbunden mit der Gottheit ist das lebendige Brot zur Stärkung für diejenigen, die in guten Werken arbeiten...

Kap. 26.... Vor nicht langer Zeit hat jemand, der zu euch gehört, in Hradišť[3]) uns belehrt, was ihr glaubet, und dass ihr alles das, was ihr von den Zeichen vorbringt, aus Wiklef schöpft, aus seinen zwei Büchern vom Leibe Christi. Ich will euch nun seine Worte nicht entgegenhalten, als ob ich seine Schriften vollständig gelesen hätte, das sage ich nicht: etwas habe ich gelesen, aber mehr kennen gelernt *in Gesprächen mit getreuen Böhmen*, die vom Herzen Gott lieben und die Wahrheit, welche Wiklef lehrt in den zwei Büchern vom Leibe Christi; die sowol das berücksichtigen, was er sagt, als auch dasjenige, was seine eigentliche Absicht dabei gewesen. Wie da gewesen ist guten und heiligen Andenkens Magister Johannes Hus, Magister Jakobell, die besser als andere Böhmen Wiklef verstanden haben. Sie und andere Böhmen sagen, Wiklef habe gut und richtig gelehrt, das Brot sei zum Zeichen des Leibes, aber es habe wesenhaft den Leib gegenwärtig, dessen Zeichen es ist;... und dass bei diesem Sakrament eine doppelte Substanz angenommen werden muss, eine göttliche und eine irdische... Magister Martin von Bethlehem, genannt Volyně, hat für mich ein Stück aus Dionys' Schriften ausgeschrieben (vypsal) und mir gegeben... So hat Wiklef gelehrt, fussend auf der Lehre der ersten Christen, wie alle Böhmen bezeugen, die seine Schriften verstehen...

Kap. 28.[4])... Ich glaube, dies muss euch lieb sein wie Salz in die Augen. Denn da ihr euch meist auf Wiklef stützt, so habe ich es aus

---

[1]) Vgl. Articuli e Martinconis (Höfler Ss. II 828). Über Sigismund von Řepan vgl. den Laurentius von Březová.
[2]) Vgl. Palacký IV, 1. S. 451.
[3]) Tábor.
[4]) Vgl. Palacký IV, 1. S. 467.

Wiklef genommen. Doch haben mich die getreuen Böhmen belehrt, dass der Sinn, den ihr seinen Schriften entnehmet, ihnen entnommen werden kann, obgleich unrichtig... Namentlich gilt es von vielen lateinischen Ausdrücken; diejenigen, die seine Bücher lesen, sagen, er habe sie in einer schwerverständlichen, kurzen Sprache verfasst. *Ich selbst kann von Latein wenig aussagen,* aber ich habe Erklärungen des Mag. Hus und anderer, besonders darüber was ihr lateinisch nennt „sacramentaliter"...

Kap. 34.... Deswegen muss ich schreiben, weil ich nicht mehr vom Herzen mit euch mich besprechen darf. So möget ihr es wenigstens lesen. Euch habe ich immer mehr geliebt, als andere Priester, darum beklage ich euch mehr als andere. Und auch das einfältige Volk dauert uns, denn ihr versteht es anders, und das Volk weit anders... Unerhört ist es, dass das Volk anders davon denken soll, worin es sein Heil sucht, und der Priester anders davon, was er spendet, ohne zu sagen, was seine Gesinnung sei. Darum möget ihr erkennen, das euere Lehre nicht die Wahrheit ist. Denn wäre es der Fall, so hätte euch Gott damit gesandt, und er hätte euch gesandt den Menschen zu Nutzen, auf dass ihr es ihnen offenbaret. Und sollte jemand Hand an euch legen, so wäret ihr zum Tode bereit. Denn so hat jeder thun müssen, den Gott gesandt hat... Ihr aber sprecht nur von weitem und in Gleichnissen... Bis zum jüngsten Tage wird es das Volk von euch nicht erfahren, ausser wenn ihr jemanden unter vier Augen euere Lehre mittheilt...

B.

Erklärung der Passion Christi nach dem Evangelium Joh.

... In den Worten und Thaten Christi und des Schächers liegt ein Trost für die Sünder, die Gottes Gnade sich erbitten, und eine Grube für diejenigen, die, schlecht im Herzen, Freiheit der Sünde suchen, um sagen zu können: Gott ist barmherzig, er ist dem Schächer gnädig gewesen in der Stunde des Todes.... Die Getreuen aber finden da eine Stütze für ihre Hoffnung, wenn sie auf diese so wunderbare und unerwartete That blicken, wie gnädig sich Jesus dem Schächer erwiesen, der an die Sünde gewohnt war und in ihr bis zum Tode verharrte. In seinem ganzen Leben findet sich nichts gutes, was ihm die Gnade Gottes verschaffen konnte, sondern nur schlechtes... Nur das findet sich, dass er seine Sünde bekannte und bat, Christus möge sich seiner erinnern... Aber dieser freigiebige Bischof wollte eben nicht allein dies wenige schenken...

Ein grosses Glück ist dem Schächer zu Theil geworden, zu sterben mit diesem erhabenen Herrn... Eine wunderbare Gesellschaft, zu sterben mit dem, der allen Leben spendet, mit dem, der den Tod besiegt durch sein Sterben: der ungerechte Schächer stirbt mit dem, der sterbend denen, die an ihn glauben, die Gerechtigkeit wiedergibt. In diesem Tode der beiden einander so ungleichen Personen, ist Grosses enthalten auf beiden Seiten für den, der es recht fasst. Aber vor allem sollen wir erwägen, wie barmherzig sich Gott dem Schächer erwiesen, auf dass diese barmherzige That Gottes unsere Hoffnung erwecke. Denn Gott hat es uns zur Stärkung gethan, unser furchtsames Herz zu trösten und zu erfreuen, wenn viele Sünden unser Gewissen belasten. Wie ein scheues, ungezähmtes Wild wird unser Gemüt durch die Last der Sünden geängstigt und flieht die wahre Hoffnung auf Gott, da der Teufel, der Feind, uns ängstigt... und uns in Verzweiflung stürzen möchte. Aber jene barmherzige That... vernichtet das Werk des Teufels, auf dass die Menschen mit Zuversicht zur Gottes Barmherzigkeit Zuflucht haben, nach dem Beispiele des Schächers, der, aller guten Thaten bar, nur das Verlangen hatte, Christus möge seiner gedenken... Wir müssen beherzigen, dass er diesen Schächer, der sich so spät bekehrte, Gnade erwiesen, nicht wegen dessen Würdigkeit, sondern vermöge seiner Güte. Er ist nicht barmherzig für den, der es durch seine Güte aufwiegen, durch seine guten Thaten oder seine Unschuld verdienen könnte, sondern seine Barmherzigkeit ist grösser, da sie nicht dem Reichtum und dem Überflusse dessen entspricht, dem sie zu Theil wird...

Vergeltung wäre keine Barmherzigkeit. Und wenn Gott unsäglich barmherzig ist, so zeigt er sich in seiner Barmherzigkeit vorzüglich dann, wenn der Mensch so tief gefallen ist, ... dass seine Seele an der Möglichkeit des Heils verzweifelt... Das hat der barmherzige Heiland an dem Schächer gezeigt... Und er hat, was er damals für alle Sünder that, auch ihm zugesagt, denn in jener Stunde hat er für alle Sünder ihre Schuld getilgt ohne Zwang; auch gab es keinen, der es verdient hätte, dass er für ihn hätte also leiden sollen, sondern jeder hätte verdient, ein solches Leid zu tragen. Und als er in seiner Noth und Pein, für alle die Schuld tilgend, dem Vater seine Unschuld für unsere Schuld hingab, da konnte sein liebreiches Herz dem Schächer keine andere Antwort geben.... Ebenso hatte er den zwei Blinden gesagt: Glaubet ihr, dass ich es thun kann? Er fordert nichts von ihnen, sondern fragt nur, ob sie es glauben können; und dies nimmt er an statt alles Verdienstes... Und das alles hat er gethan, uns Sündern zum Trost, auf dass wir dem Teufel nicht unterliegen. Wenn wir aber auf die Güte Gottes blicken, der dem Schächer gnädig war ohne gute Werke, so sollen wir diese weder unterlassen, kleine und grosse, wenn wir sie verrichten können, noch dieselben geringschätzen, da wir wissen, dass Gott der guten Werke wegen weder das Heil gibt, noch verdammt. Wenn sie gross und zahlreich sind, so werden sie Gott doch nicht überwinden, dass er dafür den Menschen das Heil als gleichsam rechtmässig verdient geben müsste, und sind sie nicht vorhanden, so wird deswegen Gottes Barmherzigkeit doch nicht leer werden, dass er deswegen den Menschen nicht retten könnte. Und ich sage es ausdrücklich: mögen die Werke noch so gross sein, allein genügen sie nicht, dem Menschen das ewige Leben zu verdienen, aber durch Gottes Barmherzigkeit und durch die Zugabe der Werke wird der Mensch das ewige Leben erlangen; wenn sie aber gar nicht vorhanden sind, wenn sie der Mensch nicht vollbringen konnte in seiner Ohnmacht und Schwäche oder wegen anderer Ursachen, sofern er nur einen guten Willen hat, den wird Gott retten in seiner Güte und wegen des guten Willens. Wenn er endlich die Werke versäumt, da er schlecht gelebt und Gott nicht gekannt; wenn er aber dann zu ihm sich bekehrt im guten Willen und mit Reue, und so stirbt: den wird er retten nach seiner Barmherzigkeit... Deswegen sollen wir aber die guten Werke nicht geringschätzen. Gott rettet ohne Werk, doch nicht den, der auf seine Güte blickend säumig ist, da er Zeit, Kraft, Verständnis und Gottes Gaben besitzt. Denn da zeigt sich die erste Barmherzigkeit Gottes, wenn der Mensch die Kenntnis Gottes erhält, seine Gaben und Zeit und Kraft... Die zweite Barmherzigkeit ist es, wenn Gott rettet ohne Werke... Wenn aber die erste Barmherzigkeit dem Menschen zu Theil geworden ist und er in Hinblick auf die zweite säumt, da verachtet er Gottes Barmherzigkeit, da er sie blindlings geniessen möchte. Der Getreue freut sich der Barmherzigkeit, und thut Gutes nach Kräften, und ist er gleich klein und schwach, Gott gefällt es,... Wenn er aber das Geringste versäumt in seiner Saumseligkeit, da hat er Gott schon verachtet...

C.

Von den Sakramenten. [1])

Es beginnt die Lehre von den Sakramenten auf Grund der Schrift des Neuen Bundes, von allen der Reihe nach. Mit Gottes Hilfe will ich davon etwas gutes sagen und zwar *zuerst von der Taufe*, der die erste Stelle gebührt, da der Mensch dies Sakrament zuerst nöthig hat. Vor allem ist aber zu bemerken, was der Herr sagt und welche Worte er voraussendet, vor diesem Sakramente, nämlich da er, die Jünger schickend, sprach: Gehet hin in alle Welt und prediget das Evangelium aller Kreatur. Und wer da glaubet und getauft wird, der wird selig werden; wer aber nicht glaubet, der wird verdammt werden... Offen und klar ist die Rede des Gottessohnes: erst spricht er vom Glauben, dann von der Taufe... Und da wir diese Lehre in Evangelium finden, so sollen wir sie auch jetzt halten. Aber die Priester irren gewaltig darin, dass sie die grosse Menge taufen. Und niemand wird gefunden, weder alt noch jung, der Gott kennt und seiner Schrift glaubt. Und das erkennt man an ihren Werken... Trotzdem werden alle ohne Wahl getauft und empfangen Christi Leib und Blut... Wir sollen aber daran festhalten, dass die Taufe denjenigen gebühre, die Gott erkennen und seiner Schrift glauben. Haben solche Kinder, so soll ihren Kindern in ihrem Gewissen die Taufe gespendet werden. Warum wird aber die Taufe vor den anderen Sakramenten gespendet? Deswegen, weil das Gebrechen, das auf allen Menschen lastet, die Erbsünde ist; und dieses ist derart, dass es die Seele des Lebens der Gnade beraubt und der Wahrheit aller Tugenden, und sie geneigt macht zu jeglicher Sünde... Und der Name ist „Erbsünde", weil sie von den ersten Menschen stammt... Die Taufe ist die zweite Geburt im h. Geiste. Die Schriften des Dionysius und der ersten Christen enthalten darüber eine vollkommene Belehrung. Damals standen die Kinder unter der Obhut guter Lehrer; sie wurden entweder erst belehrt und dann getauft, oder

---

[1]) Die nicht eingeklammerten Sätze sind wörtlich übersetzt.

von der Taufe an im Glauben unterrichtet. Die Magister und Priester betrügen die Menschen, da sie die Taufe verkaufen und da die Menschen die Kinder sobald als möglich taufen lassen, sich aber sonst um ihr Heil nicht kümmern. — (Die Taufe befreit uns von der Schuld der Erbsünde, aber die Erbsünde ist zugleich die Wurzel der Sünden, die im Leibe bleibt, so lange dieser währt. Diese beständige Sünde kann nur durch die Gnade des h. Geistes überwunden werden, sonst fruchtet nichts die Reinwaschung von der Schuld. Diese Gnade wird aber niemand zu Theil, der den alten Menschen in sich nicht kreuziget. Um die Taufe in Wahrheit zu empfangen, muss der Mensch den Willen haben, der Sünde zu sterben. Darum soll der Täufling geprüft werden, ist er erwachsen, er selbst, sonst durch den Glauben der Eltern und Pathen. Aber die Priester begnügen sich mit der äusseren Taufe; weder sie, noch die Eltern und Pathen haben den lebendigen Glauben.) — Es gibt noch einen anderen Grund, warum die jetzigen Priester allen Kindern ohne Unterschied die Taufe zu spenden sich beeilen, obgleich sie weder verlässlichen Bürgen für sie haben, noch die Gewissheit besitzen, es werde später jemand sie behüten. Sie meinen nämlich, jeder, der getauft wird, sei zum Sohne Gottes erwählt und werde sein Heil finden. Darum sind sie ... bereit, jedes Kind zu taufen, auf dass es im Falle des Todes gerettet werde. Und forderte ein Heide die Taufe für sein Kind, auch von diesem haben sie die gleiche Meinung. Aber einige unter den Doktoren und auch den jetzigen Magistern sprechen die Aussicht aus, es gebe einen Unterschied zwischen der Erwählung, durch die einige Menschen Söhne Gottes werden, und den Sakramenten, die in sichtbaren und sinnlichen Zeichen bestehen und von schlechten Priestern Guten und Schlechten ohne Unterschied gespendet werden. Aber die Erwählung Gottes wird nur einigen zu Theil und zwar sehr wenigen. Und diese Erwählung kann derjenige, dem sie geworden, nicht verlieren; fällt er auch zeitweilig in Sünden, so verliert er doch nicht die Erwählung, denn der Erwählte wird schliesslich ... Busse thun für seine Sünden. Wenn aber die Taufe allein zur Erwählung genügen sollte, so könnte kein Christ verdammt werden; fällt er auch nach der Taufe in Sünden, so müsste jeder vor seinem Tode rechte Busse thuen. Aber die Erfahrung lehrt deutlich, die übergrosse Anzahl der Christen habe weder Gott erkannt noch Christum, weder nach der Taufe, noch vor dem Tode: bis zum Tode verharren sie in schrecklichen Sünden. Und die sind nicht erwählt." — (Wenn getreue Christen die Taufe für ihre Kinder verlangen, so kann es nicht getadelt werden. Doch sollen sie diese dann so halten, wie es heiligen Menschen geziemt, die gerettet werden wollen, sie selbst und ihre Kinder, durch gute Werke. Sicherer ist eben die Taufe bei denjenigen, die bereits verständig sind.) — Manche sagen, die Wassertaufe sei unnöthig, wenn jemand den h. Geist empfangen kann ohne dieselbe; oder auch: die Kinder der Heiligen seien selbst heilig. Aber das ist ein unrichtiges Gerede, das Gottes Wort für sich nicht hat. Auch die Kinder der Heiligen sind ihrem verderbten Leibe entsprossen. Die Erbsünde kann durch Busse nicht getilgt werden, sondern muss in der Taufe abgewaschen werden. Wer in seiner vermeintlichen Gerechtigkeit, die Taufe geringschätzt, schätzt gering den Tod Christi und wird wegen dieser Geringschätzung nicht gerettet. — (Die verschiedenen Gebräuche bei der Taufe — ausser der Begiessung — sind Zeichen, die wol eine Bedeutung haben mögen, die aber keine Macht besitzen. Christus hat sie nicht eingesetzt. Sie sind schädlich, weil die blinden Menschen sie als zum Sakramente gehörig betrachten.)

(Das *zweite* Sakrament der h. Kirche ist *Christi Leib und Blut*. Es wird gesagt „ein Sakrament der h. Kirche", weil diejenigen, die die h. Kirche bilden, durch dieses Sakrament geheiligt werden. Dies ist die Bedeutung des lateinischen Wortes sacramentum, das Zeichen einer h. Sache, einer unsichtbaren Gnade, ein Zeichen und zugleich die Wahrheit des Zeichens. Vieles wird ein Sakrament der h. Kirche genannt, aber wir sollen unser Augenmerk darauf richten, was Christus eingesetzt hat und wozu er es eingesetzt hat. Das erste Sakrament ist die Taufe. Das zweite ist eingesetzt für diejenigen, die bereits im Glauben stehen, um durch dasselbe Gnade zu erlangen, und zwar in dem Masse, als der Mensch es würdig ist. In dieser Fülle der Gnade hat Christus nicht viele Sakramente eingesetzt. Aber von diesem Sakramente ist an anderen Orten viel geschrieben worden. Hier nur von den Irrtümern. — Es folgt eine Polemik gegen die Zeichenlehre, gegen die Transsubstantiationslehre. — Die Unwürdigen sollen zum Genusse des Sakramentes nicht zugelassen werden. Dagegen verstossen die Magister. Sie haben das Sakrament allen zugänglich gemacht, wie eine Hökersfrau ihren Laden. Sie sind darin dem Dionysius ähnlich, wie ein Igel der Nachtigall.)

Das *dritte* Sakrament der h. Kirche ist die *Busse*, ohne die, wenn der Mensch in Sünden fällt, die Gnade nicht erlangt werden kann. (Einige unterscheiden drei Theile: die Selbstprüfung oder Reue, die Genugthuung, die Beichte. Die Reue ist der Beginn jeder wahren Busse. Die Genugthuung bezieht sich auf die Menschen oder auf Gott. Jene soll geleistet werden, wenn es auch nicht immer leicht ist. Noch schwieriger ist die Genugthuung gegen Gott. Fasten, Gebete, Almosen sind gut und werden von Gott angenommen. Mehr bedeutet es, wenn der Mensch die Leiden und Mühseligkeiten des Lebens gern und geduldig trägt. Aber thun wir alles alles, was wir im Stande sind, so kommt es doch auf unsere gerechten Werke nicht an, sondern Gottes Barmherzigkeit ist es, die uns rettet. Wir sind aber verpflichtet zu thun und zu leiden, was wir nur können. — Die Beichte dem Priester halten viele für die Hauptsache. Die obligatorische Beichte hat Innocenz III. eingeführt. Wer aber beichtet, soll einen guten Priester ausfindig machen: auch kann er jedem guten Christen beichten. — Jakob von Bethlehem [Jakobell von Mies] hat manches gute darüber geschrieben; unter anderem, dass wir nicht verpflichtet sind, einem schlechten Priester zu beichten.)

Das *vierte* Sakrament der h. Kirche ist die *Ordination der Priester*. Und darüber ist sehr schwer zu sprechen; denn einerseits könnte man viel loben, anderseits aber so viel tadeln, dass man kaum noch die Ordination als ein Sakrament der h. Kirche bezeichnen dürfte. Es müsste vielmehr heissen: Sünde, Greuel und Schandfleck der h. Kirche; so dass die h. Kirche glücklich wäre, wenn dieses Sakrament sich auf Erden nie gezeigt hätte ... (Wenn wir nur die falschen Lehren, die darüber aufgestellt werden, vermeiden, können wir behaupten, die Ordination sei doch ein Sakrament, aber nicht absolut nothwendig zur Heiligung der h. Kirche, da es Zeiten gibt, in denen keine Priester da sind oder nur böse. Die guten Priester gereichen zur Heiligung aus bestimmten Ursachen, durch das Beispiel, das sie geben, durch ihre Lehren, durch den Dienst ihres Amtes.) — Und in dieser Beziehung sind wir verpflichtet zu glauben, es solle eine Priesterordnung geben. Von den Aposteln sind Priester eingesetzt worden in den Gemeinden des getreuen Volkes. Aber um ein guter Bischof, Priester, Diakon zu werden, dazu ist Gottes Erwählung nothwendig. Wenn diese nicht vorausgeht, so gibt es keinen guten Bischof, Priester, Diakon. Seine Wahl wählt nur gute und ist unabhängig von der Wahl der Menschen. Aber auch die menschliche Wahl ist nach der apostolischen Ordnung aus bestimmten Ursachen nothwendig und sie ist guten und bösen gemeinschaftlich. Und dabei werden drei Dinge gefordert: Gebete, Fasten und eifrige Erforschung der Würdigkeit desjenigen, der gewählt werden soll. Nun sollte die Wahl der Menschen mit der Wahl Gottes immer zusammenfallen, da dies aber nicht immer geschieht, so müssen wir sagen, dass einige Gott allein wählt, andere die Menschen mit Gott: und das ist die rechte Wahl. Die meisten werden aber gewählt von den Menschen allein. Die rechte Wahl — durch Gott und durch die Menschen mit Gott — lernen wir kennen an den Aposteln und in ihrer Schrift, jetzt ist aber dieser Weg verlassen. — (Ein Priester soll die übrigen in allen Dingen übertreffen, er soll dem Volke voranleuchten durch sein Beispiel und gekleidet sein in das Gewand der Weisheit Gottes. Er ist dem Magen zu vergleichen. Ist der Magen gesund, so ist es auch der Körper. Wie der Priester beschaffen sein soll, sagt der Apostel Paulus; und nur solche sollen von den Menschen mit Gott gewählt werden. Hätten wir nicht diese Anleitung, so könnten wir überhaupt die Priester nicht wählen, sondern müssten die Wahl Gott allein überlassen, der auch die Apostel allein berufen hat. Gibt es keine geeigneten Personen, so mag die Wahl unterbleiben. Gute Priester sind ein Sakrament im Zeichen und in der Wahrheit. Sie sind ein Zeichen des obersten Priesters, der sein Volk geheiligt hat und heiligt, und sie helfen bei der Heiligung dienstbarlich durch äussere Zeichen. Gibt es keine guten Priester, so steht doch vor Gottes Angesicht der oberste Bischof, stets zur Fürbitte bereit. Durch gute Priester wird aber immer die Fülle der Gaben Gottes im Volke gemehrt.) — Was aber hier gesagt wird von der Wahl Gottes und der Menschen, davon ist nichts unter uns zu finden; auch finde ich niemand, der es verstände. Es gibt nur eine Wahl durch Menschen allein. (Es gibt nur eine äussere Priesterordnung. Die Menschen trachten nach dem Priestertum der äusseren Vortheile wegen.) Seit langer Zeit sind viele Menschen vorhanden, die dafür halten, es gebe keinen guten Priester mehr und es könne einen solchen nicht geben, und noch mehr: die Menschen könnten nicht gerettet werden, ausser wenn sie sich von all der Priesterschaft trennen, die von ihrem Haupte kommt, dem Papste. (Dies wäre richtig, wenn man dafür halten müsste, dass der Papst allein das Heil vermittelt, dass Gott wegen der Schlechtigkeit des Papstes sein Recht an der Menschheit verloren hat. Aber aus der Schrift werden wir belehrt, dass auch zur Zeit der Herrschaft des Papstes Gott seine Erwählten habe, Priester und Volk. Grösser kann die Schlechtigkeit des Papstes nicht mehr werden, als sie jetzt ist, und dennoch können wir nach ihren Werken einige gerechte Menschen und Priester erkennen, die Gott auch in dieser ärgsten Zeit erwählt hat. — Es kann ein Priester die äusserliche Weihe vom Papste empfangen, aber zugleich auch die Weihe des h. Geistes zum Priester Christi, so dass er dann das falsche päpstliche Priestertum bekämpfen wird.) — (Es gibt keine höhere Erwählung als die Erwählung zum Heile. Und ist sie bei einem Priester vorhanden, so ist auch die geringere Erwählung zum Priestertum da. Seit jeher wählt Gott solche, damit sie die Irrtümer des Papstes offenbaren. Solche gibt es immer nur wenige und mitunter sind keine zu finden. Nicht immer leitet Gott sein Volk durch heilige Priester, er lässt manchmal zur Kenntnis der Wahrheit gelangen ohne Priester.) Und auch jetzt ist es deutlich zu sehen; wenn Gott selbst in seiner übergrossen Güte, in dieser schrecklichen Zeit der Versuchung einige Menschen nicht bewahrte und ihnen die Kenntnis der Wahrheit gäbe, so könnte ich dreist sagen, dass *in Böhmen seit sechs Jahren* wegen der Leitung und Waltung der Priester kein Mensch errettet werden könnte oder nur sehr wenige.[1] — Es wäre noch zu sprechen von den Schwierigkeiten, die da entstehen unter den Menschen im Bezug auf die Consekration des Leibes und Blutes Christi . . . Und dies ist eine grosse Schwierigkeit, dem menschlichen Verstande unfassbar. Ich habe von beiden Seiten die Gründe vernommen, die aus der Schrift geschöpft werden. Die einen sagen, dass die bösen Priester nicht consekriren und belegen es aus der Schrift; die anderen behaupten, dass sie consekriren. Aber etwas sicheres kann niemand sagen. Die eine Partei sagt, auch der schlechteste Priester consekrire so gut wie der beste. Und diese fördern sehr die schlechten Priester. Denn die Menschen, die sich zum würdigen Genusse nicht vorbereiten, die achten nicht darauf, dass der Priester böse ist, wenn er ihnen nur so gut den Gott schafft wie der gute. Und der Priester wird dann in der Schenke ihre Trunkenheit nicht tadeln und sich selbst betrinken. Und das kommt daher, weil das Volk an seiner Consekration nicht zweifelt. Zweifelten sie mit Rücksicht auf seine offenbaren Sünden, so würde der Zweifel mehr nützen, als der grosse Glaube. Denn dieser hat zur Folge die Genossenschaft in den Sünden ohne alle Rüge: sie rügen den Priester nicht, er rügt sie nicht. Und so werden sie gemeinschaftlich in die Hölle gelangen. Und dort — was hilft jener Glaube? Sagt man aber: der Priester consekrirt nicht seiner offenbaren Sünden wegen, dann kann es auch heissen: also auch nicht seiner geheimen Sünden wegen; denn weder jene noch diese können Gott gefallen . . . Also käme das Sakrament selten zu Stande . . . Wenn es sich aber so verhält, dann ist unter den Bösen das Sakrament überhaupt nicht zu finden und die Bösen können nie schuldig werden des Leibes und Blutes. Also dürfen wir es nicht behaupten, obgleich es schwer fällt dem Judas . . .

---

[1] Wäre es möglich, diese Stelle richtig zu erklären, so besässen wir ein ganz bestimmtes Datum für die Abfassungszeit des Traktats.

dasselbe einzuräumen wie dem h. Petrus. Christus hat das Opfer seines Leibes und Blutes für seine erwählten Schafe eingesetzt, wir wissen aber nicht, ob es zu Stande komme nur durch heilige, dazu erwählte Priester oder auch durch böse. Da wir aber sehen, dass auch dort, wo es schlechte Priester gibt, gute Menschen leben, und dass diese, wofern jene nicht consekriren, Christi Leib und Blut nicht empfangen können: so folgt, dass, obgleich beide Parteien sich bekämpfen, sie doch nichts sicheres beweisen können... (Wir müssen vor allem auf Christi Einsetzung sehen, die nichts erschüttern kann. Was er eingesetzt, geschieht nicht durch Menschen, sei er böse oder gute — ausser nur dienstbarlich. Von ihm kommt die Einsetzung, ursprünglich und auch jetzt. Er allein bringt das Opfer zu Stande in der dienstbarlichen That des Priesters.) — Wenn ich die Bosheit der Priester sehe und in der Schrift lese: „wie kann man von Dornen Trauben lesen?" so wird mir bange. Aber dennoch darf ich es nicht behaupten, dass der Dorn die Trauben nicht trage. — (Das Werk selbst kommt Christo zu, der äussere Dienst dem Menschen. Auch der gute Mensch vermag nicht mehr.) Darum durfte ich niemals sagen und darf es auch jetzt nicht, der böse Priester sei *deswegen* zu meiden, *weil* er nicht consekrire, denn dies ist ein grosses Geheimnis für die Menschen. — Böse Priester sind zu meiden, nämlich solche, welche lehren, Christi Leib sei im Sakramente wesentlich nicht gegenwärtig; diese consekriren nicht; nach ihrer Lehre gibt es ja überhaupt keine Consekration, wenn Brot und Wein blosse Zeichen sind. Andere stecken in grossen Sünden und diese fürchten sich zu consekriren, weil sie die Nacht zuvor der Lust gefröhnt: sie zeigen dem Volke nur ungeweihtes Brot. — (Schlechte Priester überhaupt sind zu meiden, weil ihre Lehre oder ihr Beispiel irreführt und verleitet. Nicht einmal bei ihrer Messe soll man zugegen sein. Und es gibt wenige, die nicht gemieden werden sollten.)

Es gibt noch einen andern Streitpunkt, der sich auf die Consekration bezieht. Die einen sagen, jeder gerechte Christ könne consekriren, die anderen aber bestreiten es: den Priestern allein sei diese Macht gegeben. Und da kann beiderseits eine grosse Überhebung zu Grunde liegen. (Dieser Streit ist überflüssig. Die Mysterien des Glaubens gebühren dem Priestertum. Sind die Priester schlecht, so darf der Nichtpriester sich das Priestertum nicht anmassen.) — Wenn nirgends getreue Priester zu finden sind, so sollen wir, in Demut verharrend, unser Augenmerk auf den obersten Bischof, den ewigen Priester, richten, der in Ewigkeit retten kann und nicht aufhört ein Opfer zu sein vor dem Vater für die Seinigen. Obgleich er sich im Sakrament zum gegenwärtigen Opfer macht und uns beglückt durch dieses Opfer, sobald dazu würdige Diener da sind, und das Opfer dem Vater oft dargebracht wird für das, was uns noth thut: so können wir doch auch dann den Weg zum Vater finden durch den, der zu seiner Rechten steht und fürbittet, wenn unserer Sünden wegen würdige Diener nicht vorhanden sind.

(Das *fünfte* Sakrament der h. Kirche ist die *Ehe*. Aber in Wahrheit ist die Ehe kein Sakrament, sondern nur das Zeichen einer h. Sache, nämlich der Verbindung Christi mit der Kirche, wenn diejenigen, die

die Ehe schliessen, selbst heilig sind. Die Ehe ist zum zeitlichen Wohle förderlich. Sie ist älter als das Christentum und besteht auch bei Juden und Heiden. — Es gibt solche, welche die Jungfräulichkeit höher schätzen und die Ehe verachten. Aber ohne Grund. Denn oft ist die Enthaltsamkeit die Folge ihrer kalten Natur oder ihrer Kränklichkeit. Hat der Mensch aber die Lust in sich überwunden, so soll er sich nicht damit brüsten, denn die Hoffart verträgt sich nicht mit der Tugend.) [1]

(Das *sechste* Sakrament ist die *Firmung.* — Christus hat die Sendung des h. Geistes versprochen; die Apostel haben den Getauften die Hände aufgelegt und diese empfiengen den h. Geist. Was die Magister unter Firmung verstehen, ist aber etwas anderes. Wenn Christus jene sieben Sakramente eingesetzt hätte, so müsste sich von allen ein Zeugnis in der Schrift finden, wie es der Fall ist von der Taufe, wie von dem Sakramente des Leibes und Blutes. — Es folgen polemische Ausführungen gegen die Prager Magister wie in der Taboritenconfession. Die Firmung hat keine Begründung in der h. Schrift, sondern wurde, lange Zeit nach den Aposteln, auf einer Versammlung der Bischöfe eingesetzt. Und es wurde immer mehr Prunk hinzugethan bis zum heutigen Tage.) Ich habe über die Confirmation nichts sicheres erfahren weder aus der Schrift noch von den Menschen; ich weiss nur etwas von einem Magister, der berühmt war und einen grossen Namen hatte er an der Prager Schule, Stanislav genannt. [2] (Als dieser einmal sah, wie leichtsinnig die Firmung ertheilt und empfangen wurde, so meinte er, die alten Christen hätten eine gute Gewohnheit der Confirmation gehabt. Die Eltern haben nämlich damals ihre erwachsenen Kinder dem Bischofe vorgestellt und dieser belehrte sie über die Pflichten eines Christen. Wenn sie dann gelobten, alles zu halten, so bekräftigte sie der Bischof darin mit guten Worten. Und dann berührte er ihre Wange zum Zeichen, sie sollten Leiden geduldig ertragen. Wenn aber jemand sich zu all' dem, was ihm gesagt worden, nicht bereit erklären wollte, so that er es nicht, sondern verstiess ihn als einen Widersacher des Glaubens. So weit jener Magister.) — Eine solche Confirmation erkläre ich für recht. Hätte auch in vergangenen Zeiten dieselbe niemals bestanden und führte sie jetzt jemand ein, so geschähe es nach dem Willen Gottes. (Eben deswegen, weil jetzt die Taufe allen ohne Wahl ertheilt wird, wäre es gut und erspriesslich.)

„Das *siebente* Sakrament der h. Kirche ist die *letzte Ölung.* Aber darüber ist schwierig etwas zu sagen." (Die Worte des Jacobus begründen kein Sakrament, sondern nur ein Werk der Barmherzigkeit. Es folgt dasselbe Citat aus Wiclif wie in der Taboritenconfession.) Unter Umständen kann es gut sein, die Lehre des Apostels zu befolgen, aber diese Umstände können auch fehlen. So z. B. wenn er jetzt an die Böhmen schriebe. Wo gibt es da gute Priester? Es gibt aber eine Fülle von Blutpriestern, denen an der Gesundheit der Kranken nichts gelegen ist. Sie sind vielmehr voll von Mord der Gesunden und Gott hört das Gebet

---

[1] In der Postille wird die Jungfräulichkeit höher angeschlagen.
[2] d. h. ich weiss von ihm, dass er so gesprochen habe.

derjenigen nicht, deren Hände und Zunge voll sind von Blut. — (Auch die Worte des Dionysius begründen kein Sakrament).

D.
Chelčickýs Replik gegen Rokycana.

Den Wunsch alles guten dem Magister Johannes, unserm Freund, zuvor.... Wisse, [1]) was ich dir geschrieben habe, das war nicht aus freiem Antrieb, sondern in Folge *von vielen Mahnungen anderer:* und mit Zagen habe ich es gethan, denn es ist mir nicht verborgen, wie weit ich anderen nachstehe, da ich spät anfange und vergangene Dinge verfolge, und zwar nicht um zu beruhigen, sondern eher um Unfrieden und Unsicherheit zu stiften, gleichsam einem Schatten nachjagend, der vor mir flieht. Doch jetzt davon, was du mir entgegnet hast. Mein Sinn hat etwas eigenes: das kennt Gott in mir. Was du mir aber geantwortet hast, darüber hätte ich viel zu sagen: jedoch die Entfernung, die uns trennt, lässt es nicht zu: auch hättest du nicht Musse genug, meine Reden zu hören. Darum bitte ich dich, ertrage meine Einfalt mit Nachsicht und Geduld, wenn ich auf dasjenige, was du geantwortet, wieder entgegne. Thue dies, da dir ja bekannt sein muss, die Meisterschaft und Wissenschaft des Menschen werde nach seiner Geduld erkannt... Wenn daher *der Bauer*, so zu sagen, mit der Keule einen tauben Schlag führen sollte, so soll sich deine Meisterschaft daran nicht stossen, denn ich will mit der Tinte Dinge aufs Papier schmieren, in denen ich dir widersprechen werde, dir — einem nicht kindischen Menschen, sondern einem Manne, stark in grossen Dingen; dir, von dem ich weiss, wie viel in dir ist, wie viel du in dir trägst und dass grosse Dinge von dir endgiltig besiegelt werden sollen. Eben deswegen lastet schwer auf meinem Geiste dasjenige, was du in dir trägst und was du in deiner Antwort berührt hast. Denn solche Satzungen, von altersher aus der Schrift gezogen oder auf der Schrift auf menschliche Art begründet, sind ein Werk des Antichrists... Daher kommt es, das ihr viel arbeitet und dass euere Arbeit doch keinen Nutzen bringen kann... Und schrecklich ist es und wunderbar zugleich, dass ihr nicht bedenket, für wen ihr arbeitet, ob ihr Christum im Volke auferbauet oder ob ihr durch euere Arbeit und Wissenschaft dem Antichrist aufhelfen wollet. Oder glaubt ihr nicht, dass er unter diesen Decken steckend und den Kopf emporstreckend am meisten den Christen schadet? Ist euch nicht erinnerlich, dass er kommen sollte in der Fülle der Verführung zum Bösen, sich über alles erhebend, was Gottes ist?...

Ich will aber zuerst darüber sprechen oder schmieren, was du vom Stuhle Moysis behauptest... Du folgerst, dass den Prälaten oder Oberhirten die Macht zustehe, ihren Untergebenen alles zu befehlen, was ihnen beliebt; und diese sollen alles halten und erfüllen, was sie ihnen sagen... Aber ich glaube, dass du es, obgleich du es mir geschrieben, vor Gott nicht beweisen könntest... Christus hat gewusst,

---

[1]) Vgl. Palacký IV, 1. S. 470.

dass sie auch schlecht lehrten und schlechtes geboten und unerträgliche Bürden auf die Schultern der Menschen legten; darum hat er sie auch getadelt, sie und die Schriftgelehrten... Wenn er also das Volk vor ihnen gewarnt, so kann er es nicht wiederum zum unbedingten Gehorsam verpflichtet haben, dass sie — oder die jetzigen — nach Belieben befehlen könnten... Eine solche Freiheit im Befehlen wirst du, Meister, aus Christi Worten für die Prälaten nicht gewinnen, da sie das Volk in nichts unterrichten sollten, ausser in den Worten, die aus dem Munde Gottes gekommen... Es hat Gott weder unter dem alten noch unter dem neuen Gesetze den Prälaten etwas anderes zu lehren erlaubt, als einzig und allein seine Gebote. Eher könnte noch von den Prälaten des alten Bundes das Wort gelten: „Thuet und bewahret alles, was sie sagen"... denn das alte Gesetz war körperlich, und musste dem Buchstaben gemäss beobachtet werden: wo es hiess: eine Taube, da galt es eine Taube, wo ein Sündenbock, da war es ein Bock... Und der Priester hat dem Bauer das Gesetz genau angegeben, da er wusste, das beste Stück gehöre ihm. Anders ist das neue Gesetz: es ist geistig und in kurzen Worten eingeschlossen, in denen aber ihrer Bedeutung nach gar grosse Dinge enthalten sind. Wenn du daher dieses Gesetz einem Priester zur Waltung übergibst, der selbst ohne Licht ist, wie ein Blinder, der an der Wand dahintastet, wie wird er demselben gerecht werden?... Und da er selbst im Finstern steckt, wie wird er die Geheimnisse der Schrift eröffnen und den Blinden das Licht erschliessen? Da er selbst ein Fremdling ist, ohne Glauben und die Rede Gottes nicht versteht, so wird er sich fremde Bücher verschaffen, in denen irgend jemand irgendeinmal etwas gesagt hat und dies wird er durch seine Unwissenheit noch mehr verwirren... Wenn aber ein weiser Meister bestellt wird, erfüllt von der Weisheit des Leibes und der Welt, beseelt vom Geiste des Antichrists, wird er der Schrift gerecht werden?... Wird er nicht vielmehr sein wie ein Wolf? Wo er das lebendige Thier mit den Zähnen berührt, da wird sein Fleisch schwarz!... Wie ein Mensch, der mit den Füssen in eine reine Quelle tritt?... Es ist offenbar, dass von diesen die Worte Christi nicht gelten noch das Gebot: „Was sie euch sagen werden, das haltet und thuet!"... Christi Gesetz ist ein Gesetz des Geistes und hat nichts mit Menschen gemein, die Gottes Weisheit nicht besitzen und den Geist Christi; solche können seiner nicht walten...

Du hast mir ferner auf *Wiklef* hingewiesen, der zwar gegen die menschlichen Gesetze und Satzungen viel geschrieben habe, aber doch sage, eine lobenswerte kirchliche Gewohnheit solle bewahrt werden, wofern dieselbe in der Schrift, wenn auch nicht ausdrücklich geboten, so doch stillschweigend enthalten sei. Da du, Meister, den Wiklef anführst und keinen anderen Doktor, so scheinst du ihn höher zu achten als andere: oder hast du vielleicht eben ihn als Gewährsmann angeführt, da du glaubst, ich stütze mich vorzüglich auf ihn, da ich die Menschensatzungen verwerfe, und schätze andere Doktoren gering? Wisse, dass ich alle Lehrer, die heiligen und die jetzigen, insoweit annehme, als sie mir durch ihre Wissenschaft den Weg zeigen konnten und das Verständnis eröffnen alles dessen, was Gott in seinem Gesetze mir gebietet... *Allerdings achte ich Wiklef vorzüglich deswegen,* da ich von ihm höre, niemand unter den alten und auch unter den jetzigen Doktoren habe so gut gesprochen und geschrieben gegen das Gift, das der h. Kirche eingeflösst ist und aus dem der oberste Antichrist entsprossen ist mit seinen Widerwärtigkeiten mit denen er Christum unterdrückt hat und sein Gesetz; auch hat Wiklef mit den Wurzeln ausgerissen seine Rotten...[1]) Darin gefällt er mir vor anderen. Aber der h. Petrus hat die Christen gelehrt, Christus habe für uns gelitten und uns ein Beispiel hinterlassen, auf dass wir eintreten in seine Fussspuren: da man ihn gescholten, hat er nicht wieder gescholten, da er gelitten, hat er nicht mit Bösem Böses vergolten. Das habe ich mit dem Glauben erfasst, und würde jetzt Petrus vom Himmel kommen und gebieten, es solle das Volk unter Waffen treten, um durch die weltliche Macht die Wahrheit zu vertheidigen und das Gesetz Gottes zu befreien: ich glaubte ihm nicht mehr, denn so lehrt der h. Paulus: Aber so auch wir oder die Engel vom Himmel euch würde anders predigen, der sei verflucht! Da also auch einem Apostel und Engel, da das Gesetz bereits gegeben, der Glaube nicht gebührt, um so weniger will ich einigen Doktoren glauben, die die Rotten in der Christenheit geschaffen und die Welt in Blut begründet, weder ihnen, noch den Neuerungen, die da entstanden sind nach Verkündigung des Gesetzes vom Sohne Gottes durch die Apostel.

Was aber die Worte Wiklefs betrifft, ein lobenswerter Gebrauch der Kirche solle bewahrt werden, so weiss ich nicht, welche Kirche ihr meint, ob die römische oder diejenige, die aus Stein gebaut ist. Wenn ihr die römische Kirche die Kirche nennt, welche lobenswerten Gebräuche sind in ihr zu finden?... Nur diejenigen können sie und ihre Gebräuche loben, die ihre Söhne sind und ihre Schmach und Gräuel zudecken. Wenn ihr aber eine Kirche von Stein meint, so mögen auch dort einige lobenswerte Gebräuche zu finden sein, gewöhnlich aber sind dort simonistische Gepflogenheiten und eine Menge von Lügen, das Volk zu verführen, mehr als auf dem Marktplatze...

Wenn ferner gesagt wird, die Gewohnheiten seien im Gesetze Gottes eingeschlossen, so frage ich dich, Meister, wer sie eingeschlossen hat, ob der, welcher glaubt, das Gesetz Gottes sei genügend ohne sie, oder derjenige, der dem Gesetze Gottes nicht glaubt, es aufhebt und seine Gesetze an dessen Stelle setzt?... (Es folgen Citate aus Wiclifs Schriften über das Thema: das Gesetz Gottes war genügend, die Kirche zu begründen und ist genügend, sie zu regieren.)... Es ist zu ersehen, dass dadurch, dass die Menschensatzung dem göttlichen Gesetze sich anschloss, die Kirche durch sie nicht gebessert, sondern vergiftet und das wahre Leben in ihr ertödtet worden ist. Die Beimengung der Menschensatzung hat die Wissenschaft des göttlichen Gesetzes nicht erhöht, sondern vielmehr der Verachtung preisgegeben, so dass das Recht nach Menschensatzung gesprochen wird und das Gesetz Gottes vor der Thüre steht... und die Menschen ihre Zwistigkeiten in den Rathhäusern entscheiden lassen und

---

[1]) Vgl. Wiclifs Traktat De Christo et suo adversario Antichristo.

bei den Priestern sich Rath erbitten, durch sie ihr Heil suchend. Es ist merkwürdig und doch wahr, dass ihr Magister, obgleich euch gute Bücher und die sichere Wahrheit zu Gebote steht, doch euch dabei nicht beruhigt ... Das bringt euch keinen Nutzen, dass ihr auch in geringen Dingen auf die Welt achten müsst und dass ihr unter einander zerissen seid durch die Schriften der alten Heiligen, auf denen der h. Geist geruht hat und die anders gesprochen und anders gewesen, als Wiklef spricht. Deswegen, weil die Meinungen der Doktoren euch zerrissen haben, so könnt ihr, obgleich euch Wiklef gut zu sein scheint, getränkt durch den alten Trank, an dem neuen doch nicht Gefallen finden ...

Wiklef sagt, das geistliche Gesetz sei von den Prälaten der Kirche gegeben worden und verkündet, um die Widerspenstigen zu beruhigen nach besondern Gesetzen. — Auf diese Weise sind Glaubensartikel durch die h. Concilien und Versammlungen verfasst worden. Die aus der Schrift geschöpften Gesetze und Wahrheiten, erschlossene und verschlossene, sind zwar nicht gegen dieselbe, aber doch in anderer Art und Weise durch die Kirche verlautbart worden. So ist es zu verstehen, wenn man sagt, die Menschensatzung sei in dem göttlichen Gesetz verschlossen. Denn die von den Prälaten gegebenen Gesetze sind aus der h. Schrift geschöpft. Darum heissen sie aber Menschensatzung, weil sie auf Menschenart in Regeln gebracht worden sind und weil auf den Concilien viele Berathungen gehalten werden mussten, um die Welt zum Glauben zu bringen. Regeln sind aber aus der Schrift deswegen gezogen worden, um die Widerspenstigen durch Gewalt zwingen und ahnden zu können nach den Satzungen durch Bann, Ladungen und andere Zwangsmittel ... Was die Päpste, Bischöfe und Magister in den Concilien von Glaubensartikeln oder Ordnungen und Dienstbarkeiten dem Sinne der Schrift gemäss beschlossen haben, das verwerfe ich nicht ... Dass sie aber die Schrift in Regeln gefasst und besondere Artikel und Gesetze aus ihr gebildet, das muss einen besonderen Grund haben.

Den wahren Sinn der Schrift sollten die Prälaten allerdings finden, auf dass die Menge dieselbe dem wahren Glauben gemäss verstehe. Aber auf Concilien Gesetze aus der Schrift bilden, das heisst die Menschen mit Gewalt von der wahren Güte abbringen, da sie doch, über das, was recht ist, aus der Schrift belehrt, es freiwillig thun sollen. Das musste aber geschehen, als das Volk von der wahren Güte, die dem Gesetz Gottes entspricht, abgefallen war und als man die ganze Welt der Sünder unter den Glauben aufgenommen hatte ... Da aber eine solche Menge von Sündern Gott zu dienen weder versteht noch fähig ist, so mussten die Prälaten für sie besondere Regeln und Gesetze aufstellen, die diese so fassen könnten, wie sie es fähig wären, nämlich in leiblicher Weise, auf dass alle des Glaubens theilhaftig werden und das Heil erhoffen könnten: die Henker, die Schergen, die Blutmenschen des Rathhauses, die Gewaltmenschen der Burgen und Festen, die sich von dem Blut und Schweiss des arbeitenden armen Volkes nähren, selbst den Leib pflegend und den Lüsten nachgehend. Sie und die gesammte Rotte, die von Gottes Gesetz abgefallen, kann nach Ausmass jener Gesetze im Glauben leben und aller Sakramente theilhaftig werden, die die Kirche verwaltet. Nie kann aber das göttliche Gesetz von Bösen aus Zwang zu ihren Heil erfüllt werden, und nur die erfüllen es mit Nutzen, die sich aus Liebe und freiwillig zu ihm bekennen und Gott dadurch Gehorsam und Ehre erweisen wollen; auch ruft er keine anderen als diejenigen, die es gern und freiwillig thun, sich selbst verläugnend, um ihm nachzufolgen. Deswegen haben Christi Apostel, die die Schlüssel besassen, aus der Schrift keine solchen Gesetze für die Sünder gemacht, sondern dieselbe nur gelehrt und mit Verständnis erklärt, damit diejenigen, die aus Liebe es thun wollten, die Schrift erfülleten... Wer aber der Lehre der Apostel gemäss die h. Schriften nicht befolgen wollte, den haben sie ausgeschlossen... Solche haben sie alsogleich von sich getrennt, ihnen das himmlische Reich verschlossen und keinen anderen Weg eröffnet durch dieselbe Schrift, der jene in Wahrheit nicht genug thun wollten. Aber die jetzigen, die sich zu Nachfolgern der Apostel aufwerfen, die durch Glauben und Schrift mit den Sündern dieser Welt in Gemeinschaft getreten sind, haben keinen Grund, ihnen den Himmel zu schliessen — diese ehrenwerten Männer, die in grossen Häusern sitzen, diese Purpurmänner in schönen Mänteln mit weiten Kaputzen, mit hohen Mützen und mit fettem Bauche: sie handhaben mit grossem Ruhme die göttlichen Ordnungen und erfüllen die ganze Schrift nach den Satzungen der Concilien. Ihr erfüllet ja aufs beste alles, was im alten und neuen Testamente steht, nach den Bestimmungen der Doktoren, der Bischöfe, der Concilien, und dazu habt ihr Missale, Viatiken, Agenden, Canzionale, und nicht einmal ein Vaterunser wird an einer anderen Stelle recitirt, als bestimmt ist. Alles ist genau der Zeit und der Gewohnheit angepasst... und in mannigfaltige Lieder gebracht... nach Noten, einmal traurig mit tiefer, ein anderesmal freudig mit hoher Stimme. So erfüllet ihr die Schrift nach den Satzungen... Aber Gott befiehlt nicht die Schrift durch Anstimmung von süssen Liedern zu erfüllen, denn er hat dieselbe gegeben, auf dass die Menschen gute Werke vollbringen... Welche Menge von prächtigen Lektionen durchsingt ihr und durchmurmelt ihr aus den Büchern mit dem Munde... aber wo bleiben die Werke?...

... Es pflegte einst *dein Meister Jacobus* zu sagen: „Ach, wir armen Priester! wir schreien hinter unseren Pulten wie die Priester Baals, aber das Opfer entbrennt nicht." Und der heilige Hieronymus sagt, das Bellen der Hunde sei besser als der Gesang der stolzen und wollüstigen Geistlichkeit. Der h. Bernhard rügt auch nachdrücklich den Kirchengesang mit seinen hohen und niedrigen Weisen...

Aus all' dem, was gesagt worden, kann jeder ersehen, wie wenig die besonderen Gesetze fruchten, die man der Schrift entnommen hat... Was nützt dem Mönche seine Armut, da es heisst: Selig sind die Armen im Geiste! — Da ihre Armut ein Geiz ist, dem kein Almosen, keine Dotation befriedigt, bodenlos, unersättlich: so kann die Seligkeit auf ihre unersättliche Armut sich nicht gründen. Und ihr selbst, befolgt ihr denn die Schrift in anderen Geboten, deren ihr gar viele hersagt?...

Sieh den Glauben vom Leibe Gottes!... Unter den Aposteln und ihren Nachfolgern konnten die Gläubigen täglich im Glauben und aus Liebe den Leib Christi geniessen und sein Blut trinken... Aber unter den

Päpsten, da hiess es dreimal im Jahre ... und dann ... einmal unter Strafe des Bannes ... Sieh, wie die Sünder genöthigt werden, zu geniessen sich zum Gerichte! ...

Wer sonst konnte dies bestimmen, wenn nicht der Antichrist? ... Und so kommt es, dass sie durch ihre Satzungen das Volk im Glauben in keiner höheren Weise regieren, sondern nur wie der Magistrat das Volk durch das Stadtrecht ...

... Die Folgen lehren, dass diese Satzungen nichts Gutes gebracht haben; so die Bestimmung, man soll den Leib Gottes in der Elevation zeigen, ausstellen, auf Strassen, Marktplätzen, im Freien, auf Schlachtfeldern herumtragen; dies alles hat nur dem Wahne der Bösen Vorschub geleistet, damit sie, obgleich unwürdig zu geniessen, ja selbst anzusehen, zu dem Schauspiel eilen könnten. Der ganze Dienst besteht für sie darin, dass sie mit einem Blick sich begnügen und schnell wie Hunde sogleich wieder davonlaufen, erfüllt vom Aberglauben wie Zauberer: wenn sie nur den Leib Gottes gesehen, so könne ihnen an dem Tage nichts schlimmes widerfahren ... Und die Fasttage, in welcher Weise bessern diese die Übertreter des göttlichen Gesetzes? ... Die Feiertage endlich sind nur das Thor, durch das diejenigen Sünden Einlass finden, die sonst der Arbeit wegen nicht eindringen könnten ... Die Concilien glaubten, eine grosse Wohlthat dem Volke zu erweisen. Aber sie haben den Gipfel der Thorheit erstiegen, indem sie Gottes Gesetz verpönten und abschafften und wegen des göttlichen Gesetzes Gerechte zum Tode verurtheilten. Hat doch Matthias vom Basler Concil nach Pisek geschrieben, die Kirche habe dort ausgesagt, auch wenn der Genuss des Leibes und Blutes Christi unter beiderlei Gestalt eine Anordnung Christi wäre — was sie nicht sei — so hätte sie doch das Recht es zu ändern ... Da ist doch offenbar, dass der Antichrist in dem, worin er Christo widerstreitet, den Gipfel erreicht hat ... Zur Zeit der Apostel übte er das Böse nur im Geheimen, als er aber aufwachsend gross geworden war, da hat er mit der kirchlichen und weltlichen Macht im Bunde sich in der Mitte des Tempels wie ein Gott niedergelassen und verurtheilt Gott und sein Gesetz, verbrennt Gottes Diener und lässt sie in Kerkern verschmachten, verdammt und verflucht; und liesse es Gott zu, so bliebe kein Mensch am Leben, der aus dem Kelche trinkt ...

Wenn ihr den Glauben richtig fasst, so dürft ihr den auf Erden Pilgernden keinen Weg zum Fegefeuer weisen. Gott hat hiernieden Mittel bereitet, genügend zu jedweder Gerechtigkeit und zur vollständigen Reinigung ... Ihr leistet nur dem Teufel Vorschub und seinem Sohne, dem Antichrist, der allerwegs die wahre Reinigung unterdrückt und aufhebt, die in Christo ist, überall selbst eindringt und sich längst die Macht angemasst hat, alle Sünden zu vergeben. Auf mannigfaltige Weise schafft er Heiligung, Reinigung und Gerechtigkeit ... Christum hat er ganz verworfen und seine Reinigung, dafür aber die eigene Reinigung weit ausgebreitet. Und wem dies alles nicht genügt, für den hält er das Fegefeuer in der Hölle bereit, dadurch kann er die ganze Welt reinigen. Wie viel in das Fegefeuer eintritt, um so viel ist Christi Kreuz beraubt. Darum sehet euch vor, wem ihr helfet ...

Du tadelst mich ferner, ich hätte den Dionysius gering geachtet...
Wären die Gebote, die er beschreibt, noch heute üblich, ich wollte nicht
widersprechen... Wie kannst du mir vorwerfen, ich hätte ihn gering
geachtet und sein Todtengebet, da ihr euch mit der ganzen Rotte des
Antichrists darauf, auf die Gebete für die Heiligen, nicht hält... Für die
Sünder zu beten hat Gott den Priestern untersagt, da er sprach: denn
ich höre dich nicht. So beschaffen ist das Gebet des Dionysius für die
Todten, dass es sich nicht vereinigen lässt mit dem Gebete *jenes grossen
Mörders, dessen Name Makkabäus ist*, der die simonistischen Todten-
gebete begonnen... Euere Gebete sind ein Theil seines Gebetes. Ihr
habt einen Bund geschlossen mit den Sündern der Welt durch euere
Gebete und Dienstbarkeiten, auf dass kein Sünder leer ausgehe. Die
ärgsten Strassenräuber, Mörder, Wucherer, Trunkenbolde, Fettbäuche:
ihnen wird der prächtigste Dienst zu Theil... Wie ihr den Sündern der
Welt alle Sakramente spendet, ebenso haltet ihr ihnen nach ihrem Ab-
leben ein feierliches Todtenamt, damit jedweder Unterschied zwischen
dem Heiligen und dem Verdammten schwinde. Euere Schlüssel sind im
Munde des heil. Geistes rostig geworden und passen nicht mehr zum
Schlosse... Du berufst dich auch auf unsere Meister, die behauptet
hatten, es gebe ein Fegefeuer, auf *Hus*, auf *Jacobus*, auf *Matthias von
Paris*. Ailerdings hat Magister Hus in der Auslegung des Glaubens die
Meinung des Mönches Thomas angeführt... Aber er hat zugleich spitze
und gestählte Pfeile gegen das Fegefeuer losgelassen; träfen sie, so
müsste es dahinsiechen. Hus hat wacker gesagt: „Durch gutes Leben
könnten die Menschen das Fegefeuer aufheben..." Dann sagst du, du
hättest den *Jacobus* sagen gehört, wenn auch ein Concilium beschliessen
sollte, es gebe kein Fegefeuer, er würde nicht beistimmen. *Ich aber
habe in mein Buch angemerkt*, er habe in der Predigt, da er befragt
wurde, geantwortet: der Christ sei nicht so zu glauben verbunden, wie
durch andere Artikel des Glaubens. Und wiederum als er in Miličín war,
wurde er befragt von dem Volke, das dort versammelt war. Und er sagte:
die Seele, die den Leib verlässt, habe keine Schmerzen zu erleiden, aber
sie empfinde eine grosse Scham, da sie sich und ihre Makel erkenne;
und dadurch werde sie gereinigt. — Das sind also drei Erklärungen,
eine von der anderen verschieden. Und wo ist die Belehrung, wo die
Beständigkeit des apostolischen Mannes? Auch sagst du, ich scheine nicht
dafür zu halten, der Leib Gottes könne denjenigen Nutzen bringen, die
in der Hölle sind; Matthias aber schreibe, dieses Sakrament sei die
Freude Gottes, der Engel, der Menschen und der Seelen im Fegefeuer.
War ich aber früher unklug, da ich an jenen Nutzen zweifelte, so muss
ich jetzt sagen: Mag. *Matthias* und ihr haltet immer etwas Neues bereit,
um die Hölle damit zu bereichern. Schon längst hat der Leib Gottes
mit seinen Früchten in die Hölle wandern müssen. Denn es wird gepredigt und unter das Volk gebracht, es sei eine grosse Gabe der göttlichen Barmherzigkeit, dass niemals die Messe gelesen werden kann
ohne zwei Dinge: nämlich ohne Bekehrung eines Sünders und ohne Er-
lösung wenigstens einer Seele. Der Teufel wird froh sein, wenn er ver-
nimmt, der Altar Gottes werde zu ihm übertragen, und viele werden

dahin zur Kirchweih eilen... Mag. Matthias sagt, die Seelen in der Hölle empfänden Freude am Leibe Gottes. Also leiden sie nichts, sondern beten in Frieden und loben Gott?... Wenn ihr soviel der Hölle zutheilt und den Ruhm des Leibes Gottes hinein verlegt, so werdet ihr noch aus ihr ein Kloster machen... Ihr hättet das, was ihr sagt, besser bedenken sollen... Was jedoch deine Berufung auf *unsere Magister* betrifft, so stimme ich ihnen bei, so weit sie mich im Glauben dem Gesetze Gottes gemäss bekräftigen. Das haben sie mich selbst gelehrt. So viel sage ich von ihnen: ich bin für ihre Wolthaten nicht undankbar, die sie im Namen Gottes erwiesen haben durch ihre Predigten und in anderen guten Dingen. *Aber ich sage ferner: auch sie haben von dem Weine der grossen Hure getrunken...* Denn auch sie haben in ihren Schriften Dinge geschrieben, die vom göttlichen Gesetze ableiten, und besonders *Mag. Hus* darin, was er vom *Morde, vom Eide,* von den *Bildern* geschrieben... Das kann ich nicht billigen, was in ihren Schriften den Stein des Anstosses bildet, zum Ärgernis für viele, die jene Bücher so verachten, als ob sie heidnisch wären, während andere durch sie im Morden bekräftigt werden: käme ein Engel uns anders zu lehren, sie glaubeten ihm nicht, sondern nur dem Mag. Hus... Nur Gott allein kann die Seele des Menschen erschaffen, mit dem Leibe verbinden und der Sünde wegen vom Leibe wieder trennen. Aber der Mörder, der Mensch, masst sich die Rache an,... die Gott allein zukommt.

Die Gesetze der zweiten Tafel zeigen, wie wir den Nächsten lieben sollen, nichts aber widerstreitet der Liebe so sehr, wie der Todtschlag: wäre Hus dabei geblieben, ohne es anders zu deuten, welch gute Erbschaft hätte er uns hinterlassen!... Könnte ich mündlich mit dir sprechen, so möchtest du wohl sagen, Hus habe nach der Anleitung der h. Doktoren über die Ritter geschrieben. Das weiss ich allerdings, dass er, der sich selbst freiwillig zum Märtyrertum vorbereitete, aus eigenem Antriebe Kampf und Krieg nicht als berechtigt hingestellt hätte, wenn er es in der breiten Lehre der Doktoren nicht vorgefunden hätte. Aber ich frage dich, welche Ritter meinet ihr, die zum Kampfe berechtigt sind?... [1]

... Siehe nur, wie Hus mit den anderen Menschenblut mit vollen Zügen trinkt und den Abfall lobt von der Wahrheit der ersten h. Kirche. Erst gibt er zu, diese hätte in der Zeit der grossen Verfolgungen keinen Schutz von der Macht der Welt begehrt, dann aber findet er durch die Worte der Psalmisten Zugang zur königlichen Macht und lehrt, dass von ihr in der Zeit der Bedrängnisse Schutz gefordert werden soll. Und sobald er sich den Königen zugesellt, fällt er ab von den Werken der Apostel... und es scheint ihm, als ob die Christen fernerhin nicht verbunden wären den Aposteln und der ursprünglichen h. Kirche in der Duldsamkeit nachzuahmen, da doch die Könige unter ihnen seien. Aber die ursprüngliche Kirche ist 320 Jahre lange den Aposteln in ihrer Duldsamkeit nachgefolgt, ohne zur Zeit der grossen Verfolgungen unter den Heiden die weltliche Macht zu besitzen, sie hat vielmehr von der heidnischen Macht gelitten bis auf *Constantin.* Als dieser nach vielen

---

[1] Vgl. Palacký IV, 1. S. 478.

Grausamkeiten ... unter die Christen sich eindrängte mit seiner heidnischen Herrschergewalt und als der Priester, der sich in Elend vor ihm geborgen in Gruben und Wäldern, von ihm kaiserliche Ehre und Herrschaft in Empfang nahm und vom Glauben abfiel: als diese argen Dinge geschahen, da ist. die Stimme gehört worden: „heute ist das Gift gegossen in die h. Kirche." Hat aber um der zwei reichen Herren willen, des weltlichen und des geistlichen, der Glaube aufhören sollen? ... Dann haben die Doktoren Schriftstellen des alten und neuen Bundes zum frommen des weltlichen Herrn gesammelt ... und ihm gerathen, die h. Mutter Kirche zu befriedigen und zu schützen, auf dass sie nach Belieben ruhig schlafen könnte, sie haben ihm gerathen, Gott mit der frommen Schärfe des Schwertes zu dienen, und sollten auch ganze Gegenden in Asche gelegt werden und tausende dahin sinken bei ihrer scharfen Arbeit; darum haben die Doktoren gelehrt, die Kirche besitze zwei Schwerter ... Und da sie das Gebot und das Beispiel Christi verschmäht haben, so badet sie sich im Blute und vergilt Böses mit Bösem. Auch habe ich deinem Meister *Jacobus*, als er mich einen Ketzer geheissen der Macht wegen, *in seinem Zimmer in Bethlehem gesagt*: „Wenn die Macht, wie du sagst, recht im Glauben begründet ist, wo ist in der Schrift die Anleitung zu lesen zu ihren Werken, zum Kampfe und anderen Grausamkeiten?" Und er sagte: „Nirgends, aber die alten Heiligen sagen es." Und als der König von Prag abgezogen war, nachdem auf beiden Seiten viele gefallen waren, entschuldigte er die Schlächter und sagte: „Ich kann ihnen daraus kein Gewissen machen, denn das wäre eine Geringschätzung des Ritterstandes." Aus welcher Quelle trinkt dies dieser Mann milden Geistes und heiliger Gestalt? ... Die Doktoren haben grösseren Ablass ertheilen dürfen, als Christus selbst, der da spricht: Ihr habet gehört, dass zu den Alten gesagt ist: Du sollst nicht tödten; wer aber tödtet, der soll des Gerichtes schuldig sein. Ich aber sage euch: Wer mit seinem Bruder zürnet, der ist des Gerichtes schuldig. Hier aber bleibt nach dem Morde kein Vorwurf im Gewissen und der Schlechte benöthigt keiner Busse und keiner Reinigung, so dass das alte Testament des Mordes halber härter strafte, als die Nachsicht der Doktoren ... Wie hart hätte dein Meister Jacobus denjenigen angefahren, der am Freitag eine Blutwurst genossen hätte: aber das Vergiessen von Menschenblut beschwert das Gewissen nicht! Wer hat ihm sein Gewissen genommen, wenn nicht die alten Heiligen, die da voll sind des heiligen Geistes ... Sie haben das Gift den Christen eingeflösst, sie, die im Rathe des armen Jesu nicht sassen ... Aber darum ist der Glaube und das Gesetz nicht aufgehoben worden und die Menschen sind noch immer verbunden, Christo gehorchend, die Freunde zu lieben und ihnen Gutes zu thun ...

Du sagst ferner, ich tadle es, wenn die Priester sagen: bekehret euch, zeiget euch, beichtet! Da hast du mich weit gefehlt, denn ich tadle keineswegs die Beichte an denjenigen, die sich zu Gott bekehren und wahre Busse thun ... Ich wünsche nichts so sehr, als dass die ganze Welt dem vernünftigen Priester beichte, der zu beichten versteht, zu Gott sich bekehre und in Busse bis zum Tode beharre Aber wisse, ich

widerstrebe euerer Bekehrung, in der ihr den Sündern dieser Welt ein
Gesetz errichtet, damit sie hinken könnten, wie sie auf beide Füsse zu
hinken gewohnt sind, indem ihr ihnen eine Frist gönnt um Gott, und
eine Frist, um dem Teufel zu dienen... Aber die Wurzel des Bösen
bleibt in ihnen... Unter den Aposteln bestand nicht das Gesetz des
wiederkehrenden Bekehrens, sondern der Hingabe und Liebe, in der die
Seele ein unauflösliches Band mit Gott besitzt... Ihr aber habt mit dem
abtrünnigen Volke bei diesen Bekehrungen viel leere und unnütze Arbeit,
zu der Gott nicht verbindet, die aber den reichen Priestern passt, die
in Burgen und Städten sitzen, die niemals den Staub ihrer Füsse auf
die abschütteln werden, die an Gott nicht glauben und zur Busse sich
nie entschliessen... Das gehört zur wahren Beichte, den Menschen auf
den Weg der wahren Busse zu stellen; wer es aber nicht vermag, der
segnet ohne Segen und mit Lug und Trug... Wenn der Priester es
vermag..., so ist die Beichte gut, wo nicht, schlecht. Es ist aber schwer
dies bei weltlichen Menschen zu bewerkstelligen... Diese Macht besitzt
der Priester nicht in seinen Worten, die er flüstert, ausser er wäre im
Stande, den Willen des Menschen zu verändern und ihn mit dem wahren
Lichte zu erleuchten, damit er verstehe, was er thut, wenn er beichtet
und der Busse sich unterwirft. Du sagst freilich: wir ermahnen sie
fleissig, die Gesetze zu befolgen, und sie versprechen es zu thun. Wer
verspricht? Ein Thier ohne Gott, das verspricht, was es nicht weiss,
und dessen nicht mächtig ist, was es verspricht; es ist an die Welt wie
mit Ketten durch böse Gewohnheiten gebunden... Merket auf die That,
die dem Versprechen folgt... Und auch in den Priestern hegt die Ohnmacht, wenn sie Gottes Weisheit nicht besitzen, Recht und Unrecht zu
scheiden, wenn sie die Schlüssel nicht besitzen, wenn sie selbst die
Gebote übertreten... Wenn du fragst, ob es besser wäre, alles bleiben
zu lassen, so sage ich: was dasjenige betrifft, worin das Heil des Menschen beruht, wenn es nicht so geschehen kann, dass daraus das Heil
wirklich und mit Sicherheit erfolge, so ist es besser, es bleiben zu
lassen, denn ohne Zweifel, wenn es nicht wirklich geschieht, so geschieht es zum Schein und mit Trug, und besser ist es, es bleiben zu
lassen, als zu betrügen... Es bringt einen noch grösseren Schaden, die
Wunde zu heilen, in der das Geschoss stecken geblieben,... und die
grösste Schädigung ist es, wenn derjenige heilen will, der die Macht
nicht besitzt, da er den Willen in demjenigen nicht ändern kann, den
er heilen will... und er doch nicht dadurch allein zu heilen vermag,
indem er eine kurze Weile etwas flüstert. Gott allein vermag es zu be-
wirken, dass der Mensch durch seine Gnade das Böse lässt, wenn er das
reine Wort Gottes hört, aus demselben das richtige Verständnis schöpft
und so das gebesserte Herz ihm zuwendet... Denn das einzige Heil-
mittel unserer Gebrechen ist das Wort Gottes...

Du sagst ferner, dass du die Missbräuche, die ich aufzähle und
deren es noch mehr gibt, ebenfalls verwirfst und verabscheuest. Siehe
dich vor, ob es in der That so ist; denn es kann jemand die bittere
Frucht des Strauches verabscheuen und doch der Wurzel vergessen und
dessen, der sie gepflanzt... Möchtet ihr nur das reine Wort Gottes predi-

gen und im Volke bekräftigen ohne Zuthat des Giftes... so wäret ihr an den Missbräuchen nicht schuld und könntet sie mit Recht verabscheuen. Denn aus dem Gesetze Gottes könnten sie nicht hervorgehen, diesem könnte sich nur höchstens eine äussere Gegnerschaft entgegenstellen von solchen, die... sich ihm äusserlich widersetzten, im Heidenthum verbleibend, ohne sich in den Glauben einzuschleichen...

Es werden ferner die Worte des Apostels angeführt, um aus ihnen die Macht der Fürsten mit dem Schwerte abzuleiten und unter den Glauben zu bringen: nicht umsonst trage er das Schwert, denn er sei ein Diener Gottes. Woraus gefolgert wird, der Fürst sei ein Beamter der Kirche und solle sie Kraft seines Amtesbe schützen. Da ist zu merken, dass ein Beamter von jemanden angestellt und dass ihm ein Amt angewiesen werden muss. So hat der Sohn Gottes den h. Petrus seiner Herde vorgestellt und ihm sein Werk zugewiesen, als er sprach: „Petrus, wenn du mich liebst, so weide meine Schafe!" Aber von den Fürsten haben wir keine derartigen sicheren Belege, dass Christus mit ihnen einen Vertrag geschlossen, sie angestellt und ihnen seine Kirche befohlen hätte, sie kraft seines Amtes gegen ihre Feinde zu schützen... Ich finde es nirgends in dem neuen Bunde... Im alten Bunde gab es ein solches Gesetz... Im Gesetze Christi hat der Apostel das Joch der Fürsten dem Volke nicht auferlegt, auch war es nicht ohne König, sein König war Christus. Es ergieng unter Kaiser Augustus das Gebot, dass alle Welt geschätzt würde; woraus ersichtlich ist, dass die heidnische Kaisermacht die ganze Welt umfasste. Und ihre Herrschaft dauerte in derselben Weise bis auf Constantin, den Sylvester hinterlistig in den Glauben aufnahm ohne Änderung seines heidnischen Lebens und mit seiner heidnischen Herrschaft und dem heidnischen Rechte. Aber weder Sylvester noch sonst jemand konnte dieser Macht... einen anderen Weg zum Heile im Glauben Christi weisen, ausser dem engen und herben, die Welt zu verachten und ihre Lust. Aber die falsche Priesterschaft hat den Heiden und den Fürsten einen anderen Weg gezeigt, da sie von ihnen Gut annimmt und von ihrem Gute sich nährt. Darum versichert sie sie hinterlistig des Heils und zeigt ihnen einen Weg, der durch Kampf geht, durch Rache und Gericht nach dem Gesetze der Juden, dem Rechte der Kaiser und der Länder. Sie berufen sich auf Johannes, der die Ritter mahnte, sich mit ihrem Solde zu begnügen. Aber Johannes lebte unter dem Volke, das dem Gesetze unterworfen war und konnte es von demselben nicht befreien, bevor das neue Gesetz nicht gegeben war durch den, der nach ihm es geben und einsetzen sollte. Christus selbst hat in solchen Dingen das Volk nicht losgebunden, denn obgleich er selbst die Aussätzigen reinigte, so hat sie doch bei den Reinigungen angewiesen, das zu thun, was das alte Gesetz gebietet. Als aber Christus, der das Ende des Gesetzes ist, für die Menschen gestorben war und den Aposteln den h. Geist gegeben hatte, da haben diese die Aussätzigen nicht mehr zu den Priestern des alten Bundes gesendet... Das alte Gesetz, das nichts vollkommenes hatte, war aufgehoben... Auch ist zu bedenken, warum Gott die Macht in dem Volke, das ausserhalb des Glaubens Gottes stand, uranfänglich eingesetzt hatte, nämlich zur Handhabung der Gerechtigkeit und zur Aufrechthaltung des

Friedens, welche Gerechtigkeit und welcher Friede jenem Volke nothwendig war, auf dass sie ihr Leben behalten und im Besitze des Gutes
verbleiben könnten, das jeder erworben hatte... Diese Gerechtigkeit
konnte durch die Liebe und das Gesetz Gottes nicht bewahrt werden...
Darum hat Gott, zur Aufrechterhaltung des zeitlichen Wohles diesem
unvernünftigen Volke die Zwangsgewalt mit dem Schwerte gegeben...
Denn sonst hätten sie nicht bestehen können und hätten sich aufgerieben,
wenn sie die Macht nicht gebändigt hätten... Und nicht allein zur
Wahrung der äusseren Gerechtigkeit hat Gott die Macht eingesetzt,
sondern auch um böse Dinge und böse Menschen zu vertilgen und seine
Rache an den Bösen zu üben... Das ist aber zu merken: die Übung
der Macht ist an sich keine vollkommene Gerechtigkeit, wie die Übung
der Liebe zu Gott und dem Menschen an sich gut ist... Die Übung
der Macht kann in einer Beziehung gut,... kann für den, der sie übt,
manchmal eine Tugend sein,... aber in der Regel und gewöhnlich gereicht sie zum Falle und besteht in der Übung des Bösen...

Wenn aber angeführt wird, es stehe geschrieben, nicht umsonst
trage das Schwert der Diener Gottes, so ist zu merken, an wen die
Epistel gerichtet ist, nämlich nicht an den römischen Regenten, denn
die Heiden haben damals geherrscht. Der Apostel schrieb unter Nero,
der die ganze Welt beherrschte, auch die Juden, und in allen seinen
Städten Regenten hatte. Diesen konnte Paulus nicht gebieten. Auch hat
er die Epistel an eine ganze Stadt nicht gerichtet, denn nicht ganze
Städte haben sich zum Glauben bekehrt, sondern nur einige in ihnen
und an diese Gläubigen hat er geschrieben und sie gelehrt, der Macht
unterthan zu sein... Und wenn er sagt: Diener Gottes, so heisst nicht
ein jeder Diener also der kindlichen Liebe gemäss... Denn jedes Ge-
schöpf dient Gott in seiner Art... Auch den Nabuchodonossor nennt
Gott seinen Diener...

Ferner sagt der Apostel: So seid aus Not unterthan, nicht allein
um der Strafe willen, sondern auch um des Gewissens willen. — Dies
ist, wenn wir alle seine Aussagen berücksichtigen, so zu verstehen: weil
Gott durch die Macht gute und lobenswerthe Dinge schafft, die den
Gerechten jetzt und künftig nützlich sein können, besonders aber zur
Förderung ihres zeitlichen Wohlergehens. Wenn aber jemand in seiner
Bosheit diese guten Dinge zerstören will, so hat Gott gegen ihn die
Macht aufgerichtet... Auch lastet schwer des Fürsten Zorn auf dem
Menschen, denn sie haben Gewalt über Leben und Tod... Es gieng
ferner die Rede des Apostels, ihren Zorn zu meiden, diejenigen, an die
sie gerichtet war, näher an als uns, denn sie lebten in Rom unter der
Herrschaft der grausamen Heiden... und leicht konnten diese zum
Wüthen gegen sie und ihren Glauben gereizt werden und dann alle Christen ermorden. Darum mahnt er die Christen an den Zorn der Heiden,
sich vor ihnen um des Glaubens willen zu hüten, und ihren Zorn, so
lange Gott eine Versuchung nicht zulässt, durch Unklugheit nicht zu
reizen. Auch sind nicht lange nach diesem Schreiben die Apostel, da sie
den Glauben in Rom predigten, von Nero hingerichtet worden. Ebenso
haben andere Heilige ihre Wut erduldet und das Blut für den Glauben

vergossen, bis Sylvester den Zorn der Heiden besänftigte. Denn bis auf Constantin haben die gerechten Menschen sich vor den grausamen Kaisern in Wäldern und in Gruben unter der Erde geborgen, und man zählt 320 Jahre von der Verkündigung des Glaubens durch die Apostel bis auf die Ausstattung der Geistlichkeit mit Reichtümern. Dann gab es in Rom keine Märtyrer mehr. Das reissende Thier ist zahm geworden, als der Priester es in den Glauben einliess und ihm segnend Antheil an Christo zusprach: Der Priester hat den wüthigen Löwen gebändigt, um mit ihm an einer Tafel sitzen zu können. *Vorher haben Sylvester und Peter der Waldenser sich vor ihm in Wäldern und Gruben geborgen, aber als Sylvester das Thier in den Glauben aufnahm, da hat der Kaiser den Sylvester auf ein Maulthier gesetzt und in Rom herumgeführt.* Sylvester hat dem Kaiser in dessen Heidentum hinterlistig Antheil an Christo verschafft und der Kaiser dem Priester an der Welt und ihm ihren Reichtum und ihre Pracht unterthänig gemacht. Um so eifriger umkreist der falsche Priester das Thier und besänftigt es, auf dass es gegen ihn nicht aufstehe, und gewährt ihm Antheil an heiligen Dingen und verspricht ihm den Segen Gottes. Und unter Gebeten und Segenssprüchen der Priester und Mönche mästet sich das Thier an Hoffart und Geiz, an Lüsten und Grausamkeit und am Blutvergiessen, so dass es im Heidentum nicht so fett gewesen ist. Die Apostel Constantins, die von niemand gesendet werden können, als von seinen Nachfolgern, haben erst hinter der Macht sich einen sicheren Stand bereitet ... und zieren dieselbe mit Schriftstellen und beziehen auf sie die Lehre des Apostels, da doch dieser von der heidnischen Macht spricht, als ob er vor dem Fürsten geredet hätte, die Christi Glauben angenommen haben ...

Die Magister pflegen zu Gunsten der Macht einige Doktoren anzuführen, aber von denen, die gegen das Schwert sprechen, schweigen sie; wie von Origenes, von S. Bernard an Eugenius, und von St. Johannes Chrysostomos ... Die Worte des Origenes beweisen, dass denjenigen, die Christi Blut erkauft hat, das Schwert genommen ist ... Seine Worte widerstreiten dem Augustinus, der durch die Schrift das Schwert dem Volke zur Wehr gewinnen möchte, das unter Christi Glauben lebt. Und ich kann mich nicht genug wundern, dass die Magister und die anderen Priester beide Doktoren als grosse Heilige preisen: gross sei Augustin und gross der alte Origenes ...

Christus, der Sohn Gottes, und seine Apostel kennen den rechten Weg Gottes und zwingen nicht durch Gewalt, ihn zu betreten ... Petrus hat in Rom den Ungläubigen keinen Zwang angethan, sondern durch Verkündigung des Wortes Gottes gemahnt, freiwillig sich zur Wahrheit zu bekennen. Auch die anderen Apostel, die die h. Kirche in ihrem Blute pflanzten, haben zum Dienste Christi nicht mit Gewalt gezwungen, sondern sind von den Ungläubigen von Stadt zur Stadt vertrieben worden ...

Gar arg und gegen allen Glauben ist das, was man bei den Magistern und Priestern antrifft, die zu euerer Partei gehören, und auch bei den Priestern der Taboriten, nämlich die Herabwürdigung des Sakramentes des Leibes und des Blutes Christi. Merke, was sie thun; dass sie nämlich dieses Sakrament so gemein gemacht, so gemein, wenn man es sagen darf, wie eine Hökersfrau, die auf dem Markte sitzt, und Pflaumen verkauft. Und noch mehr. Denn das Sakrament ist jedermann zugänglich, der es nur haben will, während die Hökersfrau einen Preis angibt und Bezahlung fordert; die Priester aber fragen nicht nach dem Gewissen und dem Wandel des Menschen. Die Hökersfrau besieht die Münze und zeigt sie, wenn sie ihr unbekannt ist anderen und frägt den, zu dem sie Vertrauen hat. Aber jene wollen nichts wissen und fragen nicht nach dem Gewissen und dem Wandel derjenigen, denen sie das Sakrament reichen. Sie reichen es jedermann ohne Unterschied, sie tragen es in den Krieg, wo Mord und Raub herrscht und bedienen Mörder und Räuber. Und daheim bleibt das Sakrament ohne Unterlass ausgestellt für die ärgsten Sünder und sie spenden es Räubern, Dieben, Wucherern, Trunkenbolden, Gewaltthätern und allerhand mächtigen Menschen ohne Wahl; nur wenn sie jemanden ihretwegen zürnen, wenn jemand ihnen irgendwie widerstrebt, den werden sie vielleicht ausschliessen... Aber den Mördern spenden sie und belasten nicht ihr Gewissen. Denn es ist bekannt, dass die Magister als mit ihnen darüber gesprochen wurde, wie sie es mit den Mördern halten wollen, die im Kampfe morden, sagten, sie dürften deswegen das Gewissen dieser Mörder nicht belasten. Und von Räubern, die im Kriege rauben, sagten sie, dadurch werde der Feind mürbe gemacht und zur schnellen Unterwerfung vermocht. Und diesen Ausflüchten der Magister gemäss, morden und rauben die Prager und die Taboriten. Ich aber frage: hat Gott sein Gebet widerrufen, das lautet: „Du sollst nicht tödten! Du sollst nicht stehlen! Du sollst nicht des Nächsten Gut begehren und wegnehmen!" Wenn er es nicht widerrufen, so muss es in Prag und in Tabor erfüllt werden, und die Magister und Priester bethören das Volk, wenn sie die Übertretung der Gebote entschuldigen und den Übertretern Christi Leib und Blut reichen, denn die Mörder werden doch schuldig des Leibes und Blutes Christi... Auch du, Bruder, sieh dich vor, dass du diese Dinge nicht leicht nehmest und dich und andere nicht verführest, wenn du jedermann zulässest und niemand prüfest, um sein Gewissen kennen zu lernen. Denn die Menschen irren gar schwer in vielen Dingen und sind allzeit bereit, zum Altar zu treten, als ob sie gerecht wären. Viele wissen es selbst nicht, wie sehr sie die Welt lieben mit ihrer Ehre und Pracht, nach ihrem Reichtum trachten und Gefallen finden in der Schönheit und Zierlichkeit der Kleider von ausgewählten Farben und von grossem Werthe,... wie eifrig sie Gut zu erwerben bestrebt sind im schlechten Handel... Da nun die Magister und andere Priester sagen, ihre Ordnungen und Dienstbarkeiten der Sakramente seien den Ordnungen der ersten apostolischen Kirche gemäss, so wird ihnen Glauben geschenkt... Wie sehr sie aber davon entfernt sind, beweisen die Worte des Dionysius, auf den sie sich zumeist berufen, und anderer alten Christen...

Sieh, Bruder, das Zeugnis derjenigen, die die apostolische Ordnung bei dem Dienste der Sakramente kannten, dass nur die dabei zugelassen wurden, die der Sakramente würdig waren. Die übrigen aber wurden ausgeschlossen von Anblick und Genuss der Sakramente, und die Priester, die die Wissenschaft der Schlüssel besassen, fragten und erfuhren, welche rein waren, und die Unreinen haben sie ausgeschieden und entfernt, auf dass sie dabei nicht zugegen wären. Darum war das Sakrament des Leibes und Blutes nicht allen zugänglich zum Anblick und Genuss, am wenigsten den Unwürdigen, und wurde nicht zum anderen Tage aufbewahrt ... Wie weit sind wir von den Aposteln und ihren Schülern abgewichen! ... Das ist aber nicht das Werk der Priester Christi, sondern derjenigen, die es zu sein vorgebend, ihre Dinge suchen und die Welt lieben. Sie halten es mit den h. Dingen, wie es die Welt will; und darum leben sie in Frieden mit den Bösen in Städten und Burgen, wo das Böse seine Stätte hat ... Würden sie aber in Prag, in den Städten und Burgen der Prager, und auch der Taboriten, die Menschen auf den engen Weg Christi weisen, so müssten sie von ihnen leiden Einkerkerung, Tödtung und Austreibung.

... Es gibt Priester, die vorher einen Vertrag schliessen über den Lohn, den sie empfangen sollen jede Woche oder jedes Jahr. Ein solcher kümmert sich wenig, wie der Glaube des Volkes sei ... Es gibt aber auch Priester anderer Art, die sich viel Mühe geben, indem sie predigen und den Dienst der Sakramente leisten ... Aber darin scheint jetzt die apostolische Güte zu bestehen, dass alle ohne Urtheil zugelassen werden ... Nach solchen Priestern bleibt kein Werk zurück, das des Lohnes würdig wäre, wenn sie auch zwei bis drei Jahre harte Arbeit verrichtet haben ...